项目资助

本书是教育部"2013年度哲学社会科学研究后期资助项目"成果

industrialization

信息化与工业化融合的测度机制研究

informatization

郑建明 / 著

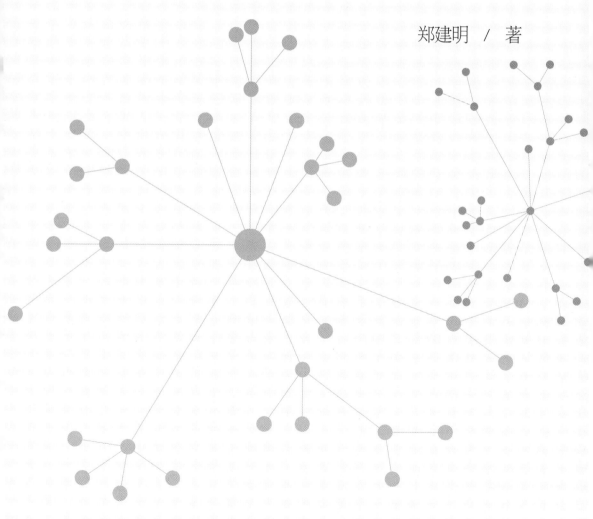

中国社会科学出版社

图书在版编目（CIP）数据

信息化与工业化融合的测度机制研究／郑建明著．—北京：
中国社会科学出版社，2018.11
ISBN 978 - 7 - 5203 - 3605 - 5

Ⅰ.①信…　Ⅱ.①郑…　Ⅲ.①信息化—关系—工业化—研究
Ⅳ.①G203②F403

中国版本图书馆 CIP 数据核字（2018）第 260254 号

出 版 人　赵剑英
责任编辑　赵　丽
责任校对　王秀珍
责任印制　王　超

出　　　版　中国社会科学出版社
社　　　址　北京鼓楼西大街甲 158 号
邮　　　编　100720
网　　　址　http://www.csspw.cn
发 行 部　010 - 84083685
门 市 部　010 - 84029450
经　　　销　新华书店及其他书店

印　　　刷　北京明恒达印务有限公司
装　　　订　廊坊市广阳区广增装订厂
版　　　次　2018 年 11 月第 1 版
印　　　次　2018 年 11 月第 1 次印刷

开　　　本　710×1000　1/16
印　　　张　25.75
插　　　页　2
字　　　数　359 千字
定　　　价　99.00 元

前　　言

中国工业化进程，推动国家工业化，实现国家富强，百余年前就已经成为中华各民族的共同目标。从清末的洋务运动到民国的实业救国，都渴望改变中国几千年以来的农耕经济格局。1949 年以后中国从"一五"计划开始，经过半个多世纪的奋斗建成了基本工业体系，把一个落后的农业大国建设成为拥有独立的、比较完整的工业体系和国民经济体系的国家。改革开放以来，中国步入了计划经济向社会主义市场经济转轨、二元经济向现代经济转轨的双重转轨时期。

当代经济全球化和信息化的国际环境，要求中国必须创新工业化发展战略，走一条与传统工业化、与西方发达国家工业化道路相区别的新型工业化道路。根据创新理论，产业或企业是由于出现技术创新而得以提升和发展的，一项成功的技术创新经过技术扩散，必然会导致产品结构、产业结构、市场结构等发生变化，进而促进经济不断增长。只有将信息技术产业的发展与对传统制造业的改造有机结合起来，才能有利于推进传统制造业向现代制造业的演变，实现中国制造业的跨越式发展。

改革开放以来，党中央、国务院一直高度重视信息化对中国工业化和现代化的推动作用，从而以更快的速度、更短的时间、更高的质量完成工业化的历史使命。早在 1983 年，邓小平就提出了"开发信息资源，服务四化建设"的思想，发展信息技术被纳入国家总体科技发展战略规划。1993 年 12 月，国务院确立"实施信息化工程、以信息化带动产业发展"的指导思想，并启动了金卡、金桥、金关等重大信息化工程，拉开了国民经济信息化的序幕。1996 年，党的十五大提出"加快国民经济信息化进程"，随后成立国务院信息化领导小组，中国的信息化进入了有组织、有计划的推进阶段。1997 年，召开了全国信息化工作会议。2000 年，中共中央十五届五中全会正式提出了"以信息化带动工业化，发挥后发优势，实现社会生产力的跨越式发展"的战略。2002 年，党的十六大进一步明确提出"以信息化带动工业化，以工业化促进信息化，走出一条科技含量高、经济效益好、资源消耗低、环境污染少、人力资源优势得到充分发挥"的新型工业化战略指导思想，并在第十六届五中全会通过的《中共中央关于制定国民经济和社会发展第十一个五年规划的建议》中指出："坚持以信息化带动工业化，广泛应用高新技术和先进实用技术改造提升制造业，形成更多拥有自主知识产权的知名名牌，发挥制造业对经济发展的重要支撑作用"。党的十七大指出要"全面认识工业化、信息化、城镇化、市场化、国际化深入发展的新形势、新任务，深刻把握中国发展面临的新课题、新矛盾，更加自觉地走科学发展道路"，提出"发展现代产业体系，大力推进信息化与工业化融合，促进工业由大变强"。党的十八大提出："坚持走中国特色新型工业化、信息化、城镇化、农业现代化（以下简称"四化"）道路，推动信息化与工业化深度融合、工业化和城镇化良性互动、城镇化和农业现代化相互协调，促进工业化、信息化、城镇化、农业现代化同步发展。"工信部公布《信息化和工业化深度融合专项行动计划（2013—2018 年）》（以下信息化与工业化简称"两化"），提出"到 2018 年，'两化'深度融合取得显著成效，信息化条件下的企业竞争能力普遍增强，信息技术应用和商业模式创新有力促进产业结构调整升级，工业发展质量和效益全面提升，全国'两化'融合发展水平指数达到 82"。

这体现了中共中央对推进信息化与工业化实践的不断探索、深思熟虑，把握了现阶段中国信息化与工业化的实际，抓住了信息化与工业化的关系本质，科学回答了中国新型工业化道路的实现途径。推动信息化与工业化深度融合是加快转变发展方式，促进"四化"同步发展的重大举措，是走中国特色新型工业化道路的必然选择。

中国处于信息化与工业化融合发展的特殊阶段，面临着转变经济发展方式、破解发展难题、创新发展模式的战略任务。必须发挥信息技术及产业作为经济增长"倍增器"、发展方式"转换器"和产业升级"助推器"的作用，通过信息生产力来推动经济发展方式的转变和产业结构的优化升级；通过加快高新技术产业，加快信息技术提升改造传统工业产业。以信息化改造制造业，推进生产设备数字化、生产过程智能化和企业管理信息化；以信息化带动工业化，推动"两化"又好又快融合发展。

20 世纪 90 年代以来，以互联网、数字化和多媒体等信息技术为标志的新一轮信息化到来，信息产业迅速发展，社会信息化、信息服务、电子政务和电子商务等信息化内容已成为国家整体战略的重要组成。处于工业化中后期的我们，既不能走西方发达国家的传统工业化道路，也不能继续走中国工业化的传统道路。2006 年国家颁布的"国家信息化发展战略"指出，到 2020 年中国将基本普及综合信息基础设施，全面优化产业结构，初步确立新型工业化发展模式，对信息化发展做了整体战略部署。

"信息化与工业化融合"（以下简称"两化"融合）的提出，是在总结历史、把握未来的基础上，结合世界形势和中国国情，确定的中国社会发展方向。"两化"融合发展的目标是走新型工业化道路，我们要紧紧抓住历史机遇，推动信息化与工业化有机融合，实现经济社会跨越式发展。

"两化"融合的本质在于信息技术在社会生产和生活中的广泛应用，融合过程中信息技术表现出强大的创新性、扩散力、融合性和渗透力，这四个要素奠定了"两化"融合能够全方位、全过程地展开和不断深化的基础。

"两化"融合具有丰富的内涵，在理论、政策以及应用层面有许多问题值得研究，必须对它进行多角度、全方位的系统分析。所以，如何更好促进"两化"融合，建立有效的、可持续的融合发展体系，既是重要的理论课题，也是迫切的时代课题。国家提出以信息化与工业化融合发展的"两化"融合之路后，众多学者和专家纷纷对"两化"融合的必要性、"两化"关系、融合发展、"两化"融合测度等方面展开研究，取得了一定的学术成果。

"推进信息化与工业化融合"发展的崭新命题，体现了中央对推进信息化与工业化实践的更进一步思考。从"以信息化带动工业化、以工业化促进信息化"，到推进信息化与工业化的融合，把握了现阶段中国信息化与工业化的实际，抓住了信息化与工业化的关系本质。"融合"高度概括了当前中国信息化与工业化的相互发展的逻辑，更强调了两者的紧密依存。"融合"度的测度成为本书论述的主线。

本书在界定信息化与工业化内涵、外延的基础上，阐述了信息化与工业化之间的互动关系，并借鉴比较优势理论、后发优势理论、二元结构理论、工业化反梯度推移理论以及跨越式发展理论，作为"两化"融合的理论依据，对信息化与工业化融合进程进行翔实的理论论证；诠释了信息生产力的内涵与基本特征，分析了新技术革命在信息生产力中的地位和作用，并详细论证了信息生产力发展的技术基础和物质基础。

本书对中国"两化"融合进程和信息生产力发展的现状进行分析，对中国"两化"融合进程从总体评价到区域具体评价，从测度理论到选取典型案例分析，从传统产业信息化改造到信息产业的创新，从实践角度反映中国现阶段"两化"融合的进程水平，并结合经济增长理论、不平衡增长理论和创新理论，论证了信息生产力促进"两化"融合进程的产业结构调整、经济组织结构变化以及经济类型的转变；运用新古典增长模型以及投入产出法来测度信息产业以及相关的信息技术部门、信息服务部门等对传统产业的改造作用、对中国经济增长的影响；根据数据分析、理论研究和实证检验，提出如何更好地利用信息生产力发展来促进中国"两化"融合进程的政策建议，对中国信息化进程的推进具有理论意义和现实意义。

"两化"融合测度的方法有主成分分析法、层次分析法、灰色评价法、功效系数法。本书力图将理论的总结分析与现实的经验分析有机地结合，不拘泥于某一种现成的方法，力求在兼收并蓄的基础上有所创新，主要采用的研究方法：动态和静态相结合的研究方法、马克思主义经济学与现代西方经济学相结合的研究方法、发展经济学和产业经济学的理论分析相结合的研究方法、定性和定量相结合的研究方法、比较分析的方法。

本书内容分为理论研究、模型构建、测度实证三个部分：

第一，对信息化与工业化融合测度理论的研究。基于"两化"融合概念内涵及其相关研究成果的总结，构建"两化"融合的指标体系，提出科学发展观理论、市场经济理论、系统工程理论、产业经济学理论是构建信息化与工业化融合的测度的理论依据；评价内容、评价对象与重点、社会经济效益是信息化与工业化融合测度的实践基础。信息技术与设计、制造技术的融合，工业生产过程自动化、信息化与企业、行业管理的融合，产品流通和市场的信息化、信息技术与服务业的融合，信息化与资源、能源供给体系的融合是构建信息化与工业化融合的内容要点。

第二，对信息化与工业化融合测度模型的研究。将实现融合度的网络测度工具纳入信息化与工业化融合测度模型的概念之中，在阐述信息化与工业化融合测度模型主要内容为社会层面和工业经济层面的基础上，主要从信息化与工业化融合测度的宏观、中观、微观三个构成因素角度，分析这些因素对于信息化与工业化融合进程的影响。

第三，对信息化与工业化融合进程及测度问题的研究。收集和分析代表性企业产业升级过程中信息化测度的实证数据，针对中小型企业信息化背景下的产业升级情况进行深度调研，着重研究信息生产力的核心内容——信息资源的管理与使用对产业升级的贡献，充分论证企业产业升级进程中信息化的作用与影响，提出并论证推进"两化"融合发展的实现路径。

我们充分获取第一手资料和数据，应用比较研究方法和实验研究方法，对信息化与工业化融合发展情况开展实地考察和调研，进行了实证研究，分析国家"两化"融合发展的水平，研究中国"两化"融合发展在经济和社会信息化推进中的作用和地位；研究"两化"融合发展的地区差异，为"两化"融合发展的战略部署和策略制定提供参考和借鉴。

本书以信息化与工业化关系融合进程测度为研究对象，构建初步完善的信息化与工业化关系融合度测度理论体系，研究所进行的实时测度机制及其方法、技术、程序的探讨，开展的信息化与工业化关系融合度的测度尝试，将对中国信息化与工业化"融合度"测度产生重大的应用和推广意义。

由于人力和时间的限制，信息化与工业化融合水平和进程实证研究尚未全面展开，信息化与工业化融合战略策略、信息化与工业化融合实时测度坏境等问题的研究尚显薄弱。

本书主要完成人员有章学周、王锰、郑珞琳、陈小磊、孙红蕾、马岩、经渊、杜昊、张劼圻、高铁峰、倪菁、尤骁、王涛、朱婕、许丹等。本书由郑建明、经渊、陈一行统校。

书稿写作过程中引用了国内外相关学术研究成果，本书出版得到教育部哲学社会科学研究后期资助立项项目支持，得到南京大学"双一流"文科"百层次"项目及其建设经费的支持。中国社会科学出版社的赵丽等责编、校对老师在本书出版过程中付出了巨大心血。在此一并表示诚挚的感谢。

谨望专家、学者对本书不当之处予以谅解，对笔者不吝赐教。

目　　录

第 一 章

信息化与工业化及其相关概念

　　"化"古字为"匕",本意为变化,改变。《说文解字》中有云"匕,变也。"而现今常用于词语后缀,如信息化、工业化、城镇化、农业化等,用来表示"使变成"、"使成为"。

　　仿照工业化的英文解释 Industrialization,信息化通常表达为 Informatization 或者 Informatisation。1980 年,法国学者 Simon Nora 和 Alain Minc 的 L'Informatisation de la société：Rapport à M. le Président de la Républiqu,这部出版物被翻译成英文为 *Computerization of Society：A report to the President of France*,即《计算机化的社会：一份写给法国总统的报告》。但这部出版物的原作者 Minc 在 1987 年发表文章指出：相对于 Computerization,他认为 Informatisation 一词更为贴切①。

　　这一术语的使用也受到了波拉特关于人类文明时代的划分的启发：农业时代、工业时代、信息时代。信息化之于信息社会如同工业化之于工业社会那样。Flor 于 1993 年做了如下描述：农业时代为我们的世界带来了农业化。工业时代的作用之一是引起了农业的工业化。信息时代则是导致了农业的信息化②。

---

　　① 转引自 Masahiro Okuno-Fujiwara and Takuya Nakaizumi,"*Information society and informationization in the electronic age. Institute for International Policy Studies：The IT revolution：Challenges from innovation in information and communication technology and role of government*",Tokyo：Institute for International Policy Studies,2001。

　　② Flor and Alexander G,"The informatization of agriculture",*The Asian Journal of Communication*,Vol. 3,No. 2,1993.

从构词上来说，"Informatization"和"信息化"的中英文解释都是仿照"工业化"这个概念。相对于工业化来说，信息化的起步时间较晚，但因为有工业化作参照，给信息化下定义也就比较容易。从时间上来看，信息化一词最早被日本学者用来描述和定义为：信息产业获得长足发展，逐步取代物质生产在社会中的主导地位，工业社会逐步向信息社会过渡的过程。这样照搬工业化的解释，显然是比较粗糙的，没有指出信息化与工业化两者之间的不同，虽然两者在形式上都是一个产业被另一个产业取代了主导地位的过程，但取代的方式和进程有许多不同的地方。

准确理解信息化与工业化的含义是研究"两化"融合的前提，只有这样，才能保证工业化的正确方向，并使信息化与工业化有机融合①。因此，本章对信息化内涵、工业化内涵、信息化与工业化之间的关系以及两者的互动机制做了分析和总结。

第一节　信息化含义

一　信息化

1963年梅棹忠夫在《信息产业论》一文中最早提出了"信息化"（Informatization）的概念，并定义"信息化社会"为以信息为中心的社会②。最初对于"信息化"这一术语的阐释，参见1969年日本政府经济计划审议会情报研究委员会的《日本的情报化社会：展望课题》："信息化是信息产业快速发展并在社会产业结构中取得了优势主导地位，社会逐步向信息社会前进的动态过程，它反映了由有形的物质产

---

① Li X. *Notice of Retraction Industrialization and informationization integration application analysis on orbital traffic equipment manufacturing*, E-Business and E-Government（ICEE），2011 International Conference on. IEEE，2011.

② ［日］白根礼吉：《日本信息化动向：中日北京技术文明与现代化学术讨论会文集》，湖南科学技术出版社1987年版，第76页。

品作为主导作用向无形的信息产品作为主导这一根本性的转变。"①

这一定义比较粗糙,将社会产业结构的改变作为着重点,从形式上由信息化社会取代工业化社会,而并未明确表现这样的转变过程中所蕴含的科技、技术的革新,以及社会管理方式的变化。而随着社会的发展,"信息化"这一概念也越发明确。

首先让我们鸟瞰几种关于信息化概念的比较有代表性的阐释:

20世纪80年代以来中国学者就信息化的概念给出了多种解释,李京文②提出:"信息化是指在经济和社会活动中,信息技术和电子信息设备被普遍使用,信息资源被有效地开发和利用,经济发展和社会进步得到有效推动,信息经济增加值在国民生产总值中的比重逐步上升直至占主导地位的过程。"钟义信③提出:"信息化就是指现代信息技术在国民经济各部门和各领域被普遍使用,社会劳动生产率得到极大的提高。"张东彦④提出:"信息化是指在工业化的过程中,信息经济在国民生产总值中的比重要逐步提高,同时加快建设信息高速公路和发展信息产业,普及信息技术的应用,提高信息技术的自主开发能力。"李富强⑤提出:"信息化是指社会经济的发展,从以物质与能量主导经济,向以信息主导经济转变的过程;在这个过程中,不断地采用现代信息技术装备国民经济各部门和社会各领域,从而极大地提高社会劳动生产率。"对于信息化的概念众说纷纭,有些学者从信息技术角度理解,有些学者从信息产业角度理解。

古希腊哲学家亚里士多德在其所著的《范畴篇》开篇就提到"当多个事物虽然有一个共通的名称,但这个名称拥有着各不相同的定义

① 经济审议会情报研究委员会:『日本の情報化社会:そのビジョンと課題』,ダイヤモンド社1969年版,第13页。
② 李京文:《信息与经济发展:国际会议论文集》,社会科学文献出版社1994年版,第42—44页。
③ 钟义信:《信息时代的发展战略》,《人民日报》1995年5月28日。
④ 张东彦:《国民经济信息化及其推进》,《电子展望与决策》1996年第1期。
⑤ 李富强:《知识经济与信息化》,社会科学出版社1998年版,第110页。

时，则这些事物乃是同名而异义的东西"。在这诸多的定义之中，逐渐形成了一些共识：如信息化是工业社会过渡到信息社会，从工业经济过渡到信息经济的过程①；信息化是信息资源、信息技术、信息产业在国民经济和社会中的地位和作用逐渐加强的过程②。"信息化的核心是以信息技术为代表的先进生产工具的广泛应用，形成新的生产力，从而推动生产关系和上层建筑的改变，使国家的综合实力达到现代化水平的社会发展的高级进程。"③

以上各位学者对于信息化的理解，或从某一方面，或从某一角度，难免有失偏颇。一方面，信息化的基本概念还不够清晰明确，各位学者对于信息化有着自己不同的解释，至今没有一个概念得到广泛的认同；另一方面，众多的研究学者针对这个亟待解决的问题做出了进一步的积极探索，信息化进程的理论研究得到了不断深入。但值得借鉴的是，各位研究人员对于信息化的定义达成了基本的共识：信息化是一个过程。

《2006—2020 年国家信息化发展战略》中较为正式地定义了信息化："信息化是充分利用信息技术，开发利用信息资源，促进信息交流和知识共享，提高经济增长质量，推动经济社会发展转型的历史进程。"④

总的来说，信息化是一个过程，在这个过程当中通过信息技术的革命促进生产力的发展，将由物质生产的主导转向以信息技术应用为主导、信息资源开发利用为核心和信息产业成长壮大为支撑的渐进的历史过程。相对于有形的物质生产占主导地位的工业社会，信息社会

---

① 戴宏伟：《加快信息产业发展，促进经济社会信息化》，《经济工作导刊》2001 年第 9 期。

② 周叔莲、王伟光：《论信息化与工业化的关系》，《中国社科院研究生院学报》2001 年第 2 期。

③ 吕新奎：《面向21 世纪的中国区域经济信息化建设》，《全球科技经济瞭望》1999 年第5 期。

④ 中共中央办公厅、国务院办公厅：《2006—2020 年国家信息化发展战略》，http://news. xinhuanet. com/newscenter/2006-05/08/content_ 4522878. htm。

的特征是信息产业和信息服务业创造的无形价值占主导地位。"信息化"是用来描述人类社会由工业社会进化到信息社会，信息产业发展成为支柱产业的进程。

在信息化概念提出的初期关于未来世界的发展，有较大影响力的学说，并被经常提及的有马克卢普于1962年发表了《知识产业》，1968年增田米二的《情报社会入门：电脑对人类社会的改变》，1969年阿兰·图赖纳（Alain Touraine）所著的《后工业化社会》，1973年丹尼尔·贝尔的《后工业化社会的到来》，1977年马克·波拉特的《情报经济》以及阿尔文·托夫勒的《第三次热潮》等。

目前，信息化这个概念已经在全球范围得到了广泛的认同，也正式地出现在联合国的文件中。联合国教科文组织在1998年出版的《知识社会》中指出："信息化是一个前进过程，不仅是技术的前进，也是一个社会的前进，在产品生产或服务的过程中要实现生产工具、技能、管理流程以及组织机构的变革。"①

随着研究的深入，信息化的概念也渐渐清晰。1997年，首届全国信息化工作会议给出了信息化和国家信息化的定义："信息化是指培育、发展以智能化工具为代表的新的生产力并使之造福于社会的历史过程。国家信息化就是指在国家统一规划和组织下，在农业、工业、科学技术、国防及社会生活各个方面应用现代信息技术、深入开发广泛利用信息资源，加速实现国家现代化进程。"在表现形式上，信息化主要是利用集成电路、计算机、通信和网络传输等领域的技术手段，促进生产力与社会不断向前发展的过程。从本质上来说，信息化是科技革命进步给社会各个领域所带来的影响。生产工具的改进并不是信息化的发展唯一表现，更重要的是劳动者综合素质的显著提高。

---

① Robin Mansell，"When，*Knowledge Societies：Information Technology for Sustainable*"，Oxford University Press，1998，p. 24.

二　信息化的内涵

信息化是一个新时代开启的标志，探索其本质是国内外的众多专家、学者着力研究的内容。信息化既是一个技术概念，又是一个社会概念。信息化的内涵就已有众多文献概括论述，当然，视角不同，具体包含的内容也就不同。

（一）技术发展的角度

苏联学者 M. 阿古尔在《发展和采用新信息技术的迫切问题》中提到信息化——这是在计算机化（广泛的数据库存取和现代通信手段）基础上建立适应政治、经济、社会及生态任务的社会信息基础设施。信息技术的快速进步是信息化的核心，并成为推动信息化的主要力量，信息技术相关产业的地位和作用逐渐加强[①]。

（二）资源利用的角度

信息化是物质、能源资源在社会发展中的战略地位逐步被信息资源取代的过程，在信息化社会里，全社会的信息资源在最大范围共享，信息的价值得到确认和重视[②]。

（三）社会发展的角度

信息技术被应用于国民经济和社会生活各个领域，引起生产关系、社会结构甚至社会制度层面的变化。随着信息技术和信息理论的发展应用，不断满足人们对信息产品和服务的新需求，形成新的生产力，影响生产方式和经济体系，经济体系通过新产品影响社会的供给与需求[③]。

[①]　转引自麻冰冰《我国工业化与信息化水平测定及互动关系研究》，硕士学位论文，暨南大学，2005年。

[②]　Jian W and Zhenji Z and Xiaolan G，"Research on the Evaluation Indicator System of the Integration of Enterprise Informationization and Industrialization"，*International Journal of Smart Home*，Vol. 8，No. 5，Aug 2014.

[③]　许慧玲：《信息化水平测度及对区域经济增长影响研究》，博士学位论文，南京农业大学，2008年。

（四）生产力的角度

在信息化中，劳动工具、生产资料和劳动对象这些生产力要素都发生了变革。劳动工具是以计算机、自动化设备等为代表的智能化工具，它们可以看作是人脑、四肢的延伸；信息可以看作生产力三要素之外的一种全新的要素独立存在，是一种无形的资源；劳动者成为知识工人，拥有信息和知识成为他们参与社会经济活动的充分条件。

第二节 工业化和新型工业化的含义

一 工业化的含义

"工业化"一词约产生于 20 世纪 20 年代。在英文中，Industrialization 有"产业化"或"工业化"之意。目前，在中国通常取"工业化"的意思，即工业发展的过程①。

"工业化"与"产业化"在英文中是同一个概念：Industrialization。尽管工业化在人类社会已经实践了几百年，但关于工业化的概念，学术界还没有明确的界定，一直存在着争议。例如，在第二次世界大战刚结束的一段时期，许多经济领域的学者以及决策者认为工业化就是制造业的不断发展；有的经济领域的学者认为工业化的特征是由农业向工业的资源转移②。有的则认为工业化意味着工业企业生产不再依赖传统的手工而采用机器③。

上海辞书出版社的《辞海》（2009 年版）对"工业化"的解释是："机器大工业逐步发展直至在国民经济中占统治地位的过程。"商务印书馆的《现代汉语词典》对"工业化"的解释是："使现代工业

---

① 龚唯平：《工业化范畴论》，经济管理出版社 2001 年版，第 38—39 页。
② ［美］H. 钱纳里、S. 普宾逊、M. 赛尔奎因：《工业化和经济增长的比较研究（新 1 版）》，吴奇译，上海人民出版社 1995 版，第 3—5 页。
③ 费维恺：《中国早期工业化》，中国社会科学出版社 1990 版，第 12 页。

在国民经济中占主要地位。"

A. K. Bagchi 在《新帕尔格雷夫经济学大辞典》中指出，工业化是一个过程，其基本特征一般有三个方面：第一，国民收入中制造业或第二产业的经济收入占国民总收入的比例不断提高；第二，从事制造业或第二产业的劳动者所占劳动人口的比例也开始有所增加；第三，国民人均收入也有所增加。这与著名发展经济学家 W. A. Lewis、H. Chenery、S. Kuznets 等的观点不谋而合。国际著名经济学者钱纳里等在《工业化和经济增长的比较研究》一文中指出，工业化是广义的"经济结构转变"。

具体来说，通常将工业化定义为工业或第二产业产值（或收入）在国民生产总值（或国民收入）中的比重，以及工业就业人数在总就业人数中的比重不断上升的过程。在工业化进程中，高科技技术被广泛应用，工业生产量增长迅猛，新兴部门大量涌现，劳动生产率显著提高，城镇化水平和国民消费层次也得到全面提升。人均生产总值、工业化率、三大产业结构和就业结构、城市化率是国际上公认的衡量工业化程度的四项主要经济指标。其中，工业化率指的是工业增加值占全部生产总值的比重；城市化率指的是城镇常住人口占总人口的比重①。

张培刚认为，工业化不仅是工业生产的现代化和机械化，还包括农业方面，其概念是宽泛的。从技术角度来看，可以将工业化定义为："一系列基要的生产函数连续发生变化的过程。这种变化可能最先发生于某一个生产单位的生产函数，然后再以一种支配的形式形成一种社会的生产函数而遍及于整个社会"。② 从资本因素角度出发，可以将工业化定义为生产结构中资本广化和深化的过程。而从劳动因素角度来看，则可以将工业化定义为每人劳动生产率迅猛提

---

① 喻兵：《关于信息化和工业化融合的思考》，《特区经济》2008 年第 12 期。
② 张培刚：《农业与工业化》上卷，载《农业园工业化问题初探》，华中科技大学出版社 2002 年版，第 65 页。

高的过程。综合来看，工业化代表了经济的快速发展。后来，他又从技术角度将工业化定义修善为"国民经济中一系列基本的生产函数（或生产要素组合方式）连续发生由低级到高级的突破性变化（或变革）的过程"。①

P. M. Sweezy 认为工业化是新的生产方法或者新工业的出现和应用，"假设我们的经济社会从完全没有工业（手工业除外）开始，则这种社会很有可能要经历一种被称为工业化的转变，在这种转变过程中，大部分的社会力量都被用于创新生产方式。新工业的建立，有时对总生产来说规模太过庞大，所以还必须在某段时间内减少生产消费品。在工业化的进程中，那些通常被我们称为基础工业的，都会以一种全新的姿态出现，这些新工业的建立虽然吸收了新积累的资本，却并没有相应地增加消费品的生产"②。

储东涛等③认为，工业化就是在国民经济中机器大工业得到不断发展并占主导地位的过程，即国民经济结构发生转变，农业占的主导地位被工业所取代，国家或地区发生了从传统的农业社会向现代的工业社会的转变。

从社会变革的角度出发，工业化就是社会经济从农业社会向工业社会转型变革的时期。机械化大规模生产逐步取代了个人劳动，流水线生产取代了手工业者。这是一个更为广泛的现代化进程，依靠技术的创新，能源大规模利用与冶金产品制造技术的发展带动了社会与经济的发展。工业化的主要特征包括利用技术创新来解决问题、对如天气等不可控因素的依赖程度降低、劳动分工和经济增长更加高效。工业化的目的是建立一个广泛的面向制造的经济体系。

通过工业化，可以加快一个国家物质的增长速度和社会的转型，

---

① 张培刚：《发展经济学教程》，经济科学出版社 2007 年版，第 18 页。

② 转引自 C. H. Kirk Patrick, *The Industrialization in Less Developed Countries*, Editors Manchester University Press, 1983。

③ 储东涛、党元丰：《对我国工业化道路的再认识及评价》，《石家庄经济学院学报》2005 年第 4 期。

是实现现代化的经济物质基础。从经济学的角度讲，工业化包含着经济量的增加和经济结构优化而带来的生产力进步、社会经济的发展，是人类社会经济发展一个重要的历史过程①。

学者们对工业化概念的内容和表达上的共识是："工业化是工业部门所占比重逐渐上升的经济结构变化过程。"② 这种持续的变化主要表现在工业人口占劳动人口的比重、工业创造的产值占国民经济的比重以及工业结构的持续优化③。总的来说，制造业的发展是工业化的显著特征之一，强调第二产业在产业结构占主导地位，并强调从农业生产到工业生产的资源流动④。

二　工业化相关理论

（一）古典经济学时期的工业化理论

古典经济学时期的经济学家主要对工业化的动因和规律进行了研究⑤。1662 年古典经济学家威廉·配第（William Petty）从比较利益角度回答了生产要素从农业产业向工业产业的转移。他认为：与农业部门相比，工商业部门具有更高的比较利益，因而生产要素从农业部门转移到工商业部门是合情合理的。1776 年斯密（Smith）认为，在专业化分工方面，工商业部门的水平比农业部门高很多，生产要素从农业部门到工商业部门的转移，有利于生产要素的提高和社会经济的发展。1817 年李嘉图（Ricardo）以边际生产率差异为角度解释了工业化的规律。他认为：由于工商业部门摆脱了农业部门依赖于土地生产要

---

① 戴旭：《工业化过程中的竞争与垄断》，高等教育出版社 1994 年版，第 54—55 页。

② 龚唯平：《工业化范畴论》，经济管理出版社 2001 年版，第 59—60 页。

③ 苗长虹：《中国农村工业化的若干理论问题》，中国经济出版社 1997 年版，第 25—26 页。

④ 王金杰：《我国信息化与工业化融合的机制与对策研究》，硕士学位论文，南开大学，2009 年。

⑤ Wang J and Dong B, "Research on Maturity of Informationization and Industrialization Integration in Enterprise Based on Fuzzy DEA", *Proceedings of the* 2012 *International Conference on Cybernetics and Informatics*, New York：Springer, 2014.

素供给以及劳动投入边际生产率递减规律的制约，边际生产率的增长空间较高，因而农业部门的生产要素逐渐向工商业部门转移。1841 年李斯特（List）从人口与土地的矛盾角度论述了工业化的动因。他以马尔萨斯的人口增长理论和李嘉图的土地边际生产率递减理论为依据，指出农业人口与有限耕地的矛盾越来越大，为了缓解这种人地矛盾，发展非农产业、推进工业化是必由之路。他还指出了制造业发展有利于推动经济的发展。实践证明，这一时期的工业化理论是符合实际的，至今仍具有现实意义。

（二）新古典经济学时期的工业化理论

瓦尔拉斯（Walras）和马歇尔（Marshall）思想是新古典经济学时期工业化理论的典型代表。新古典经济学将在市场机制中优化资源配置作为论述的重点，很少分析工业化的结构变动，这是将经济结构变动看成微观主体行为的结果，不需要单独进行讨论。同时，新古典经济学将研究重点放在进行静态分析和比较静态分析方面，很少涉及结构变动这种动态分析。但古典经济学的思想和分析方法给后来经济学家对工业化的研究起到了许多借鉴作用。

（三）发展经济学兴起后的工业化理论

与古典经济学时期和新古典经济学时期相比，20 世纪上半叶开始兴起的发展经济学给予了工业化更高的关注度。这是由于那个时期刚刚取得独立的发展中国家以传统农业国为主，亟待实现国家工业化。在这个时期，产生了相对完整的工业化理论体系，并从实证角度进行了大量论证。

1931 年，霍夫曼（Hoffmann）根据近 20 个国家的时间序列数据，研究了工业内部结构的演变规律，就此提出了"霍夫曼定理"——在工业化进程中，霍夫曼比率或霍夫曼系数（消费品工业的净产值与资本品工业净产值之比）是不断下降的。

1935 年，费雪（Fisher）在《进步与安全的冲突》一书中，第一次提出了"三次产业"的概念，将产业结构的演变分为三个阶段：第一阶段，经济产业以农业和畜牧业为主，劳动力很难向非农产业转移；第二阶段，经济产业以纺织业和钢铁等制造业为主，劳动力以向制造业转移为主；第三阶段，经济产业以服务业为主，劳动力大规模转移到服务业。

1943年，罗森斯坦·罗丹（Rosenstein Rodan）指出，发展中国家人口与土地数量上存在矛盾，劳动力过剩，推进国家工业化是必由之路。而这就需要全面地、大规模地在各个工业部门按同一投资比例增加资本投资，以克服资本供给的"不可分性"，使整个工业按同一速率全面增长。

1954年，刘易斯（Lewis）等提出了二元结构理论，指出劳动力资源配置从传统农业部门到现代工业部门转移，有利于全社会的劳动生产率的提高和社会经济的发展。

1958年，赫尔希曼（Hlrschman）指出，与农业部门相比，工业部门特别是资本品工业部门的"联系效应"更大，更有利于促进社会经济的发展。为了提高有限的资本的生产效率，发展中国家推进"不平衡发展战略"，将资本投入效应较大的工业部门中是有必要的。

1985年，费德曼（Feidman）论证了优先发展重工业对经济发展的重要性。认为经济发展是资本品工业各种投资的函数，为了经济的长期发展，优先实现资本品工业的连续投资是必要的，利用重工业发展为轻工业、农业提供资本品。

1989年，钱纳里（Chenery）等通过经验分析指出，随着人均国民收入水平的提高，大量的劳动力从农业生产向工业和服务业转移，世界各国在社会经济发展过程中所呈现的趋势是一致的。

张培刚系统地研究了农业国的工业化进程，提出了许多工业化的经典思想，以独特的角度给出了工业化的定义。他在《农业与工业化》一书中指出："工业化的发展使农业生产在绝对数量上和规模上发生了空前的扩张，但农业生产总值在国民生产总值中所占的比重却下降了。"①

综上所述，发展经济学兴起后的工业化理论是十分丰富的，各国经济学家从不同的角度论证了工业化的历史必然性。许多思想都在中国的工业化实践中得到了印证，至今仍具有现实指导意义。

工业化是社会经济发展中从农业经济为主导向工业经济为主导过渡的特定历史阶段，从经济角度来看，工业化通过资源的配置来提高工业的生产率，从而使产业结构发生变化，使得经济增长速度增加②。另外工业生产设备投资的增加造成了对设备的有效需求。对国民经济而言，这将影响工业生产的逐步提升，同时为了增加国家的工业竞争力，就要出口商品和进口原材料，这一过程又可促进贸易的发展。从社会角度看，工业的发展依赖于厂房和工人，而这就需要大量的农耕土地以及大量的劳动力，这就是城市发展的原因，城市人口规模的扩大对整个社会产生巨大的影响，法律和政治制度都会因此发生改变，而通过工业的发展，资产阶级和无产阶级矛盾日益激烈，催生现代无产阶级工人运动。从文化角度看，大量工业产品改变了人的生活习惯，同时促进了大众传媒的发展。

（四）新制度经济学兴起后的工业化理论

20世纪70年代以来，经济学忽略了对工业化的研究，原因主要有两方面：一是发达国家大多数已经完成了工业化进程，面向发达国家的经济学更加关心后工业社会的问题。二是20世纪50—60年代西方发展经济学工业化理论并没有给许多发展中国家的工业化带来预期的效果，反而导致了重工轻农的畸形经济结构的产生。这就导致了西方主流经济学基本不再对工业化进行研究。大多发展经济学开始反思原有的工业化理论，甚至不再涉及工业化问题。日益新兴的新制度经济学对工业化的研究也相对较少。值得庆幸的是，一些来自正在推进

---

① 张培刚：《农业与工业化》，华中科技大学出版社2002年版，第10页。

② Eliasson G and Firm Objectives, Controls and Organization: *The Use of Information and the Transfer of Knowledge within the Firm-Volume* 8, Springer Publishing Company, Incorporated, 2014.

工业化的发展中国家的经济学家在对工业化理论进行继续探讨。

张培刚通过对新制度经济学等经济学的最新研究成果进行研究，提出了与西方学者不一样的工业化理论。他认为工业化之中包含着农业现代化及其组织和制度变迁，通过深度挖掘和完善工业化理论，提出了以工业化理论为主线的新发展经济学理论框架。他指出，人口、资源或物力、社会制度、生产技术、企业家的创新管理才能是发动和定型工业化进程的五种最重要的因素。历久弥坚，在城乡二元经济结构条件下，中国工业化进程很好地验证了这一理论观点。

以杨小凯为代表的"新兴古典经济学"研究群体，继承了斯密、杨格等的专业化分工思想，并给出了工业化理论的全新的阐述。他们指出，工业化是专业化分工不断加深以及迂回生产链不断加长的过程，分工网络大小和相关市场容量以及交易效率的高低在工业化进程中起着决定作用，而完善的产权制度和交易制度有利于提高交易效率。

三　国内外工业化研究内容

国内外对工业化的研究，内容主要包括以下几个方面：

（一）关于传统工业化

传统的工业化一般被认为是早期发达国家的工业化，它以粗放型或资源消耗型的生产为代表，工业化的推进依赖于资源的高投入。传统的工业化的发展是以环境污染为代价，早期的工业化进程中环境污染问题较为突出，在欧美等发达国家的工业化进程接近尾声之时，环境问题才开始真正受到关注。总之，传统工业化模式虽然为社会生产力的发展做出了巨大的贡献，但也在资源消耗和生态环境方面付出了惨重的代价。传统工业化虽然促进社会经济增长，但"非持续性"的模式与"野蛮性"的战略也为社会发展带来严重的负效应①。

---

① 王均奇、施国庆：《工业化理论与实践研究综述及存在问题分析》，《生产力研究》2007年第14期。

（二）关于工业化对未来社会的影响

1968 年，由几十位来自全球各国的科学家、教育家和经济学家等学者组成的一个非正式的国际协会—罗马俱乐部（The Club of Rome）在罗马正式成立。这个组织成立的目的是探讨社会、经济和环境等多方面的人类困境，并提出解决方案和新制度，扭转不利局面。受俱乐部的委托，以麻省理工学院丹尼斯·米都斯（Dennis L. Meadows）为首的研究小组，深刻反思了西方流行的高增长理论，在 1972 年提交的《增长的极限》（*The Limits to Growth*）研究中，他们对环境的重要性以及资源与人口之间的基本联系进行了深度阐释。该报告认为：由于世界人口增长、粮食生产、工业发展、资源消耗和环境污染 5 项基本因素的运行方式是指数增长而非线性增长，在 21 世纪的某个阶段，粮食资源缺乏和环境破坏将导致全球经济增长达到极限，为了避免这种情况出现，最好的方法就是限制增长，即"零增长"[①]。

其他相关研究，还有美国贝尔（Bell，1973）的《后工业社会的到来》）（*The Coming of Post-Industrial Society*），托夫勒（Toffler，1980）的《第三次浪潮》（*The Third Wave*）、法国让 - 雅克·塞尔旺 - 施赖贝尔（Jean-Jacques Servan-Schreiber，1980）的《世界面临挑战》（*Le Defi Mondial*），奈斯比特（Naisbitt，1982）的《大趋势：改变我们生活的十个新方向》（*Megatrends*：*Ten New Directions Transforming our Lives*）等。

（三）关于工业化阶段的划分

18—19 世纪的工业化指机器大工业取代农业在社会经济中占主导地位的生产方式。在 20 世纪，特别是第二次世界大战过后，科学技术飞速发展，产业分工逐渐细化，国民人均收入显著提高，工业化的含义也被拓宽了。学者们采用了多种定性的方法来划分工业化发展阶段，基本上揭示了工业化进程的一般规律。国际上公认的工业化实现以及工业化水平的评价指标包括人均国内生产总值、制造业占社会商品生

---

① Dennis L. Meadows, etc. , *Limits to Growth*（*HRD*），Chelsea Green Pub Co, 2004.

产总值比重、三次产业生产结构和就业结构、城市化水平等。具有代表性的方法主要有：

1. 霍夫曼系数

德国经济学家霍夫曼在 20 世纪 30 年代提出的四阶段说被认为是最著名的划分工业化阶段的理论。霍夫曼对工业化进程中工业结构的演化所做的研究工作是开拓性的。他在 1931 年出版的《工业化的阶段和类型》中提出，资本品工业部门和消费品工业部门的划分是以该两个部门产品的最终去向为依据的。若生产的产品有 75% 以上用作消费品，这个部门就是消费品工业部门；若有 75% 用作资本品，则为资本品工业部门。通过对近 20 个国家的时间系列资料的研究，霍夫曼提出了霍夫曼系数（消费资料工业净产值与资本资料工业净产值之比），它是分析工业化过程的最敏感变量。随着一个国家工业化的进程的不断推进，霍夫曼系数是不断下降的。他根据这个变量值的观察，将工业化过程划分为以下四个阶段，如表 1—1 所示的霍夫曼之工业化四阶段说。

表1—1　　　　　　　　　霍夫曼之工业化四阶段说

霍夫曼系数	工业化阶段	工业化特征
5（±1）	第一阶段	消费品工业占统治地位
2.5（±1）	第二阶段	消费品工业大于资本品工业
1（±0.5）	第三阶段	消费品工业与资本品工业相当
1	第四阶段	资本品工业大于消费品工业

根据霍夫曼的四阶段学说，资本品工业与消费品工业比例的上升，代表了工业化的进展。因此，"霍夫曼系数"会在工业化不断深入的过程中呈下降趋势，就形成了一条定理。简言之，工业化水平越高，重工业在国民经济中所占的比重就会越大。也就是说，一个国家重工业在国民经济中所占的比重是判断这个国家工业化程度以

及国家经济发展水平和经济实力的指标[①]。显而易见，新兴国家的发展很多方面可以借鉴欧美发达国家工业化的经验和发达国家的经济结构。对那些想独立自主地发展国民经济的国家来说，首先发展重工业，再建立一套完整的工业体系就成为发展社会经济的必经之路。

国际上衡量工业化程度有多种方法，具有代表性的有霍夫曼的工业化阶段划分方法、钱纳里工业化阶段划分法、罗斯托工业阶段划分方法、联合国工业阶段划分方法。

根据霍夫曼的理论，整个工业化的进程就是资本品工业在国家工业的比例不断增长的过程。

2. 钱纳里经济发展阶段划分法

人均收入水平是判断工业化所处阶段的总体性指标。1989 年美国经济学家钱纳里（Cheery）等将现代经济增长等同于经济结构的全面转变，认为经济增长是经济结构转变的结果，而经济结构的转变与人均收入有着规律性的关系，并通过对多国模型的研究提出了"标准工业化结构转换模式"，以人均 GDP 水平为依据，将从经济的整个增长和结构转变过程划分成了三个阶段、6 个等级[②]（见表 1—2）。

表 1—2　　　　　钱纳里人均经济总量与经济发展阶段的关系

经济发展阶段		人均 GDP (1970 年美元)	人均 GDP (1980 年美元)	人均 GDP (1998 年美元)
初级生产阶段		140—280	300—600	530—1200
工业化阶段	初级阶段	280—560	600—1200	1200—2400
	中级阶段	560—1120	1200—2400	2400—4800
	高级阶段	1120—2100	2400—4500	4800—9000
发达经济阶段	初级阶段	2100—3360	4500—7200	9000—16600
	高级阶段	3360—5040	7200—10800	16600—25000

---

① Wimble M and Singh H and Auckland N Z, "A Multilevel Examination of Information Technology and Firm Performance: The Interaction of Industry and Firm Effects", *PACIS*2015, 2015.

② H. 钱纳里：《工业化和经济增长的比较研究》，上海三联书店 1989 年版，第 48 页。

钱纳里对经济增长和结构转变过程的分析，涵盖了经济从不发达阶段到成熟阶段的全过程，并具体划定了经济结构转变中的各转折点的人均收入指标。钱纳里的工业化阶段划分理论被大多数经济学家所认可，对世界各国，特别是许多发展中国家推进工业化进程具有非常重要的理论指导意义和参考价值。

3. 配第—克拉克定理

1691 年，威廉·配第从英国的实际情况出发，提出农业、制造业、商业依次能够给劳动者提供更多的收入，这导致劳动力向能提供更高收入的部门转移。科林·克拉克借鉴了威廉·配第的研究成果之后，按照三次产业分类法进一步考察和研究了劳动力的产业分布及变化，提出社会经济的发展和国民人均收入的提高导致劳动力经历了由第一产业向第二产业转移而后向第三产业转移的过程。第一产业拥有的劳动力将逐渐减少，第二、三产业拥有的劳动力将不断增加。国民收入的结构也发生了类似的变动，随着经济发展，第一产业提供的国民收入占整个国民收入的比重呈现不断下降趋势；第二、三产业在国民收入中的比重有所上升。

4. 库兹涅茨法则

1971 年，美国经济学家库兹涅茨借鉴克拉克研究成果，以国民收入和劳动力在产业之间的分布为角度，分析研究了经济发展过程中产业结构的变化。通过比较三次产业的 GDP 构成发现，在工业化的开始阶段，工业化的推进导致第一产业比重不断下降，第二产业比重出现快速上升趋势，并拉动第三产业比重的提高；当第二产业的比重超过第一产业的阶段时，工业化进入了中期的第一阶段；当第一产业比重小于1/5，第二产业的比重超过第三产业而占据 GDP 结构的最大份额时，工业化进入了中期的第二阶段；当第一产业比重小于1/10，第二产业比重上升到最高水平并保持稳定或有所下降时，工业化进入后期结束阶段。由此可以看出，在工业化发展的进程中工业结构研究的重点应着眼于其演变的过程和动力机制等。

5. 罗斯托的"发展阶段"理论

1960年，美国经济学家罗斯托在《经济成长阶段》一书中，以世界经济发展史为角度，根据投资率和主导部门两项指标将工业化发展阶段划分为以下五个阶段[①]：

（1）传统社会阶段

所谓传统社会是指社会结构在有限的生产函数内发展起来的，社会中的大部分资源用于农业生产，技术和生产效率的提高是有限的。

（2）为起飞创造前提条件的阶段

与传统社会阶段相似，这一阶段仍然存在着传统的低效率生产方式，但不同的是在政治方面，一个高效的中央政权的国家的建立是这个阶段的社会和经济发展的决定性因素。

（3）起飞阶段

在这个阶段，制约经济稳定增长的因素逐渐被克服，新兴工业不断快速扩张，其产生的大部分利润又被用于新工厂、新车间的建立。反过来，在新工业迅速扩张的过程中，工厂管理者、技术人员和工人等人力资源的需求也不断扩大，为其服务的服务业以及其他制造品的需求也不断扩大，进而推动了城市地区和其他现代工厂的不断发展。

（4）走向成熟阶段

起飞后大约40年达到成熟阶段。罗斯托把成熟定义为这样一个阶段，在这个阶段中，经济展现出超越曾推动其发展的初始的工业能力，并展现在广泛范围上吸收和采用现代技术先进成果的能力。

（5）大众高消费阶段

在此阶段，社会不再把现代技术的又一次进步作为最高目标，而选择把更多的资源投入社会福利和社会保障建设，从而出现了福利国家，这正是社会超越技术的成熟表现。

---

① W. W. 罗斯托：《经济增长的阶段》，中国社会科学出版社2001年版，第4页。

1971 年，罗斯托在《政治与成长阶段》一书中新增加了第六个阶段（见表 1—3）。

表 1—3　　　　　　　　罗斯托的发展阶段说

阶段划分	基本特征
传统阶段	尚无现代科学技术，生产力水平低下
准备阶段	占人口 75% 以上的劳动力转移到工业、交通、商业和服务业，投资率明显超过人口增长水平
起飞阶段	工业革命时期，投资率所占国民收入比率由 5% 增加到 10% 以上，有一种或几种经济主导部门
成熟阶段	投资率达到 10%—20%，经济结构发生变化，现代技术有效应用于大部分资源
消费阶段	工业高度发达，主导部门转移到耐用消费品和服务业部门
追求生活质量阶段	教育、保健、医疗、社会福利、文娱、旅游等以提高生活质量为目标的产业成为主导部门

6. 联合国工业阶段划分方法

联合国工业发展组织将工业净产值在国民收入的占比作为指标，把工业经济的发展阶段分为农业经济、工业初兴和工业加速三个阶段（见表 1—4）。

表 1—4　　　　　　　　联合国工业三阶段说

工业化阶段	阶段特征 R：工业净产值/国民收入（%）
农业经济阶段	R < 20
工业初兴阶段	20 < R < 40
工业加速阶段	R > 40

工业化程度的衡量标准有很多，工业化演进水平主要通过三方面来表现：第一，在钱纳里工业化程度划分方法中通过人均收入变动表现出工业化程度；第二，在罗斯托的划分方法中通过产业结构的变化

反映工业化程度；第三，在霍夫曼的划分方法中通过工业结构的变化反映工业化程度。

四　新型工业化的含义

罗宾斯曾指出："一门科学的定义不是形成于这门科学创立之前，而是在这之后。"① 同理，新型工业化也是一个相对于传统工业化的新概念，是对人类社会经历发达国家的传统工业化道路和中国正在走的工业化道路而言的②，它是中国工业化发展的新阶段。

在对新型工业化道路这一概念之"新"进行研究的过程中，国内学者逐步对其有了系统认识。陈冬认为在党的十八大上提出的新型工业化是广义的概念，是指一个国家或地区在全球化背景下，以科学发展观为指导思想，促进信息化、工业化、城市化相辅相成，社会、经济、生态协调发展，由半农业、半工业社会向工业社会和信息社会或者工业—信息社会转化的历史过程。

根据比较对象的不同，任保平认为当中国的新型工业化与发达国家的工业化相比时，其特征表现为：它以充分就业为先导，以可持续发展为基础，把公有制经济与非公有制经济相结合，以政府为主导，是以信息化带动的跨越式的工业化。而当它与中国的传统工业化相比，特征又表现为：它以政府职能的转变为前提，以可持续发展为基础，采用集约型经济增长方式，完成工业化任务并实现工业现代化，在实现机制上强调市场机制的作用，并且整个过程伴随着农业的工业化过程③。

胡鞍刚认为新型工业化是"以信息化带动的、在消耗较少资源、带来较少环境污染条件下取得良好经济效益的，并能充分发挥人力资

① ［英］莱昂内尔·罗宾斯：《经济科学的性质和意义》，朱泱译，商务印书馆 2000 年版，第 9 页。

② 周叔莲、王伟光：《论工业化与信息化的关系》，《中国社科院研究生院学报》2001 年第 2 期。

③ 任保平：《新型工业化：中国经济发展战略的创新》，《经济学家》2003 年第 3 期。

本优势的工业化"。①

　　新型工业化有狭义和广义之分。狭义的新型工业化，可以概括为：第一，以信息化带动工业化；第二，依靠科技进步，不断改善经济增长质量，提高经济效益；第三，正确处理新技术产业与传统产业之间的关系；第四，控制人口增长，使人资源与环境协调发展②。而广义的新型工业化还要突出解决机制、制度、经济增长方式等问题。③

　　卫兴华认为新型工业化要将信息化与工业化相结合，要充分发挥后发优势，实现跨越式发展，要以信息化带动工业化，以工业化促进信息化，"走出一条科技含量高、经济效益好、资源消耗低、环境污染少、人力资源优势得到充分发挥"的新路子④。

　　新型工业化的基本要求是"资源消耗少、环境污染少、可持续发展"。黄泰岩、李德标提出了广泛采用节能减排技术，大力发展环保产业，促进工业化与能源、环境保护的良性互动等观点。资源环境经济学家们还把推行清洁生产、转变工业经济增长方式作为实现新型工业化的重要途径⑤。曲格平指出清洁生产意味着中国工业生产方式的根本性变革，即使其从传统粗放式生产迈向了集约式生产⑥。

　　"新型工业化道路"战略构想给"两化"融合的发展指明了方向，即通过信息化与工业化之间的带动和促进作用，使科技不断创新、经济和社会效益不断提高，节能降耗取得明显效果，人的素质得到全面发展的节约、和谐的现代化社会。其本质特征是信息化与工业化的良

---

　　① 胡鞍钢：《新型工业化与发展》，见《国家经贸委信公司《专家谈走新型工业化道路》，经济科学出版社2003年版，第149页。

　　② 吕政：《我国新型工业化道路探讨》，《经济与管理研究》2003年第2期。

　　③ 吕政：《对新型工业化道路的探讨》，见国家经贸委倍司《专家谈走新型工业化道路》，经济科学出版社2003年版，第84页。

　　④ 卫兴华：《对十六大报告中有关经济问题的理解与思考》，《经济理论与经济管理》2002年第12期。

　　⑤ 黄泰岩、李德标：《我国新型工业化的道路选择》，《中国特色社会主义研究》2003年第1期。

　　⑥ 曲格平：《探索可持续的工业化道路的》，《产业与环境》2003年第1期。

性互动，即通过信息化对工业化的带动作用，以及工业化对信息化的促进作用实现两者的融合发展①。

关于中国新型工业化的特点，林兆木从以下四个方面进行阐述：第一，以信息化带动。第二，以科技进步为动力、以提高经济效益为中心。第三，同可持续发展战略相结合。第四，要求充分发挥人力资源优势②。

任保平认为新型工业化的"新"主要体现为：第一，中国作为一个后发展国家，完全可以在工业化的同时推进信息化，发挥后发优势。第二，强调生态建设和环境保护，强调处理好经济发展与人口、资源、环境之间的关系。第三，处理好资本技术密集型与劳动密集型产业，虚拟经济与实体经济之间的关系③。

综合国内相关专家学者对新型工业化这一概念的内涵和特点的分析，可以看出新型工业化涉及社会经济生活的方方面面，需要我们从工业化发展的客观规律以及国际、国内社会环境与科技发展趋势中动态地进行理解和把握。

（一）新型工业化是以信息化带动的工业化

以信息化带动工业化，以工业化促进信息化，是新型工业化最根本、最重要的特征。一方面，信息产业的发展加快了工业化进程。目前，中国信息产业的产出与销售总规模以及对国民经济增长的贡献均居各行业之首，逐渐成为支柱产业。另一方面，信息技术在工业设计、生产、控制等领域的充分运用改变了领域内的运行体制和经营方式，提高了产业部门的劳动生产率，改进了产品和服务的质量，加快了传统产业的改造和产业结构的升级优化。

（二）新型工业化是转变资源利用方式、实现可持续发展的工业化

中国地大物"薄"，工业化发展使国土、资源和生态环境面临着

①　吕政：《加入 WTO 后的中国产业组织与国际竞争力（笔谈）：生产社会化与产业结构的调整》，《湖南师范大学社会科学学报》2002 年第 6 期。

②　林兆木：《关于新型工业化道路问题》，《思想理论教育导刊》2003 年第 3 期。

③　任保平：《新型工业化：中国经济发展战略的创新》，《经济学家》2003 年第 3 期。

严峻考验。数十年来，中国尚处于工业化高速发展时期，受技术等因素的影响，经济快速发展的同时伴随着资源的高投入、高消耗以及严重的环境污染。1995 年，党的十四届五中全会提出了"可持续发展"这一重大战略，要求重视控制人口、节约资源和环境保护，使人口增长与社会生产力的发展相适应，使经济建设与资源、环境相协调，转变资源利用方式，实现良性循环。

（三）新型工业化是优化升级产业结构的工业化

工业化进程是一个不断改变各产业间相互关系的过程，也是产业结构不断优化升级的过程。新型工业化过程中必须正确处理好几组关系：第一，轻、重工业的关系；第二，第一、二、三产业的关系；第三，高新技术产业与传统产业的关系；第四，资金技术密集型产业与劳动密集型产业的关系；第五，实体经济与虚拟经济的关系。最终形成以农业为基础，以高新技术产业为先导，基础产业和制造业为支撑，服务业迅速发展的产业格局。

（四）新型工业化是区域协调发展的工业化

区域协调发展是指在宏观调控下，充分利用各个区域的特点和优势，最大限度地发挥区域之间互补的整体优势和综合比较优势，形成参与分工和竞争的合力。实现区域协调发展是推动中国生产力布局合理化、促进资源有效开发和资金、技术、人才合理流动，改善产业结构、产品结构的重要措施①。

走新型工业化道路，就是要坚持把经济发展建立在科技进步的基础上，带动工业化在高起点上迅速发展；坚持注重经济发展的质量和效益，优化资源配置，提高投入产出效率和经济回报；坚持推广应用先进技术，提高能源资源利用效率，突破能源资源约束；坚持防治污染、保护生态环境，使经济建设和生态建设和谐发展；坚持以人为本，提高劳动者素质，充分发挥人力资源优势，注重改善民生，保障劳动

---

① 卫兴华：《对十六大报告中有关经济问题的理解与思考》，《经济理论与经济管理》2002年第12期。

者生命和健康安全。

实现新型工业化需要加大产业结构调整力度，促进工业经济发展方式转变；加强自主创新，提高工业整体竞争力；推动产业升级，加快向制造业强国迈进；找准切入点，推进信息化与工业化融合。而实现"两化"融合就要实现工业产品设计研发的信息化、工业生产的自动化、企业和行业管理的信息化、产品流通和市场信息化、培养新一代产业大军推动工业经济延伸发展。

第三节　信息化与工业化的概念关系

一　信息化与工业化关系的认识演变

关于如何理解信息化与工业化两者之间的关系，一种观点认为两者相互融合，工业化包含信息化，信息化是工业化的延伸，是工业化的现代形式。一方面，工业化是信息化的物质基础和需求之源；另一方面，信息化是工业化的最新发展阶段和"引擎"，赋予了工业化新的内容和现代化的意义，是现代的工业化。另一种观点认为信息化与工业化是两个不同的发展阶段，信息化是工业化之后的一个新阶段，可以称之为工业化社会或信息社会。当信息服务业高度发达，覆盖社会经济各个领域时，就代表着一个社会从工业化进入了信息化[1]。

中国对信息化与工业化关系的认识是一个不断深化的过程。党的十五大提出"大力推进国民经济和社会信息化"，党的十六大指出"以信息化带动工业化，以工业化促进信息化"，党的十七大提出工业化、信息化、城镇化、市场化、国际化"五化"并举和信息化与工业化"两化"融合，表明信息化从生活领域渗透到生产领域，成为工业

---

① 黄泰岩、李德标：《我国新型工业化的道路选择》，《中国特色社会主义研究》2003 年第 1 期。

转型与升级的有力支撑。

姜爱林从四个方面阐释信息化与工业化的关系：

第一，从产生上看，工业化是信息化的源泉，信息化是工业化的派生物，信息化产生于工业化但不是工业化的附属物。

第二，从发展阶段上看，工业社会与信息社会是两个性质不同的社会，后工业化是信息化的特殊表征，信息化是工业化之后的一个新的发展阶段。

第三，从作用上看，工业化是信息化的前提和基础，信息化是工业化的延伸和发展，信息化是工业化发展的工具，工业化是信息化的重要载体。

第四，从信息化与工业化的动因以及主要资源来看，工业化是人类追求发展的过程，而信息化则是人类维持可持续发展的过程；工业化是不断实现经济快速发展的时代，信息化则是逐步走向经济、社会和生态可持续发展的时代。简言之，信息化与工业化之间是前提和发展、源泉与载体、基础和对基础之改造的互动关系[1]。

王晰巍、靖继鹏等还提出了从信息化与工业化的动因以及主要资源来看，工业化是人类追求发展的过程，而信息化则是人类维持可持续发展的过程[2]。

除此之外，信息化与工业化之间还是一种需求与供给的关系。一方面，工业发展需要运用大量的信息技术、产品及服务。另一方面，信息化为工业企业的发展提供技术支撑和新的管理手段，促进企业技术、产品和服务以及管理的创新[3]。

综上所述，信息化与工业化既矛盾又统一，两者密不可分且互相促进，但这并不意味着两者的发展有必然的先后顺序，也不意味

---

① 姜爱林：《21 世纪初用信息化推动工业化的战略思考》，《情报学报》2002 年第 3 期。

② 王晰巍、靖佳鹏：《信息化与工业化融合的基本理论及实证研究》，《情报科学》2009 年第 11 期。

③ 王展祥：《中国信息化与工业化互动发展机制研究》，硕士学位论文，武汉理工大学，2005 年，第 22 页。

其发展顺序不可逾越或不能合并。根据已有的发展经验以及后发优势与经济赶超战略，发展中国家完全可以在工业化的同时着手信息化工作，采用两步并一步的并行发展方针，实现工业化、信息化的跨越式发展。

中国相关学者就如何处理信息化与工业化二者之间的关系进行了长期研究。从党的十五大的"分别发展"，改造和提高传统产业，发展新兴产业和高技术产业，推进国民经济信息化；到党的十六大"强调互动"，要求以信息化带动工业化，以工业化促进信息化；再到党的十七大的"强调融合"，发展现代产业体系，大力推进信息化与工业化融合，促进工业由大变强；直到党的十八大提出"四化同步"，促进工业化、信息化、城镇化、农业现代化同步发展。其中，"两化"融合是中国对"两化"关系认识的进一步深化。首先，信息化是工业化的重要支撑，可以改进工业生产技术，提高工业企业管理水平，从而促进传统工业的改造与升级，提高生产效率和资源配置效率，同时减少资源消耗和污染。信息相关制造业作为工业的重要组成部分，其发展必然会带动工业总值的发展，工业化也为信息服务业带来了广阔的市场空间。

二　信息化与工业化的区别

工业化的核心是发展大规模、高效率的制造业，通过工业制造技术和产品在农业、服务业等领域的应用向社会提供丰富的产品和多样的服务，并提高社会生产和服务效率。信息化的核心则是在加快信息产业发展，不断提高信息技术和信息资源在国民经济各部门与社会各领域内的利用率，从而促进经济发展和社会进步。在工业社会中，劳动工具主要是机器设备，而在信息社会里则转变为计算机、现代通信设备等智能化的工具。劳动对象则由原材料、能源等物质产品转变成信息。在信息社会里，劳动者成为知识工人，信息的价值被充分挖掘，而物质资本效果被弱化。表1—5从信息化与工业化的相互作用、各自的研究问题、核心内容和追求目标等方面具体列出了两者的区别①。

表1—5   信息化与工业化的区别

	工业化	信息化
所在社会形态	工业社会	信息社会
相互作用上看	前提、基础、载体	延伸、发展、工具
研究的问题	动力机械	信息的编码、传输、处理
代替人的功能	手的延伸	脑的延伸
核心内容	发展大规模、高效率制造业，带动农业、服务业的发展	通过开发信息技术、应用信息资源，提高各领域生产、服务、管理等效率
追求的目标	提供丰富的物质产品	提供更高质量的产品和服务
发展动力	资本为第一动力	技术为主要动因
管理模式	垂直	扁平
主导产业	制造业	信息产业

从生产力角度来看，劳动工具、生产资料和劳动对象都发生了革命性的变化。在工业化以及工业化社会当中，劳动工具是动力机械。而在信息化与信息社会中，劳动工具是以计算机、自动化设备等为代表的智能化的工具，它们可以看作是人脑、四肢的延伸。劳动对象的转变则由工业化社会中的能源、原材料转变为信息，信息作为一种新的生产要素独立于生产力的系统中，成为一种无形的资源。与此同时，劳动者也由工业化社会中的技术工人转变成了信息化社会的知识工人，他们只要拥有信息和知识就能参与社会经济活动。

从社会财富的角度上看，工业化社会中的价值增长通过人类劳动使原材料和能源产生价值。而在信息化社会中，信息已成为一种新的资源，价值增长更多地依靠于产品的信息含量。

———————

① 王展祥：《中国信息化与工业化互动发展机制研究》，硕士学位论文，武汉理工大学，2005年，第5页。

三　信息化与工业化的联系

信息化与工业化之间有许多相通的地方，其发展也是相辅相成、互相促进的。因此，我们应辩证地看待两者间的内在关系，可从以下几个层面进行理解。

（一）信息化是狭义工业化的新发展，是广义工业化的深化

信息化是在大部分国家完成工业化之后出现的一个新的社会进程，是狭义工业化的新发展，丰富了工业化的内容。有学者认为信息化是广义工业化发展的一个高级阶段[①]。也有学者认为"若从工业化的广义理解，信息化实质仍是生产力和产业结构的变革过程，是传统工业化的进步和深化"[②]。

工业化是一个长期的、不断发展的过程，是产业结构的深化，是社会经济发展由农业经济为主向工业经济为主的历史发展阶段。狭义的工业化是指第二产业和制造业在国民经济所占比重不断上升的过程。在此过程中产生了新兴工业部门，也促使新技术的投入使用，从而产生了信息化。

（二）工业化是信息化的主要载体和物质基础

首先，工业化为信息化的发展提供物资、资金、人才和市场资源。通过工业化盈利扩大再生产，将工业化获得的资金积累进行产业投资，开展信息技术的基础研究和应用，促使信息技术不断创新，同时也使信息产业和服务业不断发展壮大。其次，工业化的高度发展为信息化的发展提供了可靠条件。信息和信息产品的生产与利用等均需要信息装备作为载体，如计算机、网络、感测仪器和多媒体等装备或技术一旦脱离制造业则无法生产。最后，工业化对信息化的发展提出了需求，

[①]　任方才：《新型工业化指标体系》，见国家经贸委综合司《专家谈走新型工业化道路》，经济科学出版社 2003 年版，第 127 页。

[②]　Liu L Q and Feng J W, *Evaluation and Empirical Analysis of China's Regional Integration of Informationization and Industrialization*, Applied Mechanics and Materials, 2014.

从而为信息化的发展提供了广阔的应用市场。

信息化的确给工业化发展提供了巨大推动力，但不能代替工业化。信息化的产生依托于工业化的高度发展，脱离了工业发展，则信息社会所需的信息以及信息产品的生产、利用等所需要的完全无法生产。

工业化发展到一定程度之后，对信息的需求与日俱增，在通过工业化盈利之后，将利润投放到信息产业当中，这一过程也给信息化发展提供了资本。因此，工业化是信息化发展的内在动力。

（三）信息化与工业化是密不可分的

由上述可知，工业化是信息化的主要载体和物质基础，失去工业化所提供的市场和工业产品，信息化则失去了发展动力。同时，没有信息化的工业化则将过度依赖原材料和能源的高投入、高消耗，这种粗放式发展模式导致产业结构的变更停滞不前，造成对国民经济的"竭泽而渔"。因此，发展工业化的同时必须要注重信息化建设，在信息化建设的同时也要注重第二产业的发展。

第 二 章

信息化与工业化融合的基本理论问题

第一节　信息化与工业化融合的意义

随着"两化"融合的深入，信息技术、信息产品、信息装备等在国民经济各部门和社会各领域中的广泛应用引起了生产力、经济结构、生活方式、社会形态的全面变革。具体来看，"两化"融合具有促进经济增长、提升和优化产业结构、转变经济增长方式等重要意义，进而能影响社会生活，加速社会转型。

一　通过加快技术进步和知识积累促进经济增长

从生产力构成要素上看，信息化使技术和知识成为生产力要素中两个最重要的因素，对经济的"内生增长"具有突出作用。同时，技术和知识也成为决定劳动者素质、优化组合生产要素、开发与利用物质和能源水平的决定性因素。信息化通过加快技术进步与知识积累的进程使经济发展的面貌得以彻底改观，从而促进经济增长。

（一）加快技术进步

技术进步在"两化"融合中的作用表现为：一是新技术或新产品的发明；二是技术进步，如提高原有生产工艺的效率，优化产品性能或提升产品附加值。新技术或产品的开发进步可以为社会公众创造出新的需求，甚至发展为一门新兴产业，也必然使整个国民经济呈现持续增长的态势。比如，信息产业和信息安全产业就是在信息化发展过程中产生的，由于信息产业涉及信息的收集、加工、处理、存储和传输等各个环节，具有极强的渗透力，因此能够同现代经济社会活动的各个层面、各个领域紧密联系在一起。信息技术使生产加工自动化、销售服务网络化、经济管理和宏观调控智能化逐渐成为现实，为加速经济发展和社会变革提供了强大动力[①]。同时，技术进步能优化产品性能，满足社会公众对产品质量和性能的追求，这也将促使国民经济的增长。

(二) 加速知识积累

知识积累促使技术进步，是经济长期增长的原动力。在信息社会中，信息化的发展加速了知识的生产和更新换代，也使产品中的知识含量增加，满足了社会公众对含有丰富知识的个性化产品的需求，也扩大了人们消费选择的范围。而含有大量创新性知识产品的使用，不仅需要专业知识，还需要相应的操作技巧，这就离不开人力资源即知识型劳动者。如此一来，信息化在某种程度上使人类的经济活动各个领域、各个层面同知识紧密联系在一起。

二 促进产业结构优化和经济增长方式转变

"两化"融合能有效促进信息产业本身的发展和各个产业的信息化，从而推进整个国民经济产业结构的优化升级，转变经济增长的方式。

(一) 优化产业结构，构建现代产业体系

随着信息技术在农业、工业和服务业中的生产、管理和设计等环节的全方位、多层次的渗透与融合。信息技术通过生产方式、管理方式以及组织方式的改进，改造并提升了能源、交通和机械等传统优势产业中一批骨干企业的生产自动化、控制智能化和管

---

① 姜爱林：《以信息化带动工业化的政策措施》，《科学与管理》2002 年第 4 期。

理信息化程度。而依靠推进信息技术与制造技术的融合，不仅提升了装备制造水平，提高了产品质量和企业核心竞争力，同时推动第三产业迅速发展，逐步调整三次产业的比例，构建了产业结构高级化、产业发展集聚化、产业竞争力高端化的现代产业体系，实现产业结构的战略性升级。

（二）转变经济增长方式

在信息化时代，经济增长更依赖于信息资源的传递，信息资源与能源、原材料、人力和资本之间都具有可替代性。而随着产品生产和流通中包含的无形信息越来越多，替代了部分自然资源的消耗，也使低碳环保、可持续的经济增长方式逐渐取代了高消耗、高污染的传统经济增长模式。

同时，信息化促进技术和知识与其他生产要素的有机结合，使高技术产业化，逐步推动产业结构从劳动密集型向技术密集型、从资本密集型向知识密集型转变，实现了产业结构的升级和优化，进而改变经济增长方式。另外，教育的发展、制度的创新、管理效率的提高同样在"两化"融合过程中发挥着提高生产要素的利用效率并促使经济增长方式转变的重要作用。

三　促进和谐社会建设
（一）促进人与人之间的和谐

在构建"社会主义和谐社会"思想指导下，中国的"两化"融合又多了一个内涵，即要提高公共服务效率和水平，消除数字鸿沟，最终促进人与社会的和谐发展。

一方面，信息化可以提升政府的公共服务能力和效率，从而更好地为广大人民群众服务。自政府上网工程实施以来，部分地方政府与有关部门积极利用信息化技术和手段，提供政务公示和查询服务，开展网上审批，创建"一站式"办公模式，还设立了行政领导信箱、留言板等，促进了政府与公众的信息交流与沟通①。

另一方面，信息技术在解决食品安全、煤矿安全、促进就业等人民群众切身利益问题时能发挥重要作用。比如，建立"应急联动指挥系统"和社会预警体系，提高保障公共安全和处置突发事件的能力；推进"金盾"工程的信息化工作，提高社会治安综合治理工作的水平；完善社会舆情搜集和分析机制，提高构建和谐社会的能力和增强维护社会稳定的本领。

（二）促进人与自然的和谐

1. 节约能源

信息技术在提高经济运作效能的同时也能减少自然资源的消耗。生产设备和工艺改造中的信息技术应用不仅能够保证产品质量和数量，还可以节能降耗。与特色农业、能源、旅游与文化服务等行业有效结合的信息通信网络能增强行业资源的利用效率，提高资源共享程度。信息应用系统的利用，能够帮助企业在资金流、物流上进行实时监控与决策，降低能耗和库存积压。

2. 环境保护

信息技术在环境监控和综合控制中的广泛应用②，有助于建立循环经济的绿色支撑体系，并开发废物再利用、清洁生产技术等在内的环境保护措施。信息技术还能帮助建立环境信息资源共享平台，通过整合、加工各类环境信息资源大幅度提高各级环境保护部门的业务能力，并能将环保信息及时反馈。如利用信息技术可提高煤炭加工过程中的焦炭的附加值，达到减少大气环境污染的功效。

（三）促进先进文化建设

信息革命与其所处文化的结合催生了信息文化，也因此带来了文化事业变革和信息文化产业的发展。

---

① 李章程：《浙江省电子政府公共服务研究》，《图书情报工作》2010 年第 5 期。
② 魏延俨：《浅论信息技术在环境监测方面的应用》，《绿色大世界》2007 年第 1 期。

中国的数字文化事业建设充分利用了现代高新技术手段，整合中华民族几千年来积淀的文化信息资源精华和贴近群众的现代社会文化并进行数字化的加工处理，创建互联网文化信息中心或文化网络中心，最后通过文化信息资源网络传输系统实现全国范围内文化信息资源的共建共享。随着信息技术的发展、市场的开放以及群众文化需求的与日俱增，用信息化推进社会主义文化建设是落实先进生产力的实践。另外，随着网络媒体对社会舆论的影响越来越大，推动文化发展的作用日趋明显，也进一步提高了建设先进文化的能力。

（四）惠及百姓生活

信息化在教育、卫生、新闻和广播电视等领域的应用与发展进程也大大加快，信息化应用的社会效益日益明显。在教育领域，中国教育信息基础设施建设不断完善，全国超过90%的高校基本建成校园网。下一代互联网主干网（CNGI-CERNET2）建成开通并接入了近千所高校。"中国高等教育文献保障体系""中国高校人文社会科学文献中心（CASHL）"等资源共享服务系统初步形成，对高校教学、科研和文化普及起到了良好的支持服务作用。

我国已形成了覆盖全国的多张骨干互联网，通过3个国际互联网出入口局、3个区域性国际业务出入口局，近50个海外骨干网络海外延伸节点（POP点），与20多个国家和地区的多个网络相互链接。

截止2012年底，全国FTTH覆盖家庭全年新增5123万户，总体规模达9743万户；WLAN接入点达524万个。①

（五）有助解决"三农"问题

2011年，农业部着手以信息化推进农业现代化并发布《全国农业农村信息化发展"十二五"规划》，为未来五年在农业生产、经营、管理、服务中全面推进信息技术应用提出了指导意见。

通过数年的努力，农业部、科技部等相关部门协力开通了"中国

---

① 曹慧海、李原：《中国互联网络基础设施发展综》，《电子科技》2013年第7期。

农村科技信息网""中国兴农网",实现信息进村入户,通过发布大量的农业供求信息和招商引资信息,帮助农民及时掌握和了解市场、科技、政策等信息,促进农产品流通、农业增效和农民增收,推进了农业信息化进程,进而促进和谐社会建设。

作为国家电子政务重点系统的"金农工程"也已正式投入使用。目前,农业部本级项目已建成十余个电子政务信息系统,开发了 60 多个行业数据库,建成了集农业部门户网站及部领导、司局和事业单位多个子站、地方子站和行业(专业)频道为一体的国家农业门户网站群①。

第二节　信息化与工业化融合的内涵

信息化与工业化的融合是当前形势下具有中国特色的新型工业化道路,是在进行工业革命的过程中全方位地融入信息化,并逐步向信息化过渡的发展阶段。具体来说,是在促进经济社会协调发展理念的指导下,将信息技术和资源应用于生产、销售、管理等环节中,改善工业化经济存在的问题,实现经济、资源与社会的可持续发展。

如何准确把握"两化"融合的战略内涵,找准"两化"融合的切入点,实现"两化"的有机融合,是当前研究领域面临的新问题。

一　关于信息化与工业化融合的定位

杨学山认为信息化与工业化的融合,从广义上说是工业化作为一个时代、一个社会发展阶段的代表,是信息化与工业化的融合阶段。从狭义角度看,则是制造业的信息化,将制造业和信息化发展相结合②。

---

① 郭永田:《中国农业农村信息化发展成效与展望》,《电子政务》2012 年第 2—3 期。
② 杨学山:《解读工业化与信息化的融合》,《数码世界》2008 年第 8 期。

姜奇平在《如何理解工业化与信息化融合》① 一文中提出："两化"融合是对当下的现代化作出的实事求是的判断，是科学的发展方式，两者的融合要求进行五个方面的转变，即转变生产方式、转变发展方式、转变资源配置方式、调整产业结构和统筹经济社会关系。

杨海成认为信息化与工业化融合是以信息技术为基础，通过信息技术与企业各项业务紧密结合，将信息技术融入企业的业务流程，融入企业的发展过程，融入工业化进程的每一个环节，是全方位的融合②。

郑吉春认为"融合"一词表明中国的信息化建设已经取得了一定成绩，具备了与工业化进一步融合发展的基础。同时也表明中国的信息化与工业化已经进入了相互渗透、密切联系的阶段③。

邹生认为信息化与工业化融合就是充分利用信息技术和信息资源，将其与工业化生产方式相结合，加快工业化发展升级，促进工业经济向信息经济转变的过程。"融合"的基本内涵包括五个层面即：产品构成层、工业设计层、生产过程控制层、物流与供应链层、经营管理与决策层④。

王金杰认为信息化与工业化融合是指运用以电子计算机、互联网络等高科技手段，与传统的生产、销售、管理方式相结合，改善工业化经济中存在的问题，实现经济、资源、能源的合理利用⑤。

吴云峰认为可以从两个层次来对"两化"融合进行理解：仅从字面上，就能看出这二者是一体，而非装备在一起的。信息化从之

---

① 姜奇平：《如何理解工业化与信息化融合》，《数码世界》2008 年第 2 期。
② 杨海成：《从信息化与工业化融合破解"两张皮"》，《中国制造业信息化》2008 年第 6 期。
③ 郑吉春：《"融合"即走中国特色的新型工业化道路》，《中国制造业信息化》2008 年第 6 期。
④ 邹生：《信息化与工业化融合的内涵、难点和对策探讨》，《机电工程技术》2008 年第 7 期。
⑤ 王金杰：《我国国信息化与工业化融合的实现途径及其对策选择》》，《山东省青年管理干部学院学报》2008 年第 4 期。

前的只是配件地位到如今却已然不可或缺；换一个层面来看的话，信息技术本身就包含在了工业技术之中，而信息技术革命则是工业革命在更高的层面上的表现——信息技术革命也是一种工业革命，它本身并没有脱离工业革命。在他看来，信息化可以被比作一个运动场，而这个运动场里的运动员们则是各个企业和 IT 厂商，搭建起这个场所的正是政府，裁判的职责则由行业协会来承担，从而起到一个中介的作用①。

二　信息化与工业化融合的定义

（一）"两化"融合的内在机理

在弄清楚"两化"融合的内涵之前，我们首先需要了解"两化"融合的内在机理。

融合这一概念的维度很广泛，在不同的层次、内容和角度上都有所涉及。"两化"融合又有狭义与广义的概念之分，前者指的是工业生产与信息技术应用的结合。后者则指的是工业化社会进程和信息化社会进程这两者结合的过程。信息化与工业化融合的本质就是走新型工业化道路，在这条道路上，"以信息化带动工业化，以工业化促进信息化"是指路明灯。

在人类的历史发展历程中，大致有农业社会、工业社会与信息社会这三个阶段。在古典生产函数中，空间、时间、能源这些物理生产要素是重点考察的对象。如果说，我们现在正在经历着的信息革命是第三次生产革命，那么第一次生产革命则是发生在一万年前左右的新石器时代的革命，即农业革命。在这次革命中，人类从狩猎—采集社会转型至定居农业社会。第二次生产革命则是发生在 200 多年前的工业革命。尽管第二次生产革命从 17—18 世纪的科学发展中吸取了很大一部分能量，但这两次革命仍然都是以能源作为基础，信息并没有成

---

① 吴云峰：《装备制造企业看两化融合》，《机械工业信息与网络》2008 年第 5 期。

为主要的生产要素，而在过去，经济学家也把信息仅仅看作是支持要素。

但是第三次的信息革命产生了新的变化。如果说，人类系统的进化是由于信息复杂性的升高而造成的，那么随着信息技术的进步，我们不仅可以认识到这种复杂性，甚至还可以影响它。这也是第三次的信息革命区别于前两次革命的最明显之处。在与物理因素之间的交换与互相作用中，信息逐渐占据了主导地位，从支持要素变成了主要的生产要素。如图2—1所示的函数图表现了这种变化。

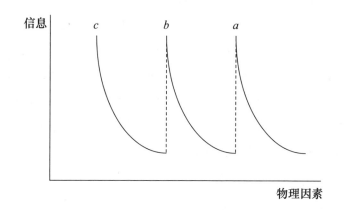

图 2—1 生产函数图

图2—1中，曲线 a 表示农业社会，曲线 b 表示工业社会，曲线 c 表示信息社会。水平方向从右向左反映的是随着技术的发展，人类得到相同价值的东西时所耗费的时间、空间和能量越来越少，而信息却越来越多。信息化与工业化的融合正处于图中曲线 b 到曲线 c 中间，并且向 c 曲线移动的过程。需要特别强调的是，这个曲线只是物理因素被信息取代过程的一个隐喻，并不适合作为考察这种变革的工具。原因是：第一，每个社会阶段的曲线应该有着不同的斜率；第二，在每个社会阶段中，尤其是信息社会，曲线也并非是平滑而连续的，某种技术的发展很有可能会导致物理因素与信息交换方式的突变。

18 世纪后半叶，人类社会因为工业革命从原始的农业社会迈向了工业社会，一直到 20 世纪，由于原子能技术、航空航天技术、电子计算机技术和互联网技术的诞生，人类步入信息社会。

根据信息化与工业化相关关系的论述材料，"两化"融合这一内涵从提出到最终确立是有一个过程的，这个过程是由信息化的特点、信息化与工业化之间的动态关系以及中国自身的国情所决定的。首先是因为中国工业化进程仍在进行，第二产业生产总值在全部国民生产总值中依然占据主导地位，并且呈现出积极的发展态势。这就意味着中国不可能无视工业化的发展而直接进入信息化时代。其次是因为信息化自身的特点决定了并不需要无视工业化的特点进行变革。信息技术的广泛应用是信息化的表现形式之一，而信息技术的一个重要特征就是渗透性强，可以与传统工业很好地结合起来。相比于工业革命初期工业与农业针锋相对的状态，信息产业与传统工业之间的矛盾处于较为缓和的状态，而就目前中国所处的阶段来看，两者相融的方面相比于矛盾的方面是占据优势地位的。最后是因为信息化与工业化这两者之间是动态关系，这种动态关系表现为：最初信息化对工业化的改造与支持变成了"以信带工，以工促信"的互动，到现在又变为信息化与工业化融合，这二者之间的关系始终处于动态变化中。"两化"融合正是基于这样的背景而提出的概念。

尽管在改革开放的前三十年中，中国工业化进程取得了跨越式的进步，并且建立了完整的工业体系，进入工业化中期后半段。然而"两化"融合还处于初级阶段，面对信息化的迅猛发展造就的机遇和挑战，中国政府必须推动"两化"融合，调整产业结构，转变经济增长方式，提升国际竞争力。如何准确地把握"两化"融合之战略内涵，准确定位"两化"融合的切入点，从而实现"两化"的有机融合，是当前研究领域面临的新挑战。

信息化与工业化的融合不只是与某个工业部门融合，也不仅是与工业部门活动的某一环节融合，而是与所有工业门类以及工业部门活动的生产、研发、经营、管理等各个方面融合[①]。

"两化"融合表现出了三个特征：一是生产工具，即信息化的引导和推动生产作用；二是劳动对象，即可持续发展，也就是信息化所带来的资源优化优势；三是劳动者，即劳动者素质的提升和人力资源配置的优化。因此"两化"融合的发展可以总结为三点内容：（1）集约型发展：通过信息化实现规模化，大力发展信息化和工业自动化，从而淘汰落后产能，提升生产效率，减少人力资源成本。（2）可持续发展：通过信息化，将资源的消耗转化为能源的需求，从而实现节能减排，以发展循环型和环境友好型的绿色经济。（3）创新型发展：通过信息化实现信息技术的应用，并且实现产品创新、管理进步与市场开拓，实现劳动者素质的提升。

（二）信息化与工业化融合的含义

在狭义的层面上，"两化"融合指的是工业生产和信息技术应用这二者相结合的，也就是通过信息技术的广泛应用以及对传统工业的改造，优化资源配置，提高生产效率的同时依靠工业水平，以工业工艺的进步促进信息基础设施和信息技术的进步，促使工业向高附加值的方向发展，即向工业信息化的方向发展；而工业发展反过来也为信息技术提供了更加宽阔的应用平台，可以促进通信、计算机等信息技术的发展。

在广义的层面上，"两化"融合可以延伸到社会发展形态融合上，即在工业化社会发展进程中，坚持以高科技产业为主导[②]，使信息技术对工业生产的发挥推动作用，从而使工业化社会和信息化社会有机融合[③]。从广义上讲则是两种社会进程即工业化进程和信息化进程融

---

①　Jian W and Zhenji Z and Xiaolan G，"Research on the Evaluation Indicator System of the Integration of Enterprise Informationization and Industrialization"，*International Journal of Smart Home*，Vol. 8，No. 5，2014.

②　Fritz D A，"Training-The Missing Step in the Industrialization of Technical Services"，*OLA Quarterly*，Vol. 9，No. 1，2014.

③　赵春梅：《浅谈信息化与工业化融合》，《中国信息界》2010 年第 12 期。

合的过程，工业化的延伸导致了信息化的出现，而信息化的出现反过来又促进了工业机械化、自动化与电气化，两种社会进程在发展中相互融合促进。

广义的"两化"融合是工业化的社会进程和信息化的社会进程这两种社会进程互相融合的过程，也就是说，工业化的发展致使了信息化的诞生和进步，并为信息化的发展提供了有力的支撑手段；而信息化的出现同时使得社会从机械化、自动化、电气化时代迈向了数字化、智能化、网络化的信息时代，从而使人类物理现实和虚拟逻辑的距离产生了变化①。

(三)"两化"融合内涵的相关表述

"两化"融合可以说是工业社会与信息社会相互交错的结果，作为一项战略，必须把握它的基本内涵。目前对"两化"融合内涵的理解有不同的表述。

龚炳铮提出了信息化与工业化融合有四个方面含义：第一个方面是信息化与工业化发展战略的融合，信息化发展的战略部署要与工业化发展的战略互相协调，保持一致，信息化发展的模式与工业化发展的模式应该有较高的匹配度，信息化的规划与工业化发展的规划要密切联系、紧密配合。第二个方面是信息技术与工业技术、信息设备与工业装备的融合。语言信息技术与工业技术的相互渗透与相互融合可以发展新的科技成果，信息设备与工业装备的融合可以产生新的生产力。第三个方面是信息资源与能源、材料等工业资源的相互融合。信息资源与能源、材料等工业资源的结合可以最大限度地节约能源和材料等一些不可再生资源。第四个方面是虚拟经济与工业经济的融合。虚拟经济与工业经济的融合会促使产生新一代经济，大大促进信息经济与知识经济的发展壮大②。

---

① 喻兵：《关于信息化和工业化融合的思考》，《特区经济》2008 年第 12 期。
② 龚炳铮：《信息化与工业化融合程度（融合指数）评价指标和方法》，《中国信息界》2010 年第 11 期。

　　龚炳铮提出信息化与工业化融合的内涵包括企业和行业在产品、业务或工艺流程、技术与设备、人才与管理、资源与战略等各方面实现信息化与工业化相互渗透、相互交融与结合。产品融合即采用信息技术研发从而提高产品的性能与质量；业务融合或工艺融合即业务流程与信息流程相结合；技术融合即信息技术与行业技术相结合；设备融合即实现生产装备的自动化、数字化以及智能化；人才融合即信息技术人员与领导、职工、业务人员等的相结合；管理融合即对信息的管理与对工业企业的经营管理相结合；资源融合即信息资源与能源、物质和材料等工业资源相融合；战略融合即业务发展战略与信息化发展战略相结合。

　　童有好提出，"两化"融合的发展具有以下四点特征：全过程、宽领域、多层次、一体化。信息化不仅仅是与企业的某个环节融合，更是与设计、采购、生产、销售、管理、客服等多个环节的融合。信息化不仅仅是与某个行业融合，更是与国民经济和社会发展的各个方面融合。"两化"融合不仅仅体现在微观的企业层面，更体现在中观的产业层面和宏观的社会层面[①]。

　　信息化与工业化的融合内涵就是将信息技术应用在国民经济的各个领域之中，在产品、业务、技术、产业衍生等多个层次实行融合，这是生产力、产业和经济结构、社会形态以及人民生活方式发生剧变的过程。信息化与工业化的融合不仅发生在工业领域中，也发生在社会、文化、政治和生活领域中。

　　信息化与工业化融合表现在七个方面：信息技术与传统工业的融合；信息技术与服务业的融合；信息技术与设计、制造技术的融合；信息技术与生产和经营管理的融合；信息技术与资源和能源供给体系的融合；信息技术与人民生活的融合；信息技术与和谐社会的融合。这些融合的层面和方向需要基础设施、信息文化、信息技术、政策机

---

　　① 童有好：《信息化与工业化融合的内涵、层次和方向》，《信息技术与标准化》2008 年第7 期。

制四个方面的支撑。

周叔莲指出"两化"融合的内涵是信息技术广泛应用在各个领域,与产品、业务和技术等多个层次相互交融的过程,也是生产力与经济结构以及社会生活方式发生变化的过程①。总体看来,这便是发展战略的融合;信息技术与工业技术的融合;信息设备与工业装备的融合;信息资源与工业资源的融合;虚拟经济与实体经济的融合。

吴胜武等认为"两化"融合的过程是多层次、多内容、系统性的。在狭义的层面上主要指的是作用于工业领域中的"两化"融合以及该领域中"两化"融合带来的社会影响;在广义的层面上,不仅是工业领域的融合,更有与其他领域的融合,以及作用于这些领域的融合所带来的对经济、政治、文化以及社会生活等各方面的影响②。

三 信息化与工业化融合的重点

在宏观的社会层面上实施信息化与工业化融合,并非等同于我们当下就立即应将信息化融合进各行业、各领域、各部门中,真正的意义在于,重视具有领导作用的重点领域和关键环节,对症下药,制定合理的措施,使信息化与国民经济和社会发展的各个相关领域逐渐融合。

王旭东在全国信息技术应用工作会议上提出应用信息技术改造提升传统工业、加快推进企业信息化是促进信息化与工业化融合的重要途径,并在《工业化与信息化已到相互渗透新阶段》一文中提出抓好4大重点推进信息化与工业化融合发展③。

(一)关键:突破核心基础产业发展

莫玮在《从信息化与工业化的融合看信息产业发展》一文中解释

---

① 周叔莲:《重视信息化大力推进信息化与工业化融合》,《中国井冈山干部学院学报》2008 年第 3 期。

② 吴胜武、沈斌:《信息化与工业化融合:从"中国制造"走向"中国智造"》,浙江大学出版社 2010 年版,第 204 页。

③ 王旭东:《工业化与信息化已到相互渗透新阶段》,《中国制造业信息化》2008 年第 1 期。

了什么是核心基础产业。所谓核心基础产业是指集成电路、软件、元器件、电子专用材料和电子专用设备仪器等基础行业领域。这些领域现如今已成为全球产业竞争的瞩目点，其原因正是技术难度高、投资强度大、产业附加值高。①

王田苗在回答记者"信息化与工业化融合的关键点在哪些方面"时说道："融合突出表现在，大型飞机/汽车制造、企业信息化与现代物流、通信与交通服务三个产业和不同领域。""面向国家经济建设，迫切需要的是传统装备设计与制造、高精尖数控机床与基础制造装备、能源装备、大飞机制造、汽车制造、重型机械装备、石化通用装备、农业机械等方面。"②

童有好在《推进信息化与工业化融合应注意的几个问题》③ 一文中指出：从经济发展的阶段来看，中国目前正处于工业化的中期阶段，因此在今后的一个相当长的时期内，汽车、机械、装备制造业等工业产业，仍应作为工业化建设的重点内容。因此，应当继续重视并且大力发展工业制造业的产业优化升级。

杨海成从推进制造业信息化角度解读"两化"融合，认为要使信息化与工业化融合，应当从全球制造业未来发展的格局入手，靠自己的力量去不断摸索适合企业业务需求的集成与协同平台，从而构建起支持企业数字化能力的体系，继而支撑企业业务能力的提升，进而提升企业的核心竞争力。④

朱森第提出，要实现信息化与工业化在装备制造业的融合，就应当抓住六个重点建设方面：一是将信息技术融于产品与装备中；二是将数字化应用于设计制造过程；三是转变生产模式；四是坚持绿色制

---

① 莫玮：《从信息化与工业化的融合看信息产业发展》，《数码世界》2008 年第 2 期。

② 王田苗：《工业化与信息化融合促进制造技术发展》，《中国制造业信息化》2008 年第 78 期。

③ 童有好：《推进信息化与工业化融合应注意的几个问题》，《数码世界》2008 年第 8 期。

④ 杨海成：《从信息化与工业化融合破解"两张皮"》，《中国制造业信息化》2008 年第 6 期。

造、节能减排；五是联结起制造业与物流业；六是从生产型制造向服务型制造转变①。

（二）着力点：加快应用电子产业的发展

贺凌在《积极推进信息化与工业化融合》② 一文中强调，作为推进信息化与工业化融合的物质技术基础的电子信息产业，其发展水平直接关系着信息化与工业化融合的程度。如何推进信息化与工业化的融合，应考虑：一是发展强大的电子信息产业，二是建设高水平、高质量的信息网络，三是加速开发低成本、高性能、适用性强的软件和信息技术装备，四是增强中国的自主创新能力。

董云庭在《"两化"融合转变经济发展方式》③ 一文中指出，要充分利用中国电子信息产品制造业已经具有的雄厚产业基础，大力开发嵌入式软件，借此提高电子信息产品的技术含量和附加值，以促进产品结构的升级优化。

娄勤俭在 2004 年 12 月 4 日全国电子信息产业经济运行工作会议上指出加快信息化与工业化融合的重点。他提出大力推进软件和硬件融合发展，加快发展嵌入式软件与硬件结合，将大宗软、硬融合产品大力推广于汽车、医疗、机械这些领域，并争取国家推行相关政策，以扩大对嵌入式软件增值税政策支持的范围是首当其冲的。④

（三）支撑：构建综合信息基础设施

周振华在《工业化与信息化的互动与融合》⑤ 一文中强调，信息基础设施普及——大规模信息化基础建设，大量的投入及相关的维护工作是必需的，不断升级更新、逐步完善也非常重要。

王旭东认为对于中国信息基础设施建设，主要有三项重点工作：

---

① 朱森第：《对装备制造业实现两化融合的思考》，《信息才略》2008 年第 2 期。
② 贺凌：《积极推进信息化与工业化融合》，《江淮》2008 年第 7 期。
③ 董云庭：《"两化"融合转变经济发展方式》，《中国制造业信息化》2008 年第 1 期。
④ 娄勤俭：《电子信息产业 2004 年重点做好四方面工作》，《中国电子商务》2004 年第 1 期。
⑤ 周振华：《工业化与信息化的互动与融合》，《中国制造业信息化》2008 年第 2 期。

①认识到电信技术业务的发展态势是宽带化、IP 化、移动化和多媒体化的，从而更好地进行技术创新工作，以加快构建广覆盖、多业务和高可靠的综合信息基础设施。②面对网络融合的发展趋势，应当在充分挖掘现有潜力的基础上，探索建立网络资源充分利用的机制，以及信息资源充分共享的途径，尽快出台相关配套政策，以利于技术、业务、市场等融合，从而推进"三网融合"。③为了服务于新农村建设，信息服务的建设应该向农村延伸①。

（四）促进信息服务业发展

周振华认为，信息化改造传统产业与传统工业化道路是不同的，前者是通过服务互动得到实现的。应当建立起相应的现代专业中介服务以适应于产业和企业进入电子网络世界的增长。而电子商业作为信息化与工业化互动和融合的重要成果之一，它的运用与发展，更加需要相应的现代信用服务体系的支撑和现代物流配送体系的支持②。

莫玮将其概括为三点：其一，推进电信业务向信息服务业的全面转型；其二，推进软件外包服务发展；其三，不仅要推进传统的出版、媒体和娱乐的数字化以及网络化，还应当抓住机遇，加速普及下一代互联网、IPTV、数字电视和手机电视，通过推进技术和业务的融合这一途径来加快游戏、动漫、数字媒体等新兴数字内容产业的发展③。

童有好提出党的十七大报告中多次提到"公共服务"，表明我们党希望通过加强社会公共服务体系的建设，来实现由人民群众共享改革开放成果，促进社会的公平正义，从而构建以人为本的和谐社会。通过搭建信息技术推广的应用和展示平台，充分利用好公共服务平台这一推进信息化与工业化融合的重要途径，可以在经济、政治、文化和社会建设的各个方面充分享受信息技术的应用成果④。

---

① 王旭东：《工业化与信息化已到相互渗透新阶段》，《中国制造业信息化》2008 年第 1 期。

② 周振华：《工业化与信息化的互动与融合》，《中国制造业信息化》2008 年第 2 期。

③ 莫玮：《从信息化与工业化的融合看信息产业发展》，《数码世界》2008 年第 2 期。

④ 童有好：《推进信息化与工业化融合应注意的几个问题》，《数码世界》2008 年第 8 期。

（五）其他观点

信息化与工业化融合这一问题在不同的学者从不同角度看来，自然也有不同的观点。李林认为：产业融合应该是信息化与工业化融合的重要依据和出发点。从产业融合出发，不仅在产品技术层面可以体现出信息化与工业化的融合，而且在更大的范围经济和在具有丰富内涵的综合性问题上，也能体现出信息化与工业化的融合。例如发展网络型企业组织实施信息化与工业化的融合[①]。

四　信息化与工业化融合的难点

（一）在核心基础产业上缺乏核心技术和标准

王金杰认为"两化"的融合过渡还面临着一些制约因素，首要的就是中国目前信息化核心技术水平及信息化安全建设水平较低[②]。

赵敏在《从工业和信息化部的成立看精益研发》[③]一文中通过分析中国现状得出中国在如下领域追赶世界先进国家的速度很快：移动通信领域；一般消费电子/家电领域；网络媒体和游戏、电子商务等这些基于网络信息技术应用的领域。而在除了民用造船行业以外的制造业领域与发达国家的差距在 20 年以上，因此当前工业与信息化融合的重中之重是制造业的现代化。由此引发出工业与信息化融合最重要的问题是解决产品研发周期长、技术附加值低的问题，这是一直严重困扰中国绝大部分制造业企业的难题。

（二）信息化与工业化产生脱节

王金杰提出企业作为微观经济主体其"两化"融合缺乏普遍性、深入性。中国大部分企业无视信息化在提升管理效率和建立销售网络方面的作用，只是简单地将信息化理解为单纯的技术行为，因而没有

---

① 李林：《产业融合：信息化与工业化融合的基础及其实践》，《上海经济研究》2008 年第 6 期。

② 王金杰：《我国信息化工业化融合的实现途径及其对策选择》，《山东省青年管理干部学院学报》2008 年第 4 期。

③ 赵敏：《从工业和信息化部的成立看精益研发》，《中国制造业信息化，》2008 年第 5 期。

能够重视信息化应用的广度和深度，从而致使信息化与工业化生产过程发生了脱节现象①。

　　邹生指出如何将信息化与工业化融合在引进技术的基础上再创新是后发国家发挥后发优势的捷径，同时也是一个难点。具体来看，在应用的层面上，工业生产者注重的是生产线上作业，信息技术工作者强调的是信息网络应用，因而两者之间存在着沟通障碍，难以将信息化与工业化有机结合起来，从而优化和再造业务流程②。

　　（三）信息化的普及度尚不广泛

　　马健在《产业融合：信息化推动新型工业化的战略选择》③ 一文中从中国传统文化的角度解释了信息化普及度不高的原因。他认为：由于中国传统文化中崇尚节俭，反对奢侈，因此人们的消费心理与消费习惯受到了某种程度上的制约，这种制约使得人们对创新性商品难以一时接受，从而对融合新产品的需求增长受到了抑制。另一方面的抑制原因是当前中国较低的收入水平限制。因而为了创造产业融合需求增长的良好环境与条件，发展中国家应当对产业融合的需求进行引导和调节，并且这种调节应当是宏观层面上的。

　　"两化"融合是全方位的、多层次的动态性过程。从融合层次看，"两化"融合以企业为主体开展产品、技术和业务融合，并引起产业层面的产业融合、新产业衍生等，由此促使宏观层面的运行方式、社会价值模式等发生变化。

五　"两化"融合的内容

（一）生产要素融合

　　"两化"融合是以信息技术与工业技术融合为切入点，并带动人

---

①　王金杰：《我国信息化工业化融合的实现途径及其对策选择》，《山东省青年管理干部学院学报》2008 年第 4 期。

②　邹生：《信息化工业化与工业化融合的内涵、难点和对策探讨》，《机电工程技术》2008年第 7 期。

③　马健：《产业融合：信息化推动新型工业化的战略选择》，《华东经济管理》2008 年第 2 期。

力资源、自然资源、生产设备等发生变化，影响生产要素内部的配置效率，从而导致生产要素层面发生融合。

生产要素（Factors of Production），指进行社会生产经营活动时所需要的各种社会资源。在现代西方经济学家看来，生产要素包括劳动力、土地、资本，企业家才能①。而技术和信息等随着科技的发展和知识产权制度的建立也开始作为相对独立的要素投入生产。这些生产要素随着社会发展在不断变化。例如土地在农业社会中是最主要的生产要素；资本在工业社会中是最主要的生产要素；而技术和信息在信息社会中则是最主要的生产要素。在"两化"融合中，生产要素的融合体现在信息对其他生产要素的替代，这包括：技术融合、人才融合、生产设备融合、资源融合。

1. 技术融合

首先是信息技术向传统的工业生产、设计技术渗透。应用技术融合可以提高生产效率，例如利用计算机辅助设计技术可以大大减少工业设计与生产的时间。其次是技术的创新，也就是孕育出新的技术以不断满足工业化新的发展需求，例如生产控制技术、IPV6 技术以及银行系统的自动终端机等。

2. 人才融合

融合过程要求培养"两化"融合高级人才、复合型人才等，尤其注重培养实用的"两化"融合人才。

3. 生产设备融合

通过信息技术在设备中的运用，实现机器设备的智能化、数字化过程。例如，在机床上的应用微电子技术和计算机软件技术从而发明并升级出数控机床。

4. 资源融合

首先是信息技术与自然资源的开发利用相结合，然后是信息技术

---

① Couch T L,"Factors affecting industrialization of entomopathogens", *Krishikosh*, No. 2, 2014.

与人力资源、自然资源、设备等配置方式发生优化。例如，材料能源融合是信息与材料、能源等不可再生资源的融合。

如表 2—1 所示在信息社会中信息对其他生产要素的替代程度间接反映了信息化与工业化融合的程度①。

表 2—1 信息对其他生产要素的替代

序号	要素替代	举例
1	信息要素对土地的替代	通过信息化管理减少库存，节约工业用地
2	信息要素对资本的替代	降低生产成本，降低管理成本，加快资金周转
3	信息要素对劳动力的替代	提高劳动生产率，减少劳动投入
4	信息要素对能源的替代	利用信息技术优化流程节能减排
5	信息要素对资源的替代	通过信息技术减少原料损耗
6	信息要素对技术的替代	通过信息技术提高自动化水平

（二）产品融合

所谓信息产品与工业产品的融合是指为满足用户对工业产品的需求，工业部门使用信息技术开发新产品，将信息技术综合到各种产品中去，从而使得产品的功能增加，并且性能得到扩展，因而可以生产更具有竞争力的产品，同时适应信息化要求，提高产品的附加值。

同时随着信息化的不断推进，工业部门的工业先进性，节能水平，运营效率，相当大的程度上取决于所用的机械产品。因此工业部门对所用机械产品的自动化、数字化和智能化提出了更高的要求②。

依托于强渗透性的信息技术和信息产品，产品的融合包括信息产品与工业产品的融合、信息技术与产品融合、信息技术催生新产品。

---

① 金江军：《"两化"融合的理论体系》，《信息化建设》2009 年第 4 期。

② Zhang X and Skitmore M and Peng Y，"Exploring the challenges to industrialized residential building in China"，*Habitat International*，No. 41，2014.

（三）业务融合

1. 信息产品与工业产品的融合

信息产品与工业产品的融合是指将电子芯片、ERP 系统等信息产品直接加入传统的工业产品中，借此提高产品的功能和产品的附加值。

2. 信息技术与产品的融合

信息技术与产品的融合是指在产品的设计和生产中运用信息技术，以增强产品的扩展性和应用性，例如在数字家电领域，普通空调运用变频技术后成为变频空调。

3. 信息技术催生新产品

信息技术催生新产品，是工业产品的可扩展性、应用性加强后，催生出新产品。如车载影音设备是在汽车 GPRS 系统开发成功后相应而生的。

传统的福特式生产方式与信息技术、信息产品在设计、生产、物流、管理等业务环节融合，满足产品多样性、质量高和周期短的市场需求，形成精益生产、敏捷制造、虚拟制造以及大规模定制等新的生产制造方式。

工业设计上的融合，主要指的是利用计算机辅助设计工具、相关软件以及信息网络增强对产品的设计能力。如机电、模具行业采用计算机辅助设计（CAD）。

生产过程控制融合，就是指通过信息技术，制成含有新工艺、新方法的芯片或软件植入装备中，与装备数字化控制连接在一起，如半导体设备。

经营方式的融合，指网络营销与传统的经营方式相结合，重点发展电子商务，用发掘消费者的潜在需求来代替满足消费者的现实需求[①]。

管理融合包含组织结构的融合、管理方式的融合，组织结构融合

---

① 邹生：《信息化十讲》，电子工业出版社 2009 年版，第 71 页。

是指采用信息系统改造传统的管理，由传统金字塔型的组织机构逐步往扁平化、网络化和虚拟化的组织结构发展；所谓管理方式融合，是运用一些新型管理手段更好地对企业进行管理和决策，如信息管理系统、物流管理系统、决策系统、采购与库存系统和制造资源计划等。

（四）市场融合

马克思的《资本论》中提到"商品的生产是以分工为前提的"，工业社会的本质就是社会分工。而信息经济的本质是融合，市场融合是生产要素，产品和业务融合的导向，也是产业融合的基础。信息化与工业化融合下的市场融合是将工业经济的市场分离转变成信息经济时代的市场融合。在信息化的过程中市场的时间空间限制被打破，互联网技术的发展使电子商务、虚拟市场出现，工业资源和信息资源融合，虚拟经济与实体经济融合。借此，市场效率和资源的利用效率可以得到提高。

（五）产业融合及新产业衍生

1. 产业融合

由于企业主体的"两化"技术、产品、业务融合，产品的功能边界不断被打破，产业融合由此产生。产业融合的演变过程可以被表示为：技术融合→业务融合和产品融合→市场融合→产业融合。其中产业融合这一步是社会发展所产生的现象，是信息化过程中一种新型的社会发展形态，不同于工业经济时代的社会分工，信息经济时代随着技术、业务、产品，传统的产业边界随着市场的融合不断被打破，产业之间相互进行渗透与融合。产业融合的主要方式有以下三种：

（1）高新技术的渗透

即高新技术及其相关产业向其他产业渗透融合。如机械仿生、光机电一体化和机械电子就是利用生物和信息技术对传统工业的改造。

通过高科技产业的技术创新驱动传统工业部门的科技改造。具体表现在高科技农业、生物工程、信息技术对传统工业的改造、电子商务、网络型金融机构等。

（2）产业间的融合

原有产业新的附加功能和竞争力可以通过产业间的相互渗透和融合来实现，从而形成新的产业体系。这些多表现为第三产业向第一产业和第二产业的延伸和渗透。可行的表现如：服务业向第二产业的渗透，其中包括生产前期的研究、中期的设计和后期的信息反馈过程，由此催生出咨询、技术、管理培训和客户服务等专门的服务公司，融合成各种新型产业体系①。

信息技术的发展在不同的产业间形成了共同的技术基础，在高科技产业之间形成了交叉融合，这其中包括了生物芯片技术、纳米电子技术等。

（3）产业内部的重组融合

新产品产业链的上下游行业通过信息技术这一纽带重组融合，表现出数字化和智能化的趋势，如智能洗衣机、绿色家电。

工业内部的上下游关联产业以信息技术为纽带进行融合，从而开发出的新产品表现出智能化和数字化的趋势。具体表现在制造业上，如智能洗衣机、高性能汽车等。

2. 新产业衍生

信息化与工业化融合对于新产业的产生具有催化作用。典型的如教育培训业、IT咨询业等都是由于融合而推动产生的。信息化与工业化融合扩大了市场需求，尤其表现在电子信息产品制造业、软件产业、信息服务业、电信业等行业，因此对于这些产业的发展壮大也具有推动作用。

由于具备信息技术特征的新产品不断满足市场需求，再加上信息产业本身就具有强渗透性，因此衍生出了一系列新兴的产业，例如远程教育系统、信息服务业等。

（六）经济、社会运行方式的融合

由于生产要素、产品、业务和产业的不断融合，整个经济、社会

---

① *Deficits and Debt in Industrialized Democracies*，Routledge，2015.

运行方式也将随之发生变化，这是"两化"融合的最高级别。

1. 生产要素

在"两化"融合的过程中，信息技术与资金成为核心生产要素，信息技术的作用呈现超越资本的趋势，成为社会价值增长的主力；从生产方式上看，技术、产品、业务流程融合通过对生产和消费的中间环节的消除从而更加充分地利用物质资源，提高了资源利用的效率。

2. 经济增长方式

从企业的角度出发，融合技术或产品创造的价值构成了产品价值的主体，如自动化技术、数字技术和智力投资占到机器生产的90%以上，仅10%属于传统生产成本[①]。

3. 经济运行方式

现代信息技术与传统工业化企业的生产工艺和资源等融合以后，环境污染和能源消耗得到了有效的降低，从而使得规模经济的运行方式转变成了网络经济、互联网经济的运行方式，这样的经济运行方式的特点是具有高效率性、低交易费性，以及具有低摩擦的协调机制，因此这样的经济运行方式更加有效[②]。

4. 技术、产品和业务的融合

技术、产品和业务的融合使得人们的生产方式融入了信息技术、信息产品等因素。同时，电子商务、互联网络平台这样的一些新兴事物由于信息产品和信息服务的推广而出现在了人们的生活方式中，因此也导致有形的市场形态转向虚拟的市场形态，并在消费者与企业间形成了 B2C 模式、企业与企业间的 B2B 模式等；由于计算机和网络在教育、政府等部门的推广和融合，业务方式转向信息化，产生了一些新的生活、学习方式，例如远程教学、电子政务等，而人们的生活也由此变得更加便利。

---

① 李怀勇：《信息化时代市场融合范式研究》，博士学位论文，上海社会科学院，2007 年。
② ［美］戴维·开泰科尔：《迈进比特的时代：电子商社的兴起》，载亚历克斯·洛伊《数字经济蓝图》，东北财经大学出版社 2003 年版，第 5 页。

第三节　信息化与工业化融合层次

国内很多学者从宏观、中观和微观的角度探讨"两化"融合的内涵。宏观层面上主要包括三点：一是工业及与其相关的生产性服务业的信息化；二是重点产业、信息产业的发展情况；三是社会生活信息化程度等。而中观层面则主要为各个产业门类的信息化，微观层面主要为企业的信息化。从企业的角度来看，在研发、生产、管理、流通等领域广泛利用信息设备、产品、技术来提高效率、改善工艺、优化结构、促进业务与经营管理创新，从而促进产业层面信息化水平普遍提高的过程就是所谓的信息化与工业化融合①。

信息化与工业化融合的层次主要从三个方面来看，第一，从微观层面看信息化与工业化的融合要发挥企业的主体作用。第二，从中观层面上看要加快产业的信息化与工业化的融合。第三，从宏观角度上讲就是实现区域的信息化与工业化融合。

有研究者认为"两化"融合是在工业研发、生产、流通等领域广泛应用信息产品、信息技术，推进研发设计数字化、生产过程自动化和经营管理网络化。包括四个层面：①产品和技术层面；②企业和业务层面；③产业层面；④区域层面，如图 2—2 所示。

"两化"融合的本质为信息化带动工业化发展并催生出新的产业。信息技术所具有的诸如高渗透性、高倍增性及高创新性这些特性推动了信息技术与技术、产品、管理和产业的多层次融合以及与各工业门类或环节的全方位融合并且进而衍生出新的产品、新的产业和新的组织管理方式。这个融合过程要经历基础融合、整体融合及战略融合阶

---

① 蔡伟杰、王颖东、辛竹：《上海信息化与工业化融合发展水平评估指标体系研究》，《信息化建设》2010 年第 10 期。

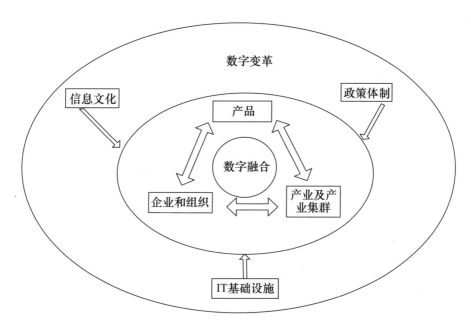

图2—2　信息化与工业化融合的层次及本质

段，是一个逐步深入、不断完善的过程①。

一　企业层面

企业内或企业间通过利用信息化手段（如信息平台）使得各种资源要素得以重组，实现跨系统或业务的集成，而客户关系管理和供应链管理水平也因为虚拟制造、全球协作制造等新型业务模式的形成得以提升。

2011年在工业和信息化部、科学技术部、财政部、商务部、国有资产监督管理委员会联合印发《关于加快推进信息化与工业化深度融合的若干意见》中提到了"到2015年，信息化与工业化深度融合取得重大突破，信息技术在企业生产经营和管理的主要领域、主要环节

---

① 李秋霞：《基于技术扩散视角的信息化与工业化融合研究》，硕士学位论文，山东经济学院，2010年。

得到充分有效应用，业务流程优化再造和产业链协同能力显著增强，重点骨干企业实现向综合集成应用的转变，研发设计创新能力、生产集约化和管理现代化水平大幅度提升；生产性服务业领域信息技术应用进一步深化，信息技术集成应用水平成为领军企业核心竞争优势；支撑'两化'深度融合的信息产业创新发展能力和服务水平明显提高，应用成本显著下降，信息化成为新型工业化的重要特征"。

从工信部的文件中可以看出企业在信息化与工业化融合中，起到桥梁作用，改变传统的生产、管理、研发、经营和组织方式，实现企业信息化。由此，企业也从对信息技术的单项应用阶段过渡到了对信息技术的综合集成阶段，最终发展达到协同创新，从而使企业的生产方式、管理方式、组织方式和营销方式发生深刻变化。

随着信息技术的发展，未来企业和市场间将形成新的关系，柔性化的新生产方式将取代传统的生产方式。企业信息化主要包括企业战略信息化、工艺流程数字化、组织结构扁平化等，在研发设计、生产控制、管理决策、营销与服务等核心业务上实现智能化、网络化和数字化。企业的生产方式、管理方式、组织方式和营销方式也因为其自身的"两化"融合以及由此引起的经济、制度和文化等方面的改变而产生深刻的变化。

（一）生产方式

企业信息化使传统生产方式发生根本性改变，过程控制、准时生产、授权工作和质量管理等新的制造方式由于采用了自动化程度相当高的柔性生产设备得以实施，因此提供了具有更广阔的市场、更短生命周期的产品等新的营销战略，并出现了准时制、计算机集成制造系统、敏捷制造以及虚拟制造等新型制造模式。

准时制生产追求在制品库存持续最低化、生产销售同步化，推行标准化作业和工人自主管理①。虚拟制造是通过利用计算机仿真技术、

---

①　王岳平：《现代制造业发展的特点与趋势》（http：//www. phians. cn/forums/forums/2011 – 03 – 19/94. html. ）。

虚拟现实技术等对企业的各业务环节进行建模，并在电脑上模拟运行整个业务流程，在运行参数最佳后，再投入实际运作的过程。逐步由以实物为中心转向以信息或数据等虚拟数据加工与转换为中心。敏捷制造的主要特点是制造系统能对变化的市场需求做出快速反应。电子商务使企业的设计、生产和供货变得更精确，企业的业务流程可以根据最新的市场需求信息而及时加以调整。

以电子信息、数字化、智能化为代表的新一代科学技术在工业部门广泛应用、渗透、衍生，由此工业化的发展被进一步推动，现代工业的设计方法也得以改进，产品结构、生产方式产生了新的发展模式。信息化在工业部门的广泛应用使得从知识到应用的周期大为缩短，因此实现了精益生产。

精益生产的理念是为了实现生产系统能跟随用户需求的改变而变化，并使生产过程中一切多余的东西精简化，因此通过一些包括系统结构、人员组织、运行方式和市场供求等方面在内的变革，最终达到各方面的生产，例如市场供销等实现其可以达到最好结果的一种生产管理方式。继而让企业的生产达到零库存、零缺陷、零浪费的理想境界。提高产品质量，减少成本，提升企业的整体利润，由此使得企业的竞争率和产品的市场占有率得到提高。

（二）管理方式

信息化与工业化融合使传统工业部门的金字塔式的管理方式，通过网络的信息传递和共享向扁平化的管理模式过渡，通过计算机网络，使企业部门间、员工间、企业间以及企业与市场间的信息传递更加方便、及时；计算机模型与模拟方法运用到管理过程，将传统管理方式改为启用管理信息系统的系统管理方式，为非常规性决策提供数据支持，为辅助决策提供了可能性。将管理信息系统与分散的网络化生产与电子商务加以集成，制定从企业层→单元层→控制层的企业结构。

企业管理依靠信息，信息技术的发展使企业的管理功能增强，

也使企业信息传递方式更多地横向交流或越级，保障信息交流渠道
畅通以及信息传递的速度和质量，对提高管理者决策能力具有帮助。

　　信息技术给传统管理企业提供了办公自动化系统、专家系统以及
企业网等全新的管理方式，通过开发利用各种信息资源，企业可以实
现物流、资金流和信息流的统一，并且可以对包括计划、资材、库存、
销售、生产和财务等在内的一系列事物进行自动化管理，从而增强企
业的核心竞争力①。

　　（三）组织方式

　　1. 组织结构趋于扁平化、网络化

　　管理信息系统的应用和信息传递方式的改变，企业管理层逐级
分明的组织结构逐步向扁平化、网络化转变。建立在网络技术基础
之上的信息交流方式使得不同岗位间的协作信息可以被迅速、准确
地沟通传达，因此实现了知识共享，使不同企业或岗位的功能丰富
灵活，管理层次渐渐得到压缩，最终系统控制的网络结构取代了之
前金字塔式的等级管理结构，组织结构的柔性化增强了对市场动态
的反应能力。

　　2. 新的组织形式：虚拟企业

　　虚拟企业是在信息网络基础上把物质资源、资材、人力资源和思
想动态等连接起来的有机的企业网络组织，是一种新的企业组织形式。

　　企业的虚拟性主要表现在：通过现代网络技术，把位于不同地点
或属于不同所有者的现代办公设备、管理系统、企业信息资源等互相
连接，实现有效的信息交流和共享，保障业务同步协调和有机运转。
对于部分虚拟企业来说，它们甚至可以仅仅只利用外部资源就能实现
产品的设计和生产，并进行产品的市场销售、订单履行和会计核算等。
虚拟企业共同利用资源的合作机制，不仅节省了市场交易费用和高额
组织费用，相对于科层制的企业和无组织的市场来说，更加具有优势，

---

　　① 王爱兰：《信息化带动工业化的理论与策略》，天津社会科学院出版社 2003 年版，第
21—75 页。

因而使得虚拟企业集成出较为突出的竞争优势①。

（四）营销方式

信息化营销作为一种有效的营销模式在该领域里被广泛应用。信息化营销是指利用现代通信设备和信息资源作为营销手段（如电话、网络电子媒体以及电子商务等）提高信息交流和知识共享能力，创建一种无障碍的沟通交流模式。

信息化营销是一个全新的概念，以信息技术、电子计算机技术、互联网技术为基础，通过网络进行营销，这包括了市场信息收集与分析、产品研发、市场开发和拓展，产品销售和售后服务等多个方面。信息化营销通过24小时全天候服务和全球化电子商务为工业部门创造了极大的产品市场，及时全面的信息咨询服务给企业决策提供科学依据，电子商务和网络结算缩短了资金周转周期，提高了资金利用率。信息化销售方式也可节约人力成本，减少库存。

营销方式的改变在某种程度上是对传统产品、价格、渠道和促销的一次彻底革命。①产品方面。产品形式逐步转化到以有形产品和无形产品相结合的竞争方式，且无形产品的高附加值、多功能性以及售后服务占的比重越来越大。根据市场需求，产品设计方案可以及时得到调整，使得设计更为灵活。在增加产品精度的同时，也大大缩短了产品的生产周期，缩减时滞，有利于企业抢占商机。②价格方面。企业信息化使得在信息技术产品方面收益递增规律越来越明显。不确定性因素、预期因素在企业信息化条件下使得其定价变得复杂，菜单成本也将较之以前增加许多。对此，企业对价格的调整更为谨慎。③渠道方面。在信息化条件下，网上购物、企业间网上交易这两种电子商务模式的快速发展，使得企业的销售渠道更宽更广。直销模式作为一种全新的销售模式，为企业与消费者之间减少了环节、拉近了距离，从而使得企业的成本优势凸显出来。④促销方面。"两化"融合使得

---

① 盛天：《虚拟企业》（http：//www. hudong. com/wiki/% E8% 99% 9A% E6% 8B% 9F% E4% BC% 81% E4% B8% 9A）。

促销手段和方式多样化。信息化企业通过 E-mail 这种新手段达到相同的广告效果，成本却能降低。以赠品为例，信息化条件下的赠品出现了 M 值、Q 币或经验等级等新的无形商品①。

二　产业层面

"两化"融合的目标是发展现代产业体系，通过信息化优化产业结构，并促进信息产业和服务业的发展壮大。

在企业层面上的"两化"融合必然上升到产业层面上，进而促成产业集群。集群内各产业之间形成新的合作与竞争关系，带动整个产业甚至区域的融合发展。产业层面的"两化"融合主要包括产业信息化与信息产业化。产业信息化就是利用信息技术，对传统产业进行改造，优化传统产业结构，体现为研发设计数字化、生产过程自动化、管理智能化以及营销网络化等。信息产业化是指信息产业获得长足发展形成产业，并促进产业结构升级，信息机构企业化、信息产品市场化以及信息服务产业化是信息产业化的具体体现。

关于产业融合的定义，日本产业经济学家植草益是这样解释的"产业融合是指过去从属于不同产业的两个产业，由于其中一方或双方的技术进步，能提供支持相互替代的产品与服务；或者是因放松管制，双方能够较轻易融入对方的经营范围，从前的两个产业合二为一，从前分属于两个产业的企业之间形成竞争关系"。②

随着信息化与工业化融合速度的提升，产业融合逐渐成为产业经济发展中的重要组成部分，这一发展过程打破了工业经济时代的产业边界，促进国民经济的发展。

产业层面的信息化与工业化融合主要有三个方面，一是产业渗透，高科技产业渗透性和倍增性突出，能快速融入传统产业，并推动其迅

---

① 王展祥：《中国信息化与工业化互动发展机制研究》，硕士学位论文，武汉理工大学，2005 年。

② ［日］植草益：《产业融合—产业组织的新方向》，岩波书店 2000 年版，第 19 页。

速发展①。二是产业重组，发生在关系密切的产业之间，此类重组现象通常发生在某大类产业的子产业中，这些子产业通过重组融合形成新的产业形态，提高产业的竞争力。三是产业交叉，是指通过产业间功能的互补和延伸实现产业融合，交叉的产业是部分融合，原有产业继续存在，融合后的产业出现新的形式。

产业层面上的"两化"融合是建立在信息技术不断发展的基础上的产业革命②，这也导致了社会经济的深刻变革，提高产业的创新能力和产业结构升级，从而促进区域范围内的信息化与工业化的融合。

（一）产业结构的合理化

产业结构合理化具体表现：妥善利用本国的人力、财力和自然资源；社会生产、分配、交换、消费顺利施行，国民经济各部门协同进步，社会扩大再生产顺利进行，国民经济持续稳定增长，社会需求得以满足；资源、人口、环境良性循环发展③。

（二）产业结构的高度化

产业结构高度化是指随着科技的发展和需求结构的变化，社会分工进一步加深，产业结构向知识集约化和高附加值化转变。产业结构高度化的标志：①技术基础高度化，体现在加快技术迁移、提升新兴产业的地位。②开放高度化，体现在技术开放程度的持续提升带动产业结构进一步开放。③结构软性化，随着知识、技术集中化趋势的形成，第三产业所占比重不断攀升，并趋向于服务化，人才特别是高科技人才、复合型人才成为经济社会发展的重要影响因素④。

---

① 李爱玲、范春顺：《信息产业融合的发展趋势与我国发展信息产业融合的对策》，《现代情报》2007 年第 1 期。

② Wang J and Dong B，"Research on Maturity of Informationization and Industrialization Integration in Enterprise Based on Fuzzy DEA"，*Proceedings of the* 2012 *International Conference on Cybernetics and Informatics*，New York：Springer，2014.

③ ［美］安德鲁索：《产业经济学与组织》，经济科学出版社 2009 年版，第 87 页。

④ 夏大慰：《面对新经济时代的产业经济研究》，上海财经大学出版社 2001 年版，第 21—43 页。

三 区域层面

经济增长方式由过去传统的粗放型增长向信息经济、网络经济等集约型增长转换，实现"两化"融合在区域层面的进行[①]。

区域是各类型经济行为和社交活动的载体，是地方性产业体系的容器，通过对各类型资源和学习过程的串联，为产业发展提供支持创新的环境，并确保了空间及地理的邻近性[②]。区域"两化"融合可以促使生产性服务业快速发展，重构工业价值链，优化区域经济结构，构建现代产业体系；同时，区域内支柱产业、优势产业与信息化相融合，有利于提升区域产业层次，引导区域经济向创新型、环保型方向发展迈进。

区域产业集群是区域融合的典型代表，地方政府结合该领域中的主导产业特点，为其提供空间集聚上的软、硬件条件，吸引其他关系紧密的企业或相关服务机构在本地区聚集，并形成强劲、持久的竞争优势。通过产业中龙头企业的带动作用以及企业间的相互影响，促进区域内"两化"融合的开展和深入[③]。

第四节 信息化与工业化融合模式

模式，是指某种事物的标准形式或使人可以照着做的标准样式。信息化与工业化融合的发展模式是一个庞杂繁复的系统工程，并非简单的将发展中的信息化要素与工业化要素进行叠加，而是要求系统中

---

① 上海市人民政府发展研究中心：《信息化和工业化融合发展：上海的思路和重点》，《科学发展》2010年。

② 马黎娜：《企业两化融合度评测与提升方法研究》，硕士学位论文，北京交通大学，2010年。

③ 李秋霞：《基于技术扩散视角的信息化与工业化融合研究》，硕士学位论文，山东经济学院，2010年。

的各要素严格按照系统工程的原理进行科学组合，进而实现系统输出
效益的最大化。了解与掌握信息化与工业化融合模式的目的在于通过
对"两化"标准范式的概括，给信息化与工业化融合实践提供科学的
思维方式和实践方法。如前所述，依据融合层次，信息化与工业化融
合可以划分为企业、产业、区域三个层级，并且层级内部与层级之间
都存在着广泛的融合，而信息化与工业化融合的模式就是对这些融合
中的基本规律和标准范式的抽象总结。

信息化与工业化融合发展不仅仅是一项国家长期发展战略，更是
推进区域经济快速、协调、可持续发展的重要举措，在信息化与工业
化融合发展的浪潮中，许多地区对于如何借"信息技术"的东风，推
动区域内传统产业升级，优化区域内产业发展结构开展了积极的探索，
并获得了许多宝贵的发展经验，为更多尚待发展的区域提供了发展范
例，而将其中成功范例中的思维方式与实践方法归纳概括，可得到信
息化与工业化融合的标准范式，即信息化与工业化融合的发展模式。
课题组通过对国内"两化"融合实践案例的调研与梳理，结合前文提
出的融合的三个层次（企业层次、产业层次与区域层次），将信息化
与工业化融合模式概括为挑战—应对模式、企业—产业互动模式、雁
行模式、区域集群模式、政府主导模式五种模式。下面将结合现实中
的具体案例对五种模式进行详细介绍。

一 挑战—应对模式

挑战—应对模式是指企业在发展到一定规模的时候，在内部传统
的工业生产遇到瓶颈，在外部面临市场竞争压力的情况下，即遭遇风
险和遇到危机时，企业为打破桎梏，应对挑战，运用信息化手段对企
业进行革新，进而提高市场占有率的信息化行为。一般情况下，这种
模式在企业中的采用具有自发性和能动性，是企业在意识到自身发展
问题时，自发地通过积极寻找解决办法为企业探求发展出路的一种能
动性反应。挑战—应对模式是企业层面中最常见的"两化"融合的模

式。对于企业而言，选用挑战—应对模式的核心是对"两化"融合的
阶段进行细分，并进一步根据不同阶段的特征以及存在的挑战采取应
对性的发展对策，其行为逻辑近似于"发现问题"并"解决问题"。

表2—2 企业"两化"融合发展阶段性挑战

序号	阶段	阶段性挑战
1	初始	企业成立之初，信息化水平较低，需要应对与生产息息相关的信息化基础建设和工业化自动化设施投入不足的挑战
2	应用	"两化"融合效率较差，需要应对信息化在人力资源管理系统、制造资源管理系统、财务管理系统等企业经营管理方面的应用程度较低，不同系统间的交互性较弱的挑战
3	融合集成	"两化"融合效率有所提升，但仍处于中等水平，需要应对各个信息化应用间的交互性弱、融合中应用建设标准不一的挑战
4	战略支撑	在此阶段，融合效率迅速上升，企业具有较高的数据管理与分析能力，需要应对的主要挑战是如何实现对市场营销和供应链的综合分析，为公司制定战略规划提供决策支持
5	持续提升	如何实现主动发现问题，优化业务流程，变革经营管理模式，支撑形成新的可持续竞争力，促进融合效率大于等于1成为该阶段的最大挑战

已有研究发现，企业的"两化"融合过程中，会先后出现"初
始""应用""融合集成""战略支撑""持续提升"五个阶段（如表
2—2），在这五个阶段中，每一阶段的特征各不相同，企业所面临的
挑战也相去甚远，如在融合的初始阶段，信息化水平比较低，基础设
施尚不完善，因此，在企业融合的初始阶段，如何应对基础设施短缺
的问题就是企业在这一阶段的最大挑战；而当融合进入应用阶段，信
息化基础设施与工业化设施基本完善，但是总体而言"两化"融合效
率较差，尤其是信息化在人力资源管理系统、制造资源管理系统、财
务管理系统等企业经营管理方面的应用程度较低，不同系统间的交互
性较弱，因此，在此阶段企业"两化"融合的工作重心由初始阶段的

应对基础设施短缺转移到应对"两化"融合效率较低的新挑战上；与之类似，随着企业"两化"融合进程的逐步推进，进入"融合集成""战略支撑""持续提升"等阶段时，其所面临的挑战也逐步转变，进而要求企业采取相应的应对策略。

以福建省制造企业"两化"融合为例，在对 67 家福建省制造企业的信息化与工业化融合效率进行实证研究后发现，该省制造企业在信息化与工业化融合阶段就整体层面而言，正处于由"两化"融合发展应用阶段向融合集成阶段过渡的时期①。根据相关数据，该省目前制造企业信息化与工业化融合的总效率约为 85%，然而，融合的有效率尚不足 20%，这表明，福建省制造企业虽然在"两化"融合能力方面处于中上游水平，但是融合的绩效表征缺乏后劲，"两化"融合的有效性偏低。就融合中的各个部分而言，在信息基础设施建设方面，福建省制造企业对信息化基础建设进行了充分的投入，在企业内部专设信息化部门的企业已达到 70%，其中，将信息专职主管定位为企业高层管理者的企业达到 56.7%，平均每 2 个人拥有 1 台计算机，建立企业主干网的企业在总企业数中占比 80.6%，并且网络在办公及生产区域覆盖率超出 50%；在工业化基础设施建设方面，在企业生产设备总资产中自动化生产设备已超出半数，数字化生产设备所占比重约为 50%，应用先进过程控制系统的生产线与应用计算机辅助制造的数控工序分别占 42% 与 54.3%；在信息技术应用与集成方面，制造企业在财务、物流、销售、供应链等管理方面的应用相对成熟且应用效果较为明显，但是在安全、质量与能源的管理方面投入还稍显不足；在数据管理方面，虽然目前企业的数据分析能力还有所欠缺，但是对企业数据进行统一管理的企业已超出 60%，并有接近 50% 的企业开始应用双机热备份的形式对信息安全进行备份保护；在"两化"融合绩效方面，该省制造企业的经济效益提升仍有较大的空间，当前，企业业务

---

① 李宝玉、黄章树、陈翠萍：《福建省制造企业信息化与工业化融合效率研究及实证》，《情报科学》2016 年第 7 期。

效率与市场竞争力相对较好，但是经济效益的得分还不足。在此现实情况下，福建省制造企业为加快"两化"融合脚步，提升"两化"融合效率，提出了三大应对策略：①科学合理布局"两化"投入，以实现投入产出效率最大化；②对资源配置进行优化，以提升资源的利用效率；③对产品及服务机制进行大胆创新，以变革现有生产方式。

二　企业—产业互动模式

企业与其所在产业是一个点面的关系，企业和产业之间通常存在相互促进，相互制约的关系。个别企业信息化水平和创新能力的提高，为所属产业的其他企业提供示范和经验，从而推动整个产业的信息化与工业化的融合。企业推动"两化"融合进程也同样需要借鉴所处产业的其他企业信息化的优秀成果，从而实现赶超。一个企业所处产业的"两化"融合程度越高，对其"两化"融合的成效有带动作用，同样，当同一产业中所属企业的信息化程度提高，对其所处的整个产业的"两化"融合水平也起到促进作用。企业—产业互动模式是企业层面与产业层面之间最为重要的"两化"融合模式，而这种"两化"融合模式的内在机制在于企业层面融合与产业层面融合间的正反馈机制，即一般情况下，个别企业"两化"融合的率先发展，会推动其自身的融合效率提升，并吸引更多产业内的企业加入"两化"融合发展中，而随着产业内大多数企业"两化"融合效率的提升，整个产业的融合程度也进一步加深，并进一步推动产业内更多的企业的"两化"融合水平的提高。

近年来，工业和信息化部积极推动实施了《中国制造2025》，着力通过对企业与产业间关系的调整不断提升信息化与工业化融合发展的水平，引导与扶持国内中小企朝着精细化、新颖化、特色化和专业化的方向发展，推动其积极参与到产业链与创新链之中[①]。在此背景

----

① 《工信部提升"两化"融合能力促进中小企业参与产业创新链》，《四川工程职业技术学院学报》2016年第4期。

下，全国各地展开了广泛的实践探索，其中，河北省安平县丝网产业通过产业集群"两化"融合这一方式有效地推进了当地中小企业"两化"融合的深度发展，为各地提供了借鉴。自 2006 年安平县成为国内首个"国家级县域经济信息化试点县"以来，当地政府不仅确立了"信息兴县"的"两化"融合发展战略，将信息化建设摆在区域发展的突出位置，还着力通过信息技术改造革新传统丝网为主导的区域特色产业，积极探索县域产业集群"两化"融合的新路径，推动全县产业升级，实现跨越式发展。一分耕耘一分收获，这一有益探索使该县在 2010 年顺利通过工信部验收，被确定为国内首个国家级县域经济信息化示范县。在总结过去几年的发展时，安平县县委、县政府表示，深入推进产业集群的"两化"融合，不仅使当地中小企业"两化"融合水平得到了切实的提升，还帮助该县丝网产业集群找到了蓬勃发展的关键，即以电子商务为突破口，开拓更为广阔的市场，提升企业获得收益的时效，使企业参与"两化"融合的热情高涨，可以说，产业集群"两化"融合就是中小企业推进"两化"融合发展的突破口[①]。

三　雁行模式

在经济活动中，企业层面的"两化"融合、产业层面的"两化"融合、区域层面的"两化"融合是一个共同发展的过程，由于起步时间不同，资本投入各异的原因导致了企业与企业间、产业与产业间、地区与地区之间的"两化"融合程度的不平衡。其中，起步较早，资本投入较多的企业、产业、区域在"两化"融合这一过程中将处于领先位置，从而带动整个国民经济提高信息化水平。这一过程呈现出大雁飞行的模式。雁行模式可以分为企业内雁行模式、

---

① 孙郁瑶：《产业集群试水，中小企业两化融合有新解》，《中国工业报》2011 年 5 月 9 日。

产业内雁行模式、产业间雁行模式、区域间雁行模式①。企业内雁行模式是指在企业内不同的部门、不同上下级机构、母子公司之间形成序列化差距，通过信息化程度高的部门带动信息化程度低的部门发展，从而加速企业整体"两化"融合进程。产业内雁行模式是指产业内不同企业之间形成序列化差距，通过"两化"融合程度高的企业带动低的企业发展。产业间雁行模式是指不同产业间的发展形成序列化差距，信息化程度高的产业带动低的产业发展。区域间雁行模式是指区域间的"两化"融合程度的不同，形成序列化差距，"两化"融合程度高的区域带动低的区域发展。不同于其他类型的融合模式，雁行模式既可发生在企业层面、产业层面也可发生在区域层面，但是，值得注意的是，雁行模式极少出现在不同层级之间的"两化"融合实践中。

在"两化"融合模式中，雁行模式应用最为广泛的方式就是通过在区域或产业内建立示范区或试验区，经过一段时间对示范区或试验区发展成效进行考察，进行在整个区域或产业内对已有的经验或成果进行推广，区域内其他产业或产业内其他企业以示范区或试验区为标杆，进一步推进自身的"两化"融合发展。以广州市推进"两化"融合的实践为例，为了加快广州市产业"两化"融合，推进"两化"融合试验区建设，广州市以信息化促进工业做大做强为主体，创造性地开展了"138 行动计划"②。

其中，"1"代表着"实现一个目标"，具体而言，"实现一个目标"就是有效构建一个具有高端化、集聚化、集约化特点的现代产业体系，转变固有资源扩张型的产业发展模式，开拓出一种具有广州特色的成功的"两化"融合发展模式。

---

① 戴金平、刘东坡：《实际运行、镜鉴方式与雁行发展模式的关联度》，《改革》2015 年第 11 期。

② 孙郁瑶：《建立现代产业体系，两化融合提高广州企业危机应对能力》，《中国工业报》2009 年 6 月 25 日。

"3"是指"推进三个领域的融合"。具体而言，第一个领域的融合是对省内重点优势制造业进行改造，加快发展机械装备、汽车、石化、造纸、船舶、服装、钢铁、医药等传统的优势产业，加快信息技术对这些产业的改造深度和强度，实现数字化研发设计、自动化生产加工、智能化产品成型、网络化运营管理、电子化商务合作，开创"广州制造"的品牌，将产业做大做强。第二个领域的融合是对省内的高新技术产业大力发展，以电子信息制造业、新材料、新能源和生物产业为重点，推动新一代无线移动通信、平板显示、集成电路等重大专项的实施。与此同时，以软件和信息服务业为突破口，着力发展省内的服务外包产业，加快推进三网融合，强化服务增值产业的溢出效应，将"广州创造"的品牌做大做强。第三个领域融合是创新服务业，构建与制造业各环节集成的、具有标准化、自动化和智能化特点的现代物流体系，推进网上银行、电子货币、支付宝等线上支付工具的发展与应用，加快电子交易中心和网上交易市场的建设，使制造业向服务化转变，鼓励并支持电子商务服务、行业咨询信息服务、研发设计服务和物流信息服务等衍生产业的发展，做大并做好"广州服务"。

"8"是指"推进八大重点工程"。具体而言，"八大重点工程"包括"国际信息港工程""区域协同工程""产业链整合提升工程""传统工业数字化技改提升工程""中小企业信息化应用工程""协同创新工程""电子商务应用创新工程""数字化装备关键突破工程"。八个工程几乎涵盖了省内发展所有的关键环节与重点领域，组织实施"八大重点工程"是"138行动计划"的重中之重。

在对工业和信息化部批准的8个国家级"两化"融合首批试验区（珠江三角洲地区、上海、重庆、南京、青岛、广州、唐山暨曹妃甸、"呼包鄂乌"地区）的行业成果进行量化考核评比中，广州市的工业行业得分最高，"两化"融合契合度（试验区所选行业的行业分值之和）也高于其他地区①。

与此同时，广州市的"138行动计划"取得了良好的成效，不仅对本市的"两化"融合有较强的推动作用，对全省的融合发展也有极强的正外部性。2016年8月8日，在工业和信息化部中国电子信息产业发展研究院发布的《2015年度中国"两化"融合发展水平评估报告》中，广东省的基础环境指数为94.94%，工业应用指数为82.40%，应用效益指数高达135.62%，总指数为98.84%，各项指标排名在各省中名列前茅，总指数排名均位全国第一②。

四　区域集群模式

"集群"这一概念最初来源于生态学，其含义是指不同的生物族群以共生的关系生活在共同的栖息地中，这一概念随后被引入经济领域，专指在一定地理空间内相互关联的组织或机构通过集聚而形成的空间积聚体③。基于此，区域集群就是指在特定区域范围内，相同或相似企业或组织的集聚现象，这一现象的发生过程将关系到这一特定区域内信息生态如何形成、相关产业能否协同、信息基础设施是否完善等问题，而这一过程的结果是形成一种网状的空间结构。"两化"融合的区域集群模式本质上是在一定的区域范围内，相关联区域通过产业链延伸形成的、动态的集群融合系统，在这种模式中，产业融合与区域融合紧密相连，空间集聚效应显著，为参与集群个体之间的互通互联提供了许多机会，对交易成本的降低、知识扩散与信息资源共享的实现、合作网络关系的形成以及新技术的创新都有较大的裨益。一般而言，区域集群模式多由区域内某一产业"两化"融合开始，并最终呈现在区域的"两化"融合中。下面就以缘起于现代信息服务产

---

①　马龙、徐连敏：《两化融合与工业行业之间的关系》，《中国信息界》2012年第4期。

②　赛迪智库：《解读〈2015年度中国两化融合发展水平评估报告〉》（http：//gongkong. of-week. com/2016－08/ART-310006-8400-30022227. html. ）。

③　俞培果：《集群概念的分类及基本集群概念的辨析》，《软科学》2008年第1期。

业融合的区域"两化"融合为例，对现实情况下区域集群模式的应用进行具体阐释。

随着信息技术的飞速发展，中国服务产业呈现出蓬勃发展之势，年增长率远超国民经济中其他行业的增长速度，不但成为第三产业的重要组成部分，还对国民经济中其他行业的发展产生日益显著的影响。根据《中国信息服务产业发展报告（2013—2014）》，2012年年末，中国现代信息服务产业的规模高达45224亿元，2013年年末其规模进一步扩大，年增长率达23.14%。规模的壮大不仅是区域内产业集群融合的成果，还直接地推动了"两化"融合的发展进程。其中，现代信息服务业区域集群融合就本质而言是指特定区域内，依据信息服务产业链的延伸而构成相关区域集群融合的动态系统。区域发展与产业发展密不可分，一方面，区域是承载现代信息服务业发展的空间，任何产业的发展都离不开区域这一基础，另一方面，区域内产业集群的融合性越强，对区域"两化"集群融合整体发展的带动性就越强，换言之，产业集群在某区域越融合，该区域的集群融合水平越高，也就说明该区域"两化"融合越具有发展优势。2013年前三季度，国内现代信息服务产业（软件相关产业为主）总收入为34211亿元，其中东部地区占比77.35%，中部地区占9.50%，西部地区占13.15%，亦即东部地区的收入超出西部地区的收入之和的3倍。显然，现代信息服务产业主要集中在东部地区且集群化现象较明显。而对照现实情况中东、中、西区域间"两化"融合发展的不同水平可以发现，东部地区的区域"两化"融合水平要远高于中部地区与西部地区，这在一定程度上也印证了徐荣贞、黎照南、姚伟的研究①。

五　政府主导模式

政府主导模式是政府通过加强对产业或区域"两化"融合的宏观

---

① 徐荣贞、黎照南、姚伟：《现代信息服务业区域集群融合模式研究》，《情报杂志》2016年第2期。

调控与指导，提供相应政策优惠和资金扶持的方式来促进产业或区域信息化发展，提升工业发展的信息化能力，从而促进整个国民经济的"两化"融合进程。政府主导模式是产业结构优化升级与区域发展战略调整过程中最常见的"两化"融合模式，在这种模式下，政府主导的方式主要是通过政策的干预来调整产业结构变迁以及"两化"融合的耦合程度。焦勇等选取2003—2014年中国大陆31个省（市、自治区）的面板数据对政府干预与"两化"融合耦合程度间的关系进行了实证研究，研究发现政府干预确实有利于产业结构高级化的发展进程。具体而言，在宏观调控力量顺应产业发展规律对产业发展进行干预，促进区域内产业结构优化升级的过程中，政府干预会对"两化"融合的耦合程度产生显著的正外部性，并不断推动产业结构向高级化发展，换言之，相较于政府干预力度弱的区域，政府干预程度高的区域内"两化"融合的程度更高，对产业结构高级化发展的推动力也更大①。

沈阳是东北老工业基地、全国装备制造业重镇，自2011年4月被工信部批复为国家级信息化与工业化融合试验区以来，沈阳市委市政府高度重视"两化"融合工作，把"两化"融合作为深化改革的首要任务和加快产业转型升级的战略举措，积极探索具有"沈阳特色"的"两化"深度融合路径，沈阳市的"两化"融合工作取得了长足的发展。近年来，沈阳市政府办公厅根据工业和信息化部发布的《信息化和工业化深度融合专项行动计划（2013—2018年)》先后颁布了《沈阳市推进"两化"融合工作实施方案》②、《沈阳市"两化"深度融合发展规划暨全球智造三年行动计划纲要（2014—2016年)》③ 等政策

---

① 焦勇、杨蕙馨：《政府干预、"两化"融合与产业结构变迁——基于2003—2014年省际面板数据的分析》，《经济管理》2017年第6期。

② 沈阳市政府办公厅：《沈阳市人民政府关于印发沈阳市推进两化融合工作实施方案的通知》（http：//www.shenyang.gov.cn/zwgk/system/2013/09/23/010083768.shtml.)。

③ 沈阳市政府办公厅：《沈阳市人民政府办公厅关于印发沈阳市两化深度融合发展规划暨全球智造三年行动计划纲要（2014—2016年）的通知》（http：//www.shenyang.gov.cn/zwgk/system/2014/10/23/010099904.shtml.)。

纲要，明晰区域内近期与远期的两化融合目标、行业发展目标、国际化目标，广泛征集软件和信息技术服务业人才，重点推进铁西区与浑南新区的"两化"深度融合，力争建成国家级"两化"深度融合示范区。沈阳市经济和信息化工作委员会随后颁布了《沈阳市国家级信息化和工业化融合试验区实施方案》《沈阳市认定企业技术中心管理办法》等方案办法，将规划纲要中的目标具体落地，并积极组织申报"两化"融合项目，搭建"沈阳'两化'融合网"这一沈阳地区内信息化与工业化融合互动平台。以上这些方针举措都是沈阳市政府从宏观上对沈阳市"两化"融合发展进行的规划部署，具有明显的政府干预特色，在这一案例中"两化"融合的政府主导模式可见一斑。

综上所述，在信息化与工业化融合发展的五种模式中，挑战—应对模式是企业层面中最常见的"两化"融合的模式；企业—产业互动模式是企业层面与产业层面之间最为重要的"两化"融合模式；雁行模式是某一层面内部的"两化"融合发展的主要模式；区域集群模式多由产业层面的信息化与工业化融合开始，并最终呈现在区域的信息化与工业化融合中；政府主导模式是产业层面与区域层面信息化与工业化融合发展的重要选择。基于此，可以发现，"两化"融合的五种模式几乎涵盖了融合过程中企业、产业、区域的各个层级和层级之间的具体融合，能够较为全面地反映融合进程中将出现的各种标准样式，是对现实情况中"两化"融合中的基本规律和标准范式的概括，给更多信息化与工业化融合发展相对缓慢的企业、产业以及区域的发展提供了信息化与工业化融合实践的科学思维方式和实践方法。毋庸置疑，融合模式明确厘清了"两化融合"发展的进路，对于推动"两化"融合进程的加速具有较强的现实意义。但是，值得注意的是，考虑到中国区域间、产业间、企业间融合发展水平的不均等，各个区域在产业结构调整方面存在较大差异，对于融合模式的选择与借鉴，要首先明确自身发展特长与当前的融合现状，进而选择与自身发展情况相适应且融合条件最为接近的融合模式为标杆，这样对于融合水平较低的区域、产业或企业而言，信息化与工业化融合模式的选择才更有现实的指导意义。

第五节　信息化与工业化的互动机制

"机制"（mechanism）一词最早来源于医学领域，主要是指生物有机体内各组成部分的相互关系，以及维护这种状态而进行的物理、化学等调整的规律。20 世纪 50 年代，这一概念被西方宏观经济学家引入经济领域，用于分析资源在各生产部门间合理分配的规律，以及这些规律运行所需的经济体制和运行手段。现在，该词已普遍使用于自然和社会领域，表示其内部组织和运行变化的规律。理想状态下，良好的机制能及时、自主对外界变动做出反应，调整内部组织和结构，实现功能优化。在中国学术界，"机制"这一概念的内涵侧重于规律借以发生作用的经济体制和运行手段[①]。

从辞典里看"互"是交替，相互之意，"动"是起作用或变化，归纳起来互动就是指相互使彼此发生作用或变化的过程。新型工业化道路是信息化与工业化互动的结果，从两方面来看，其一是信息化对工业化的带动，其二是工业化对信息化的促进。

一　信息化对工业化的带动机制

信息化带动工业化是实现新型工业化的核心，信息化通过对工业化的升级和倍增效应，实现工业化的优化和跨越式发展。

信息化对工业化的带动和加速作用表现在：第一，加速资源在最大范围内的合理流动和配置，提高资源配置效率，缩减管理成本、调整管理方式，从而提高经济效益和劳动生产率；第二，推动工业化向纵深方向发展，并提高了工业化的素质，信息技术及其产业化的发展

---

① 王逸舟：《当代国际政治析论》，上海人民出版社 1995 版，第 369 页。

改变了产业结构，带动产业结构的优化升级，并衍生出一批高新产业；第三，在社会层面，伴随自动化生产、电子商务、电子政务和虚拟组织等新生事物的广泛应用，将会引起企业组织形式、产业规制的改变以及人们的生活方式乃至经济体制等制度层面发生变革①。

因此，在信息时代，要重视信息技术和信息资源的作用，重视科技人才的培养和教育，加大信息基础建设投资力度，积极发展信息产业和信息服务业等第三产业，使信息化不断前进和深化，更好地带动工业经济的发展。

工业化是人类社会发展的必经阶段，旧形式的工业化发展主要依靠的是资本的积累，高投入虽然带来的是高的经济增长率，但低效率却同样使第二产业和第三产业遭受到了负面的影响。而这样的工业化发展有多种弊端：浪费资源、破坏生态环境、抑制农业发展、引发金融问题。因此需要信息化带动工业化，转变工业化旧有的生产方式，实现新型工业化。

以信息化带动工业化是指在发展信息技术、信息产业、信息服务的同时，依靠这三个方面对工业进行改造，提高工业发展速度。因此信息化对工业化的带动作用主要表现在三个方面：一是信息技术对工业的带动作用，二是信息产业对工业的带动作用，三是信息服务对工业的带动作用。

（一）信息技术是信息化的核心内容

信息技术的发展能够改造传统工业，优化资源配置，提高资源利用率和投入产出率，最终提高经济效益。同时，通过使用信息技术实现节能减排从而使单位 GDP 能耗逐步降低。

（二）信息产业的发展改变了产业结构

信息产业的发展带动了产业结构升级，并衍生出了一系列高新产业。高新技术产业的渗透性极强，可以迅速融入并带动传统工业部门，

---

① 王展祥：《中国信息化与工业化互动发展机制研究》，硕士学位论文，武汉理工大学，2005 年。

从而推动工业化向纵深发展。

（三）信息服务对工业的带动作用表现在信息服务支持工业的生产过程

信息服务借助信息处理、自动化，管理信息系统提高工业生产效率，通过互联网构建工业信息网，通过信息流逐步取代人流和物流，优化资源配置，提高企业管理效率，使用信息检索技术和信息分析技术围绕市场展开信息服务，提高企业经营效率。

在信息时代注重信息技术的利用，培育信息人才，发展信息产业从而转变产业结构，推广信息服务在工业及第二产业部门的使用，提高工业部门的生产水平、研发水平、经营水平，提升企业竞争力，带动工业经济发展，以此实现新型工业化。

二 工业化对信息化的需求拉进和供给促进机制

（一）工业化对信息化的需求拉进机制

在工业化的社会大生产中，社会通过交换产品和服务构成一个有机整体，在这个整体中如何有效交流和管理信息资源成为一个重要问题，这为信息化提供了广阔的需求市场。

1. 创造有效需求

随着工业化和人们生活水平的提高，社会将步入高消费（超过基本需要）阶段和追求生活质量（休闲和娱乐）阶段。信息产品和信息服务成为满足这种需求的手段和工具。

2. 创造新需求

在追求可持续发展的今天，传统工业由于低效率、高能耗和高污染的原因，客观上催生或在某种程度上促进了先进信息技术的需求，如计算机辅助设计、企业资源计划、柔性制造和精益生产等。

工业化的发展给信息化提供了市场的内在需求和产品的供给，因此工业化对信息化的促进机制主要体现在需求拉动机制和供给促进机制。

根据罗斯托在《经济增长的阶段》一书中提出的经济增长阶段理论把一个国家的经济发展分为五个阶段，在之后的《政治和成长阶段》将五个阶段扩充为六个阶段，阐明在工业化发展到一定程度的时候，国家经济进入后成熟阶段，这其中包括了消费阶段和追求生活质量阶段，在后成熟阶段工业高度发达，主导部门已经转移到耐用消费品、服务业部门和包括教育、保健、医疗、社会福利、文娱、旅游等的追求消费部门。社会主导部门的转变，信息服务和信息产品成为满足人民需要的手段和工具。

其次，为了提升工业企业的竞争力，转变低效率、高能耗、高污染的粗放式发展方式，也需要使用自动化技术、管理信息系统，雇用高科技人才等来提升自身的研发、生产、经营水平。这也对信息化技术的发展、信息服务的完善、信息人才的培养、信息产业结构的升级提出了客观的要求。

（二）工业化对信息化的供给促进机制

供给促进作用主要通过生产要素、产品和市场三个方面表现：

1. 生产要素方面

工业化为信息化提供了最基本的资金积累、技术积累、智力支持乃至企业主体。信息产业不仅需要技术创新、知识积累的支持，还需要大量资金的投入作为保障。先进的制造技术为信息技术和信息产业的发展提供技术基础，发达的制造业为其提供了物质条件。如生产半导体材料、集成电路板、计算机、光纤等都需要精密的设备、先进的材料以及相应的制造技术。信息化所需的人才，除具有一定的知识水平外，还要具有灵活性和创造性，也需要原有工业部门的培养。

2. 产品方面

信息化所需要的硬件是传统的工业部门生产出来的产品，广泛应用于生产和消费领域的电子产品、信息技术装备、通信设备等，这一切都离不开钢铁、机械和化工等产业供应原材料、技术装备和动力。

3. 市场方面

信息产业以农业、工业、服务业、采掘业和建筑业等传统产业为销售对象，为信息技术的发展提供了开放的平台，没有工业化，信息化就失去了大部分市场。

三 信息化与工业化互动机制的形成

在社会信息化、经济全球化的背景下，信息化与工业化互动机制是一个系统工程，要使该系统有机运转，需要以政府宏观调控为指导，充分利用企业的主体作用，不断满足市场的需求。如图2—3所示

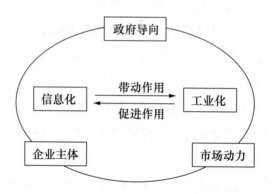

图2—3 信息化与工业化互动发展机制

信息化与工业化作为一种双向的互动，政府的导向作用尤为重要。首先，政府协调社会资源在信息化与工业化之间的配置；其次，通过建立信息产品的供给体系和支持系统，加快信息产业的发展，并引导传统产业进行现代化改造。

为保障信息化与工业化互动发展机制形成，政府须采取以下措施：①政策方面。大力推行信息技术对传统产业改造的相关政策；通过信息化的宣传，普及信息化知识，从而提高人们的信息化意识和素养；不断完善有利于信息化发展的环境和机制，重视培育信息化下企业的主体作用；日益完善专利制度，保障信息技术创新者的合法权益，推

进信息化标准体系的建设，健全信息化法律、法规体系等。②具体实施。建立健全公共网络基础设施，提升网络通达水平，完善通信普及程度；开展基础学科研究，肩负起战略性、公益性的超越局部利益的项目；购买处于信息技术产品生命周期早期的产品。通过这一系列的措施，信息化与工业化互动发展的基础环境才能建立起来，才能形成信息化与工业化互动发展机制①。

不同于西方多数发达国家工业化完成后进行的信息化，中国信息化的发展是在工业化还未彻底完成就进行的，因而提出了走新型工业化道路的构想，这就要求我们在工业化的基础上，以信息化为平台，信息化与工业化协同发展，通过两者的有机融合来推动整个经济和社会的发展②。

第六节　信息化与工业化融合的影响因素

政府的政策引导为"两化"融合提供了指引，信息技术的迅速发展是"两化"融合的前提，社会对信息产品和信息服务的认可而产生的巨大需求是拉动。政府引导、技术推动、需求拉动是"两化"融合的推动力。

信息化与工业化融合的动力来自技术推进、需求拉动、政府引导，其中技术推进和需求拉动是主要的动力来源。市场的需求对"两化"融合提供了外部的推动力，而信息技术的发展是国民经济实现信息化与工业化融合的内在动因。清楚了解"两化"融合的影响因素有助于推动融合过程的发展，"两化"融合主要集中在企业、产业和区域层

---

① 王展祥：《中国信息化与工业化互动发展机制研究》，硕士学位论文，武汉理工大学，2005 年。

② 麻冰冰：《我国工业化与信息化水平测定及互动关系研究》，硕士学位论文，暨南大学，2005 年。

面，因此分别从这三个层面来探讨其中的影响因素①。

一　企业层面影响因素

（一）含义

1. 技术先进性

先进的技术有助于提高企业核心竞争力，从而提升产品品质和服务质量，进而调整生产工艺和生产流程，研发更具现代化的工具以投入生产，从而提高生产效率。企业只有不断地进行技术研发、对外围企业先进技术引进吸收、对已有技术改造，才能在市场竞争中保持优势，立于不败之地。

2. 产品创新度

产品创新是指通过增加产品的信息技术含量，优化、提升产品功能，丰富产品的个性化，满足市场多样化的需求，提升产品核心竞争力。企业资源状况、经营规模对产品的创新有决定作用。企业资源状况是企业能否采用先进技术的客观基础，是影响企业"两化"融合的前提的因素。无论企业面对外部市场竞争还是内部经营压力，企业经营状况都会促使企业通过信息技术来寻求产品或业务创新来创造新的契机。

3. 业务融合度

业务融合首先要考虑到企业业务规划与信息化规划的匹配性，这会影响到未来业务流程与信息技术的融合程度；在对业务流程的信息化改造中，会引起组织结构、生产方式的变革，要保证业务信息化后与组织方式的协调一致性。因此企业信息化规划和企业组织形式是业务融合的影响因素。

4. 管理有效性

随着企业人员信息素质的不断提高，采用先进的企业管理工具，

---

① 李秋霞：《基于技术扩散视角的信息化与工业化融合研究》，硕士学位论文，山东经济学院，2010 年。

不断优化企业业务流程等是保障企业"两化"融合工作顺利展开的工作思路。企业人员包括企业领导者和企业员工，领导者对社会、市场需求的洞察力，对技术创新和成果转化的前瞻能力，以及对技术应用的管理和把握能力，即管理者信息素质和管理水平，对企业"两化"融合具有决定作用。员工信息素质也会影响到信息技术应用以及信息系统的使用，业务流程的融合需要员工有积极的态度和接受新技术和新工具的能力，只有这样才能为企业"两化"融合奠定人才基础。

企业的核心竞争力中包括企业技术信息化和管理信息化，前者能提高岗位的工作效率，后者从企业的角度提高整个业务流程的运行能力，企业业务流程的运行能力又与企业工作效率互相影响，这种影响显然会对企业"两化"融合工作产生作用。

5. 企业学习力

企业文化和人员的信息素质是影响组织学习力的重要因素，信息在企业间有效沟通和相互交流、构建良好的企业文化是企业学习的重要特征。组织学习的力度越大，则越易于融合更多的信息技术，从而"两化"融合成效更为明显。通过学习，提高企业对产品、技术、管理的使用和创新能力，形成企业资源优势和核心竞争力，这是企业学习机制目的所在。

（二）内容

技术、产品、业务、管理和组织结构是影响企业发展的重要因素，因此我们从这几个方面探讨它们在"两化"融合中的影响。

企业的日常生产过程中涵盖了生产要素、产品、业务、管理、市场营销等多个方面，在企业的信息化与工业化融合进程中，这些企业的要素是影响企业"两化"融合的重要因素。

1. 资金因素

企业的资金投入的多少对企业的发展起十分重要的影响，缺少外部的融资渠道将严重减缓企业信息化进程，只有充足的资金保障才能加大研发力度，提高管理水平，吸引高科技人才，所以资金因素对企业的信息化与工业化融合有着十分重要的影响。

2. 管理因素

随着企业人员信息素质的不断提高，采用先进的企业管理工具，不断优化企业业务流程等是保障企业"两化"融合工作顺利展开的工作思路。而诸如 MRP、ERP、SCM、MIS 等管理信息系统的使用是建立在管理思想上的，先进的企业管理信息系统是管理思想的工具。完善企业的管理思想，使用先进的管理工具提高整个业务流程的运行能力，企业业务流程的运行能力又与企业工作效率互相影响，这种影响显然会对企业"两化"融合工作产生作用。

3. 技术因素

技术因素能直接反映"两化"融合的程度。在信息经济时代，技术成为必不可少的生产要素，通过企业的技术水平，可以提高生产效率、提升产品质量来增强企业核心竞争力。要推进信息化与工业化融合的进程，需要加大对信息化关键技术、核心技术、共性技术研发的支持力度，同时增进新技术、新工艺、新产品、新设备等方面的研发力度。利用企业的创新能力，增强企业竞争力。

4. 人才因素

人才是企业的重要资源，在企业的信息化与工业化融合进程中，兼顾信息技术、业务程序和企业管理三方面的复合型人才。特别对于国有企业而言，打破原有僵化的用人机制，引进优秀的信息化人才是"两化"融合的关键。

5. 组织因素

企业信息化的组织模式并非在当前业务流程中新增一套流程，而是根据企业所需，适应市场环境对原有流程进行改造，在信息化与工业化融合的过程中要保证组织形式与信息化的业务流程保证一致，改造传统的企业组织形式以适应信息经济社会对企业提出的要求，从而提高企业管理水平与经济效益。

二　产业层面影响因素

在产业层面实现"两化"融合,有利于在企业间实现信息与资源的共享,支持企业间的协同运作①。产业层面的影响因素主要包括行业自身的发展优势、行业信息化水平、产业链整合度。

(一)行业发展优势

行业自身特点不同造成行业信息化作用差异:首先,行业发展状况。不同行业的产业格局、商业模式以及发展速度不同,对信息化提出的需求也不一样。如电信、金融等行业比重型工业制造行业要年轻,仍处于市场的高增长期,它们对信息技术的依存度较高。其次,依存的战略资源。战略资源可分为自然资源、劳动力、资本以及信息。如金融、物流等行业对信息系统、网络平台的依赖度就相当高②。最后,行业完善度。在企业规模、生产管理体系相对完善的行业里,较多的企业有条件采用信息系统对本企业的业务流程进行改造,并利用先进的信息技术对某一工艺、产品进行创新。如制造业、交通业、通信业、金融等行业的完善度远高于零售业、旅游和养殖等行业。

市场环境的动态性和不确定性要求企业具有快速反应能力(如消费品行业),这类行业的竞争状况会影响到市场化程度,企业要凭借信息化对自身业务体系的建设实现可持续发展以满足其内在需求。

(二)行业信息化水平

行业信息化是指在行业的生产、管理等环节利用信息技术,开发信息资源,通过网络建立行业信息服务平台(如网络中心、数据中心、数据库等),实现行业内资源的优化和重组,从而优化产业结构,实现产业升级换代。信息技术在整个行业中的应用是衡量信息化水平

---

① Liu L Q and Feng J W, "Evaluation and Empirical Analysis of China's Regional 'Integration of Informationization and Industrialization'", *Applied Mechanics and Materials*, 2014.

② 许心:《我国信息化和工业化融合发展战略研究》,硕士学位论文,西安邮电学院,2010年。

即行业"两化"融合水平的重要标志，另外，信息服务平台可以有效整合信息资源、信息技术以及信息服务，是信息化水平的代表和"两化"融合的重要手段。

（三）产业链整合度

产业链整合度与产业"两化"融合水平关系密切，产业链的本质是用于描述一个具有某种内在联系的企业群结构①。通过建立起产业之间的连接，或使某产业外延到其他产业中，实现产业结构优化升级，推进产业经济跨越式发展，产业链整合程度越高，"两化"融合成效越突出。

三　区域层面影响因素

区域融合在经济、社会环境下，各企业主体以技术和网络为平台参与信息化活动，实施技术和信息的创造、应用，促使产业结构变化和区域经济、社会发展。区域"两化"融合除社会环境因素外，还包括经济条件因素和区域信息化水平两方面：

（一）社会环境因素

主要包括政策法规、投资条件、人文环境、教育水平等软环境以及地理位置、资源优势和经济状况等硬环境两方面。

1. 政策法规

政府宏观调控的作用通过政策显现，从而正确引导信息化与工业化的融合。在企业"两化"融合工作中给予一定的指导和支持，如设立"两化"融合专项基金、无息贷款等直接经济保障及税收等间接经济支持。另外，通过制定一系列法律、法规来保障"两化"融合进展顺利。例如，《中华人民共和国专利法》在保障了创新创造者的利益的同时，推广技术创新。

---

① 李秋霞：《基于技术扩散视角的信息化与工业化融合研究》，硕士学位论文，山东经济学院，2010 年。

2. 社会条件

社会条件主要包括投资条件、人文环境、教育水平等。技术创新应用需要高投资，良好的投资环境会保障信息技术的创新及应用。稳定的社会文化环境是企业不断创新技术的重要基础和动力，"两化"融合需要一批兼顾现代信息技术和专业知识背景的复合型人才，高质量、复合型信息技术人才的教育和培养是"两化"融合的影响因素。

3. 硬环境

硬环境包括区域地理位置、资源优势和经济状况方面，本地区及周边地区的发展水平、区域的资源条件和优势、经济发展状况及发展模式和发展经验等，是区域发展的主要影响因素。同时由于地理位置，周边地区对本地区的经济社会发展也具有明显的带动作用，其发展经验也具有重要的借鉴意义。

（二）经济条件因素

一个区域的经济条件因素取决于地区的经济发展速度，工业化水平、市场化水平和对外开放程度。区域经济发展速度是信息化与工业化融合的重要影响因素，经济发展越快的地区越能带动地区"两化"融合。工业化水平越高的地方越能够提高更好的工业基础和市场需求，推进"两化"融合。市场化水平象征着一个地区的经济繁荣程度，区域的市场化水平越高，越能带动区域"两化"融合。经济全球化是信息经济时代的特征，加大对外开放力度能提升区域经济生产规模和市场规模，从而推动信息化与工业化融合。

（三）区域信息化水平

信息资源间不共享，会拉大区域间信息化的差距。通过信息网络、网站、数据库以及大型数据中心等现代化信息服务平台的建设可实现资源的共享，为区域信息化打下坚实的基础。

"两化"融合需要一定的基础环境作为平台，既包括物理的（如工业园区），也包括虚拟的（如政策环境、网络环境、信息服务中心）。这些平台可以整合区域内信息资源，实现标准化模块，促进企业间资源共享。例如行业协会为行业内提供技术标准、信息化流程的服务等；甚至不同地区之间，也可以通过网络平台为区域内的企业提供信息服务，促进跨区域"两化"融合工作的进行。

（四）产业结构合理性

区域的经济包括该区域的第一、第二、第三产业，合理的产业结构可以有效带动各产业共同进步，从而提高区域整体经济效益，推动信息化与工业化融合。

各产业部门之间在生产规模上的构成比例、相互之间的关联程度、协作状态以及比例关系不同，对经济增长的贡献也不尽相同。产业之间的构成比越合理，关联、协作状态越好，则产业结构的整体效应就越大，产业融合水平也就越高。

第七节　深化信息化与工业化融合新发展

上文中指出，在信息时代，信息资源价值的开发愈加得到重视，从城市综合发展的角度看，信息化与工业化融合是一个互动机制。工业化对信息化有需求拉动和供给促进作用，信息化对工业化具有带动作用，而这种带动作用，最主要的依靠就是信息技术的进步。可以说，信息技术是新型工业化这一形态实现的先进生产力代表，因此，新技术的发展必然带来工业化的新发展。而就信息化而言，信息化的核心是信息技术的高度发展，其实现的基础是数据库存取技术、现代计算机技术、通信技术的广泛应用于政治、经济、社会中，并成为推动信息化的主要力量。因此，信息技术成为"两化"融合发展的最主要推动力，运用新技术形成的智能工具将成为主要的劳动工具。区别于传统工具，智能工具可以看作是人脑功能的延伸，可以创造新的劳动形式，引起生产力的变革，为"两化"融合发展带来新亮点，助创"两化"融合发展新模式。

一　"两化"融合中技术应用新亮点

随着电子和信息技术的普及应用，技术的创新以指数形式迅猛增长。Web 4.0、云计算、大数据、物联网、移动通信技术的深入发展和广泛渗透进一步带来结构创新、知识创新甚至原理创新，使得信息化与工业化发展出现了很多新应用，信息化与工业化融合发展也出现很多新亮点。

（一）智能制造

智能制造是信息化与工业化深度融合的结晶。提到高新技术，人们总是习惯于将其与高新技术产业联系在一起。但是，根据技术扩散的 S 曲线规律[①]，新技术渗透到现有行业中改造传统行业，革新生产技术，开发个性化新产品和新服务，才最能体现其对经济的贡献值。也就是说，高新技术在传统产业中的应用带来的产值是巨大的，其产值甚至会超过新兴产业带来的价值。以传统制造业为例，根据中科院计算数据研究所的研究，在未来 10 年内，汽车制造、电力生产、消费品行业等技术化转型可以激活超过 20 亿美元的潜在产值[②]。这些产值的激活不是仅仅依靠用高新技术武装产品生产过程，提高生产效率，还包括生产出的产品具有高技术含量，其销售和宣传途径突破传统化。而要实现这一过程，智能制造技术的应用与推广是关键所在。智能制造就是用信息化武装工业化的重要智能工具。智能制造的应用，不仅仅是工业生产过程的信息化，也是产出产品的数字化、网络化和智能化。智能制造将信息技术、新型工业化道路和人类社会紧密联系起来，通过信息技术优化产业和产品结构，提供满足人类需求的优质产品和服务，使信息化与工业化融合更加高效智能。

[①]　傅瑶、孙玉涛、刘凤朝：《美国主要技术领域发展轨迹及生命周期研究——基于 S 曲线的分析》，《科学研究》2013 年第 2 期。

[②]　李国杰、徐志伟：《从信息技术的发展态势看新经济》，《中国科学院院刊》2017 年第 03 期。

（二） 新一代互联网

互联网的出现极大地改变了信息的传播途径和传播速度，是信息化成果得以在新型工业化道路中传播的物质保障。没有完善的网络通信设施，先进的信息技术就不能在工业化过程中得到大规模扩散和应用。由于中国互联网发展起步晚，建设初期资金短缺，建设的网络主要基于 IPv4 协议，随着 IPv4 地址在全球分配的完毕，逐渐出现网速慢、传输耗时长、带宽不足等问题，同时信息安全问题也成为现有网络应用的一大难题和挑战。"两化"融合急需新一代的互联网技术来更进一步推动，以突破现有网络空间不足的制约，并且从技术角度进一步升级保障网络信息安全。IPv6 下一代互联网技术的出现和发展将成为最好的应对方案①。2003 年，中国下一代互联网示范工程（China's Next Generation Internet，简称，CNGI）战略项目启动，以 IPv6 为核心，搭建了下一代互联网的平台。到 2008 年，已经突破了其关键技术难点，构建完成了当时全球最大的 IPv6 示范网。尽管取得了如此成就，但是由于使用习惯和后期迁移成本大等原因，近年来中国国内的 IPv6 流量增长速度落后于国际的流量。随着网络信息的海量增长以及人类对信息准确性和实效性要求的增加，IPv6 取代 IPv4 成为互联网主要协议是未来几年的发展趋势。"两化"融合发展要科学、高速、健康，对 IPv6 的重视和投入是必不可少的。

（三） 信息化集成系统

信息作为客观世界的三大组成要素之一，与物质和能量一样，是作为社会基本资源和财富代表的。但是，信息不能直接实现财富和资源的创造，它需要通过作用于物质、创造能量、推动社会进步，这是一个动态过程。信息化集成系统的构建，可以将信息化成果快速应用于工业化过程中，推动"两化"融合发展。信息化集成系统技术的关键在于利用计算机和网络将信息化的成果快速转化，并应用于工业化

---

① 吴建平：《中国 IPv6 下一代互联网的发展和思考》，《中国信息化周报》2017 年 2 月 27 日。

发展的各个层次，使得工业企业中的人、财、物资源以系统的形式高速运转起来，实现资源的最优化配置。目前，信息化集成系统在企业管理中应用较广，现有的办公管理软件已发展得较为成熟，但开放性还不够好，基本上都是不带通信功能的封闭系统，这样虽然对企业信息安全保障性更高，使系统更易于控制，但是，这不利于行业和跨行业的交流与发展。新型工业化道路，资源的互通利用不仅仅局限于单一企业内部，更多的是跨企业、跨行业和跨区域的合作与共享、共建共赢。因此，在"两化"融合中，需要加大开发具有通信、计算和决策控制功能同时又有安全控制的智能信息集成系统[①]。

二　新技术环境下，注重"两化"融合新发展

新技术的发展和应用为信息化与工业化的发展带来新机遇，"两化"融合发展要充分利用新技术带来的新机遇，在新技术的支撑下，从企业、产业和区域三个层面，对"两化"融合的新发展进行探讨。

（一）新技术的应用创新"两化"融合企业管理模式

技术先进性是企业的核心竞争力所在，而要让先进的技术在企业的产品创新度、业务融合度方面发挥功效，其管理的有效性是不言而喻的。随着企业人员信息素质的不断提高，采用先进的企业管理工具，不断优化企业业务流程等是保障企业"两化"融合工作顺利展开的工作思路。

由于经济体制的影响，中国企业组织结构多为直线隶属型，这种结构的不足主要体现在办公流程复杂，效率低下，且各级各部门沟通较少，资源得不到最优利用。信息技术的应用对于改善企业内部管理具有重大意义。互联网、移动通信设备的发展改变了传统的沟通方式；办公自动化集成系统实现了数据快速传输与资源共享，在线系统使得办公的时间、空间限制降为最低；企业部门重要业务系统建设，实现

---

① 魏晓东：《〈工业 4.0 与两化融合〉讲座第三讲工业 4.0 与两化融合》，《自动化博览》2016 年第 1 期。

跨部门信息共享和业务协同，信息的高速传达和扩散使得决策可以迅速贯彻实施，大大提高了企业运作效率，同时执行过程中遇到的新问题可以及时上达反馈，使得管理层决策可以及时调整与更新。另外，大数据和云计算技术的发展使得企业对于政策、市场以及产品信息的获取和把握都更精准、快速。运用新技术代替重复性的人工劳动，运用计算机处理大量数据，以信息技术为支撑，把握信息资源，通过智能设备的运用，减少人的脑力和体力劳动，建立新的管理模式，提高管理效率。

总之，企业技术信息化能提高岗位的工作效率，管理信息化从企业的角度提高整个业务流程的运行能力，企业业务流程的运行能力又与企业工作效率互相影响。把握信息技术改造企业管理结构和模式，促进企业"两化"融合高效良性发展。

（二）新技术应用"两化"融合，优化产业结构

信息化对工业化的带动作用，主要是以信息化成果应用促进工业化实践科学健康发展，走新型工业化道路，实现产业结构优化升级①。用新技术改造传统产业，实现传统产业的生产数字化、产品智能化和传播推广网络化，同时大力发展信息产业和服务业，这是实现"十三五"规划中产业转型、经济结构优化的重要途径。

以信息化带动产业结构优化升级可以从以下方面着手：利用高新技术创新产业的生产方式，包括工业装备中集成电路的使用、工业作业中机器人的使用等，既可以减少人工劳动，还可以突破人体的限制，发展智能制造，改变传统的生产方式，提高生产效率；通过开展信息化与电子商务，加强上下游企业的沟通和联系，通过信息技术的应用和信息平台的构建给行业中的技术创新、产品创新、管理模式革新、营销模式革新等方面带来转型升级、提高产业行业的设备标准。建立行业标准，从原材料采集到产品加工、制造再到商品销售和售后服务

---

① 蔡捷芳：《改革开放以来对外贸易与产业结构升级关系研究——以福建省为例》，《金融经济》2016 年第 24 期。

反馈，应用互联网、智能云制造、移动通信和电子商务等新一代信息技术，不断提高产品附加值比例，提高产业总体竞争力；将信息化成果应用在工业行业的各个领域、渗透其从生产、加工到销售的各个层面，实现全方位的产业结构优化升级。除了对传统产业的信息技术改造，实现产业结构的优化，还应该加快发展新兴的高新技术产业，尤其是"两化"融合影响带动下的软件开发与应用行业、基于内容深度挖掘的信息咨询服务行业以及物流快递服务行业等，要予以足够的重视，给予政策和资金上的扶持。

以信息化成果带动工业产业结构升级，主要是通过新技术的应用，改良行业生产工具、改善行业的生产方式，使得产业经济效益的提升主要依靠知识创新和技术开发；另外，信息技术的应用还可以实现管理方式的改善，进而优化重组产业的人、财、物和信息等各种资源，实现产业层次的升级。

（三）新技术助推区域信息化与工业化战略融合

"两化"融合发展就是一个系统，从内容要素来看，可以分为工业化子系统和信息化子系统，每一对子系统都不是孤立发展的，工业化子系统发展良好可以为信息化子系统发展提供空间基础，信息化子系统发展完善有利于促进新型工业化道路目标的实现，两者统一于现代化这个整体中。

信息化与工业化融合发展，要从战略的角度，将两者看成一个统一的协同体，不能跨越工业化的发展实际来追求单一的高水平信息化，同时也不能忽视信息化快速发展的现实需求，压制信息化的发展潜力。当前信息资源不断丰富，新的信息技术层出不穷，下一代互联网、智能制造、信息化集成系统等重要技术不断趋向成熟，管理主体要抓住新技术带来的新机遇，深入研究如何加快信息化研究成果向应用转化，结合工业化发展的水平，寻找促进新型工业化道路实现的突破点，以信息技术改革工业生产工具、管理方式和产品产业结构，以高水平的规划，综合布局"两化"融合战略。

　　"十三五"规划的制定与实施，要在科学总结信息化、工业化发展实践的基础上，将新型工业化实现战略和信息化发展战略综合起来，从政策体系、标准规范、绩效评估等方面构建良好的制度环境，推进和保障信息化与工业化融合顺利开展。以信息技术新成果为支撑，助推新型工业化的科学进行，避免信息化发展规划与工业化发展规划两极化的局面出现①，推动"两化"融合的良性互动发展。

---

① 赛迪网：《新技术应用深化"两化"融合》，《硅谷》2012 年第 2 期。

第 三 章

信息化与工业化融合进程实证研究

朱国芬、李俊奎指出中国的"两化"融合就是在工业化发展到一定阶段,信息化作为工业化的引擎和动力,发挥着引导和支持工业化发展的作用,给工业化的发展带来新的生机①。"两化"融合发展究竟处在什么样的阶段,对于评估中国"两化"融合发展的实际水平,具有重要的实践意义。

第一节 关于"两化"融合的实证认知

在企业对于"两化"融合的投入方面,中小企业软件及 IT 服务投入比重逐年增加。中小企业开展信息化建设最先考虑的三个目标是提高生产经营效率、降低生产经营成本、降低生产经营风险。中小企业信息化正从单项应用向集成应用过渡。50% 的企业处于单项应用阶段,45% 的企业处于部分集成应用阶段,5% 的企业处于全面集成应用阶段②。

按照丹尼尔·贝尔关于前工业社会、工业社会和后工业社会的理

---

① 朱国芬、李俊奎:《"两化"融合视界下现代产业体系建设》,《江苏科技信息》2011 年第 5 期。

② 赛迪网:《中国中小企业信息化服务市场调查和发展报告》,机械工业出版社 2011 年版,第 4 页。

论，以及阿尔温·托夫勒的三次浪潮学说，人类社会的发展经历了三个主要的阶段：以农业经济为基础的农业社会、以工业经济为基础的工业社会和以知识经济为基础的信息社会。所谓工业化就是农业社会向工业社会演进的动态过程，而信息化则是由工业社会向信息社会演进的动态过程。根据社会发展系统动力学原理，在社会发展关系链条上，信息化与工业化是两个具有密切前后向联系的社会发展过程，它们总体上依次递进，但在若干阶段又呈错落交叉状态，并共同遵循人类社会发展的客观规律。工业化诞生了信息化，信息化发展了工业化，两者相辅相成，相互影响，相互促进[1]。然而，信息化与工业化在本质上存在明显差异。工业化推动了信息化的产生，如果工业化停滞不前，那么信息化就不会兴起。工业化的迅猛前进，为信息化的发展带来了不可或缺的物资、装备、能源、资金、技术、智力支持以及广阔的市场空间。信息化是工业化的延伸和发展，并产生倍增和催化效应。

一　信息化与工业化的互动发展问题

吴敬琏认为"新型工业化道路"，具有双重含义：第一层含义的"新"是相对于18世纪中叶到19世纪中叶的早期增长模式而言的。第二层含义的"新"，就是为工业化增加了新的加速器，即"用信息化带动工业化"[2]。王新天、周振国的理解认为，新型工业化道路的内涵主要体现在三个方面，即经济发展高速高质、信息化与工业化良性互动和人与自然的和谐统一[3]；李荣融的观点是新型工业化道路，表明我们要抓住信息技术革命和经济全球化带来的机遇，在中国基本国情的基础上充分利用信息技术以更好地发挥后发优势，从而实现中国工业化现代化跨越式发展[4]；曲格平的理解是新型工业化道路就是可持

---

[1]　吴伟萍：《中国信息化与工业化协同推进的路径选择》，《南方经济》2003年第6期。

[2]　吴敬琏：《思考与回应：中国工业化道路的抉择（上）》，《学术月刊》2005年第12期。

[3]　王新天、周振国：《新型工业化道路与跨越式发展——学习江泽民同志关于跨越式发展的思想》，《求是》2003年第9期。

[4]　李荣融：《充分利用战略机遇期大力推进新型工业化》，《上海工业》2003年第1期。

续发展的工业化道路，要将经济发展和保护环境统一起来，实现"生产、生活、生态"三位一体的发展目标①；史清琪则认为在中国的国情基础上，新型工业化就是要将发达国家经历过的传统工业化、后信息化与工业化三个阶段"三步并作一步走"②，而新型工业化中的"新"主要表现在三个方面：一是全球化基础上的工业化，即在全球范围内实现资源配置；二是国际竞争中的工业化，从而改变中国在国际分工中的地位；三是在跨越式发展中的工业化，依靠体制创新和科技创新缩短工业化所需要的时间。

二　信息化和产业化"带动"和"促进"的关系

党的十六大、党的十七大之后，大批相关研究涌现出来，研究思路主要涉及以下两方面：

（一）信息化与工业化的互动关系辩证

李廉水、宋乐伟从"两化"的互动关系，论证信息化与工业化融合是中国走新型工业化道路的必然要求③。

（二）信息化推动工业化发展的运行机制和实现路径

齐德华等认为技术创新的作用突出，表示技术创新能够带来产业结构的突破，并为之提供技术和智力支撑④；李松龄、杜彦瑾在实现途径上，坚持融合自主创新和技术引进⑤；汪慧玲等提出构建平稳的高新技术和科技创新体系互动机制，发展信息化与工业化的融合⑥，

---

① 曲格平：《转变生产方式发展循环经济是实现环境保护目标的关键》，《经济视角》2006年第5期。

② 史清琪：《企业必须担负起可持续发展的责任》（http://www.future500china.org/HTML_F500/papers/0519.html.）。

③ 李廉水、宋乐伟：《新型工业化道路的特征分析》，《中国软科学》2003年第9期。

④ 齐德华、张伟、周鲁柱：《技术创新与新型工业化关系研究》，《科技管理研究》2006年第10期。

⑤ 李松龄、杜彦瑾：《论推进和发展新型工业化的路径选择与政府作为》，《现代财经》（天津财经大学学报）》2007年第7期。

⑥ 汪慧玲、景文密、戴石：《高新技术和科技创新体系互动发展——推进新型工业化的动态模型》，《科技管理研究》2007年第4期。

同时积极发展先进制造业；李时椿提出利用高科技行业的发展来带动工业信息化水平的整体进步[1]。

三　对信息化和产业化融合的实践研究

相关研究出现在党的十七大以后，主要分为以下三个方面。

（一）宏观认知层面

王琦认为推进信息化与工业化融合，必须在党的十七大精神和科学发展观的双重指导之下，以市场为导向，带动工业由原先的做大向做强转变，并在此基础上将信息化深入经济社会各层面，全面建设小康社会[2]；李林提出产业融合是信息化与工业化融合的重要依据[3]；周子学指出"两化"融合是中国工业化提速的必然选择，是经济社会发展的内在需求，推动"两化"融合发展是政府基本职能[4]；夏波涌等探索了信息化与工业化融合的具体内涵[5]；马民虎等剖析了信息化与工业化融合所面临的知识产权困境[6]；易明等研究信息化与工业化融合的模式选择，提出"两化"融合的重点是加强"两化"融合试点示范体系和公共服务体系建设[7]；李欢等在信息化与工业化融合过程中相互作用的机理及融合的方向之上提出信息化与工业化融合的五种模式[8]；谢康等阐述了中国信息化与工业化融合的环境、基础和道路，提出信息化与工业化融合机制的技术效率模型，根据文献分析法提出

---

① 李时椿：《信息化推进我国制造业的新型工业化》，《科技管理研究》2007 年第 4 期。

② 王琦：《信息化与工业化融合研究》，《财政研究》2008 年第 11 期。

③ 李林：《产业融合：信息化与工业化融合的基础及其实践》，《上海经济研究》2008 年第 6 期。

④ 周子学：《对工业化、信息化发展历史进程的几点认识》，《理论前沿》2009 年第 4 期。

⑤ 夏波涌、张克平：《信息化与工业化融合内涵初探》，《制造业自动化》2009 年第 5 期。

⑥ 马民虎、赵丽莉、魏建锋：《信息化与工业化融合之知识产权困境与对策》2010 年第 2 期。

⑦ 易明、李奎：《信息化与工业化融合的模式选择及政策建议》，《宏观经济研究》2011 年第 9 期。

⑧ 李欢、田雨虹、王伦：《信息化与工业化融合方向及融合模式研究》，《情报科学》2011 年第 7 期。

基于摩擦成本与路径冲击、路径偏离与调整成本，以及调整模式为核心概念的信息化与工业化融合理论模型①。

（二）中、微观层面

喻兵分析了"两化"融合在宏观层面经济发展要求、中观层面产业发展重点和微观层面企业发展内容②；程灏从企业层面研究了信息化与工业化融合的微观基础理论③；张海涛等对信息化与工业化微观层面融合进行价值计量分析④；万建香从企业微观层面研究了信息化与工业化融合路径 KMS⑤；王晰巍等研究了"两化"融合过程中两者相互促进的机理，并对"两化"融合的方向进行了讨论，提出吉林省信息化与工业化融合的总体思路及中小企业信息化与工业化融合的对策，从动力、政策和支撑三个方面构建信息化与工业化融合的关键要素系统模型，分析信息化与工业化融合的 5 级成熟度模型，构建针对工业企业的"两化"融合评价指标体系⑥。

（三）测度实践层面

易法敏等以广州市信息化水平和"两化"融合水平为对象，进行了评估⑦；郑珞琳等运用 AHP 与灰色综合评价法对江苏省信息化与工业化融合发展水平进行综合评定⑧。

---

① 谢康、肖静华、乌家培：《中国信息化与工业化融合的环境、基础和道路》，《经济学动态》2009 年第 2 期。

② 喻兵：《关于信息化和工业化融合的思考》，《特区经济》2008 年第 12 期。

③ 程灏：《信息化与工业化融合的微观基础理论研究》，《改革与战略》2009 年第 5 期。

④ 张海涛、辛立艳：《信息化与工业化微观层面融合的价值计量分析》，《学习与探索》2009 年第 4 期。

⑤ 万建香：《信息化与工业化融合路径 KMS——企业微观层面的传导机制分析》，《江西社会科学》2009 年第 12 期。

⑥ 王晰巍、靖续鹏、杨晔：《信息化与工业化融合的基本理论及实证研究》，《情报科学》2009 年第 11 期。

⑦ 易法敏、符少玲、兰玲：《广州市信息化水平及其与工业化融合程度评估》，《科技管理研究》2009 年第 8 期。

⑧ 郑珞琳、高铁峰：《基于 AHP 与灰色综合评价法的江苏省信息化和工业化发展水平实证分析》，《情报科学》2011 年第 8 期。

四 各个行业的"两化"融合架构

关于轻工行业企业"两化"融合发展的体系建设，郭和生以造纸行业为试点行业，强调指标体系的行业性、基础性、激励性、引导性和稳定性。基本方法依然使用的是 AHP 法，一级指标和二级指标采用"工业行业企业'两化'融合发展水平评估指标体系"的公共指标，三级指标结合造纸行业"两化"融合特点单独设计[①]。

橡胶轮胎行业中高彦臣以青岛软控股份有限公司为例，利用车间执行系统（MES 系统）和企业资源计划（ERP 系统）的协调管理，在成本控制、采购、库存、生产、工作效率等环节都获得了直观的经济效益[②]。

而推进机械行业信息化与工业化的融合，根据晓风的观点就是要选准突破口和切入点。在北京召开的机械行业（重矿行业）"两化"融合发展水平评估工作典型企业座谈会上发布了《重矿行业"两化"融合指标体系（征求意见稿）》，在确定相关评估体系标准的基础上，改变机械行业信息化评估混乱的现象，由此为企业"两化"融合工作指明方向[③]。

在棉纺业的实际应用中，景慎全、叶戳春在论文中提到关于"两化"融合的几项关键技术：计算机配棉技术、能源管理系统、生产数字化监控、电子商务[④]。

杨友麒、姜晓阳则从化学工业角度提出行业的发展战略，包括从规模经济逐步向范围经济过渡、从传统制造业向制造服务业过渡、从

---

① 郭和生：《轻工行业企业"两化"融合发展水平评估指标体系建设》，《轻工标准与质量》2010 年第 3 期。

② 高彦臣：《"两化"融合技术在橡胶轮胎行业的应用实践》，《橡塑技术与装备》2010 年第 11 期。

③ 晓风：《机械行业"两化"融合发展水平评估迫在眉睫，精确成本核算与细化评估指标成为关键》，《机械工业信息与网络》2009 年第 4 期。

④ 景慎全、叶戳春：《棉纺业"两化"融合正当时》，《纺织服装周刊》2011 年第 40 期。

高能耗高污染的重化经济向绿色生态经济（特别是低碳经济）逐步过渡[1]。

而任俊正、付丽丽将装备制造业的发展水平测评分为三个部分：外部视角测评方法、内部视角测评方法和综合视角测评方法[2]。

2010 年 6 月工业和信息化部组织完成了对七个关键领域企业"两化"融合情况的评价，包括钢铁、化肥、重型机械、轿车、造纸、棉纺织、肉制品加工等。在指标体系中，设置一级指标包括基础、应用和绩效三项；二级指标 9 项，分别是基础指标项下的投入、规划组织和制度、信息基础设施，在应用指标项下的单项业务应用、协同集成、深度应用，在绩效指标项下的竞争力、经济效益、社会效益。由于行业特征差异，导致了三级指标及其各项下的数据采集项不尽相同。就此次评估结果而言，企业的信息化与工业化融合程度被划分为了四个阶段，分别为起步、覆盖、集成和深度创新。

五　"两化"融合存在的问题

根据水家耀的观点，企业是"两化"融合的主体，政府在此过程中，主要肩负着规划、引导、服务的任务，通过政策措施等来激发企业内在动力；建立健全公共服务平台，尽可能规避"两化"融合带来的风险；大力建设信息基础设施，改善"两化"融合基础条件；强化人才队伍建设，以此打造"两化"融合主力军[3]。

高琳萍和李俊奎表示，工业信息化亟须政府的指引、鼓励和带动，但在这一关键领域的管理体制和机制存在明显不足，资金投入也十分有限。信息技术可以对生产流程和生产工艺进行变革，将提升产品的数字化程度、提高智能化水平等作为企业信息化的关键。信息产业与

---

① 杨友麒、姜晓阳：《化学工业"两化"融合发展与过程系统工程：挑战和前景（一）——我国化学工业"两化"融合的发展战略》，《现代化工》2009 年第 11 期。

② 任俊正、付丽丽：《支撑装备制造业振兴"两化"融合发展测评研究》，《经济与管理研究》2009 年第 6 期。

③ 水家耀：《江苏开辟"两化"融合主阵地》，《上海信息化》2011 年第 4 期。

工业信息化融合深度不够，可以大力发展信息服务业①。

　　叶帆的研究表明"两化"融合在政府、企业、社会、技术和立法层面还存在不少问题，人才稀缺、创新能力不足、推进方式单一。许多问题亟待解决，如缺少资金保障、缺乏立法保护等②。

　　在"两化"融合的战略策略研究方面，张鸿、许心提出信息化与工业化融合的战略规划原则，分为多维度系统推进原则、非均衡协调发展原则两种；而战略规划的重点在于以流程为中心、以平台为中心、以供应链为中心、以网络为中心③。

　　许光鹏、郑建明提出四个推进"两化"融合的策略，分别是区域推进策略、行业推进策略、企业推进策略、重点推进工程④。

　　高新民指出企业要实现"两化"融合目的的主要途径就在于做到模块化、平台化和网络化，这是目前特别是单元生产能力、家庭作坊式的企业能够适应市场环境的变化做出迅速反应，不断进行产品创新、流程创新、经营模式创新以及市场营销创新的基础⑤。

第二节　关于"两化"融合水平测度现状

一　测度指标体系构建意义

　　在无法直接测量目标的情况下，政治、经济、科研等领域开始使用一种间接测量工具，即指标体系。指标体系是将与测量对象相关的

---

　　① 高琳萍、李俊奎：《信息服务业带动"两化"融合的对策研究——以江苏省"两化融合"的实践为例》，《无线互联科技》2011 年第 11 期。

　　② 叶帆：《推动"两化"深度融合加快转变发展方式》，《科技和产业》2011 年第 3 期。

　　③ 张鸿、许心：《我国信息化和工业化融合的发展战略研究》，《西安邮电学院学报》2010 年第 15 期。

　　④ 许光鹏、郑建明：《推进信息化与工业化融合的策略和对策研究》，《新世纪图书馆》2011 年第 10 期。

　　⑤ 高新民：《企业信息化战略：应"两化"融合而变》，《机械工业信息与网络》2009 年第 4 期。

单个指标，运用数学方法进行综合，从而测算对象状态的一种方法。决策者们将其作为制定政策的重要依据，是因为他们想要将这种难以测定的过程转变成一个较为简单的指标。

对复杂社会行为和社会问题等的量化描述起源于社会统计学领域，其基本思想是用"数量"来表示人们对社会的某种"感觉化"[1]。这就使得选定具体指标这个步骤存在很大的主观性。由于是间接测度，选择哪些对象作为指标反映观测对象很大程度上取决于观测者或决策者的立场、角度和观测方法以及数据的可获取性等[2]。

近年来，国家不断深入推进"两化"融合，朝着深度融合的方向快速发展。如何较为准确地概括"两化"融合现状，尽快针对融合过程中产生的问题，提出可靠、合理、可行的解决方案。通过完善"两化"融合的综合指标体系，已经成为研究的重要方向。

杜昊、郑建明在2011年提出了信息化与工业化融合测度指标体系构建的理论依据，在科学发展观、市场经济理论、系统工程理论和产业经济理论的指导下，结合已经建立的信息化与工业化融合评估指标体系为实践基础，形成了科学、合理的指标体系[3]。

综合指标体系主要是把和测量对象相关的相对独立的指标变量用统计学的方法综合在一起，为了区分它们的重要性，赋予它们相应的权重，最后计算出一个综合指数的方法。然而，在科学理论依据方面仍有欠缺，指标体系并不完善，或者是对于指标体系的解释不够深入完整，极有可能使制定政策的相关人士误解指标内容，造成相关政策指向性偏颇，不利于可持续发展。现行的指标体系中，依旧有可能误导决策制定，比如：在指标选择及权重的安排上不够客观独立，从而

---

① Saisana M and Saltelli A and Tarantola S, "Uncertainty and sensitivity analysis techniques as tools for the quality assessment of composite indicators", *Journal of the Royal Statistical Society*, No. 168, 2005.

② 万里鹏、郑建明：《社会信息化测度逻辑分析》，《情报科学》2006年第8期。

③ 杜昊、郑建明：《信息化与工业化融合测度指标体系构建的理论依据》，《新世纪图书馆》2011年第9期。

造成有争议的结果；切断了指标体系中的内在联系，进而对指标产生片面的理解。

建立信息化与工业化融合的测度指标体系犹如度量衡体系。缺少该指标体系，就不能正确把握"两化"融合的进程，也就不能及时发现其中的关键问题，也就无法总结现阶段所遇到的各种问题及制定解决方案，无法为日后"两化"融合的发展提供宝贵的经验。

建立综合指标体系就是要概括描述多维度的复杂问题以支持决策；将相对独立的各个变量汇总在一起，使得对"两化"融合的发展趋势更易于理解。由此，便于对不同区域"两化"融合进行比较排名[1]。

二　测度方法

近年来，国内外该领域相关学者曾采取了许多方法，试图较为科学准确地测度企业信息化水平。较具代表性的有层次分析法（Analytic Hierarchy，AHP）、模糊综合评判法（Fuzzy Comprehensive Evaluation，FCE）和标杆分析法等，这些方法涉及评价该企业信息化水平的多个角度，具有一定的实用性和科学性。层次分析法是其中运用范围最广的一种方法。

沈和利用动态 AHP 法，在恰当评价出相关企业信息化程度的同时，较为准确合理地预估了一定阶段内企业的信息化水平的发展趋势[2]。

孙建军、苏君华提出在信息化水平测算中，利用因子分析法，借助层次分析法的基本思想，每一层次的指标集中构建上一层次的指标，从而构建信息化综合指标。由信息资源、信息技术应用、信息网络、信息产业、信息人才、信息法规政策和标准六项基本要素构成的信息

---

[1]　张劼圻：《信息化与工业化融合测度指标体系研究》，硕士学位论文，南京大学，2013年。

[2]　沈和：《基于动态 AHP 的企业信息化水平评价——江苏沙钢集团信息化水平案例研究》，《华东经济管理》2011 年第 7 期。

化中，各要素均适用于因子分析，因而可采取该方法进行取样分析①。

李俊奎、朱国芬提出的三级指标构成的区域"两化"融合评估指标体系，强调权重设计和评分方法。在权重设计方面也采用了德尔斐法、专家评议法、判断矩阵分析法、统计分析法、层次分析法等②。

潘文文以"两化"融合的原则为依据，以互联网为依托，借助德尔斐法获取专家意见，以此确定合适的评价指标。通过 AHP 法合理安排各项指标的权重，从而尽可能地保证该指标体系的合理性③。

在李柳、李一军的论文中将信息化指数模型的简单算术平均改进为层次分析法（Analytic Hierarchy Process，AHP）和模糊综合评价（Fuzzy Comprehensive Evaluation，FCE）方法相结合的算法④。

王晰巍、安超、初毅在《信息化与工业化融合的评价指标及评价方法研究》中提到利用层次分析法确定指标的权重，利用主成分分析法确定指标的权重。

三 指标体系内容构成

曹学勤和郭利指标体系总体框架包括三层指标：一级指标：就绪度、成熟度、贡献度。二级指标：就绪度：基础设施建设、政策资金保障、创新技术服务、产业发展支持；成熟度：企业融合基础、企业融合深度、企业融合效益；贡献度：竞争力、经济效益、社会效益。三级指标：32 个⑤。

蔡伟杰等提出了由社会、大型企业、中小型企业的信息化三方面

① 孙建军、苏君华：《江苏省信息化水平测度》，《情报杂志》2005 年第 8 期。
② 李俊奎、朱国芬：《信息化与工业化融合指标体系总体框架及测量方法》，《江苏科技信息》2011 年第 11 期。
③ 潘文文：《制造业信息化测评指标体系实证研究——以江苏省为例》，《工业技术经济》2011 年第 4 期。
④ 李柳、李一军：《企业信息化指数测度的探究》，《技术经济与管理研究》2005 年第 5 期。
⑤ 曹学勤、郭利：《关于区域两化融合发展水平评估指标体系的思考》，《上海信息化》2012 年第 2 期。

与工业化融合水平构成的上海"两化"融合水平评估指标体系。在这
3个一级指标下，设有7个二级指标、22个三级指标及57个四级指
标。社会信息化与工业化融合水平。指标的选择从社会环境与产业发
展两方面入手，而社会发展又由社会基础与相关服务产业的发展为依
托。考虑到上海信息化与工业化有关方面的基础，相关产业发展导向、
具有地方特色的有关数据统计发布情况，特别选择电子商务交易额，
IC芯片开发销售收入、软件与信息化服务业增加值等个性指标①。广
州也从信息技术的应用普及率、设备装备率、电子商务交易率、R&D
经费支出占地去生产总值的比重等9个方面，对当地"两化"融合水
平进行评估②。

朱金周主编的《中国"两化"融合发展报告》中提出了"两化"
融合DSP模型和由4个层级的182个具体指标所建立的评价指标体系，
从硬度、软度、深度三个方面评定了"两化"融合情况③。

通过对以上与"两化"融合相关的测度指标体系的研究，可以发
现两个突出的问题。其一，"两化"融合水平的测度，产业及企业层
面的指标体系大多都已付诸实践并得出结论，但缺乏社会层面的测度
指标，仅上海"两化"融合发展水平评估指标体系中涉及了社会层
面，虽然权重占到了30%，但是具体指标设计较为粗糙，且难以整体
反映社会层面的"两化"融合水平。其实，不管是工业化还是信息
化，都局限于经济层面，更多的是一种社会现象。特别是信息化对于
社会的影响更加深远，"两化"融合与工业的信息化不可同日而语，
所以必须更加留意社会层面的"两化"融合进程测度。其二，指标体
系缺乏理论支撑，对指标体系内部各变量间的逻辑关系以及测度体系
和测度对象之间的逻辑关系缺乏清晰明确的阐述。建立指标体系，必

---

① 蔡伟杰、王颖东、辛竹：《上海信息化与工业化融合发展水平评估指标体系研究》，《信息化建设》2010年第10期。

② 易法敏、符少玲、兰玲：《广州市信息化水平及其与工业化融合程度评估》，《科技管理研究》2009年第8期。

③ 朱金周：《中国"两化"融合发展报告》，社会科学文献出版社2011年版，第5—8页。

须以内在逻辑规定为依据理性分析，使构建者的主观意愿影响程度最小化①。

从过去的文献资料中可以看出运用 AHP 方法制定指标体系的思想很普遍，因此我们的研究就选用了通过 AHP 方法产生的指标体系，但如今的指标体系都过于追求普适化，事实上每个企业的实际情况是不同的，我们要做的就是根据文献资料，企业调研的结果，按照企业实际情况建立指标体系，对目前企业"两化"融合情况进行分析研究，再加上"两化"融合的问题也开始凸显了出来，因此我们要做的就是了解"两化"融合的现状，结合"两化"融合目前所存在的不足，给出关于"两化"融合发展的战略和策略。

四　指标体系的内容构成模型

吕建东、刘建华、李紫云提出"两化"融合通信标准体系的设计和基本内容，分为物理接口层、数据资源层、控制监测层、计算处理层、应用服务层五个层面，贯穿"两化"融合各个方面②。

Venkatrman 针对企业信息化发展的阶段，曾提出过五阶段的模型，通过此模型，我们可以针对相关企业的信息化建设的实际情况提出指向性的可操作的建议③。

支燕等提出融合指数：$con_i = I_i/T_i$。其中，con_i 表示"两化"融合度，其取值范围在 $[0, 1]$，当融合度值为 1 时，表示"两化"融合最完全，当融合度值为 0 时，则表示完全无融合。I_i 表示行业 i 生产过程中信息投入，T_i 表示行业 i 的总产出④。

---

①　张劼圻、郑建明：《信息化与工业化融合测度理论体系》，《情报科学》2013 年第 1 期。

②　吕建东、刘建华、李紫云：《我国"两化融合"的通信标准体系研究》，《电信科学》2011 年第 9 期。

③　转引自沈和《基于动态 AHP 的企业信息化水平评价——江苏沙钢集团信息化水平案例研究》，《华东经济管理》2011 年第 7 期。

④　支燕、白雪洁、王蕾蕾：《我国"两化"融合的产业差异及动态演进特征——基于2000—2007 年投入产出表的实证》，《科研管理》2012 年第 1 期。

　　谢康等认为对"两化"融合质量的评估，可以通过对融合过程中现实状态与理想状态的偏差情况来衡量，也可以用融合对宏观经济指标的影响来评判，前者衡量过程质量，后者评估结果质量。并且，使用综合指数法、功效系数法及协调发展系数判断方法来搭建"两化"融合实证模型①。上述方法中，综合指数法和功效系数法两者在反映"两化"融合中的偏离特征有所困难。

　　根据实证方法应与理论模型相契合的要求，给定了"两化"融合水平一个测度方法。第一步，测算中国省市"两化"指数，作为"两化"水平的实际值；第二步，以随机分析中关于技术效率测度的思想为依据，预估中国省市"两化"的理想状态，分别计算出信息化带动工业化融合、工业化促进信息化融合的单系统融合系数；第三步，依照协调发展系数判断方法，设定"两化"融合系数②。

　　通过实际取证等方式，不难看出，经济发展的水平和"两化"融合程度不一定存在着正相关的联系。信息化与工业化的相互促进、相互融合的过程中，仍然存在着难以同步的问题。与工业化促进信息化的融合路径相比，中国各省的实际情况是，信息化带动工业化融合，更能带动"两化"融合。

　　韩国学者 Moon-Soo Kim 和 Yongtae Park 为了研究 ICT 产业对与工业贡献和 ICT 产业和其他工业之间的联动关系，创建了一种基于"知识流"和"网络分析"的分析方法。"知识输入"包括购买已有的技术或产品，"知识输出"包括新技术的发明和新产品的产出。在此基础上分析"输入"与"输出"的相互关系，进而观察 ICT 产业与其他工业产业的融合状况。该研究以韩国80—90年代18个行业的知识流

---

　　① 谢康、肖静华、周先波：《中国信息化与工业化融合质量：理论与实证》，《经济研究》2012年第1期。
　　② 同上。

情况作为观测对象，其中涉及 ICT、传统制造业、服务业等①。

第三节　工业企业经济效益评价指标
体系中的信息相关指标

企业效绩评价指标主要有财务效益、资产营运、偿债能力和发展能力四个方面内容，包括基本指标、修正指标和评议指标三个层次共28 项指标。其结果以评价得分、类型和级别表示，并形成相关评价报告。评价类型是评价分数体现出来的企业经营绩效水平。用文字和字母表示，分别为优（A）、良（B）、中（C）、低（D）、差（E）五种类型；评价级别是指对每种类型再划分级次，以体现同一类型中的不同差异，采用在字母后标注（＋）、（－）号的方式表示，以上五种评价类型再划分为十个级别②。

一　工业企业经济效益考核指标

针对如何综合评价一个工业企业的效益水平的问题，应当尽量全面地将所有指标的名称纳入考核范围，形成一个整体的指标体系，从而进行相关计算。指标体系基本由四类构成：一是企业生产与销售成果满足社会需要效果的指标，如产销率、销售合同完成率、销售系数等；二是企业人力、物力、财力利用效果的指标，如产值资金率、总资产周转率、全员劳动生产率等；三是企业生产耗费效果的指标，如销售成本率、成本费用利润率等；四是企业财务成果指标，如利税总额、利润总额、净利润额等③。对于指标的选择，必须掌握一个度，

---

① Moon-Soo Kim and Yongtae Park, "The changing pattern of industrial technology linkage structure of Korea: Did the ICT industry play a role in the 1980s and 1990s?" *Technological Forecasting & Social Change*, No. 76, 2009.

② 程飞：《北方交通跻身 2005 年度机械工业效绩百强行列》，《工程机械》2006 年第 4 期。

③ 王伟争：《对工业企业经济效益综合评价的思考》，《四川冶金》2005 年第 6 期。

少选，难以表明该企业的综合经济效益水平；多选，画蛇添足、难以测算（见表3—1）。

表3—1   评价和考核指标的标准值、权数①

序号	指标名称	计量单位	标准值	权数
1	投入收益率	%	15	15
2	优质产品率	%	95	5
3	能源产出系数	万元/吨	0.15	5
4	产值产销率	%	98	8
5	人均利税	万元/人·年	2.5	8
6	全员劳动生产率	万元/人·年	7.5	8
7	成本费用净利率	%	3.0	8
8	社会贡献率	%	30	10
9	流动资金周转率	次	2.5	10
10	资产负债率	%	75	5
11	资产贡献率	%	12	10
12	资本保值增值率	%	120	8
合计				100

考核工业企业经济效益的指标需考虑六方面因素，即企业的盈利能力、发展能力、偿债能力、营运能力、产出效率以及产销衔接状况。这六项指标密切关联，构成了企业经济效益状况系统的子系统。然而这些指标仅仅是静态反映企业在某一特定时间段的经济情况，因此，动态情况也要同步考察。包括企业自身改变、外界环境作用、经济状况转变三方面。只有动静结合，找到平衡点，才能全面、真实反映企业经济效益状况。

上述考核工业企业经济效益的指标体系所涉及的六个方面，具体包括七项指标，分别是总资产贡献率、资本保值增值率、资产负债率、

① 王伟争：《对工业企业经济效益综合评价的思考》，《四川冶金》2005 年第 6 期。

流动资产周转率、成本费用利润率、全员劳动生产率和产品销售率。

（一）盈利能力指标

体现企业盈利情况，评判和检测企业最终成果的指标，集中展现了企业绩效和管理能力。盈利能力指标主要用来测算总资产贡献率，计算公式为：总资产贡献率＝（利润总额＋税金总额＋利息支出）÷平均资产总额。通常情况下，总资产贡献率越大，则工业企业的盈利水平越高；反之，则表示其水平越低。

（二）发展能力指标

体现企业净资产的变化，一般在分析投资人投入资本的完整性、保值及增值情况时得以使用。该指标可以体现出企业发展的能力。计算公式为：资本保值增值率＝报告期期末所有者权益÷上年同期期末所有者权益。其中：所有者权益＝资产总计－负债总计；当资本保值增值率达到 1 时，表示资本保值；大于 1 时，表示资本增值；小于 1 时，则为资本流失。

（三）偿债能力指标

用来测算企业负债情况，一方面表现出经营风险，另一方面衡量企业利用债权人资金开展经营活动的能力。偿债能力指标大多用于测算资产负债率，计算公式为：资产负债率＝负债总额÷资产总额。

（四）营运能力指标

该指标既表现企业经营状况，也表现企业资金使用情况。一般应用于评估企业流动资产周转水平。营运能力指标一般用来测算流动资产周转率，计算公式为：流动资产周转率＝产品销售收入÷全部流动资产平均余额。流动资产周转率反映一定时期内流动资产的周转次数，数值越大，说明流动资产的利用效果越好。

（五）产出效率指标

一是在于表现企业用于生产的投入总和与其已经获得的利用之间存在相互对比的关系。由此反映出用于生产及相关成本和费用的工业投入所带来的经济效益，也突出反映了企业适当减少成本投入所获得的经济效益，这是判断该企业盈利状况的重要指标。二是在于工业企业在一定单位时间内单个职工最终所生产出的工业产品价值，反映出该企业在生产产品的效率和所需劳动人数之间的相关性，以判断企业单个职工创造价值的高低。

主要有：成本费用利润率＝利润总额÷成本费用总额；工业全员劳动生产率＝工业增加值÷全部从业人员平均人数。

（六）产销衔接指标

测量企业生产与销售的比值，反映工业产品已完成销售的水平，该指标可以对工业产销衔接情况进行分析，并对工业产品社会需求满意度指标进行测评。产销衔接指标主要是测算工业产品销售率，计算公式为：工业产品销售率＝工业销售产值÷现行价格计算的工业总产值。

目前，工业经济效益评价指标体系的构成部分包括以下七项：总资产贡献率；资本保值增值率；资产负债率；流动资产周转率；成本费用利润率；全员劳动生产率；产品销售率[1]。

二　现行工业企业经济效益评价考核指标体系存在的不足

当前，工业企业经济效益指标是根据新会计制度中与会计指标相关的指标为参照所搭建的，某种程度上符合企业管理的需求。但是，随着经济形态由工业经济向知识经济的转移，环境污染、资源消耗及其可持续发展问题越发受到关注，客观上要求对原有考核指标进行研究，作出相应调整。在考核中，必须将企业在生产过程中对自然资源的利用和生态环境的破坏进行考察，只有这样才能有效遏制部分企业以牺牲资源和环境的手段来追求经济效益，才能让企业合理使用包括土地、空气、水资源在内的各项自然资源[2]。

---

① 俞肖云：《工业经济效益评价指标体系的重建》，《统计研究》2003 年第 3 期。

② 马瑞山：《对工业企业经济效益评价指标体系的认识》，《长春理工大学学报》（高教版）》2007 年第 1 期。

事实上，中国所有的资源十分有限，无法完全满足每家企业的生产需求，更不用说肆意滥用了。随着经济形态的转移，提高经济效益必须将自然资源、生态环境、智力因素、知识技能等放到更为突出的位置，这些都是生产要素的表现形式。以这种全新的视角来测评工业企业的经济效益，必须着重考察人类对自然资源的利用，对生态环境的消耗，对科学技术的投入，及其经济收益的获取。以上种种都强调在新形式下重新理解经济效益，从社会整体经济效益层面评估，将企业污染防治所产生的费用，以及政府征收的排污费纳入考察范围。

三　评价方法

计算方法大体来说有三种方法，加权法、因子分析法和熵值法。

综合评估经济效益所需，以往总是使用作为便利的加权合成法。此方法最大的弊端在于主观赋权，人们主观分配权数，一方面会使得对某一项过于不合理的评估，导致结果无法充分表现企业的真实状况；另一方面，将导致企业掩盖或片面强调权重较高的指标，并且，会导致经营者会计操纵，虚增某些效益指标。

多元统计分析过程中，因子分析在对综合评估值进行构建时，所包含的各项权数均为数学变换中所形成的，并非人为主观决定的。安琳应用的因子分析法，对全国范围内的 39 个重点领域的综合经济水平进行了评估，主要是选取了对经济效益造成影响的 7 项指标，分别是：工业增加值 X1，总资产贡献率 X2，资产负债率 X3，流动资产周转次数 X4，工业成本利用率 X5，全员劳动生产率 X6，产品销售率 X7[①]。

将信息论中熵的相关概念带入工业经济效益评价指标体系的构建中，在不同的领域，熵的大小度量评价指标会有一定差别，可以利用此种区别，在合理给定各指标的权数，为相关对象的综合打分，在此

---

① 安琳：《大中型工业企业经济效益发展水平的因子分析》，《商场现代化》2006 年第 32 期。

基础上进行比较分析①。

第四节　信息生产力研究现状

什么是信息生产力？国内学术界观点尚未统一，国内一些学者尝试为其给定一个确切定义。目前，国内信息生产力的相关研究主要涉及以下领域。

一　信息生产力内涵、特征探讨

宋振峰首先提出信息力的概念，指出信息力是一个国家信息资源、信息技术、信息产业和信息经济等方面实力的总和②。宋秋芬认为，信息力主要指人类对信息的内涵与外延的潜在（社会价值和经济效益）的开发与利用能力③。马费成认为信息力实际上是一个国家对信息利用的程度以及信息发挥作用的程度的综合指标，并形象地将其分解为五个分作用力：联结力、调控力、决策力、辐射力和再生力④。

王新华认为信息力涉及利用高科技的信息技术、设备、处理信息的方法或手段，合理使用广泛的信息资源，高效组织和协调国家或地区的整体实力，也涵盖了生产、开发传统信息产品的能力⑤。提高信息力的主要途径是发展信息产业，其核心是提高信息技术和提高信息资源开发与利用能力两个方面。信息技术制约着信息资源开发与利用

---

① 马菊红：《应用熵值法对工业经济效益综和评价的研究》，《商业研究》2006 年第 20 期。

② 宋振峰：《信息力——信息时代国家实力的象征》，《世界经济与政治》1995 年第 8 期。

③ 宋秋芬：《信息力新论》，《情报杂志》1995 年第 6 期。

④ 马费成：《迎接挑战开创未来——纪念〈中国图书馆学报〉创刊 40 周年》，《中国图书馆学报》1997 年第 4 期。

⑤ 王新华：《中国区域信息力比较》，《江苏统计》2000 年第 7 期。

水平，而信息资源开发与利用水平也反映着信息技术水平的高低。

王袁媛表示信息力就是信息本身所包含的推动人类社会以及人类自身向前发展的内在力量[①]。信息力深入渗透到生产力系统各要素之中，从而造成这些要素的量变与质变，对这些要素构成的既定结构和功能进行调整，最终达到生产力水平的提高，或者改变其性质。

胡心智、崔鲁光关于信息生产力下的定义："信息生产力是运用电子技术手段，创造、采集、处理、使用信息的水平和力量，其具有极强的高科技内涵，以及相应的知识附加值。所以，信息生产力展现了别具特色的性质，包括虚拟性、扩散性、渗透性等信息时代的最明显特征[②]。"刘珺认为："信息生产力是运用信息技术手段创造、采集、处理、使用信息并获取知识信息，促进经济发展和社会进步的水平与力量[③]。"孙海芳[④]认为："信息生产力是运用信息技术手段创造、采集、处理、使用信息并获得信息资料的水平与力量。"[⑤] 上述三种关于信息生产力的定义存在一定差异，首先是以信息技术为手段得到的是什么：一是"信息的水平和力量"，二是"知识信息"，三是"信息资料"。其次是信息生产力的作用，一个指明可以"促进经济发展和社会进步"，另两个没有明确指出。万雪梅认为，上述三者就其本质大体一致[⑥]。生产力既属于经济学，又从属于哲学研究领域。在哲学层面，生产力是生产关系的决定性因素，是人类用以利用自然，改造自然的决定性力量。它作为一种客观存在，不依赖于人的意志，在具体的生产过程中，它反映了劳动者、劳动对象和生产工具三者之间的稳定的结构性关系。鉴于以上认识来对信息生产力的解释，信息劳动者

① 王袁媛：《浅析信息力的生产力特征》，《大众文艺》2009 年第 24 期。

② 胡心智、崔鲁光：《信息生产力初探》，《哲学动态》1998 年第 12 期。

③ 刘珺：《知识传播与信息生产力》，《情报探索》2007 年第 5 期。

④ 孙海芳：《信息生产力的特征及意义分析》，《科学社会主义》2007 年第 1 期。

⑤ 许光鹏：《社会生产力发展中的信息生产力》，《科技信息》2010 年第 30 期。

⑥ 万雪梅：《信息生产力探析》，《学术交流》2008 年第 5 期。

以计算机、网络等为信息手段，将其作为生产工具，通过对信息的创造、采集、处理、使用等方法作用于劳动对象，从而获得新的信息资料作为产品，以促进经济发展和社会进步的实际力量。据此，前文所述的三种定义，大体与信息生产力的本质相符。

二　信息生产力实证研究

刘廷元对国外信息（情报）生产率测度的相关研究成果进行了简要介绍，包括纽伯格—波拉特方程、恩格尔布雷希特乘数方法、琼森彻尔平方根定律和海斯—埃克森对数模型，以及信息技术（系统）与信息（情报）服务生产率的统计调查结果与方法[①]。

肖泽群等依照科学性、系统性、准确性和可得性四方面，构建了信息力指标测算体系，并利用主成分分析法，评价各省域信息力水平，在对信息力与经济发展水平相关性实证分析的基础上，发现中国信息化的特点及其存在的主要问题，最后给出相应的政策建议[②]。

茅国平对比了中国浙江省和日本爱知县，并对浙江省的信息生产力进行实证分析。结果表明，浙江省产业具有信息生产力弱小、能源消耗率和物耗率高、附加价值率和工资率低等的特征；浙江省投入的物质性劳动远大于知识性劳动，是一种粗放式的、低效益的经济增长模式。浙江省产业必须利用信息生产力代替传统生产模式，从而带动经济发展更具现代化[③]。

三　信息生产力关联因素研究

杨启梁认为：生产力系统的内部结构及功能机制的变革是科学技

① 刘廷元：《信息生产率的测度研究》，《情报科学》1993 年第 5 期。

② 肖泽群、肖万春、刘建龙：《区域信息力及其与区域经济发展相关性》，《系统工程》2008 年第 6 期。

③ 茅国平：《用信息生产力来改变经济增长模式——中国浙江省和日本爱知县的比较分析》，《生产力研究》2008 年第 5 期。

术的渗透所造成的。新技术革命其实就是生产力革命。以信息技术为先导，以新材料技术为基础，以新能源技术为支柱，促进现代生产力的进步，优化经济社会结构，改变人类思想观念和生活方式。身处信息社会，新兴高技术产业代表了社会与经济进步的巨大潜力；高技术在生产力信息的联结、调控、决策三个基本功能中，在信息生产力系统的形成、运行及优化过程中发挥着主干作用①。

刘军、谭凌燕在对信息生产力与企业发展关系的概述中表示，企业发展需要汇集市场、竞争和反馈三方面的信息。企业管理过程中，信息的作用主要表现在：企业管理的媒介和内容之一；企业经营活动的反映；企业决策的前提。为此，企业要发展，必须重视对信息的有效利用②。

金建认为生产力是一个大系统，如果把人类社会的生产力发展过程分为四个阶段来看，其生产力系统的结构就不尽相同，信息作为独立软要素所处的地位和发挥的作用也不尽相同，其作用的发展变化过程是信息生产力形成与发展的过程③。

廖才茂指出以信息技术为核心的世界新技术革命迅猛异常，影响深远，发展信息生产力已成为当今世界生产力发展的大趋势，当今中国生产力现代化最本质的时代内容是获得信息生产力，其根本的实现途径是发展现代信息技术和实现信息技术产业化，以及对传统产业进行信息技术改造。④

张锦荣探讨了信息生产力的基本要素，包括人的因素、劳动对象和劳动资料。信息生产力进步需要科学技术的支持，而科学技术的发

---

① 杨启梁：《论新技术革命在信息生产力中的地位和作用》，《怀化师专社会科学学报》1988 年第 4 期。

② 刘军、谭凌燕：《信息生产力与企业发展》，《生产力研究》1991 年第 6 期。

③ 金建：《论信息生产力》，《学术论坛》1992 年第 3 期。

④ 廖才茂：《发展信息生产力：现代化的时代内容和实现途径》，《当代财经》1997 年第 12 期。

展急需教育及制度创新①。

王瑞菊、韩喜运认为信息社会是充分开发与利用信息资源的社会，其核心是以信息网络为基础的最有代表性的生产力，并对网络与信息社会生产力的相互关系，信息产业的发展与之内在结构改变的情况等内容进行了讨论，最后提出信息网络化既是机遇又是挑战②。

周延云、李琪则认为不同时期社会生产力会表现出不同的质态，信息生产力是当今社会发展产生的新质态生产力；他们分析了这种新质态生产力的含义、系统构成、特征及动态发展过程中所具有的特性；并在一般生产力普遍性探讨的基础上，分析了电子商务生产力③。

国外相对应的研究主题词为 "Information technology and productivity"，应该理解为信息技术对生产力的作用机制研究。国外博士学位论文研究该主题的文献主要集中在：

Brooke Geoffrey Mark（1991）认为信息技术已经改变了经济生产，特别有利于产品的差异化输出，设定了信息技术的投资、产品差异化和生产力三个关键变量，测量美国 6 个主要经济部门（1950—1989），结果表明：技术进步降低了产品成本，提升产品品种多样性，进一步增加产品的竞争力，有利于提高生产率的增长④。

Courtney Leland Murphy 采用数据包络分析（DEA）方法，判定存在生产力分类和信息技术方面的投资变量之间的关系，进而探讨信息技术的投资和企业生产率之间的关系⑤。

---

① 张锦荣：《信息生产力初探》，《河南财政税务高等专科学校学报》2002 年第 6 期。

② 王瑞菊、韩喜运：《试论网络化信息生产力》，《图书馆学刊》2003 年第 5 期。

③ 周延云、李琪：《生产力的新质态：信息生产力》，《生产力研究》2006 年第 7 期。

④ Brooke Geoffrey Mark, *Information technology and productivity*: *An economic analysis of the effect of product differentiation*, St. Paul, Univ. of Minnesota, 1991.

⑤ Courtney Leland Murphy, *An empirical study of the relationship between information technology investment and corporate productivity*, Texas, The University of Texas at Arlington, 1993.

Inyang Young Dan 认为信息和通信技术应用于金融行业，如银行和保险，可能会节省时间，提高竞争优势，美化专业形象，更好地服务客户和提高行业的生产力①。

Gadh Vandana Mangal 通过比较引进新的信息技术收费之前和之后的劳动生产率，实证衡量一个结构化和信息化进程相对耦合的信息技术（IT）的影响和发展的理论模型，解释新技术如何改变生产过程，并有可能导致提高生产力②。

Cline Melinda K 分析 1986—1995 年美国铁路行业生产力提高与信息技术投资的作用，③ 采用组织变革的角度，将信息技术投资作为一种生产要素来描述、统计分析，研究结果表明，IT 投资管理的反应感知内部和外部条件，包括竞争威胁，提高运营控制，要求减少开支的需要，进一步提升客户满意度；从 IT 投资所产生的性能提高其作用力，从而更好地关联公司的业绩。

Chun Hyunbae 研究涉及信息技术（IT）、生产率增长和就业结构的相互影响，探讨了 IT 从 1960 年到 1997 年对美国各行业的生产率增长的影响，从 20 世纪 60 年代到 70 年代显示生产率增长放缓，但 20 世纪 80 年代后生产率增长加速，体现了 IT 的积极的贡献④。

Min John S 研究表明 20 世纪 90 年代下半年个体工商户生产率增长的收益令人惊讶的因素是信息和通信技术的投资⑤。个体工商户发展其业务范围，或者联营私人信息，运用通信技术网络，以降低信息成

① Inyang Young Dan, *Information technology and sales productivity in an insurance company*：*The case of the lap top computer*, Pennsylvania, Temple University, 1993.

② Gadh Vandana Mangal, *Measuring and understanding the productivity impacts of information technology*：*A field study*, Pennsylvania, Carnegie Mellon University, 1995.

③ Cline Melinda K, *The impact of information technology investment on productivity improvements in the American railroad industry between 1986 and 1995*, Florida, The Florida State University, 1999.

④ Chun Hyunbae, *Essays on information technology*, *productivity growth*, *and employment structure*, New York, New York University, 2001.

⑤ Min John S, *Productivity growth and information communication technology investments in the United States*, Virginia, George Mason University, 2003.

本，开发网络密度，加强信息资本和网络信息的外部性内部化，以帮助管理他们的内部业务流程，提高生产率的增长在一段时间后，因为积极的网络效应可能需要长达几年的时间，以充分实现。因此，信息和通信技术投资的潜在收益可能不仅广泛地分散在当前经济中，也可能在未来几年对经济发展有显著影响。

　　Kim Seok-Hyeon 在产业间联动背景下，研究美国经济的结构性变化、生产力和行业间的关系。采用增长核算以及投入产出核算方法，得出信息技术产业对美国经济发展有实质性贡献，有利于减少通货膨胀，有利于生产率的增长①。

第五节　"两化"融合的实际调研

　　为探究企业信息化与工业化的融合现状，我们调研了"两化"融合的实际发展情况。调研的方法主要有三种：第一种是发放问卷，问卷的问题涉及了填写问卷人的信息技术能力、所在岗位的信息技术需求以及常用信息获取方式等问题都围绕我们自行制定的企业"两化"融合指标体系中的具体指标；第二种是与企业高层面谈，请企业高层介绍企业"两化"融合的一些措施和办法，以及带来的最新效果和公司预期目标，给我们自己设立的"两化"融合指标体系给予一定的建议，并结合自己的现实经验，对其中的具体指标排序，赋值权重，我们根据实际情况考虑使用德尔菲法；第三种是参观企业流水线以及机控室等信息化技术普及的区域，体会"两化"融合带来的改变。

　　通过这些案例，探讨信息化与工业化融合对于企业发展的影响、作用，提出我们对于其发展的战略和策略。

---

　　①　Kim Seok-Hyeon, *Impacts of information technology on productivity and linkage of the United States economy*, Indiana, University of Notre Dame, 2005.

我们根据问卷排序问题的结果对"两化"融合指标体系的指标权重进行赋值，而排序的选项来源都来自于"国家信息化指标体系"，但企业的信息化与工业化的融合指标体系自然要通过企业来生成。在整理了问卷调查的内容之后，整理的具体结果见图3—1。

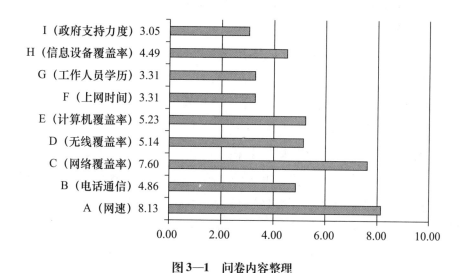

图3—1　问卷内容整理

从企业调研的统计结果中基本可以看出企业目前的信息化基础设施的普及情况。硬件方面，企业的计算机和网络的铺设情况都很可观；软件方面，专科人才在企业中占据了大多数，企业的年轻人普遍都在相关专业院校接受过计算机培训。

企业的"两化"融合程度是和社会信息化程度息息相关的，中小企业的信息化发展也是所处社会信息化发展的一个缩影，"麻雀虽小，五脏俱全"。一个完整的企业就好比一个小的社会，虽然不能完全用社会信息化指标体系来衡量企业的"两化"融合情况，但仍可以以此为基础，制定企业（以中小企业为主）"两化"融合的指标体系，衡量企业"两化"融合指标体系。

从图3—1中可以看出企业人员对于信息化指标权重排序的看法，网络宽带最为突出，其次是网络覆盖范围，电话以及信息设备的普及排序靠前，这些信息也为我们设立指标体系的排序提供了很好的借鉴。

一　"两化"融合标志

融合硬度是"两化"融合的基础标志，其物质载体是工业化。在研究"两化"融合的过程中，不可将工业化局限认识为工业发展。再者"两化"融合是一个产业优化升级的进程，同时也是社会生产经营方式向规范化、标准化、规模化、专业化、社会化发展的过程。作为融合中的需求方，融合硬度反映了工业化发展状况，由工业化的规模、质量和速度三方面组成。

融合软度是"两化"融合的核心标志，其物质载体是信息化[①]。信息化以信息技术为手段，开发利用信息资源，推动信息共享，优化经济增长，带动经济社会转型发展，它已经成为提升工业产业生产效率和附加值，推进从生产型工业向服务型工业转变的不可或缺的重要手段。作为"两化"融合中的主要供给方，融合软度描述的是信息化发展状况，由信息化规模、信息化质量、信息化速度三个方面构成。

融合深度是"两化"融合的质量标志，其物质载体是一体化。"两化"融合，不仅仅是狭隘的信息化与工业化的融合，更是一个内涵丰富、外延广阔的概念，反映了除工业领域与信息化的融合之外，还包括社会经济生活其他方面——第一、第三产业，政府公共管理和社会服务等的信息化。作为"两化"融合中的供求平衡的交点，融合深度描述的是一体化发展状况，由一体化规模、一体化质量和一体化速度三个方面构成。

根据我们对"两化"融合的三大支柱的分析，可以建立"两化"融合的一般框架函数：

①　Liu L. Q. and Feng J. W. , "Evaluation and Empirical Analysis of China's Regional 'Integration of Informationization and Industrialization'", *Applied Mechanics and Materials*, 2014.

其中，"两化"融合：

——融合硬度（"两化"融合的需求要素，工业化）；

——融合软度（"两化"融合的供给要素，信息化）；

——融合深度（"两化"融合的均衡点要素，一体化）。

在上述理论分析的基础上，遵循科学性、准确性、全面性和可行性（尤其是数据的可获得性）等建立评价指标体系的基本原则，同时结合中小企业发展运行的整体经济环境和自身发展特点，我们构建了"两化"融合评价指标体系，包括 3 个层级，一级指标包括 3 个大类，分别反映融合硬度、融合软度和融合深度；二级指标包括 9 个中类，分别从规模、质量、速度三个方面反映每个大类的具体发展情况；三级指标共 100 个，尽可能详尽、细致地反映"两化"融合的发展如表 3—2 所示。

表 3—2　　　　　"两化"融合发展程度评价指标体系

指标名称	数据来源	备注
II 融合硬度		
II.1 工业化规模		
II.1.1 地区 GDP	中国统计年鉴	
II.1.2 电力消费量	中国统计年鉴	
II.1.3 工业总产值	中国统计年鉴	
II.1.4 工业增加值	中国统计年鉴	
II.1.5 主营业务收入	中国统计年鉴	地区中小工业企业主要指标
II.1.6 中小工业企业利润总额	中国统计年鉴	地区中小工业企业主要指标
II.1.7 工业制成品出口总额	各地方统计年鉴	
II.1.8 产品销售税金及附加	各地方统计年鉴	
II.1.9 工业企业单位个数	中国统计年鉴	
II.1.10 工业从业人员人数	中国统计年鉴	
II.1.11 城镇单位就业人员平均劳动报酬	中国统计年鉴（2010）	

指标名称	数据来源	备注
II.2 工业化质量		
II.2.1 地区人均 GDP	中国统计年鉴	
II.2.2 单位地区生产总值电耗	中国统计年鉴	
II.2.3 单位工业增加值能耗（当量值）	中国统计年鉴	
II.2.4 工业增加值占地区 GDP 的比重	中国统计年鉴	
II.2.5 高新技术产业产值占工业总产值比重	各地方统计年鉴	
II.2.6 工业从业人员占总就业人员的比重	中国统计年鉴	
II.2.7 工业制成品占出口产品的比重	中国统计年鉴	地区中小工业企业主要指标
II.2.8 全员劳动生产率	各地方统计年鉴	
II.2.9 总资产贡献率	中国统计年鉴	地区中小工业企业主要经济效益指标
II.2.10 成本费用利润率	中国统计年鉴	地区中小工业企业主要经济效益指标
II.2.11 产品销售率	中国统计年鉴	地区中小工业企业主要经济效益指标
II.2.12 流动资产周转次数（次/年）	中国统计年鉴	地区中小工业企业主要经济效益指标
II.2.13 流动资产年平均余额	中国统计年鉴	地区中小工业企业主要经济效益指标
II.3 工业化速度		
II.3.1 人均 GDP 增长率	中国统计年鉴	
II.3.2 电力消费量增长率	中国统计年鉴	
II.3.3 单位工业增加值能耗增长率	中国统计年鉴	
II.3.4 工业总产值增长率	中国统计年鉴	
II.3.5 工业增加值增长率	中国统计年鉴	
II.3.6 工业增加值占地区 GDP 比重增长率	中国统计年鉴	

指标名称	数据来源	备注
II.3 工业化速度		
II.3.7 工业就业增长率	中国统计年鉴	
II.3.8 工业从业人员占总就业人员比重的增长率	中国统计年鉴	
II.3.9 工业制成品占出口产品的比重的增长率	中国统计年鉴	
II.3.10 全员劳动生产率增长率	中国统计年鉴	
II.3.11 总资产贡献率增长率	中国统计年鉴	
II.3.12 成本费用历任率增长率	中国统计年鉴	
II.3.13 产品销售率增长率	中国统计年鉴	
II.3.14 企业单位个数增长率	中国统计年鉴	
II.3.15 城镇单位就业人员平均劳动报酬增长率	中国统计年鉴	
I2 融合软度		
I2.1 信息化规模		
I2.1.1 信息产业制造业工业增加值	中国信息产业年鉴	
I2.1.2 信息产业制造业税金总额	中国信息产业年鉴	
I2.1.3 信息产业制造业出口交货值	中国信息产业年鉴	
I2.1.4 信息制造业利润总额	中国信息产业年鉴	
I2.1.5 电气机械及器材制造业产值	各地方统计年鉴	
I2.1.6 通信设备、计算机及其电子设备制造业产值	各地方统计年鉴	
I2.1.7 通信业投资额	中国通信统计年度报告	
I2.1.8 通信业务收入	中国通信统计年度报告	
I2.2 信息化质量		
I2.2.1 信息产业增加值占地区 GDP 的比重	中国信息产业年鉴	
I2.2.2 信息产业从业人数占总就业人员的比重	中国信息产业年鉴	
I2.2.3 信息产业制造业出口交货值占工业出口交货值的比重	中国信息产业年鉴	

指标名称	数据来源	备注
I2.2 信息化质量		
I2.2.4 电气机械及器材制造业占装备制造业比重	各地方统计年鉴	
I2.2.5 通信设备、计算机及其电子设备制造业占装备制造业比重	各地方统计年鉴	
I2.2.6 人均通信业务收入	中国通信统计年度报告	
I2.2.7 通信业投资额占地区 GDP 的比重	中国通信统计年度报告	
I2.2.8 通信业务收入占地区 GDP 的比重	中国通信统计年度报告	
I2.2.9 全员劳动生产率	中国信息产业年鉴	
I2.2.10 总资产贡献率	中国信息产业年鉴	
I2.2.11 资产负债率	中国信息产业年鉴	
I2.2.12 资本保值增值率	中国信息产业年鉴	
I2.2.13 流动资产周转率	中国信息产业年鉴	
I2.2.14 产品销售率	中国信息产业年鉴	
I2.2.15 工业成本费用利润率	中国信息产业年鉴	
I2.3 信息化速度		
I2.3.1 信息产业制造业工业增加值增长率	中国信息产业年鉴	
I2.3.2 信息产业制造业税金总额增长率	中国信息产业年鉴	
I2.3.3 信息产业制造业出口交货值增长率	中国信息产业年鉴	
I2.3.4 通信业务收入增长率	中国通信统计年度报告	
I2.3.5 人均通信业务收入增长率	中国通信统计年度报告	
I2.3.6 通信业投资额增长率	中国通信统计年度报告	
I2.3.7 全员劳动生产率增长率	中国信息产业年鉴	
I2.3.8 总资产贡献率增长率	中国信息产业年鉴	
I2.3.9 资产负债率增长率	中国信息产业年鉴	
I2.3.10 资本保值增值率增长率	中国信息产业年鉴	
I2.3.11 流动资产周转率增长率	中国信息产业年鉴	

续表

指标名称	数据来源	备注
I2.3 信息化速度		
I2.3.12 产品销售率增长率	中国信息产业年鉴	
I2.3.13 工业成本费用利润率增长率	中国信息产业年鉴	
I3 融合深度		
I3.1 一体化规模		
I3.1.1 技术市场成交额	中国信息年鉴	
I3.1.2 国内专利年授权数量	中国统计年鉴	
I3.1.3 "两化"融合重点项目工程年投资额		
I3.1.4 软件技术服务收入	中国信息产业年鉴	
I3.1.5 软件外包服务收入	中国信息产业年鉴	
I3.1.6 软件产业主营业务及附加税	中国信息产业年鉴	
I3.1.7 数控、机械电子、自动化设备采购额	中国信息产业年鉴	
I3.1.8 重点工业企业电子商务交易额	中国电子商务年鉴	
I3.1.9 重点工业企业电子商务销售额	中国电子商务年鉴	
I3.1.10 中小工业企业 R&D 人员数	中国统计年鉴	地区中小工业企业 R&D 活动情况
I3.2 一体化质量		
I3.2.1 中国行业电子商务网站 TOP 100 各地比重	中国电子商务年鉴	
I3.2.2 平均 IP 病毒感染量	中国信息安全年鉴	
I3.2.3 软件外包服务收入占 GDP 比重	中国信息产业年鉴	
I3.2.4 R&D 经费内部支出占 GDP 比重	中国信息年鉴	
I3.2.5 软件研发人员占从业人员比重	中国信息产业年鉴	
I3.2.6 重点工业企业电子商务销售额占主营业务收入比重	中国电子商务年鉴	
I3.3 一体化速度		
I3.3.1 技术市场成交额增长率	中国信息年鉴	
I3.3.2 技术市场成交额增长率	中国信息年鉴	

指标名称	数据来源	备注
I3.3 一体化速度		
I3.3.3 国内专利年授权增长率	中国信息年鉴	
I3.3.4 平均 IP 病毒感染增长率	中国信息安全年鉴	
I3.3.5 软件技术服务收入增长率	中国信息产业年鉴	
I3.3.6 软件外包收入增长率	中国信息产业年鉴	
I3.3.7 R&D 经费内部支出增长率	中国信息年鉴	
I3.3.8 软件研发人员增长率	中国信息产业年鉴	
I3.3.9 中小工业企业 R&D 人员增长率	中国信息年鉴	

二　"两化"融合软度指标数据统计与分析

融合软度，我们主要理解为在信息化与工业化融合的过程中信息化的发展情况，也将其看作信息产业的发展情况。信息产业即 IT 产业，以计算机与通信为主体，同时，根据信息产业自身的分类和发展特点，可以将信息产业的发展分为：①电子信息产业；②通信业；③广播电视；④计算机与网络；⑤科研与人才。根据此分类，结合信息产业的自身特点，我们将判定信息产业发展情况的指标如表 3—3 所示。

表 3—3　　　　　　　　信息化与工业化融合软度指标

信息产业大类	指标
电子信息产业	产品销售收入
	工业增加值
	利润总额

续表

信息产业大类	指标
电子信息产业制造业	工业总产值
	产品销售收入
	工业增加值
	利润总额
	集成电路产量
	程控交换机产量
	移动通信手机产量
	微型计算机产量
	彩色电视机产量
	电子元件产量
通信业	通信业务总量
	电信业务总量
	邮政业务总量
	通信业务收入
	电信业务收入
	邮政业务收入
	通信业增加值
	通信固定资产投资额
	光缆总长度
	长途光缆总长度
	局用交换机总容量
	移动通信交换机容量
	固定电话用户总数
	传统固定电话用户
	无线市话（小灵通）用户
	移动电话用户总数
	电话普及率
	主线普及率
	移动电话普及率
	通话行政村比重

续表

信息产业大类	指标
广播电视	广播综合人口覆盖率
	广播电台
	广播节目套数
	电视综合人口覆盖率
	电视台
	电视节目套数
	有线电视用户
	数字电视用户
	有线电视普及率
	有线电视传输网
计算机与网络	上网用户总数
	专线上网用户数
	拨号上网用户数
	宽带上网用户数
科研与人才	专利授权数
	科研与开发（R&D）经费支出额
	R&D 经费支出占 GDP 比重
	从事科研活动人数总量
	普通高等学校在校学生数

根据该指标，查找相关数据，得到结果见表 3—4。

表 3—4　　　　　　　信息化与工业化融合软度指标数据

信息产业大类	指标	单位	年份				
			2006	2007	2008	2009	2010
电子信息产业	产品销售收入	亿元	8973	11582	13093		
	工业增加值	亿元		2500	2959		
	利润总额	亿元	527	890			

续表

信息产业大类	指标	单位	年份				
			2006	2007	2008	2009	2010
电子信息产业制造业	工业总产值	亿元				14911	19108
	产品销售收入	亿元	8461	10750	13093	14315	18535
	工业增加值	亿元	1946	2414			
	利润总额	亿元	407	451		687	1011
	集成电路产量	亿块	118	128	145	165.2	223.2
	程控交换机产量	万线	12	10	13.6	4.7	5
	移动通信手机产量	万部	6890	5295		2044.8	
	微型计算机产量	万部	4374	5887	6038.2	8180.9	9365
	彩色电视机产量	万只	248	449	826.2	1151.3	1767
	电子元件产量	亿只	1428	2022	650	563	
通信业	通信业务总量	亿元	997.2	1280.1	1537.3	1812.3	2194.6
	电信业务总量	亿元	934.6	1208.6	1453.9	1658.8	2006.3
	邮政业务总量	亿元	62.5	71.5	83.5	153.5	188.3
	通信业务收入	亿元	516.4	592.2	669.3	731.5	798.2
	电信业务收入	亿元	467	534.8	606.6	641.3	687.1
	邮政业务收入	亿元	49.4	57.4	62.7	90.1	111.1
	通信业增加值	亿元		338.7	347.8	369.7	425.9
	通信固定资产投资额	亿元	145.9	150.6	187.7	228.8	212.7
	光缆总长度	万公里		36	48	58.5	81.4
	长途光缆总长度	万公里	2.64	2.93	3.1	3.21	3.3
	局用交换机总容量	万门	4578.7	4718.4	5508.2	4455.4	4288.2
	移动通信交换机容量	万门	4239.5	5244.9	6382.4	7950.4	8795.1
	固定电话用户总数	万户	3224.7	3225.8	2968.3	2662.4	2498.8
	传统固定电话用户	万户	2409.7	2481.3	2158.3	2220.6	2262.9
	无线市话（小灵通）用户	万户	815	744.5	747.7	441.8	234.9
	移动电话用户总数	万户	2847.6	3313.2	3956.9	4940.3	5916.7
	电话普及率	%	80.4	86.6	90.8	99.1	109
	主线普及率	%	43.1	42.7	38.9	34.7	32.4
	移动电话普及率	%	37.3	43.9	51.9	64.4	76.6
	通话行政村比重	%	100	100	100	100	100

信息产业大类	指标	单位	年份				
			2006	2007	2008	2009	2010
广播电视	广播综合人口覆盖率	%	100	99.86	99.9	100	99.99
	广播电台	座	14	14	14	14	14
	广播节目套数	套		128	128	128	128
	电视综合人口覆盖率	%	99.9	99.87	99.9	99.9	99.88
	电视台	座	14	14	14	14	14
	电视节目套数	套		131	131	131	131
	有线电视用户	万户	1227.7	1350	1569.24	1722.2	1885.9
	数字电视用户	万户		240	510	744	1000
	有线电视普及率	%	52.38	55.1	63.3	71.8	
	有线电视传输网	万千米		29.16			
计算机与网络	上网用户总数	万户	575.9	671.9	771.6	961.1	
	专线上网用户数	万户	0.41	0.4	0.45	1.2	
	拨号上网用户数	万户	165.2	119	49.2	30.4	
	宽带上网用户数	万户	410.3	552.3	722.929.4	1048.4	
科研与人才	专利授权数	件	19352	31770	44595	92786	13800
	科研与开发（R&D）经费支出额	亿元	330	430	540	680	840
	R&D 经费支出占 GDP 比重	%	1.55	1.7	1.77	2	2.1
	从事科研活动人数总量	万人	36	39.1	47	58.9	68
	普通高等学校在校学生数	万人	130.62	147.2	157.2	165.3	164.9

2011—2014 年电子信息产业统计数据见 3—5：

表3—5   2011—2014 年电子信息产业统计

	指标	单位	2011 年	2012 年	2013 年	2014 年
规模以上 电子信息 制造业	主营业务收入	亿元	74909	84619	93202	102988
	利润总额	亿元	3300	3506	4152	5052
	税金总额	亿元	1245	1513	1845	2021
	从业人员	万人	940	1001	—	—
	固定资产投资	亿元	8183	9592	10828	12065
电子信息 产品进出 口总额	出口额	亿美元	6612.0	6980	7807	7897
	进口额	亿美元	4680.3	4888	5495	5340
软件业	软件业收入	亿元	18468	25022	31000	37235
主要产品 产量	手机	万部	113257.6	118154	145561	162719.8
	微型计算机	万台	32036.7	35411	33661	35079.6
	彩色电视机	万台	12231.4	12823	12776	14128.9
	集成电路	亿块	719.6	823	867	1015.5
	程控交换机	万线	3034.0	—	3116	—

2014 年中国规模以上电子信息产业企业个数超过 5 万家，其中电子信息制造业企业 1.87 万家，软件和信息技术服务业企业 3.8 万家。年销售总规模已达 14 万亿元，同比增长 13%；其中，电子信息制造业企业主业营收合计 10.3 万亿元，同比增长 9.8%；软件和信息技术服务业实现软件业务收入 3.7 万亿元，同比增长 20.2%。

2014 年中国软件和信息技术服务业中，信息技术咨询服务、数据处理和运营类服务收入分别增长 22.5% 和 22.1%，增速高出全行业平均水平 2.3 和 1.9 个百分点；占软件业比重分别达 10.3% 和 18.4%，同比提高 0.2 和 0.3 个百分点①。

---

① 中华人民共和国工业和信息化部运行监测协调局：《2014 年电子信息产业统计公报》（http：//www.miit.gov.cn/n11293472/n11293832/n11293907/n11368223/16471095.html.）。

三　"两化"融合深度指标数据统计与分析

（一）国内专利情况分析

国家知识产权局公布统计数据显示，截止到 2013 年年底，国家知识产权局共受理发明专利申请、实用新型专利申请和外观设计专利申请 237.7 万件，同比增长 15.9%；授权 3 种专利共计 131.3 万件，同比增长 4.6%。且中国发明专利申请受理量增速位居 3 种专利之首，已占 3 种专利申请总量的 34.7%，增速较快。其中，国内发明专利申请量 70.5 万件，同比增长 31.8%，国内职务发明专利申请比重达到 81.0%，增速高达 33.4%。

世界知识产权组织 13 日发布报告称，2013 年根据世界知识产权组织《专利合作条约》提交的专利申请总量达到 20.5 万件，比 2012 年增长 5.1%。其中，美国专利申请量为 5.7 万件，打破全球金融危机前于 2007 年创下的 5.4 万件的纪录。日本专利申请量为 4.3 万件；而中国专利申请量为世界第三，超越德国。其中中兴和华为两大公司专利申请量都已位列全球企业的前三名。在企业专利方面，根据统计数据，日本松下公司以 2881 件专利申请居全球首位，中国中兴公司和华为公司分别以 2309 件和 2094 件位列第二和第三。

根据各省市区发明专利申请受理量排名，江苏以 4.9756 万件的申请量保持第一，由于江苏高校非常多，申请专利的各类科技成果也非常多。广东和北京以 2.9833 万件和 2.7655 万件分列第二和第三，浙江和山东则以 1.8949 万件和 1.8533 万件分列第四和第五；在专利授权量排名中，北京以 1.0726 万件位居第一，广东、江苏、上海、浙江则分别以 1.0148 万件、8499 件、5614 件、5437 件位列第二至第五。值得注意的是，北京已取代广东位列专利授权量榜首，天津超越辽宁进入专利授权量排名前十。

从总体情况分析，此次半年专利申请和授权排名顺序与去年同期相比变动不大，传统专利申请能力强的省、市仍保持优势。占据前排的依然是江苏、广东和北京这些省市，因此可得出在不同行政区，专利拥有量和地方经济发展成正比。同时由于中西部经济发展较快，四川、湖北、陕西等省份凭借各自区位优势，在专利申请量和授权量上保持稳定增长。这与地方经济的发展、规模企业的壮大、高校和科研院所资源的培育是分不开的。

大部分省（市、区），其专利申请量和授权量排名差别不大，但北京和上海相比其他省（市、区），专利授权量排名与专利申请受理量比较，则有显著提高。这说明，北京、上海在经济结构上具有比较优势，高科技、高技术企业较多，而这也成为此次北京专利授权量排名提升的重要因素。

实施创新驱动发展战略，是党的十八大提出的目标。因此，提高专利质量，知识产权意识正越来越被重视。而"十二五"规划写入的"每万人口发明专利拥有量提高到 3.3 件"成为各省（市、区）努力实现的具体指标。一般情况下，发明专利申请和授权量排名，与地区间的经济规模与发展实力呈正相关，因此近几年来，中国内地各省（市、区）整体排名变化并不是很大，但"专利申请总量中发明专利申请比例增大、发明专利申请总量中国内发明专利申请比例增大"正成为新的形势和局面。

中国授权发明专利的主要特点如下：

1. 专利申请质量得以提高，专利申请结构稳步改善

专利申请数量呈现一增一缓。一增，国内发明专利申请增长显著，与上年同比增长 5.6 个百分点；一缓，专利申请受理总量增速放缓，国内发明专利申请已占申请总量的 8 成；而国内发明专利申请中职务发明所占比重也超过 8 成，同时发明专利授权量小幅增长，实用新型专利授权量增长迅速。数据表明，国内发明专利授权 14.4 万件，与 2012 年持平，国外发明专利授权同比则下降了 12.3%。这说明提升发明专利质量的举措已见成效。

2. 企业知识产权意识增强，创造主体地位逐步稳固

据统计，2013 年全年，中国企业发明专利申请 42.7 万件，占国内总量的 60.6%，中国企业获得发明专利 7.9 万件，占国内总量的 54.9%。在国内职务发明专利申请中，由企业提出的申请已连续 7 年占比稳定在 7 成左右，企业知识产权意识正不断增强，创造主体地位正逐步稳固，企业、高校以及科研院所的共同努力，进一步巩固了中国技术创新不断占据主导力量的地位与趋势。

3. 授权发明专利分布的主要技术领域

在高新技术方面，半导体器件、移动通信、计算机、生物医药等已成为发明专利授权排行前十的主要技术领域。数据显示，国外在华专利申请的热点与此高度重合。这表明，中国虽然起步晚，但在高新技术领域已实现与国外的同步发展。在现代工业、日常生活、医药领域等方面，专利发明也表现出具有促进其发展的一定的作用。

4. 同步国民经济发展，支持并促进产业升级

专利制度与经济发展二者相辅相成，互为促进。专利制度起源于经济发展，而专利制度的实施又为经济发展提供了重要保障和支持。传统产业的升级、战略性新兴产业的发展、国家发展战略的实施，乃至整个经济社会的进步，都离不开授权发明专利。中国近 10 年来的情况说明，国民生产总值、国内研发投入与发明专利数量、授权数量联系紧密，呈正相关。经济的发展提供了重要的物质基础，另外，专利制度激发技术创新，促进中国经济的发展，使"调结构、转方式"成为现实和最佳的选择。

同时，中国发明专利申请和授权情况也表现出的问题有：

1. 发明专利申请和授权数量增长较快，但质量不高，与国外专利水平比较仍有一定距离

中国国内发明专利申请平均权利要求项数、说明书和附图页数分别只有 6 项和 8 页，而国外来华发明专利申请分别为 16 项和 28 页，表明国内发明专利的保护范围和技术复杂程度相较国外仍有较大差距。

2. 发明专利申请和授权地区发展不平衡，发达省（市、区）相对集中

国内东部沿海经济发达地区六省（市、区）的发明专利申请和授权量排名靠前。并且六省（市、区）发明专利申请和授权总量占全国的六成半左右，发达省（市、区）专利集聚效应明显。而中西部 18 个省（市、区）发明专利申请和授权总量不到全国的 1/4，中西部发明与东部相比无论是专利申请量，还是授权量都存在较大差距。

3. 传统技术领域保持优势，但关键技术领域尚需突破

在食品、化学、药品和土木工程等 35 个传统技术领域中，中国发明专利申请和授权优势继续扩大，但在某些高新技术领域，国外的专利技术仍然具有领先优势。从发明专利授权量来看特别是在光学、运输、半导体、发动机、音像技术、医药技术六个技术领域中国外仍占较大优势。

（二）国内软件行业发展情况分析

1. 产业规模快速增长

2013 年 1—8 月，中国软件业实现利润 2126 亿元，同比增长 25.5%。从业人员数量增长了 14.2%，工资总额增长了 18.2%，均保持稳定增长态势；西部地区完成软件业务收入 2107 亿元，同比增长 28.5%，高出全国水平 4.4 个百分点；中部地区完成软件业务收入 742 亿元，同比增长 25.2%；东部地区完成软件业务收入 14550 亿元，东北地区完成软件业务收入 2018 亿元，同比增长分别为 23.3% 和 24.7%。

2. 中心城市集聚效应明显

中商情报网发布《2013—2018 年中国软件行业市场深度调查及投资战略研究报告》显示，目前全国软件行业近九成的业务收入由软件行业业务收入排名前 20 位的城市占据，其中北京、上海、南京、济南等 11 个软件名城及创建城市占据了全国软件收入的 65%。由此可见，

软件产业也已成为这些城市的战略支柱产业。

3. 新兴信息技术服务增势突出

信息技术咨询服务同比增长42.7%，数据处理和运营服务同比增长42.2%，增速高于全行业10.4和10.1个百分点，两者占比达到26.5%；嵌入式系统软件实现收入2805亿元，2013年增速快于2012年，同比增长30.9%；软件产品、信息系统集成服务和IC设计分别实现收入6158亿元、3921亿元和691亿元，同比增长28.5%、28.4%和33%，增速较为平稳。

4. 软件出口增速放缓

软件业实现出口304亿美元，同比增长18.5%，其中嵌入式系统软件出口和外包服务出口局面大为不同，前者持续低迷，同比仅增长7.6%，拉低行业出口增速7个百分点；后者则保持较快增长，实现收入59亿美元，同比增长40.3%，高于行业出口增速21.8个百分点。

5. 产业集聚发展特点显著

2011年1—12月，全国4个直辖市和15个副省级城市实现软件业务收入15008亿元，占全国软件业务收入的81%，同比增长34%，增速快于全国平均水平1.7个百分点，其中有10个城市的软件业务规模超过500亿元，中心城市成为软件产业发展的主要聚集地。数据表明，东部省市共完成软件业务收入15656亿元，同比增长31.7%，占全国比重达84.8%，继续领先全国发展，其中江苏、福建和山东等省的增速均超过35%。

6. 骨干企业运行态势良好

根据工业和信息化部重点监测的软件收入前百家企业数据显示，2011年百家企业累计完成软件业务收入3423亿元，同比增长15%，占全国收入的18.6%。倘若去掉大型通信类软件企业业务调整的影响因素，其他企业的软件业务收入增长25%，利润增长22%。百家企业全年研发经费投入达461亿元，占收入的13.5%，同比增长13%；从业人员平均人数超过50万人，同比增长24%；订单金额呈增长态势的企业接近九成，企业对未来预期较为良好。

第六节　专利、软件业、R&D 分析

一　2006—2014 年专利、软件业、R&D 分析

通过查询统计年鉴，我们获得 2006—2010 年五年有关专利、软件业、R&D 三者的相关关系，以及 2011—2014 年中国的软件业与 R&D 数据，具体数据如表 3—6、表 3—7 所示。

表 3—6　　2006—2010 年专利、软件业、R&D 三者的相关关系

	年份				
	2006	2007	2008	2009	2010
I3 融合深度					
I3.1 一体化规模					
I3.1.1 高科技总产值	41996	50461	57087	60430	74709
I3.1.2 国内专利年授权数量	548758	652409	923797	1193110	1825403
I3.1.4 软件技术服务收入（亿元）	1059	1374	1455	2126.3	3411
I3.1.5 软件外包服务收入（亿元）	60.6	102.4	142	185	220
I3.1.6 软件产业主营业务及附加税（亿元）	4800	5834	7573	9513	13364
I3.1.10 全国 R&D 人员数（万）	150.25	173.6	196.54	229.1	255.38
I3.2 一体化质量					
I3.2.3 软件外包服务收入占 GDP 比重	0.03%	0.04%	0.05%	0.05%	0.05%
I3.2.4 R&D 经费内部支出占 GDP 比重（%）	1.39	1.4	1.47	1.7	1.76
I3.3 一体化速度					
I3.3.1 高科技增长率（%）		120.16	113.13	105.86	123.63
I3.3.3 国内专利年授权增长率（%）		118.89	141.60	129.15	153.00
I3.3.5 软件技术服务收入增长率（%）		129.75	105.90	146.14	160.42
I3.3.6 软件外包收入增长率（%）		168.98	138.67	130.28	118.92
I3.3.7 R&D 经费内部支出增长率（%）		100.72	105.00	115.65	103.53

表 3—7   2011—2014 年中国的软件业与 R&D[①]

	单位	年份			
		2011	2012	2013	2014
R&D 支出	亿元	8687	10298.4	11846.6	13400
占 GDP 比重	%	1.84	1.98	2.08	2.1
国内专利年授权数量	万件	17	21.7	20.8	23.3
软件技术服务收入	—	—	—	—	—
软件业务收入	万亿	1.85	2.48	3.06	3.7
软件和信息技术服务业	亿元	3423	4285	3830	3841
软件从业人员	万人	—	461	470	380
研发投入	亿元	—	3500	4590	
软件外包服务收入	—	—	—	—	—
R&D，全社会研究与试验发展经费		—	—	—	

从表 3—6、表 3—7 中可以看出：

（一）一体化规模处于上升通道

高科技总产值、国内专利年授权数量、软件技术服务收入、软件外包服务收入、软件产业主营业务及附加税、全国 R&D 人员数这六个主要数据都处于上升阶段，表明一体化规模处于上升通道。

（二）一体化质量有所提高

近两年，软件外包服务收入占 GDP 比重呈稳中有升态势、R&D 经费内部支出占 GDP 比重呈良性增长态势，一体化质量有所提高。

（三）一体化速度整体上升

软件外包收入增长率、R&D 经费内部支出增长率波动较大，高科技增长率、国内专利授权增长率、软件技术服务收入增长率都处于较好的增长状态，表示一体化速度虽然有所波动，但整体处于上升阶段。

---

① 软交所：《2011 中国软件行业发展报告》（http：//www.cisis.com.cn/aidi2015/forum_ gf.html.）。

二 中国软件产业的发展态势

软件产业是国民经济基础性、发展性、战略性产业，也是信息产业的灵魂和核心，关系到国家政治的安全、经济和社会的稳定。计算机软件行业已成为当今世界各国争夺科技制高点的关键领域，优先发展信息产业，广泛应用信息技术，走新型工业化道路，以信息化带动工业化是国家的战略方针。因而也对软件产业发展提出了新的要求。中国政府通过多种优惠政策的实施，多项税收政策的倾斜，对推动国内软件产业的发展起着积极的促进作用。软件企业由小到大，由少到多，研发投入不断加大，软件成果不断应用，对助力中国软件产业发展，打造国内软件产业链使之初步形成规模并发展壮大提供了良好的基础。

2012 年，全国软件收入超过 100 亿元的省市共有 10 个①，分别是北京、广东、上海、江苏、浙江、山东、辽宁、陕西、福建和天津。10 省市软件收入合计达到 3422 亿元，占全国软件收入的 87.7%，软件产业的区域集中度进一步提高。

分地区来看，经济发达地区，如北京、上海、广东等省市软件人才供给数量明显高于国内其他地区，区域内软件人才市场总量上呈供过于求的态势；对于一些经济欠发达地区而言，在经济发展进程中，对软件人才的需求逐年递增，而自身缺乏培养能力，现实的环境难以吸引到优秀的软件人才等因素，导致区域内软件人才供应不足，缺口明显，且供需矛盾有逐渐拉大的趋势。

2013 年，为加大知识产权保护力度，坚决查处和打击各种违法侵权行为，由国家保护知识产权工作组办公室会同有关部门组织制定了《2013 年中国保护知识产权行动计划》（以下简称《行动计划》）。

---

① 互联网工作室：《2013 年中国软件产业发展战略研究报告》（http://wenku.baidu.com/link? url=67oW43ihd3K0T-YtDp7n32BN-GQcKdNCFBxMmsmtLVO8oBXv9J09G9giSWlK0verckqAZv-8yYgbHltVCmVQFPTZCX9zmj-3ZpGtIxPkHrm）。

《行动计划》内容涉及商标、版权、专利和进出口 4 个领域，包括公安部、信息产业部、商务部、文化部、海关总署、工商总局、质检总局、版权局、食药监局、知识产权局和国务院法制办 11 个部门和国家保知办、高法院、高检院的保护知识产权计划安排，分为立法、执法、机制建设、宣传、培训教育、国际交流与合作、推进企业自律、为权利人提供服务和专题研究 9 个方面内容。按照《行动计划》，2013 年中国将在立法方面起草、制定、修订 17 个涉及商标、版权、专利和海关保护的法律、法规、规章、办法；起草、完善和修改 6 个司法解释；在执法方面将采取"山鹰"行动、"阳光"行动和"蓝天"行动等 7 个专项整治措施，8 个日常执法内容，20 个具体措施；在长效机制建设方面将采取设立举报投诉服务中心，公布执法数据等 11 个内容，18 项具体措施；将采取 7 种形式，39 项具体宣传措施提高全民知识产权保护意识；将实施以"百千万知识产权人才工程"为主要内容的 21 个知识产权培训项目；在知识产权国际交流与合作方面将重点开展立法、商标、版权、专利和海关保护 5 个方面，19 项具体内容的交流与合作，其中 7 项在中美之间开展；将通过组织召开"企业知识产权保护与自主创新大会"等 3 项措施，提高企业知识产权保护的自觉性；将采取 12 项具体措施，在 9 个方面更好地为权利人服务；另外，还将在 5 个方面加强知识产权保护对策性调研。

《行动计划》紧紧围绕中国知识产权保护工作的重大问题，对中国 2013 年保护知识产权工作任务做了明确，重点突出，表现出了较强的综合性、科学性和可操作性，对中国的知识产权保护工作具有指导意义。

为鼓励并推动骨干和重点软件企业加快发展，2011 年 2 月，国家发展和改革委员会（简称发改委）、信息产业部、商务部以及国家税务总局联合发布《关于发布 2003 年度国家规划布局内重点软件企业名单的通知》。公布了审核认定的 170 余家 2003 年度国家规划布局内重点软件企业名单，并享受税收优惠。国家发改委宣布，2013 年 1 月 1

日起，经认定的年度国家规划布局内重点软件企业，当年未享受免税优惠的，可按10%的减税率征收企业所得税。重点软件企业实行逐年认定制度，年度重点软件企业未通过下一年度认定的，下一年度则不再享受所得税优惠政策。重点软件企业除了要经认定机构认定以外，还必须符合三个条件之一：一是软件年营业收入超过1亿元人民币且当年不亏损；二是年出口额超过100万美元，且软件出口额占本企业年营业收入50%以上；三是在年度重点支持软件领域内销售收入列前五位。

2011年4月，科技部、发改委、商务部、信息产业部、国家标准化管理委员会联合制定《关于进一步提高中国软件企业技术创新能力的实施意见》。促进中国软件企业在操作系统、大型数据库管理系统、网络平台、开发平台、信息安全、嵌入式系统、大型应用软件系统、构件库等基础软件和共性软件领域的突破，形成一批具有自主知识产权的软件产品和系统，培养一批具有国际竞争力的软件骨干企业，形成中国自主的软件产业体系。

2012年3月，为了尽快发挥政策扶持在软件市场上的作用，财政部与信息产业部发布《软件政府采购管理办法（征求意见稿）》。其宗旨在于规范政府采购行为，扩大电子政务国产软件应用范围，推动国产软件的标准与协同作业。

2013年4月上旬，信息产业部、版权局、商务部、财政部四部委接连下发了《关于计算机预装正版操作系统软件有关问题的通知》和《关于政府部门购置计算机办公设备必须采购已预装正版操作系统软件产品的通知》。通知规定：在中国境内生产的计算机，出厂时应当预装正版操作系统软件；进口计算机在国内销售，销售前应当预装正版操作系统软件。通知要求计算机生产企业与操作系统软件生产企业每年度分别上报各自的销售数量与预装授权数量；对预装盗版软件的行为，版权行政管理部门将依法予以查处。预装正版操作系统不仅让跨国软件企业受益，也推动中国的基础软件发展。

《关于政府部门购置计算机办公设备必须采购已预装正版操作系统软件产品的通知》要求：今后各级政府部门在购置计算机办公设备时，必须采购预装正版操作系统软件的计算机产品；各级政府部门购置计算机办公设备，必须提供必要的购买软件的配套资金；各级人民政府的版权、信息产业和财政等部门要根据各自的职责，认真做好购置预装正版操作系统软件的计算机产品的资金保障、政府采购和监督检查工作，确保各级政府部门使用正版软件。该通知对政府采购正版软件做了严格要求，是深入、全面的一次政府正版化行动，该通知对促进营造良好的软件环境，维护计算机市场和软件市场秩序有着深远意义和影响。

2006年5月18日，国务院颁布《信息网络传播权保护条例》（以下简称《条例》）。这部于2006年7月1日起实施的《条例》，明确了权利保护、权利限制，规定了网络服务提供者的责任免除，调节了作品权利人、网络服务提供者和作品使用者之间的关系，不仅有利于网络传播作品潜能的发挥，还有利于保持各方的利益平衡，同时也有利于大众更好地使用作品。截至2014年12月，软件的行业分布中软件产品占了第一位，占市场比率的32%。其次是系统集成行业，占比21%。再次为数据处理和运营服务行业，占比17%，紧接着是嵌入式系统软件行业，占比16%，排名第五的是信息技术咨询服务行业，占比11%。以上五个行业所占比重累积远超整个市场占比，高达97%[1]，成为行业市场的重中之重。

三　软件业经济运行态势

2014年，中国软件和信息技术服务业发展整体呈持续稳中增长态势，收入增速相较2013年同期明显趋缓，产业结构持续调整，产业布

---

[1]　中国报告大厅：《2014年我国软件行业概况及现状分析》（http://www.chinabgao.com/k/ruanjian/14140.html.）。

局向良性发展,新兴领域业务增长较快①。

(一)收入增长稳中趋缓

2014 年,全国实现软件业务收入 3.7 万亿元,同比增长 20.2%,全年发展呈现稳中放缓的态势,季度累计增速稳定在 19%—23%。

(二)嵌入式软件小幅回升,数据处理和存储服务仍较快增长

2014 年 1—11 月,嵌入式系统软件改变了增速持续放缓的局面,实现收入 5644 亿元;数据处理和存储服务实现收入 5988 亿元;集成电路设计行业增速略有下调,实现收入 949 亿元②。

(三)软件出口持续低迷

2014 年,软件业实现出口共计 545 亿美元,其中外包服务出口同比增长 15.5%;嵌入式系统软件出口同比增长 11.1%。

(四)中西部软件产业发展加快,东北地区明显放缓

2014 年,中部地区、西部地区、东北三省、东部地区分别完成软件业务收入 1713 亿元、3927 亿元、3583 亿元、28012 亿元。其中中、西部地区增速高出全国平均水平,东北三省回落明显,东部地区稳步增长。

(五)中心城市软件业持续放缓

2014 年,全国 15 个中心城市实现软件业务收入 20000 多亿元;中心城市中,收入规模超过 1000 亿元的有 9 个;软件业务收入中,数据处理和存储服务同比增长 25.7%。

四 全国科技经费投入

2014 年,中国科技经费投入继续保持增长③。国家财政科技支出

---

① 中华人民共和国工业和信息化部运行监测协调局:《2014 年 1—12 月软件业经济运行情况》(http://www. miit. gov. cn/n11293472/n11295057/n11298508/16420293. html.)。

② 中华人民共和国工业和信息化部运行监测协调局:《2014 年 1—11 月软件业经济运行情况》 (http://www. miit. gov. cn/n1146295/n1146592/n1146754/n1234926/n1234953/n1234954/n1234957/c3186616/content. html.)。

③ 国家统计局:《2014 年全国科技经费投入统计公报》(http://www. stats. gov. cn/tjsj/tjgb/rdpcgb/qgkjjftrtjgb/201511/t20151123_ 1279545. html.)。

同比增长研究与试验发展（R&D）经费投入力度加大。

（一）R&D 经费投入情况

2014 年，全国共投入 R&D 经费 13015.6 亿元；经费投入强度〔经费投入与国内生产总值（2014 年 GDP 初步核算数据）之比〕为 2.05%；按 R&D 人员（全时工作量）计算的人均经费为 35.1 万元。

基于活动类型的考量：全国用于基础研究、应用研究和试验发展的经费支出分别为 613.5 亿元和 1398.5 亿元、11003.6 亿元。三者在 R&D 经费总量依次占比为 4.7%、10.8%、84.5%。

基于活动主体的考量：各类企业 R&D、政府所属研究机构、高等学校的经费支出分别为 10060.6 亿元、1926.2 亿元、898.1 亿元。三者在全国经费总量依次占比为 77.3%、14.8% 和 6.9%。

基于产业部门的考量：R&D 经费在 500 亿元以上的行业有 7 个大类，7 个行业经费占全部规模以上工业企业 R&D 的比重为 61.1%；研发经费在 100 亿元以上且投入强度超过规模以上工业企业平均水平的行业有 10 个。

基于地区的考量：R&D 经费占全国比重排名前五的分别是江苏（12.7%）、广东（12.3%）、山东（10%）、北京（9.7%）和浙江（7%）。R&D 经费投入强度达到全国平均水平及以上的有 8 个省（市），分别为北京、天津、山东、陕西、江苏、浙江、上海和广东。

（二）财政科学技术支出情况

2014 年，国家财政科学技术共计支出 6454.5 亿元；在年度国家财政支出中占比 4.25%。其中，中央财政科技支出与地方财政科技支出分别在财政科技支出中占比为 44.9%、55.1%。

第七节　信息化条件下中小企业产业升级现状研究

社会信息化环境下，如何借"信息技术"的东风，推动传统产业升级是关系到国民经济整体发展趋向的重要战略问题。信息技术的溢出效应与乘数效应为传统产业的改造升级提供了有利条件，将信息技术应用到传统产业中，将大大提升资源利用效率、生产力水平，进而取得不可估量的经济效益，扩大传统产业的竞争优势。党的十六大提出"新型工业化道路"，加快"两化"融合，推进产业结构优化升级的重大举措。本书以中小企业为例，从竞争优势角度分析了信息化情况，并探讨了信息化对推动中小企业产业升级的影响。

一　中小企业信息化现状

中小企业作为国民经济和社会发展中不可或缺的重要组成部分，其信息化进程备受关注。截至 2013 年，80.4% 的中小企业具有互联网接入能力，其中，44.2% 的企业成功运用互联网实现企业信息化，这些为企业信息化的进一步推广应用提供了坚实的基础。但是，作为宣传企业形象和推广产品重要窗口的网站建设还有待进一步加强，只有16.7% 的中小企业建立了本公司专属网站，14% 的中小企业有企业门户网站①。与此同时，仅有 9% 左右的中小企业开展了电子商务活动。而昔日被称为"夕阳工业"的机械、钢铁、化工、汽车、纺织、石油等传统产业，在西方发达国家经过高新技术改造升级后，均取得了更大的进步。据此，不难看出相对于发达国家而言，中国信息化水平仍有较大的进步空间。

(一) 信息化现状

在对电子信息产业信息化水平进行大量调研的基础上，我们发现，"十一五"期间，随着经济的发展和未来资金投入的增加，电子信息产业公司在信息化方面也加大了力度，中小企业的信息化水平有了很快的发展。所调研的中小企业均实现了电脑办公，并成功接入网络。有的企业甚至已经有了现代化的办公系统，从这一方面来看，我们调

---

① 《2013 年中国中小企业信息化建设调查报告》（http://www.mcqyy.com/wenku/diaochabaogao/19888. html. ）。

研的企业信息化主要分为以下两个层次：

层次一，应用单机小型局域网，并以降低劳动强度、提高核心岗位生产率为发展方向。信息技术与企业生产、经营管理并无密切关联，因此在管理中发挥的作用十分有限。

层次二，基于企业业务流程开发 IM 系统，推进业务流程信息化，如制造资源计划（MRPII）、企业资源计划（ERP）的应用等。相较于第一层次，该层次因企业内信息流的实现，信息化程度显著提升，并促使一些依托信息化技术的高效管理方法得以有望实施。

从信息化人员方面来说，大部分企业已经配备了自己专门的信息化工作人员，并且能够实现专业化操作。在资金投入上，各企业对于信息化的投入呈逐年上升趋势，并且企业的负责人员也表示准备在将来也逐年增加在企业信息化方面的投入。在调研中，我们也看到一些企业已经把信息化问题作为企业的一个重要目标来看待，并且制定了逐步实现信息化的步骤和策略。

计算机和网络的发展体现了信息化的普及率，是企业信息化的重要体现。以电子邮箱应用为例，截至 2013 年，应用电子邮件系统的企业在企业总数中占比 32.8%。管理层使用电子邮箱比例为 39.3%，老板使用电子邮箱比例为 32.4%，基层员工使用电子邮箱比例为 15.6%；不使用电子邮箱的群体仍有 26.2%。使用电子邮箱的群体中，使用免费电子邮箱比例为 57.5%。

随着经济的不断发展，计算机网络发展迅猛，网络用户每年都保持很高的速度增长。科研和人才的发展也标志着信息化水平的不断提高，同时，该指标也是产业升级的一个重要方面，专利授权数增加了 4 倍，政府每年对于科研经费的投入也逐步增加，从事科技活动的人数逐年增多。科研与人才的发展对于工业化过程中的产业升级有着至关重要的作用。科研技术的创新和人才的发展为产业升级提供了基础，如果没有新技术的研发和产业链的创新，产业升级是十分困难的。

同时，国家对于中小企业的信息化状况也是极其重视的。为进一步贯彻落实国家关于"十二五"规划提出的促进中小企业发展的精神，在政府相关部门引导下，北京百度网讯科技有限公司先后投入30亿元助推200万家中小企业发展，以期营造中小企业生产管理环境，激发中小企业创新力，推进中小企业的可持续发展。

（二）存在的差距及原因剖析

由于大多数中小企业存在资金短缺，信息技术人才缺乏等问题，中小企业信息化进程中存在很多阻碍，大多数中小企业信息化水平仍处于低水平状态，中小企业信息化过程中面临诸多难题。

首先，管理人员信息意识匮乏。作为当前最先进技术手段的信息技术要真正实现在企业管理各个环节发挥作用，前提是与企业运行机制、管理模式、业务流程相融合。中小企业中部分管理人员对信息化建设的认知还十分有限，将信息化理解为简单的计算机操作，完成信息化建设就是配置计算机软件、硬件，忽视了信息化建设与应用环境之间休戚与共的关系，进而导致信息化建设难以取得应有成效。

其次，信息化建设资金不足。企业全面信息化任重而道远，当前中国金融市场还有待进一步完善，企业信用体系并不健全。中小企业大都面临着融资渠道少、难度大的窘境，尤其在新一轮金融危机中，中小企业还面临严峻的冲击与挑战，近半数中小企业急需政府在资金、税收上予以引导、支持。

最后，员工信息素质偏低。中小企业因规模与资金限制，难以吸引专业信息技术人才，普遍存在员工信息素质偏低现象，直接拉低了信息系统应用过程中的效率，影响了信息系统在企业应用所产生的效益。调查中有1/3的企业希望政府强化中小企业信息化适用人才的培养工作。

二　产业升级现状分析

传统产业升级是指三大产业依次转移，逐步提升产品附加值比重的过程①。具体而言，包含三方面内容：首先，产业升级是一种历史性产物，描述了产业整个生命周期的发展过程。其次，产业升级与经济增长同步。产业结构调整的趋向是低附加值产业比重降低，高附加值产业比重提升，这必然会刺激国民收入增长，从而转化为要素收入与购买力的增长和市场扩张与需求层次的提高，再吸收掉由升级产业所生产出来的产品②。最后，产业升级将推动相关要素转移。当一个产业新兴时，会吸引要素流入，而当一个产业衰落时，也会致使要素流出。流出要素必然会加入另一个新兴产业中，形成新一轮的要素转移。

产业升级外在形式通过产业整体附加值提高和产业竞争力增强来表现。整体附加值提高即技术层次提升、向知识密集和技术密集型转变、产品知识与技术含量增加；产业竞争力增强即产业比较优势的强化，这主要取决于产品在相应市场所取得的绝对竞争优势，即质量、成本、价格等一般市场比较要素的地位，从实质上分析，产业升级过程是产业创新与替代的过程，其中，产业创新是升级实现的关键，主要依托于产业内部技术、管理、组织方面的创新来推动③，它是产业升级的主要途径，要满足产业发展中的更细致、更高层次的需求，就必须有产业创新。

三　以信息化推动传统产业升级

（一）信息化下产业升级优势

信息技术是企业冲出原有发展困境，重塑新的竞争优势的重要力

---

① 刘慧、吴晓波：《信息化推动传统产业升级的理论分析》，《科技进步与对策》2003 年第1 期。

② 张耀辉：《产业创新：新经济下的产业升级模式》，《数量经济技术经济研究》2002 年第1 期。

③ Siliang G and Yanhua D, "The Empirical Study on Shandong Province's Level Measurement and Dynamic relationship of Integration of Informationization and Industrialization", 2014 *International Conference on Advanced ICT*, 2014.

量，中小企业对于信息技术这一优势资源的利用程度，将直接影响产业提升所能到达的层次以及最终是否可以取得竞争优势。

1. 信息化对中小企业内部价值链进行了重新整合

基于信息技术平台的公司管理流程再造可以为企业提供更多的发展机会，应用软件对公司财务管理可以优化公司资产应用。

2. 信息技术应用于日常管理

传统的中小企业，尤其是重工业等网络优化工作搭建到信息互动平台上，有效地提高了精确度；同时，企业内的局域网运行提升了沟通效率，优化了企业原有的资源配置。

3. 信息技术对于中小企业的规模化、自动化以及灵活性的发展水平有重要影响

目前，中小企业已经在公司层上实现了产业升级。

（二）信息化推动产业升级模式

产业层次升级的主要表现是产业结构高度化和产业内部资源配置的最优化。产业信息化使工业、农业、制造业、服务业等传统中小企业将信息技术广泛应用到本企业中，无形中加速了产业内信息资源的开发和利用，推动了多种类型的数据库和网络的建立，助力产业内企业由粗放型向集约型转变，实现产业结构的高效化；而产业内多种资源、要素的优化与重组，优化了产业内部的资源配置，间接地推动了产业层次升级的实现。

四　信息化与工业化融合面临的主要矛盾及问题

尽管近年来中国信息化与工业化发展取得了诸多让人欣喜的成绩，但是在新的发展环境下，面对"两化"融合这一重大课题，无论是在思想观念、制度环境、政策体系方面，还是在创新支撑和人才储备等方面，都还存在一些难题有待解决。

（一）对"两化"融合重大意义的认识有待进一步提高

大力推进信息化与工业化融合是中国当前以及未来较长一段时期

内的重大战略决策。而与之相矛盾的是，如今人们对"两化"融合发展的迫切性、关键性、客观规律性以及难度等方面，仍广泛存在着重视不够、认识不深的问题，表现为各自独立发展进步快而融合发展动力明显不足①。

（二）信息化对产业发展的拉动与派生作用还不够强

基于当前"两化"融合效果的视角，信息化一方面可以极大改造和提升传统产业的发展水平，另一方面，其发展中产生的巨大的市场需求也加速了本国其他相关产业的发展；"两化"融合与创新派生出一系列新兴的产业业态，如信息内容产业、软件服务业、基于电子商务的现代物流业等。但问题是，信息化对产业发展，特别是一些尖端技术与设备的带动力明显不足，装备、钢铁、石化和金融业等重点产业的信息技术服务还多是依靠跨国公司，同时，信息服务和信息内容产业的溢出作用并未充分显现②。

（三）现有制度环境尚不适应"两化"融合发展的需要

良好的制度环境对信息化与工业化融合具有推进和保障作用。基于实践的视角，制度环境的发展水平与"两化"融合发展的需要还有较大的距离，虽然针对"两化"融合制定并颁布了一系列法律/法规、政策条例，在绩效评估、标准规范、政策体系等方面还明显滞后。

（四）支撑信息化与工业化融合发展的技术创新能力不强

信息产业是支撑信息化与工业化融合发展的重要物质技术基础，是国民经济发展中不可或缺的先导性支柱产业，但在创新能力提升方面一直没有明显成效，特别是交叉创新能力上还比较弱，支持信息化建设全面发展的基础还不坚实。"两化"的融合水平，很大程度上取决于交叉创新的能力强弱。但当前中国实际情况是，产业研发投入有限，以电子信息企业为例，其研发投入仅占销售比重的3%左

---

① 刘佳：《信息化与工业化融合的制度保障研究》，硕士学位论文，北京邮电大学，2011年。

② 庄宇：《江苏"两化融合"的现状与对策研究》，《南通职业大学学报》2010年第4期。

右，与全球 IT 企业的平均水平 5% 还有一段距离。信息业与其他工业发展"分而治之"的现象必须改变，而这种改变还有赖于重大应用工程的实施、专项经费的投入，进而互助互利、深化融合、协同创新。

（五）人才成为推进信息化与工业化融合的瓶颈

当前，人才问题已经成为关乎信息化与工业化融合成败的瓶颈性因素，每个行业都急需大批精通专业知识、信息技术以及信息化管理知识的高层次、创新型和复合型人才。高层次复合型人才的绝对短缺已严重滞后了"两化"融合的发展步伐。但是现行人才培养机制和专业设置与实际需要并不配套，普通高等教育与高等职业教育还多是以制造业为输出方向的，人才供求天平存在着一定的失衡。

第八节　企业"两化"融合现状研究

企业是"两化"融合的主体，"两化"融合是否见效，主要看企业。将新一代信息技术、现代管理技术和制造技术相结合，进一步加强信息技术在企业产品生命周期全过程中产品设计、研发、制造、销售、物流配送、服务支持、决策及反馈等活动的应用；将信息技术应用渗透到企业产品生产和业务流程的血液中，全面提升企业的产品竞争力和经营效益，是信息化与工业化深度融合的基本要求。

对企业而言，"两化"融合是企业信息化建设的更高阶段，要求将信息化与企业经营实践相融合，将信息化技术与现代管理技术、制造技术、工业技术相结合，形成一种更符合个性化需求定制、柔性生产、信息化一体化管理、电子商务充分发展要求的企业信息化模式。

2016 年 4 月，工业和信息化部信息化和软件服务业司指导成立的中国"两化"融合服务联盟向社会正式发布了《全国"两化"融合发展数据地图》。根据《全国"两化"融合发展数据地图》的数据统计，中国将近 1/2 的企业仍处于"两化"融合的初级阶段，而进入"两化"融合高级阶段的企业则仅占一成（详见图 3—2）①。

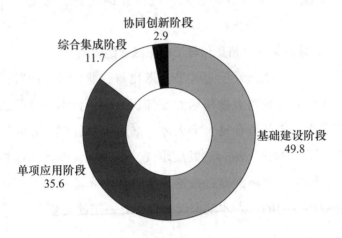

协同创新阶段
2.9

综合集成阶段
11.7

基础建设阶段
49.8

单项应用阶段
35.6

图 3—2　中国企业"两化"融合发展现状

从地域分布上看，中国企业"两化"融合程度呈现东高西低、南高北低的状况，上海、江苏、浙江等东南地区的企业在信息技术应用方面已具备一定的领先优势。来自不同行业的企业的"两化"融合表现也不尽相同，能源业、服务业、电子电力等行业企业的"两化"融合水平一般要高于纺织业、建材业的"两化"融合水平。

从发展阶段来看，企业"两化"融合发展将依次经历初级阶段、中级阶段、高级阶段、卓越阶段四个阶段。初级阶段的企业"两化"融合主要表现是强调信息化基础设施的建设；中级阶段的企业"两化"融合主要表现是追求实现信息技术在工业领域的单向应用；高级阶段的企业"两化"融合主要表现是强调综合集成各种信息系统；卓越阶段的企业"两化"融合主要表现是实现了"两化"深度融合，数据资源充分利用，全面开展协同创新。

---

① 《全国两化融合发展数据地图》，http：//www. chinanews. com/cj/2016/04-09/7828706. shtml。

一　企业技术融合阶段

技术融合层次，要求企业建设好信息基础设施，将信息技术、现代管理技术、制造技术与企业现有工业技术相融合，提高企业的信息化水平。

企业"两化"融合过程中，涉及诸多的技术领域，包括仿真技术、物联网技术、电子商务技术、智能设计技术、智能仪表技术、嵌入式系统建设、云计算技术、二维码技术等，这些关键技术在企业产品设计、生产、销售各个业务环节有着广泛应用，极大地减少了企业产品设计与生产的时间。

（一）仿真技术应用

仿真技术随着信息处理技术的发展而出现，它以控制论、系统论、相似原理和信息技术为基础，最初应用于航空、航天、电力、化工以及其他工业过程控制等工程技术领域，因其巨大的社会经济效益，在整个工业界产生了强烈反响。

仿真技术以计算机和专用设备为工具，用于仿真的计算机有三种类型：模拟计算机、数字计算机和混合计算机。软件系统构成上，仿真软件包括仿真服务程序、仿真程序包、仿真语言和基于数据库的仿真软件系统等，SimuWorks、Infolytica 等是其中的卓越代表。通过建立仿真模型和进行仿真实验的方法，仿真技术可对工业生产中实际的或设想的系统进行动态试验。

仿真技术已在中国一些企业生产过程中得到广泛应用，比较有代表性的：一些汽车生产企业在汽车生产过程中应用碰撞替代技术，可满足汽车制造的各项测试需求；物流企业的物流系统仿真，为解决复杂物流系统的问题提供了有效的手段；对展会企业而言，动态仿真的模拟演示既吸人眼球，又能展示实物产品所无法表现的细节，在复杂的展会现场全面呈现产品的功能、运转、操作；建材行业通过节能减排在线仿真技术应用，可显著下降生产成本、减少污染排放；制造业采用有限元法（FEM）、利用计算机辅助制造（CAM）实现加工仿真，可实现各种产品的高精度生产。

（二）信息系统应用

对企业而言，信息系统包括自动化办公系统（OA）、客户关系管理系统（CRM）、人力资源系统（HR）、企业资源计划（ERP）、地理信息系统（GIS）、道路交通信息通信系统（VICS）、能源计量管控系统（EMS）、不停车自主缴费系统（ETC）、企业资源计划（ERP）、智能交通系统（ITS）等业务系统。此外，在资产管理、成本核算、供应链管理、过程质量监控、客户服务等业务过程中，也需要相应的信息化技术应用。"两化"融合进程中的信息系统应用对企业来说不仅是一场技术变革，也是企业借助信息技术对自身经营管理进行改革，提升其核心竞争力的过程。

为实现节能降耗的目标，"燕京啤酒"在"两化"融合设施过程中在行业内率先部署能源计量管控系统（EMS），将企业内部的各个部门、各个车间、办公室、机房、仓库的水、电、蒸汽、CO_2、燃料进行科学计量和综合管理。"燕京啤酒"基于 EMS 的信息化融合的特色是围绕企业生产过程，建立作业调度、物料使用、物流配送、设备运行全过程的能源信息管控平台，以生产运行数据为核心对企业生产进行管理和监控，并取得了良好的节能降耗效果。除了 EMS 系统，ERP、DRP 等信息系统也成为"燕京啤酒"信息化与工业化深度融合、实现自动化生产的利器。

（三）物联网应用

物联网（The Internet of things，IoT）被称为信息产业的第三次浪潮，系美国麻省理工学院 Kevin Ash-ton 教授于 1999 年提出的概念。物联网技术以互联网为核心和基础，通过射频识别设备、红外感应器、全球定位系统、二维码识读设备、激光扫描器等信息传感设备，将用户端延伸和扩展到了可见的任何物品与物品之间进行的信息交换和通信，以实现连接世间万物之设计目标。

"两化"融合是物联网应用的关键领域,在企业产品智能化研发、生产设备监控产品、物流管理、售后服务等方面处处可见物联网的应用以改进产品功能和客户体验。其中的关键技术在于传感器技术、RFID标签技术、嵌入式系统技术。其中,传感器技术的作用是将计算机的模拟信号转换成可处理的数字信号;RFID技术结合了无线射频技术(RF)和嵌入式技术,可通过无线电信号识别目标并读写数据;嵌入式系统是执行专用功能并被内部计算机控制的设备或者系统,在企业生产中已有广泛应用。

物联网应用的一个典型是长飞光纤光缆股份有限公司。位于湖北的长飞公司是国内主要的光纤、光缆生产厂商,在"两化"融合打造新型竞争力的战略中,物联网技术居于核心地位。长飞公司的做法是采用现代信息系统和条码技术、射频技术对光纤、光缆等产品的生产流程进行规范管理、以机器管理代替人为操作。RFID标签技术串联了长飞公司的整个生产经营流程,流水线上的每道工序都被详细记录,通过对采集的运行数据所进行的大数据分析,长飞公司实现了基于物联网的质量控制,生产质量稳定在高水准上,成为国家智能制造试点示范企业。

(四) 可视化技术应用

可视化是利用计算机图形学和图像处理技术,将声音等非可视数据转换成可视的图形或图像显示出来,并提供交互处理功能的一种理论、方法和技术。自1987年提出以来,可视化技术成为企业界"两化"融合,改进生产工艺、改造传统产业的重要措施。

可视化技术的"两化"融合应用,主要包括产品设计可视化、产品制造可视化、生产结果可视化、企业管理可视化等内容。在产品设计阶段,通过计算机模拟,消除设计的不确定因素,以视觉化方式高效传递设计信息,已成为设计领域的热点;在产品制造过程中,通过信息采集和图像处理,以可视化的三维图形观察和监控制造过程,实现精准制造;可视化技术还可通过对生产结果进行透视和比对,从而调整和优化生产过程和工艺；在企业业务管理过程中，通过可视化管理，实现了透明化管理，让企业管理层掌握更为直观的企业信息。

中建钢构武汉有限公司是中国最大的钢结构企业之一，随着"两化"融合的推进，中建钢构构建了钢铁行业首个钢结构全生命期信息化管理平台，采用 BIM、物联网、云计算等现代信息技术和手段，建立了钢结构工程可视化模型应用体系，实现了企业生产的信息化和智能化。在遵循国家相关标准的基础上，通过制定具体的企业标准和编码规则，对钢结构的模型、过程表单、设计图纸等资料类型进行规范，对可视化过程进行统一，使项目 3D 建模率达到100%，通过可视化直观指导生产降低了人员技术要求，提高了企业效益。

中国有大约半数的企业仍停留在"两化"融合的初级阶段，对信息化与工业化融合的重要性缺乏认识，信息技术应用意识薄弱，开展的信息化建设活动停留在企业门户建设、产品目录和企业新闻发布等基础层面，对利用信息技术应对电子商务、虚拟制造、企业资源计划等方式转变，提升企业产品生产和业务活动模式的发展潮流准备不足。

二　企业产品融合阶段

产品融合阶段，企业追求信息化与工业化在产品层面的深度融合，包括产品的信息化融合和产品生命周期的信息化融合。

产品本身的信息化融合即将现代信息技术"嵌入"到产品中，增加产品的功能，提高产品的性能，使得产品具备更高的技术含量和更多的附加值，成为信息时代数字化、网络化、智能化的工业产品。产品融合包括信息产品与现有产品融合、信息技术与现有产品融合、信息技术催生新产品等途径。通过产品融合，企业或将电子芯片、ERP系统等信息产品嵌入现有产品中，生产出功能更为丰富的产品，如普通机床与数控系统结合之后就成了数控机床，具备语音识别功能的玩具比普通玩具将更受儿童欢迎，也更具利润空间；或运用数字信息技术、物联网技术、云计算技术等新技术将普通的产品升级为更贴近用户需求、更具市场竞争力的新一代产品，如从普通家电发展到互联网云智能设备，在提高人们生活水平的同时，实现了企业产品的升级换代。

广义的产品信息化融合，除了产品自身与信息产品、信息技术的融合，还包括在产品设计到产品销售、升级换代整个产品生命周期中应用现代信息技术。产品设计过程中，采用三维数字化设计软件、虚拟现实技术、计算机辅助设计等手段提高设计精度、加快设计速度已成为企业产品设计的常态；在产品制造过程中，数控机床制造、制造执行系统（MES）等技术应用日渐广泛；在产品使用过程中，引入物联网技术全程监控产品运行数据、远程处理产品故障，是产品信息化融合的另一发展方向；在产品管理方面，采用产品数据管理系统（PDM）来管理产品规格、型号等相关信息，采用产品生命周期管理系统（PLM）来实现全生命周期相关信息管理，采用产品质量管理系统来实现产品质量的跟踪管理。

产品融合可有效提高企业的生产能力和服务质量，因而备受企业推崇，越来越多的企业开始走向数字化、网络化、智能化的生产路线，将电子芯片、嵌入式软件、电子元器件集成到自己的产品中，实现了从传统生产到现代生产的转变，产品的附加值比原来有大幅提高。

三　企业业务融合阶段

业务融合阶段的特征是信息系统之间互相打通、综合集成。信息技术应用到原材料采购、产品研发设计、生产制造、市场营销、财务管理、人力资源管理等各个环节，促进业务创新和管理创新，如自动化和管理系统结合起来实现远程控制；计算机管理方式可以极大地提高企业管理效率；计算机辅助设计可以极大地提高工业产品设计效率；电子商务提供了市场营销的新途径。

除采用企业资源规划（ERP）、供应链管理（SCM）、客户关系管

理（CRM）、商业智能（BI）、产品生命周期管理（PLM）、财务管理
系统、人力资源管理系统等管理将企业各种业务融合，提高管理效率，
降低管理成本外，业务融合还通过信息技术，制成含有新工艺、新方
法的芯片或软件，并将其植入欲生产的产品中来实现生产过程控制融
合；通过发展电子商务实现经营方式融合；通过信息管理系统、物流
管理系统、决策系统等现代技术来实现管理融合，从而提升企业的运
行效率。

　　制造业中，在徐工集团的战略转型过程中，大力推进"两化"融
合，借助信息化手段满足业务发展需求成为企业的重点任务。通过实
施信息化整体提升工程，全面打通和综合集成各个信息系统，徐工集
团建立了集团全价值链管理平台，原材料采购、产品研发、产品制造、
销售、售后服务等各环节之间以信息技术为纽带得到全面贯通。信息
化与工业化的融合，整合了企业内部的各种资源，提高了企业的管理
能力和管理效率，实现了企业的集约经营和整体经营，提升了徐工集
团的产品竞争力，成为制造业信息化与工业化深度融合的先进典型。

　　物流领域，中国天然气运输公司等企业在业务融合方面，借助现
代信息技术的融合，开展区域物流的一体化协同和开放共享，推动物
流企业走上集约化、规模化的发展道路；开展经营方式的融合，加强
物流网络空间的建设，建立物流网络信息中心，加快电子商务发展；
引入供应链管理（SCM）、商业智能（BI）等信息技术，实现产品采
购和销售体系的创新发展。提供多方位的业务融合，可有效提高企业
运行效率，拓展企业业务，改善企业效益。

四　企业产业衍生阶段

　　信息化与工业化充分融合，在实现技术融合、产品融合、业务融
合的基础上，进入产业衍生阶段后，不仅可以推动企业技术进步和产
业升级，还可以产生新的行业，如工业产业与交通运输业、商贸业、
金融业、信息业、旅游等融合形成的工业信息服务业、工业软件业等

多种新兴产业①。

不同于工业经济时代的社会分工，"两化"融合的产业边界随着技术、业务、产品、市场的不断融合而不断被打破，商流、资金流、信息流、技术流不断集聚，产业之间相互进行渗透与融合。其融合表现主要有如下几种：

（一）产业边界延伸

随着现代信息技术的渗透，传统工业产业的科技含量不断提高，并从原始的产业领域向周边扩展。如借助现代生物技术和信息技术可改造传统工业向机械仿生、光机电一体化、智能家电等领域发展。

作为传统家电行业巨头的美的公司，积极开展"两化"融合的实践，制定了智能制造和智慧家居的"双智战略"。在"双智战略"指导下，美的借助现代信息技术，建立了"设备自动化、生产透明化、物流智能化、管理移动化、决策数据化"五大全流程的智能化企业业务体系②，并成为国家智能制造示范企业。移动化管理、全透明采购、自动化生产，使得美的公司的空调生产进入智能家电时代，并引领了家电行业的升级。

（二）产业间融合

信息技术的发展在不同的产业间形成了共同的技术基础，促使各个产业之间以信息技术为纽带形成了交叉融合之势。这其中包括了第三产业向第一产业和第二产业的延伸和渗透，如借助物联网技术串联起农业生产业、农产品加工业、商品销售业、物流业，从而形成新的产业体系架构。

武汉马应龙药业集团股份有限公司在"两化"融合过程中，建设以互联网医疗为核心的"小马医疗"业务，将传统制药行业与现代服务业相融合，形成了全新的商业模式。"小马医疗"充分利用现代信

---

① 邓小瑜、马维旻：《"两化融合"下现代物流产业信息化建设内容研究》，《开发研究》2011年第1期。

② 朱冬：《美的智能工厂离开人力却以人为本》，《中外管理》2016年第5期。

息处理技术、云计算技术、大数据分析技术，将马应龙公司的肛肠医药健康产业链进行延伸。在自有的肛肠医药领域之外，"小马医疗"引入了其他医药公司的儿童医药、耳鼻喉医药、外科医药品牌，满足了消费者各个门类的健康需求。在"小马医疗"的合作联盟内，医药集团、医疗机构共同构建了全面辐射的医药健康产业联合体，为消费者提供常见疾病预防、专家诊断、药品真伪鉴别、科学用药指导、康复帮助等全程的健康服务。借助"两化"融合，马应龙电商业务实现了企业的跨越式发展，2016 年在线销售规模超过亿元。

（三）新产业衍生

"两化"融合不仅延伸了现有产业的边界、促进了产业间的融合，并刺激了新产业的产生。由于具备信息技术特征的新产品不断满足市场需求，再加上信息产业本身就具有强渗透性，我们目前可见的一些 ICT、咨询、技术、管理培训和客户服务行业如教育培训业、IT 咨询业等都是由于融合的推动而产生的，其中服务业、通信业向第二产业的渗透效果尤为明显。

通过"两化"融合的实施，西安西开高压电气股份有限公司实现了从传统制造企业向服务型制造企业的完美转型，成为制造业融合信息化、实现升级换代的典型。西开公司通过对企业业务流程的信息化改造，实现了智能化产品生产和信息化产品服务，并通过提供智能化产品和增值服务，不断扩展企业的产业链，最终实现企业转型升级。在融合信息化技术，形成全套智能高压开关生产、检测设备和技术体系后，西开公司探索走向从设计、制造、安装、运营、维修到报废全过程的电站代管业务模式，并承接了三峡电站的代管业务，负责三峡电站全部高压开关管理工作，走上了服务型制造业的发展道路①。

虽然中国企业"两化"融合尚处于发展的早期阶段，但态势良

---

① 董峰：《2013 装备工业蓝皮书》，北京联合出版公司 2013 年版，第 95—96 页。

好、前景可期。随着"两化"的高度融合,互联网和信息技术、各种数据资源充分利用,将为企业创新驱动提供全新的平台,实现大众创业、万众创新,用创新驱动企业提质增效和转型升级。

第九节　发达国家"两化"融合情况比较分析

为了更好地探究中国"两化"融合进程,本节通过查询国内外相关机构发布的报告,获得全球主要发达国家信息化与工业化相关的数据,对其"两化"融合的情况进行分析,并与中国同期情况进行比较,以期提供借鉴参考。

一　互联网普及率快速提高,成为推动"两化"融合的重要社会因素

自 1995—2014 年,全球互联网用户从全球总人口的 0.6% (3500 万人)发展到了 39% (28 亿人),渗透率发生了天翻地覆的变化;互联网人口构成上更是变化显著,1995 年互联网人口绝大部分是由美国 (61%)和欧洲 (22%)构成,至 2014 年,亚洲已经占据了半壁以上的江山,其中中国占 23%,亚洲其他国家或地区占 28%。

根据统计数据,2015 年美国家用电脑普及率为 86.78% (该数字在 2017 年 1 月增至 90%);2015 年,新加坡家用电脑普及率为 81%,加拿大家用电脑普及率为 84.5%;日本在 2016 年的家用电脑普及率为 76.8%。中国家用电脑普及率 2012 年统计的数据为 55.9%,城乡普及率差异较大,城市为 87%,农村则为 21.4%,仅为城市普及率的 1/4。

2015 年,美国互联网活跃用户数 2.8 亿户,普及率达到 87%;新加坡互联网用户普及率达到 80%,并且以 118.8Mbps 的平均宽带速度处于亚太地区领先;加拿大家庭互联网连接率为 87%,其中高收入群体有 92% 接入互联网,低收入群体数值则为 62%;而根据工信部和国家统计局的统计报告,2015 年中国三家基础电信企业固定互联网宽带

接入用户总数达 2.13 亿户。但城乡宽带用户发展差距依然较大，2015
年城市宽带用户净增 1089.4 万户，是农村宽带用户净增数的 5.5 倍[①]。
截至 2016 年 12 月，中国网民规模达 7.31 亿人，普及率达到 53.2%[②]，
超过全球平均水平 3.1 个百分点，超过亚洲平均水平 7.6 个百分点，
是中国 2005 年的互联网普及率 8.5% 的 6 倍有余。目前，中国网民规
模已经相当于欧洲人口总量。

2015 年，全球发达国家互联网使用人数从 2005 年的 6.16 亿人增
长至 10.35 亿人，增长了 68.02%；全球发展中国家互联网使用人数从
2005 年的 4.08 亿人增长至 21.39 亿人，增长了 424.26%，是发达国
家的 6 倍有余。尽管发展中国家互联网使用人数迅速增加，但比例仍
显著低于发达国家。根据国际电信联盟最新数据，2017 年，发达国家
接入互联网家庭数量达到 84.4%，而在发展中国家中，该数值为
42.9%，在欠发达国家（LDCs）中，更是低至 14.7%[③]。

从近年互联网普及率的增长趋势来看，发展中国家显著快于发达
国家。发达国家互联网普及率高速增长峰值已经过去，呈放缓态势，
网民规模接近总人口，易转化人群已逐步饱和。中国经历了一段互联
网普及快速提升期，变化幅度显著，而随着中国互联网普及率的逐渐
饱和，中国互联网的发展主题已经从"普及率提升"转换到"使用程
度加深"。

互联网普及率的提高促使包括远程教育、电子政务等各类依托于
互联网的在线公共服务同步发展，用户充分享受到信息时代的"技术
红利"，数字技术推动中国社会不断发展，成为推动"两化"融合的
重要社会因素。

---

① 中华人民共和国工业和信息化部：《2015 年通信运营业统计公报》（http://www.mi-
it.gov.cn/n1146312/n1146904/n1648372/c4620679/content.html.）。

② 中华人民共和国国家统计局：《中华人民共和国 2016 年国民经济和社会发展统计公报》
（http://www.stats.gov.cn/tjsj/zxfb/201702/t20170228_1467424.html.）。

③ International Telecommunication Union. ICT Facts and Figures 2017（http://www.itu.int/en/
ITU-D/Statistics/Documents/facts/ICTFactsFigures2015.pdf）.

二　移动互联网成为"两化"融合的新兴推动力

根据国际电信联盟的数据，全球发达国家手机用户数量从 2005 年的 9.92 亿户增长至 15.17 亿户，增长了 52.92%；全球发展中国家手机用户数量从 2005 年的 12.13 亿户增长至 55.68 亿户，增长了 359.03%，是发达国家的近 7 倍。2014 年，移动通信行业为全球经济直接和间接贡献了 3.3 万亿美元，全球手机用户数量已经接近世界总人口，是年中国移动互联网市场规模达到 2134.8 亿元，同比增长 115.5%，是 2011 年市场规模的 7 倍多。

全球发达国家移动宽带渗透率从 2007 年的 18.47% 增长至 86.68%，发展中国家移动宽带渗透率从 2007 年的 0.79% 增长至 39.06%。从近年渗透率的变化趋势来看，发达国家和发展中国家的移动宽带渗透率都提高了数倍，发达国家移动宽带渗透率已经接近饱和。

2015 年，美国移动手机注册用户 3.29 亿户，手机渗透率为 103%，其中智能手机 1.9 亿部，智能手机普及率约为 57.7%，4G 网络覆盖率接近 100%；加拿大智能手机普及率约为 55.7%；新加坡大多数用户都在使用 3G 或 4G 服务，3G 服务已覆盖新加坡 99% 的地方，户外 4G 服务覆盖率达到 98%，3G 或者 4G 使用率达 106%，移动网速 16.2Mbps。从 2017 年 4 月起，新加坡将终止 2G 语音、短信和数据服务。新加坡是全球智能手机普及率最高的地区，高达 87%，移动手机 840 万部左右，移动手机渗透率 152%。

根据工业和信息化部的数据，2015 年，中国移动电话用户总数达 13.06 亿户，移动电话用户普及率达 95.5%；3G 和 4G 移动宽带用户数达 7.85 亿户，在移动用户中的渗透率达到 60.1%，比 2014 年提高 14.8 个百分点；2G 移动电话用户减少 1.83 亿户，是 2014 年净减数的 1.5 倍，占移动电话用户的比重由 2014 年的 54.7% 下降至 39.9%；4G 移动电话用户总数达 38622.5 万户，在移动电话用户中的渗透率达到 29.6%。

根据工信部发布的 1949—2016 年固定电话和移动电话用户发展情况，以及 2010—2016 年各制式移动电话用户发展情况来看，1949—2007 年，中国固定电话用户数缓慢增长，在 2007 年以后停止增长，并呈现出逐年滑落趋势，固定电话普及率峰值出现在 2007 年，只有 27.8%，其中城市固定电话普及率仅为 41.7%；移动电话发展则呈现出完全不一样的态势，自 1990 年起，中国移动电话用户呈急剧增长态势，移动电话普及率在 2016 年达到 96.2%。2010—2016 年，中国 2G 用户净增数逐年递减，自 2013 年起已达负值，开始呈现减少态势；3G 用户数在 2015 年前保持增长，自 2015 年开始下滑；4G 用户从 2014 年起呈爆发式增长，2016 年，4G 用户总数达到 7.7 亿户，在移动电话用户中的渗透率达到 58.2%①。

截至 2017 年 6 月，中国 4G 用户数达 8.88 亿户，占比超过 65%；移动电话用户总数达到 13.6 亿户，3G 或 4G 移动宽带用户数达 10.4 亿户，在移动用户中的渗透率达到 76.0%。

中国移动电话普及率近年随世界其他发展中国家一起迅速提高，目前已经接近发达国家水平，而 4G 移动宽带普及率仍有提升空间。各种移动智能终端的发明和普及奠定了移动互联网市场的硬件基础，而移动互联网衍生出的互联网金融、在线教育、智慧医疗等应用服务进一步完善并加速推广普及，进一步推动了移动互联网市场规模快速增长，成为助推"两化"融合的新兴力量。

三 "两化"融合促进信息经济持续增长

自 2008 年金融危机以来，全球主要发达国家的经济增速明显放缓，而各国信息经济的增速却持续显著高于 GDP 增速，且信息经济占 GDP 比重逐年提升。自 2008 年至 2015 年，美国、日本、英国的 GDP 年平均增速分别为 1.34%、0.36%、0.64%，而其信息经济年平均增

---

① 中华人民共和国工业和信息化部：《2016 年通信运营业统计公报》（http：//www. mi-it. gov. cn/n1146312/n1146904/n1648372/c5498087/content. html. ）。

速则分别为 3.13%、3.69% 和 2.59%，分别是该国 GDP 年平均增速的
2.34 倍、10.25 倍和 4.05 倍。同时期中国 GDP 年平均增速 8.51%，
信息经济年平均增速 13.34%，是前者的 1.57 倍。2015 年，美国、日
本和英国的信息经济实际增速分别为 4.73%、4.14% 和 4.01%，中国
则达到 15.8%。与此同时，美国、日本、英国信息经济占 GDP 比重分
别从 2008 年的 41.59%、30.51% 和 27.14% 提升至 56.89%、47.54%
和 48.35%，中国则从 2008 年的 15.22% 攀升至 27.52%。2015 年，中
国信息经济对 GDP 的贡献达到 68.6%，而同时期（2014 年）美国、
日本、英国在这一指标上的数值分别为 69.39%、42.21% 和 44.21%，
中国已经接近甚至超越了同时期的发达国家。

信息经济是通过产业信息化和信息产业化这两个彼此促进的途径
不断发展起来的，信息经济的持续增长，代表的正是基于现代信息技
术的新型产业高速发展，更是两化融合协调发展的佐证之一。

一个较为明显的特征是，全球主要发达国家信息经济近年来一直
以高于 GDP 的增速快速成长，成为带动全球经济增长的核心动力。尽
管中国信息经济总体规模持续增长，增速是美国、日本、英国等发达
国家的数倍，但信息经济占 GDP 比重仍显著低于全球主要发达国家，
相比发达国家有很大的进步空间。

四　"两化"融合催生出的新兴领域发展令人瞩目

根据 We Are Social 公司针对全球 30 个主要国家发布的多份报告，
2015 年中国使用移动设备网购的用户达到 27%，排名第二，仅次于韩
国，高于新加坡、德国、英国、美国、澳大利亚、日本等发达国家，
2015 年 11 月 11 日当天，电子商务巨头淘宝报道销售总额 143 亿美元
的 69% 来自移动设备，比美国黑色星期五网络销售额的 2 倍还多；
2016 年中国使用移动设备网购的用户达到 34%，排名第三，次于韩国
和阿联酋，仍高于英美等发达国家。

国际市场研究机构 Kantar TNS 在 2016 年发布的研究报告称，亚太

区在全球移动支付领域已经领先，有 53% 的互联网消费者使用手机 APP 在销售终端付款购买商品或服务，同样的数据在北美和欧洲仅 33% 和 35%；从每周使用人数占比看，中国内地、中国香港和韩国是当前全球移动支付市场的三甲。调研结果表明中国内地有 40% 的互联网消费者每周都使用移动支付，该数字在中国香港和韩国为 32% 和 31%，而过去曾使用过移动支付的中国内地互联网消费者人数占比更高达 77%。艾瑞咨询 2017 年的统计称，中国第三方手机支付的商品总值比 2016 年同期增长了 200%，达到 38 万亿元人民币（约合 5.6 万亿美元）；英国《金融时报》报道称 2016 年中国移动支付规模是美国的近 50 倍。相较于欧美各国流行的 PayPal 线下支持商户有限和苹果支付合作商家整体响应速度较慢的缺点，日渐增长的手机普及率和移动支付主导企业的大力推广是中国移动支付市场蓬勃发展的主要因素。对比依赖于硬件制造商造成资源整合难度较大的支付方式，依赖于电子商务企业的支付宝和依赖于即时通信的微信支付推广速度更快。此外，相比信用卡线下消费场景有限，移动支付在餐厅、便利店、出租车或网约车，以及远程转账等各方面的较强渗透性加速了消费者对移动支付的青睐，使得中国已经成为全球第一大移动支付市场。

Talkingdata 发布的《共享出行行业报》告称，2016 年，交通出行吸引了 700 亿元融资，成为中国共享经济重点领域融资规模最大的行业。超过 30 家共享单车公司参与竞争，受共享单车迅速扩张的影响，共享汽车也开始进入用户视野，虽然用户参与量不及共享单车，但参与竞争的共享汽车公司也已超过 20 家。华尔街证券分析师 Mary Mee-ker 在美国 Code 大会上发布的《2017 年的互联网趋势报告》称，目前中国每年共享出行（包括共享汽车和共享单车）次数已过百亿，占全球市场份额的 67%。移动产品创新推动用户快速增长，在共享出行市场，中国已经走在世界前列。与此同时，共享经济连续两年（2016 年和 2017 年）写入中国政府工作报告，共享经济蓬勃发展，政策利好，未来发展前景值得期待。

同时，中国涌现出一批在世界范围内处于较高水平的互联网公司。2017 年全球互联网公司市值领先者前 10 位中有 3 家中国公司，分别为腾讯、阿里巴巴和百度公司，这三家公司也在近年全球互联网公司十强席位之内；前 20 位中有 7 家中国公司、12 家美国公司和 1 家日本公司。2012 年全球市值领先者前 20 名中科技公司占 20%，前五名中科技公司占 40%；而 2017 年全球市值领先者前 20 名中科技公司占 40%，前五名则均为科技公司。中国互联网进入黄金时代，离不开全球科技行业的发展。

作为"两化"深度融合产生的新兴领域，移动电子商务、移动支付、共享出行等利用无线终端，将互联网、移动通信技术、短距离通信技术及其他信息处理技术完美的结合，使用户随时随地进行商贸交易、金融业务和便捷出行，极大地方便了用户的生活，是"两化"融合催生出的具有大规模、高质量和高效率优势的新兴复合交叉领域。

五　"两化"融合下的发达国家"去工业化"和"再工业化"

与中国情况不同，发达国家工业化进程起始较早，在大规模地推动工业社会转型为信息社会的信息化之前，工业化高潮就已经过去。20 世纪 70 年代，发达国家出现了经济发展的"疲态"，加速了当代资本主义各国的"去工业化"进程。但这种以转移低端产业为主的结构调整，引发了发达国家"产业空心化"，导致其产业竞争力下降。因此，由于虚拟经济的畸形发展，自金融危机以来，各国对"去工业化"政策进行反思，再次力推"再工业化"战略。以美国为例，20 世纪 50 年代，作为美国经济重要支柱的制造业产值占全球的比重高达 40% 左右。从 20 世纪 60 年代起，美国开始了"去工业化"浪潮，进入 80 年代，借力生产"外包"，美国转向以服务业为主的产业结构，制造业"空心化"现象日益凸显，实体经济逐步衰落。根据美国经济分析局公布的最新数据，以建筑业、制造业和交通运输业为主的美国

实体经济在 1947 年共同创造的 GDP 占全部 GDP 的比重是 34.7%，到
2016 年则下滑到 18.9%，其中主要因素是制造业的滑落；而以金融保
险业和房地产服务业为代表的美国虚拟经济在 1947 年占 GDP 的比重
是 10.3%，到 2016 年则上升至 20.62%①。虚拟经济发展的同时，实
体经济迅速衰落。而根据世界银行的数据，实行"去工业化"的各发
达国家工业就业人数占总就业人数比重均有不同程度的跌落。美国工
业就业人数占比从 1983 年的 26.91% 降低至 2010 年的 18.08%，加拿
大工业就业人数占比自 1969 年的 32.32% 降低至 2010 年的 20.15%；
欧洲各国亦是如此，德国工业就业人数占比从 1983 年的 41.18% 跌落
至 2010 年的 28.31%，而英国则从 1969 年的 45.28% 迅速跌落至 2010
年的 19.07%②。与此同时，美国制造业增加值占世界制造业增加值的
比重从 1980 年的 20.93% 降低至 18.20%，同一时段，德国从 8.91%
降低至 6.02%，英国从 4.52% 降低至 2.26%。而与之形成鲜明对比的
是，中国工业就业人数占比自 1962 年的 7.95% 迅速提升至 2010 年的
28.7%，中国制造业增加值从 1980 年的 1330 亿美元增加至 2010 年的
19230 亿美元，占世界制造业增加值的比重从 4.78% 增加到 18.85%，
已经取代了美国的制造大国地位。

"再工业化"战略推动后，美国制造业得到初步恢复和发展，缓
解金融危机以后美国的失业压力，失业率虽然一度从 2008 年的 5.8%
骤增至 2009 年的 9.3%，但"再工业化"政策出台后平缓回落至 2012
年的 8.1%。美国经济分析局的数据显示，美国制造业从业人数自
2005 年的 1423.4 万人逐年递减至 2010 年的 1152.4 万人，之后开始逐
年回升，至 2016 年制造业从业人数已达 1234.3 万人③。同时，根据世

① Bureau of Economic Analysis. Gross-Domestic-Product-（GDP）-by-Industry Data（https：//www.bea.gov/industry/gdpbyind_data.htm）.

② The World Bank Group. Employment in industry（% of total employment）（https：//data.worldbank.org/indicator/SL.IND.EMPL.ZS）.

③ Bureau of Economic Analysis. Full-Time and Part-Time Employees by Industry（www.bea.gov/national/nipaweb/SS_Data/Section6All_xls.xls）.

界银行的数据，金融危机后美国工业增加值占 GDP 的比重也开始回升，从 2009 年的 20.216% 增长至 2014 年的 20.867%，美国"再工业化"战略成效初显。

但"去工业化"后"再工业化"这样的波动仍使发达国家在世界上的工业格局地位式微。联合国发布的数据显示，在金融危机前的 2007 年，中国工业生产总值是美国的 62%，而到了 2011 年，中国工业生产总值达 2.9 万亿美元，是同年美国 2.4 万亿美元的 1.21 倍，日本的 2.35 倍，德国的 3.46 倍。而从 2013 年国际货币组织公布的各国工业产值来看，2013 年，中国工业生产总值达 4.238 万亿美元，是同年美国 3.101 万亿美元的 1.37 倍，日本 1.416 万亿美元的 2.99 倍，德国 1.011 万亿美元的 4.19 倍。世界工业格局发生了颠覆，美国的工业领袖国地位发生动摇。中国确立了世界第一工业生产国的地位，是世界经济的历史性时刻，成为中国经济发展的重要一步。

发达国家先"去工业化"后"再工业化"的进程，意味着信息化与工业化的突破性融合。最初的"去工业化"是对传统产业的削弱，如今的"再工业化"并非传统产业的简单回归，而是对传统产业的信息化，是全新的传统产业，也是信息技术产业化。制造业的再度回归不是简单的卷土重来，而是信息化与工业化融合下诞生的信息化的制造业，更是高效率、高质量的新型制造业。

相比发达国家先工业化后信息化之路，中国具有的后发优势可以帮助实现跨越式发展，在工业化的过程中推进信息化，同时以信息化带动工业化发展，依次递进，相辅相成，从而产生倍增效应。

六　"两化"融合促进人均生产总值提高

人均生产总值是国际上衡量工业化程度的主要经济指标之一，发展经济学家钱纳里的"工业化阶段理论"认为工业化是以经济中心由初级产品生产向制造业生产转移为特征的，把随人均收入增长而发生的结构转变划分为不同的阶段。按照 1970 年美元衡量，钱纳里将人均 GDP 划分为六阶段：初级生产阶段（140—280 美元）；工业化初级阶段（280—560 美元）；工业化中级阶段（560—1120 美元）；工业化高级阶段（1120—2100 美元）；发达经济初级阶段（2100—3360 美元）；发达经济高级阶段（3360—5040 美元）

根据美国劳工统计局公布的消费者物价指数（CPI），2011 年美国平均 CPI 指数为 224.939，1970 年美国平均 CPI 指数为 38.8[①]，算得 2011 年美元和 1970 年美元的换算因子为 5.797，从而得出对应的以 2011 年美元衡量的人均 GDP 六阶段：初级生产阶段（812—1623 美元）；工业化初级阶段（1623—3246 美元）；工业化中级阶段（3246—6493 美元）；工业化高级阶段（6493—12174 美元）；发达经济初级阶段（13377—19478 美元）；发达经济高级阶段（19478—29217 美元）

由世界银行公布的数据，得到 1990 年和 2016 年中国以及世界主要发达国家的人均 GDP（以 2011 年不变价国际元按购买力平价计算）[②]，见表 3—8。

表 3—8　　1990 年和 2016 年中国以及世界主要发达国家人均 GDP
（以 2011 年不变价国际元按购买力平价计算）　　单位：美元

年份 \ 国家	中国	美国	加拿大	澳大利亚	英国	德国	日本	新加坡
1990	1526	37062	31300	28583	26769	31287	30447	34340
2016	14401	53273	43088	44414	38901	44072	38240	81443

---

① 前瞻产业研究院：《美国：CPI》（http：//d. qianzhan. com/xdata/details/cc4726c521bd3 79e. html.）。

② The World Bank Group. GDP per capita，PPP（constant 2011 international $）（https：//da-ta. worldbank. org/indicator/NY. GDP. PCAP. PP. KD）.

从表3—8中数据可以发现，主要发达国家在1990年都已进入发达经济高级阶段，而中国在1990年还处于初级生产阶段，人均GDP（以2011年不变价国际元按购买力平价计算）尚且未到发达国家的1/10，而2016年则已跃迁至发达经济初级阶段，人均GDP（以2011年不变价国际元按购买力平价计算）已经接近发达国家的1/2，工业化成效显著。中国能在短短十几年间，从初级生产阶段迅速跃迁至发达经济初级阶段，跨越了整个工业化三阶段，离不开信息化的支持。信息化促进工业化转型升级，对其发展具有提升和倍增作用。随着信息化的高速发展诞生的各项信息技术改变了以往粗放式的工业化发展模式，进一步提升了工业化的品质和内涵，推动了经济内涵式增长。信息化对工业化的渗透，推动着中国工业进步、经济发展，人均生产总值提高、人民生活水平提升。

七　"两化"融合推动三产结构优化升级

中国的工业化建设开始于1953年的第一个五年计划。工业化可以被简单地理解为发展第二产业，而中国提出的新型工业化道路与发展第三产业并不是相互对立排斥的。相反，第二产业的提升为第三产业的发展创造了空间，第三产业的壮大为第二产业的优化提供了有利条件。同时，作为国民经济基础的第一产业更是第二、第三产业发展的前提。因此，应当用相互联系和动态平衡的眼光来看待三大产业的关系。正确把握三大产业的关系，是经济协调发展和社会稳定的前提。

根据中国人力资源和社会保障部、前瞻产业研究院、Wind咨询、世界银行等多方数据，得到中、日两国三大产业就业人数的历史数据（见图3—3、图3—4）。

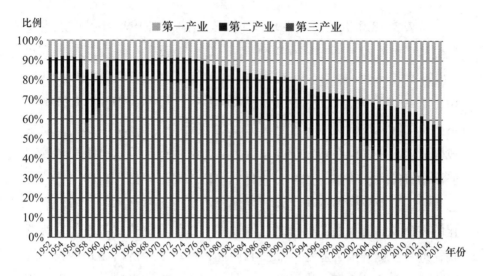

图3—3 1952—2016 年中国三大产业就业人数情况

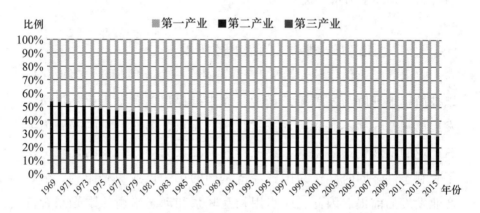

图3—4 1969—2015 年日本三大产业就业人数情况

从已有的年份数据来看，日本早在1969 年，第三产业从业人数就已过45%，超越第一、第二产业，成为三大产业中从业人数最多的产业。在1990 年，日本第三产业从业人数接近60%，第一产业从业人数低于10%，这与1990 年的日本已经进入发达经济高级阶段的特征相吻合。近五十年间，日本三产从业人数的变化相对比较稳定，没有出现大的起伏。从1969 年至2015 年，第一产业从业人数下降约15%，第二产业从业人数下降约10%，第三产业从业人数增加了约25%。中

国则直到 2011 年，第三产业从业人数才首次超过第一产业，达到
35.7% 。六十余年间，中国三产从业人数比例发生了根本性的改变，
第一产业从业人数从超 80% 的绝对主导地位降低至不到 30% ，第二产
业和第三产业则基本逐年稳定增加。从 1952 年至 2016 年，中国第二
产业从业人数增加了约 21% ，第三产业从业人数增加了约 34% ，三产
业地位发生了本质性的改变。这种巨大的变化正是源自中国"两化"
融合推动的产业结构优化升级。信息化与工业化的融合协调发展，是
实现资源高效配置、经济快速发展的重要途径。农业是国民经济的基
础性产业，工业是国民经济的支柱性产业，第三产业则是促进经济发
展的重要产业。信息化与工业化融合，促使第二产业和第三产业相互
促进，共同发展。第二产业的发展是第三产业前进的依托，第三产业
的进步则为第二产业的优化提供了全新的思路。同时，第二、第三产
业协调发展，提高了第一产业的效率和质量，三大产业结构比例优化
升级。

第 四 章

信息化与工业化融合水平
测度体系的构建

中国推进信息化与工业化融合需要在现有工业化基础上，快速增强信息技术和工业技术紧密结合环境下的竞争能力，具有显著的中国特色。"两化"融合涉及理念的转变、模式的转型和路径的创新，是一个战略性、全局性、系统性的变革过程，其推进工作需要顶层的设计和把握，必须不断转变观念，摸清发展现状、找准科学路径，创新推进模式。"两化"融合评估工作是走有中国特色"两化"融合道路的有力抓手，具有重要意义。只有建立科学合理的"两化"融合指标体系，快速准确反映某区域或者某企业的"两化"融合水平，才能够及时发现融合过程中产生的问题，更好更快地推进"两化"融合。随着国家推进"两化"融合的力度不断加大，"两化"已朝着深度融合的方向快速发展。为了能够准确描述融合进度，并且尽可能早地发现融合过程中的问题以制定相应对策，建立一个科学合理、切实可行的"两化"融合综合指标体系成为重要课题[①]。

2000年以来，中国学者关于信息化测度指标体系的理论探讨、指标体系的结构理性、构建等方面的研究得出丰硕的成果。研究者往往试图从理论上去构建能够表征社会现象和变化的指标，考虑同一层次

---

① 张劼圻:《信息化与工业化融合测度指标体系研究》，硕士学位论文，南京大学，2013年。

指标之间的内在逻辑关联，确保每一组指标对其上位概念的完整描述，让研究尽量地具有逻辑性、合乎实际①。他们所进行的实例研究构建出新的测度模型，整合其中所涉及的信息资源相关指标，笔者得出各指标的应用次数比例图②（见图4—1）。

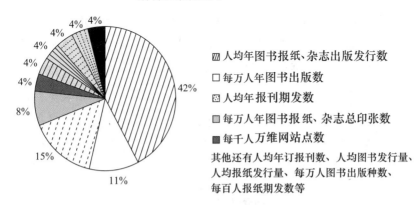

图4—1　测度模型中信息资源相关指标应用次数比例图

由图4—1可以看出，学者们所构建的测度模型中，所涉及的信息资源相关指标是有重叠的。首先是图书、报纸以及杂志的出版发行数使用度最高，其次是报纸、报刊期发数，最后是图书出版种数。而随着时代的进步，指标体系中也出现了"人均网络站点""人均电子出版物数量"这些新兴信息资源的相关因素。在如今的信息化发展时代，虽然电子出版物的产生对传统意义上的书籍、报刊等信息资源带来一定的冲击，但是图书、报纸和杂志依然是信息化水平不可或缺的部分，它们拥有符合人们阅读习惯、携带方便、可脱离设备直接阅读以及易于积累和存储知识等不可替代的优势。因此，前人所做出的研

①　郑建明、万里鹏：《社会信息化测度指标体系的结构理性》，《中国图书馆学报》2007年第3期。

②　翁佳、郑建明：《关于信息化测度中信息资源相关指称的理论探讨》，《图书与情报》2007年第1期。

究成果是科学的、有实际意义，将继续应用于新时期的信息化测度指标体系的构建中。在信息化测度指标体系中，必须将传统和现代相结合，重视传统的信息资源相关指标的作用，并根据社会信息化水平发展，不断纳入新的数字化信息资源新指标，才能真正反映出一个国家或地区的信息化水平①。

关于信息化测度体系构建的研究相对成熟之后，就到了将理论运用于实际的时候。诚如很多研究者已经意识到的，测度指标体系无论构建得多么完备，终究要回归于实际应用中，必须通过具体数据来证实指标的科学性和合理性，因此，实证研究成为着力点。我们根据2008年提出的"驱动力—响应—影响—状态表征"逻辑结构从传统媒介、现代网络媒介、科研成果三个角度，提出了9个社会信息化过程中信息资源测度指标的选取变量（见图4—2），并针对中国31个省

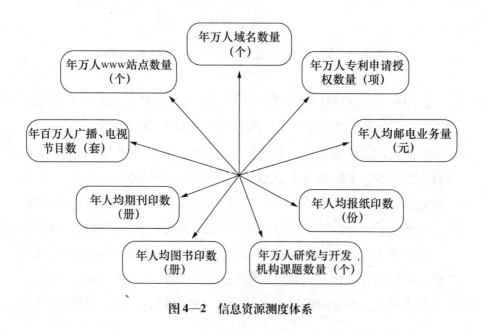

图4—2　信息资源测度体系

---

① 翁佳、郑建明：《关于信息化测度中信息资源相关指标的理论探讨》，《图书与情报》2007年第1期。

市、自治区、直辖市信息化建设现状进行了实证研究①。经过不懈努力研究与论证，学者们对信息化与工业化测度指标体系的探讨逐渐成熟②。然而，信息化与工业化融合需要科学性的实证，我们应该在继续深化"两化"测度指标体系研究的同时，积极进行各省市信息化基础设施体系的建设，进一步将其与工业化相联系、相融合，促进"两化"的融合，既是实现工业化的正确途径，也是发展信息化的正确途径，是转变经济发展方式、走新型工业化道路的必然要求。

本书在梳理信息化与工业化融合测度指标体系研究现状的基础上，总结现有"两化"融合研究中的现状和问题，从理论的视角出发，理清"两化"融合的发展需求、原则、功能、评价准则、理论和实践基础，以明晰测度目的和测度要素，进而按照科学的指标体系构建步骤，建立"两化"融合测度进程的指标体系，进行指标选取、数据与数据处理、数据分析等，从而保障最终结果可以客观有效地反映"两化"融合的实际水平。

第一节 "两化"融合测度指标体系构建研究现状及问题

一 以融合基础（环境）、融合水平、融合效益为思路的评价指标体系

2010 年信息化与工业化部对化肥、重型机械、肉制品加工、钢铁、造纸、棉纺织、轿车 7 个重点行业的企业信息化与工业化融合发展水平进行了系统评估。在评估指标体系中，一级指标有 3 项，分别为就绪度（基础）、成熟度（应用）、贡献度（绩效），分别对应企业

---

① 宋海艳、郑建明：《社会信息化之信息资源测度指标构建及发展水平测度研究》，《图书情报工作》2008 年第 5 期。

② 杜传忠、杨志坤：《我国信息化与工业化融合水平测度及提升路径分析》，《中国地质大学学报（社会科学版）》2015 年第 3 期；张向宁、孙秋碧：《信息化与工业化融合有界性的实证研究——基于我国 31 省市面板数据》，《经济问题》2015 年第 1 期。

准备、企业业务融合和企业产出①。就绪度（基础）是"两化"融合需具备的基本条件和支撑环境情况，大体可从人、财、物三个层面考虑。成熟度（应用）是"两化"融合在企业业务活动中的应用程度和水平，包括单项应用、局部集成到综合集成的广度应用，从信息技术与业务的结合、渗透到与战略的全面融合的深度应用等情况②。贡献度（绩效）是"两化"融合对企业发展带来的贡献，主要指融合后，在业务手段、业务流程、组织机构、业务模式等的优化、创新和变革基础上实现的综合产出。二级指标共9项，包括：在基础指标项下的投入、规划组织和制度、信息基础设施，在应用指标项下的单项业务应用、协同集成、深度应用，在绩效指标项下的竞争力、经济效益、社会效益等③。一、二级指标是总体要求，各行业可以根据各自具体情况设计三级指标，以反映不同细分行业的差异和特点，共性与个性统一，既有行业个性，行业之间也有可比性、相互借鉴④。从结果来看，这一次的评估将企业"两化"融合程度分成了起步阶段、覆盖阶段、集成阶段和深度创新阶段。

苏州市首创了"两化"融合考核指标体系⑤，该指标体系是依据江苏省《企业信息化（企业"两化"融合）基本评价评估指标》《苏州市国民经济和社会信息化"十二五"规划》，结合苏州企业信息化实际编制的。该指标体系共分三大类（保障度、融合度、贡献度），设二级指标，其中一级指标7个，二级指标45个。

龚炳铮在国内率先提出计算机应用普及率、覆盖率等信息化水平

———————

① 王娜、李钢：《企业两化融合能力评价指标体系及实证研究》，《工业工程》2012年第1期。

② 杜昊：《我国区域"两化"融合实证研究》，硕士学位论文，南京大学，2013年。

③ 杜昊、郑建明：《信息化与工业化融合测度指标体系构建的理论依据》，《新世纪图书馆》2011年第9期。

④ 中华人民共和国工业和信息化部：《工业和信息化部完成重点行业两化融合发展水平评估》（http://www.miit.gov.cn/n11293472/n11293832/n11293907/n11368223/13246151.html.）。

⑤ 苏州新闻网互动信息平台：《我市首创两化融合考评体系》（http://www.subaonet.com/html/importnews/201121/CI762B0FHFCAJ35.html.）。

"两化"指标，并系统阐述了信息化与工业化融合程度的评价指标、
评分方法，他所构建的一、二级评价指标如图4—3所示。他所做的评
价指标以企业、地区及行业等作为不同的融合评价对象，通过各级指
标的逐级加权计算，可以分别得出行业、企业、城市或地区的"两
化"融合程度指数①。

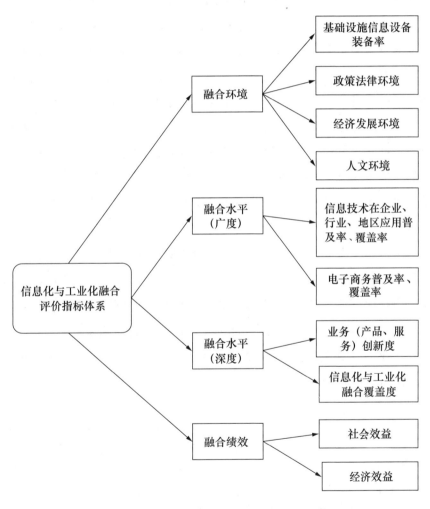

图4—3　龚炳铮的信息化与工业化融合评价指标体系

---

　　① 转引自郑珞琳、高铁峰《基于 AHP 与灰色综合评价法的江苏省信息化和工业化发展水平实证分析》，《情报科学》2011 年第 8 期。

　　他提出信息化与工业化融合程度评价指标体系按融合环境、融合水平（广度、深度）及融合的社会经济效益三个方面为整体思路来构建整个指标体系，包含 3 个一级指标、11 个二级指标和 43 个三级指标[①]。其中，信息化与工业化融合环境评价指标有政策法律环境评价指标；信息基础设施、信息技术设备装备率；经济发展环境、经济发展基础；人文环境、人员队伍状况四个方面。融合广度指标有信息化与工业化融合的普及率、覆盖率；信息技术应用普及率、覆盖率；信息技术设备装备率；产业（行业）电子商务交易率、采购率、销售率四个方面。信息化与工业化融合深度评价指标有业务（产品、服务）创新度；信息化应用创新度；信息化与工业化融合普及率、覆盖率三个方面。信息化与工业化融合的效益评价分为融合社会效益评价和融合经济效益评价；融合社会效益评价包含融合对行业（地区）创新能力及竞争力提升的贡献率、行业贡献与影响、区域贡献与影响。融合经济效益评价包含成本降低率、收益增长率、投资回报率和劳动生产率提升率[②]。

　　在企业层面上，各个企业根据自身不同情况，测度指标也各不相同，但大体上都包括了保障度、融合度、贡献度三个方面，具体内容涵盖信息化基础、信息化部门、ERP、SCM、信息化投入的社会及经济效益等[③]。代表研究有李刚和胡冰提出的，包含就绪度（基础）、成熟度（应用）和贡献度（绩效）三个方面的企业"两化"融合水平的评价指标体系[④]。

---

① 杜昊：《我国区域"两化"融合实证研究》，硕士学位论文，南京大学，2013 年。
② 龚炳铮：《信息化与工业化融合的评价指标和方法的探讨》，《中国信息界》2008 年第 8 期。
③ 张劼圻、郑建明：《信息化与工业化融合测度理论体系》，《情报科学》2013 年第 1 期。
④ 李钢、胡冰：《企业信息化与工业化融合成熟度指标体系及评价方法研究》，《中国机械工程》2012 年第 6 期。

二 以社会"两化"、行业"两化"、企业"两化"水平为思路的评价体系

信息化与工业化融合发展是一个长期的过程，需要循序渐进地进行。目前的研究中，评估指标体系的构建从宏观（社会）、中观（产业）、微观（企业）三个层面进行分析确定[1]，主要表现为宏观层面中的社会经济基础、结构、生产力与生产关系的转变[2]，中观层面中的产业、行业结构升级[3]，微观层面中的产品、服务信息化以及数字化[4]等。信息化与工业化融合应该逐级推进，梯度展开，即先要在工业本

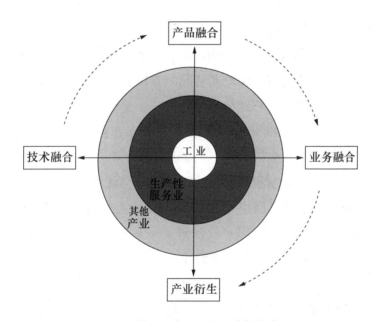

图4—4 信息化与工业化层次梯度模型

---

① 陈莉、王清：《中国信息化—工业化—生态化协同评价研究》，《淮阴工学院学报》2015年第1期。

② 徐维祥、舒季君、唐根年：《中国工业化、信息化、城镇化、农业现代化同步发展测度》，《经济地理》2014年第9期。

③ 汪晓文、杜欣：《基于模糊评价的中国信息化与工业化融合发展测度研究》，《兰州大学学报》（社会科学版）2014年第5期。

④ 侯荣涛：《新型工业化测度方法研究及实证分析》，《特区经济》2014年第7期。

身相融合，其次是与为工业衍生出的生产性服务业相融合，最后考虑到的是与工业相关但联系并不紧密的产业。信息化与工业化融合发展的特征是全方位、多层次、跨领域、一体化，据此分类可以将信息化与工业化融合分为技术融合、产品融合、业务融合、产业衍生四个层次（见图4—4）。

　　蔡伟杰、王颖东、辛竹在2010年发表的《上海信息化与工业化融合发展水平评估指标体系研究》一文中，以上海为例，构建区域"两化"融合水平的评价指标体系①。该指标体系由社会信息化与工业化融合水平、大型企业信息化与工业化融合水平、中小企业信息化与工业化融合水平三部分内容构成。在这3个一级指标下，设有7个二级指标、22个三级指标及57个四级指标。社会信息化与工业化融合水平方面，从社会环境与产业发展情况两方面来确定指标，其中社会环境又进一步细分为社会基础与服务环境。企业信息化与工业化融合水平方面，对于大型企业及中小企业有关考察指标的选择，基本按照"基础—应用"的标准来分类。"基础"进一步细分为"软硬"两方面，"软基础"主要包括投入、人员、制度，"硬环境"主要包括计算机、自动化生产装备、网络等；"应用"方面主要由"四环节""一集成"来组成，"四环节"即"设计研发、生产制造、办公管理、市场流通"四个企业经营运作的主要环节，这是从工业和信息化部李毅中关于"把信息技术融入研发设计、生产、流通、管理、人力资源开发各环节"的论述中提炼出来的，"一集成"即企业各环节信息化应用建设的集成情况②。

三　其他思路构建的评价指标体系

　　李婷所设计的评价指标体系是基于"两化"融合的RSG模型，从

----

　　① 蔡伟杰、王颖东、辛竹：《上海信息化与工业化融合发展水平评估指标体系研究》，《信息化建设》2010年第10期。

　　② 张劼圻：《信息化与工业化融合测度指标体系研究》，硕士学位论文，南京大学，2013年。

责任、标准和增长三个层面对中国信息化与工业化的融合水平做出评价[①]。责任层的评价体系包括环境责任和社会责任两方面内容。环境责任反映在"两化"融合过程中，提高资源利用效率，减少环境污染，降低能源消耗，使经济社会可持续发展的能力，它包含万元GDP综合耗能、万元GDP水耗能和环境污染治理投资总额占GDP比重三个指标。社会责任主要反映在"两化"融合过程中人力资源的开发和利用状况，主要包括城镇登记失业率、工业从业人员增长率、万人拥有科技活动人员数以及R&D经费占GDP比重四个指标。标准层的评价体系包括信息技术标准和标准话语权两个主题，具体包括专利申请授权数量、新产品产值率、自主标准数量三项指标。增长层的评价指标体系包含信息产业增长、工业增长和经济增长三个主题，具体又包含了信息产业增加值占GDP比重、工业增加值占GDP比重、人均GDP等10个具体指标。

肖旭、王梦薇以工业发展水平、软硬件投入、高新技术产品开发、科研能力、人才培养作为一级指标层，通过二级指标的分解，最终选取13个指标作为评价辽宁省"两化"融合发展水平的基本指标，并采用熵值法对辽宁省的"两化"融合发展水平进行了评价[②]。

四　现有"两化"融合测度指标体系问题

（一）评价层次、评价角度丰富，但多种指标体系并存且各自为政

在考察上述各种评价指标体系的基础上不难发现，现有的综合评价指标体系构建原理相近但其评价对象层次和角度却各不相同，选取的具体指标也因此千差万别。即使是对同一领域或同一对象的评价，不同专家学者选取的具体指标也有着诸多不同。这样多种评价指标共

[①] 李婷：《我国信息化与工业化融合水平测度研究》，硕士学位论文，西安邮电学院，2012年。

[②] 肖旭、王梦薇：《基于熵值法的辽宁省"两化"融合评价》，《大连交通大学学报》2011年第2期。

存的局面一方面给指标使用者造成了困扰。评价指标的使用者一般情况下并不是指标设计的专家，面对纷繁复杂的指标，选择哪种指标体系能够切实帮助使用者做出决策的问题便凸显出来。另一方面，多种评价指标的共存造成了不同地区、不同行业、不同企业的"两化"融合水平相互之间的不可比。不同思路、不同维度的评价指标得出的结果无法以统一的标准来衡量比较，这就大大削弱了评价指标的利用价值。

（二）评价指标体系构建大量借鉴专家意见，但构建理论基础与构建逻辑不明晰

任何指标体系的构建都要遵循内在的逻辑规则，建立在科学的理论、可靠的经验和理性分析的基础之上。而现有的多种指标体系中对于指标体系构建的基础理论阐述比较薄弱，很多构建指标体系的研究在指标选取和构建这一块的构建原理都是通过专家咨询或是借鉴前人经验，少有论及选择这些评价指标的内在原因。即使有理论基础的相关论述，也少见阐明理论基础和指标选取之间的逻辑关系、指标体系内部各变量间的逻辑关系以及测度体系和测度对象的逻辑关系。在理论基础和内在构建逻辑不明的情况下，即使选取的指标、构建的评价体系是具有科学性的，其适用性和公信力也不免遭到质疑。

（三）产业层面指标丰富，社会层面测度指标欠缺

"两化"融合发展至今受到了政府部门以及学术界的广泛关注，专家学者们在评价指标体系的构建研究方面产生了很多理论成果和实证分析案例。然而，大多数的研究成果集中在产业层面和企业层面，社会层面的测度指标较少。虽然上海互联网经济咨询中心提出的指标体系中融入了社会指标，并且其权重占到整个指标体系的30%，但是具体指标设计较为粗糙，很难全面反映社会层面的"两化"融合水平。实际上无论是工业化还是信息化，都不仅仅是经济层面的问题，更多的是一种社会现象。尤其是信息化对于社会的影响更为深刻，信息化与工业化的融合绝对不等同于工业的信息化，所以对于社会层面的"两化"融合进程测度应该得到更多关注。

第二节 "两化"融合进程测度指标体系的需求

从全社会角度看,"两化"融合测度指标信息的需求主体是谁? 需求主体又需求什么样的"两化"融合测度指标信息?"两化"融合的指标信息是否能满足需求? 功能模块是否够用? 指标体系在专业性方面的设计是否符合企业生产经营的实际? 所以,对"两化"融合测度指标体系需求的分析,旨在解决"两化"融合测度指标体系的服务对象和服务内容的问题,这是建立"两化"融合测度指标体系要弄清的基本问题。

"两化"融合测度指标主要是满足政策制定、产业集群、政府调控与投资和企业发展四个方面的信息需求。

一 政策制定对"两化"融合指标信息的需求

政府是政策的制定者和管理者,制定推进"两化"融合的相关政策法规是通过科学化、法治化的轨道,为"两化"融合科学、高效发展提供强有力的保障。是推进工业转型升级,以信息化来优化产业结构、增强企业竞争力、提升产品质量和附加值,从而提高经济发展水平的直接引导者。在出台相应的政策法规之前,政府部门必须全面了解、充分认识目前中国信息技术与工业技术相融合促进的大体情况,客观地统计信息为调研和决策提供参考,确保政策的科学有效。

政府对中国"两化"融合总体情况的把握以及对各个行业、企业"两化"融合发展情况的认识离不开"两化"融合指标体系的统计信息。政府对"两化"融合指标信息的需求是宏观的、整体性、全局性的。目前,政府对"两化"融合的指标信息需求亦是迫切的,统计信息的滞后严重影响着工信部等有关部门的决策,加快建立更加完善的

"两化"融合测度指标体系已是当务之急。

二　产业集群"两化"融合对"两化"融合指标信息的需求

产业集群是指集中于一定区域内特定产业的众多具有地理接近性和产业关联性的企业，通过纵横交错的网络关系紧密联系在一起的空间积聚体，能够创造产业的竞争优势，并且能够带动区域经济快速发展。"两化"融合支撑企业间的协同运作，可以实现产业集群信息与资源的共享。

工信部确定了"系统推进、多维推进、关键突破"的"两化"融合总体思路，强调"以点带面成片"的三级发展思路，而产业集群"两化"融合是进一步推动信息技术应用从单项应用迈向集成应用，从单个企业应用扩大到产业集群整体应用的关键着力点，是推进"两化"深度融合的高效举措。产业集群"两化"融合有利于加强信息技术（产业）作用于传统产业，使得两种产业（或多个产业）合成一体，逐步成为新的产业。

"两化"融合的指标信息对产业集群"两化"融合的规划发展具有强有力的指导作用，可以对产业集群"两化"融合工作成效给予有效评价，包括集群内企业的业务处理系统、管理控制系统（生产、质量、财务、顾客）、决策分析系统、战略计划系统等的水平以及实施效果的评价。

三　政府调控与投资对"两化"融合指标信息的需求

"两化"融合指标信息的需求可以作为政府调控与投资和工作效果评价的客观依据。"两化"融合指标数据在一定时期内持续地整理和分析，有利于政府机构从不同的角度了解"两化"融合的现状、潜力以及变化趋势，而且还能从中发现"两化"融合发展现状和预期发展目标之间的偏离情况，找出原因并采取积极的对策，以实现政府监控和调节功能。

"两化"融合一直是中国倡导的发展方向，指标信息可以引导政府转化或改变投资重心与关注焦点：从一味追求经济快速发展，将资金大力投入工业生产中，转向开始关注对高效绿色能源——信息资源的投入，实现经济长远可持续发展；从指标信息中了解到"两化"融合区域发展存在极其不平衡的情况。因此，投资应在兼顾金字塔尖地区的发展的同时，重点对金字塔底层地区进行经济和政策扶持；从单纯关注企业的工业产出，转向更加关注价值的实现、风险的控制、企业管理的改善、竞争力的加强以及可持续发展等。

四　企业发展对"两化"融合统计信息的需求

从企业的角度出发，"两化"融合统计信息帮助企业实现自我评价和自我提升。

一是有利于企业明确和制定发展建设目标，以业务发展需求为牵引，坚持信息技术应用的适宜性，强化企业产品与服务的数字化、智能化、网络化，加强流程信息化、规范化和优化重组，推动管理变革与创新，实现转型升级。

二是有利于企业明确融合和创新的方法和路径，以信息化环境下新型能力体系建设为主要目标，引导企业获取和提升可持续发展的市场核心竞争力。

三是有利于企业管理者找到企业发展的薄弱环节，从全面提高综合水平和整体竞争能力的角度出发，及时做出战略调整，找到解决问题的方法，有利于企业自身合理配置"两化"融合建设的资源，能让有限的投资产生最大的效益。

四是有利于对企业"两化"融合建设实施持续的评价，有效控制"两化"融合活动的进程，有利于正确引导和规范企业的经营行为，有利于"两化"融合发展与企业的总体目标协调统一，有效地将企业短期利益和长期利益相结合。

第三节　"两化"融合进程评价指标体系的原则

一　科学性与经验性相结合

"两化"融合的内涵和内容是构建评价指标的基本依据，也是反映"两化"融合指标评价体系设计是否科学、合理的基本尺度。故该指标体系要重点反映出"两化"融合在企业业务流程、产业结构调整及与国民经济、社会生活各环节的全方位融合。同时，指标体系本身合理的层次结构要能全面反映"两化"融合发展的实际水平①。

建立"两化"融合指标体系一方面要坚持科学性原则，在以国内外对"两化"融合理论和测度指标体系的研究为基础的同时，尽可能全面、合理、准确地反映"两化"融合水平。另一方面还要做到紧密结合第一线专家及具体落实"两化"融合工作人员的经验建议，确保指标体系不是仅由理论支撑起来的"空中楼阁"②。

二　系统性和独立性相结合

"两化"融合是一项复杂的系统工程，其融合程度测度指标体系是由一系列相互依存、相互制约的反映经济、社会发展的指标所构成的有机整体，从而能够全面反映信息化、工业化的发展现状和"两化"融合的水平与趋势。各指标要有机地结合，协调统一，具有层次清楚、结构完整、系统性强的特点。

与此同时，指标体系中的各个具体模块、具体指标又要保持相对独立性，不能存在相互重复，概念模糊不清的情况。这样一方面明晰

---

① 陈桂华：《安徽 17 市新型工业化水平测度研究》，硕士学位论文，合肥工业大学，2007 年。

② 闫晓敏：《信息化与工业化融合程度测度研究》，硕士学位论文，天津理工大学，2012 年。

了统计计量过程，另一方面可以使每一独立模块自成一个评价单元，丰富评价结果。

三 动态性与稳定性相结合

一套具有较高科学性和可靠性的指标体系必须在一定的时期里保持整体的稳定性才能够较为准确地测度"两化"融合的程度，才能对一段时期的测评结果进行横向和纵向的比较，体现指标体系的价值。然而信息化与工业化的融合是一个连续的、长期的动态过程。依靠一套一成不变的测度指标体系来衡量融合水平而忽视由于时间推移产生的环境变化、技术演进等因素给测度标准带来的变化显然是不科学的。因此需要在保持指标体系相对稳定的基础上，融入指标更新机制，融入新指标，剔除过于陈旧而没有评价价值的旧指标。

四 目的性和可行性相结合

在设计指标时，首先要明确每一个指标存在的目的，以及它在整个指标体系中的地位和作用。然后依据此项指标所反映的某一特定研究对象的性质和特征确定该指标的名称、含义和口径。指标的选择要在明确目的的基础上还要考虑到统计数据的可获得性，应当尽可能利用官方网站、数据库或发表的统计报告中的数据和高校有关的数据库。对选取的指标要能进行有效的测度和量化，还要求指标体系要简洁明了，换算简单。

五 通行性与可比性相结合

在指标设计上，既要选取国际上通行的和权威的统计指标，以提高指标的国际间可比性；同时，也要针对"两化"融合的实际情况，从特殊性角度出发选取指标，要便于各地区对"两化"融合的分析比较，准确反映"两化"融合进程。

第四节　"两化"融合进程测度指标体系的功能

建立"两化"融合测度指标体系遵循什么样的目标和逻辑？"两化"融合测度指标体系各部分应具备什么样的功能？这些理论问题决定着"两化"融合测度指标体系的目标和方向，是建立指标体系要明确的根本问题。"两化"融合测度指标体系功能应定位在政策评估、经济水平评估、引导激励调节和科学研究四个方面，通过"两化"融合测度指标体系的建立，实现对现有实践成果的评估以及对未来"两化"融合发展方向的指引。

一　政策评估功能

回顾中国信息化与工业化的发展历程：党的十五大提出"大力推进国民经济和社会信息化"；党的十六大提出"以信息化带动工业化，以工业化促进信息化"；党的十七大提出"工业化、信息化、城镇化、市场化、国际化"的"五化"并举和"信息化与工业化融合，促进工业由大变强"的战略部署后；党的十七届五中全会又进一步提出"推动信息化与工业化深度融合，加快经济社会各领域信息化"的更高要求。这些政策是以"中国 2010—2020 年的国家信息化战略十年规划目标"为基础，围绕建设工业化强国也是建设信息社会这一战略目标制定的，而构建"两化"融合测度指标体系对这些政策具有非常有效的评估作用。政策评估的标准应该考虑科学性、公平与效率、公众满意度、制度可持续、导向性、激励性等方面。

首先，通过对"两化"融合实测指标的整理和分析，可以从不同的角度反映"两化"融合的现状，从而正确评估"两化"融合相关政策的实施效果。

其次，通过对"两化"融合指标的时间序列分析，把握发展规律，预测和描绘其未来的发展趋势，对政策的未来走向做出基本的判断，为调整、修正政策和制定新的政策提供了科学依据。

最后，通过实测数据，分析相应政策对地方、行业及企业的近期、中期乃至远期的影响，实现政策评估的预测功能，为政策制定提供理论和事实依据。

二 经济水平评估功能

"两化"融合测度指标体系犹如度量衡体系，没有测度指标体系，就无法准确判断"两化"融合发展方向和阶段，无法准确找到"两化"融合进程中的关键问题及解决办法，更无法全面和恰如其分地总结经验。"两化"融合可以实现社会经济又好又快的发展，对国家、地区及企业的经济发展建设起到了积极的推动作用，因此测度指标体系对经济发展水平具有科学的评估功能。

首先，通过对各个地区"两化"融合水平和经济水平的比较，总结出两者之间是否存在相关性，是正相关还是负相关。研究中国"两化"融合发展是否也存在区域发展不平衡现象，是否影响区域经济的发展。

其次，根据实际调查所获得的统计资料和数据，并结合专家评判意见，运用现代统计手段，可以计算出"两化"融合发展水平的综合得分，从而反映中国目前的"两化"融合发展水平。

最后，通过对不同地区的"两化"融合水平进行比较分析，有利于各地政府把握当地的发展现状和潜力，并判断出促进经济水平发展的强势因素。

三 引导激励调节功能

（一）引导功能

通过测评和分析各个指标的具体得分，有助于各个企业了解自身"两化"融合发展的基本状况，了解各种因素对"两化"融合总体变动结果影响的方向和程度，判断技术应用是否合理，从而引导企业向正确方向发展。

（二）激励功能

通过企业"两化"融合发展水平的综合得分以及各单项得分的排序比较，能够正确评估企业在本行业"两化"融合中所处的位置，找到企业"两化"融合的优势与不足，激励企业进一步发展，并有利于相互竞争。

（三）调节功能

在"两化"融合的发展和完善过程中，现实发展状况和预期发展目标的偏离难以避免。通过对"两化"融合实测指标在一定时期内持续地整理和分析，不仅可以从不同的角度反映"两化"融合的现状、潜力以及变化趋势，而且还能发现"两化"融合发展现状和预期发展目标之间的偏离情况，找出原因并采取积极的对策，以实现监控和调节功能。

四　科学研究功能

"两化"融合是一个复杂的系统工程，其制度与政策设计需要全面地把握和高度地协调，其操作运营需要精细的设计和严谨的管理。

通过测评和分析"两化"融合测度指标体系各个要素指标的具体得分，可以了解各种因素对"两化"融合总体变动结果影响的方向和程度，并发现这一系统中，哪种因素影响最强、哪种因素影响最弱以及哪种因素起主导作用。

科学的"两化"融合测度指标体系不仅可以再现其过程，揭示其规律，评价其政策，还能够进行地区、行业和企业之间的比较，从而为理论研究者提供研究素材，不断加深对"两化"融合运行原理的认识，纠正政策执行偏差，促进经济健康可持续发展；测度结果为生产实践者提供评价经济运行效果的依据，是规范企业系统推进"两化"融合的过程管理机制和方法论，是企业建立、实施和改进"两化"融合工作的体系保证和方法路径。

第五节　"两化"融合进程测度指标
体系的理论基础

信息化与工业化融合的测度指标体系是实现测度的前提和依据。而建立任何一种测量和评估客观现实系统的指标体系都必须有科学理论上的依据，并以其为指导，将理论、方法和实践有机结合起来，才能科学而有效地反映评估对象的内在联系。本节重点探讨构建信息化与工业化融合的测度指标体系的理论依据。

一　科学发展观理论

科学发展观是坚持以人为本、全面、协调、可持续的发展观。为中国的工业化发展提出了更高的要求。信息化与工业化融合发展是在科学发展观的指导下提出来的，科学发展观为"两化"融合提供了严谨而系统的思想指导。信息化与工业化融合发展首先要解决科学发展问题，建立健全一套科学可行、适应发展的新制度。科学发展观要求关于"两化"融合的相关政策体系必须是一个符合客观发展规律的科学体系，能够解决"两化"融合进程中可能出现的各种难题和障碍；面对工业化、信息化、城镇化、市场化、国际化深入发展的新形势新任务，我们要以科学发展观为指导正确认识信息化与工业化之间的内在联系，大力推进信息化与工业化的融合。因此，建立信息化与工业化的融合测度指标体系，应当充分体现科学发展观理论的指导思想，在科学发展观的指导下建立一套科学可行、适应发展需要的测度指标体系。

科学发展观是立足社会主义初级阶段基本国情，总结中国发展实践，借鉴国外发展经验，适应新的发展要求提出的重大战略思想。

"科学发展观"的概念是在党的十六届三中全会上明确提出。在中国抓住机遇，完成邓小平同志在 1978 年十一届三中全会之后提出的"第一代发展战略"之后，"两化"融合成为科学发展观指导下的"第二代发展战略"的一次重要尝试和科学实践。科学发展观对建立"两化"融合测度指标体系的意义在于：

科学发展观之"科学"提供了严谨而系统的思维模式，保障建立一个符合客观发展规律的指标体系。

科学发展观提供了"统筹兼顾"的工作方法和思路。信息化与工业化融合发展在注重低能耗、少污染的基础上，强调了人、环境、资源的协调发展，又考虑到农村和城市及不同行业、企业的协调发展。同时为经济发展和社会发展提供了物质和精神财富，以满足人民群众日益增长的物质、文化需求，有效协调经济、政治、社会、文化建设的各个环节和各个方面。因此，"两化"融合测度指标体系要从中国发展的全局高度和长远利益出发，综合考虑国内信息化、工业化发展现状，采用了科学筹划的方法，兼顾各个产业和企业的利益。

科学发展观提出了"可持续发展"的战略思想。可持续发展是社会进步内在的必然要求。世界多数发达国家在早期工业化进程中，走的是"先污染、后治理"的路子。科学发展观为"两化"融合的"质"和"量"提出更加明确的要求：必须充分考虑到中国人均资源短缺的现状，坚持实施可持续发展战略。由于信息技术能耗小、污染少，具有绿色 IT 之称。因此，要解决环境污染、资源匮乏等问题，信息化与工业化融合发展是其中重要的应对措施之一。因此，信息化与工业化融合测度指标体系的构建应该凸显其前瞻性，保障"两化"融合质量的提升和信息化与工业化的发展。

二　市场经济理论

在现阶段具有中国特色的社会主义市场经济制度下，提高中国经济发展水平必须立足于国情，高度重视从计划经济向市场经济的历史性变革。市场经济理论是推进中国社会经济发展的原动力。

　　构建信息化与工业化融合测度指标体系必须立足于社会主义市场经济的大环境。一方面，市场经济是一种开放的经济，为工业化发展利用"两种资源"创造了有利条件，因此，必须不断加速促进工业由大变强，振兴装备制造业，淘汰落后生产能力，不断提升中国工业制造业的全球竞争能力。加速推进信息化与工业化的融合，采用能耗小、污染少的信息技术改造提升传统工业，增强中国的国力。另一方面，我们所要建立的信息化与工业化融合测度指标体系必须与市场经济体制相适应。市场经济对社会事业发展带来挑战。首先，市场机制打破收入分配上的平均格局，朝着拉开差距方向发展，避免贫富悬殊和两极分化将成为社会主义市场经济的新课题，建立信息化与工业化测度指标体系就是要量化收入分配效果，从新的角度来衡量公平与效率。其次，市场经济带来了生态与环境问题。市场主体遵循利益最大化的原则，但由于单个市场主体都只追求自身利益，很少顾及其他人利益和社会利益，因此会出现资源过度使用和人类生活条件、自然环境受到破坏。构建信息化与工业化融合测度指标体系能够通过指标来监控市场活动，从而为政府制定统一环境保护政策和环境立法提供依据，最大限度地避免和减轻由市场经济带来的环境破坏。因此，信息化与工业化融合测度指标应该既具有描述性功能，又具有解释性和预测性功能，引导市场活动健康、有序地进行。

三　系统工程理论

　　系统是指由若干相互联系、相互作用的部分组成，在特定环境中具有特定功能的过程的复合体。系统工程理论是具有普遍指导意义的科学理论，其基本观点是：任何复杂的大系统都由众多子系统构成，子系统与子系统、子系统与大系统之间相互协调、相互配合，共同确保大系统的有机存在。

　　构建信息化与工业化融合测度指标体系必须以系统工程理论为指

导，对社会系统中的各个维度给予关注。信息化与工业化融合测度指标体系本身是个大系统，这个大系统内部包含若干小系统（即一级评价指标），每个小系统内部又包含若干更小的系统（即二级指标和三级指标）。确立信息化与工业化融合测度指标体系必须从系统的角度出发，坚持整体性原则，任何系统或整体，不仅具有纵向层次，而且具有横向层次。就纵向而言，每一级指标就是一个层次，就横向而言，各个指标之间互不包含、互不兼容，指标与指标之间层次鲜明。不仅对其要素、结构、功能以及联系方式，也要对其历史过程、现时状况和未来趋势做考察。同时，任何一个指标离开了指标体系都毫无意义，它不能孤立地实现"两化"融合测度的目标。从这个意义上来讲，指标体系的设定应注重连贯性和交互性，关注各个指标设定的作用和意义，把握系统的总体目标的同时也要实现各部分的评判改进功能。

四　产业经济学理论

产业经济学是以产业为研究对象的经济学。产业是指国民经济中以社会分工为基础，在产品和劳务的生产和经营上具有某些相同特征的企业的集合。产业经济学是研究产业的经济学，包括产业内部企业之间的相互关系及产业之间的相互关系，产业之间的相互关系又包含产业结构、地区分布、比例关系、投入产出关系等。

根据产业经济学理论建立信息化与工业化融合测度指标体系，可以从数量方面全面、综合地反映中国产业经济运行形式的特征，全面了解中国产业经济发展状况。一方面，信息化与工业化融合属于产业融合范畴，是产业融合的重要组成部分，是在企业、产业、社会的信息化与工业化过程中产生和发展起来的。另一方面，信息化与工业化融合是产业演进的直观表现。产业演进就是产业在发展过程中结构和内容的不断变化过程，是产业不断自我更新的过程，在数量上提高了经济规模和总量，在质量上提高了经济效益和素质。信息化与工业化融合是工业的适应性调整，不断淘汰衰退产业，利用信息技术改造传统产业，以符合现代市场竞争和现代工业的要求。

五　产业融合理论

20世纪90年代中期，电信、广播电视、出版三大产业的边界逐渐模糊，呈融合之势，学术界和实业界开始广泛关注产业融合。Greenstein和Khanna从电信、广播电视和出版三大产业融合出发，将其定义为"为适应产业增长而发生的产业边界的收缩或消失"[1]；日本产业经济学家植草益给产业融合下的定义则较为宽泛：产业融合就是通过技术革新和放宽限制来降低行业间的壁垒，加强行业企业间的竞争合作关系[2]。产业融合的根本动力是技术创新[3]、未来愿景、竞争加剧以及因竞争或合作形成的产业边界漂移、市场管制放松或多种因素的组合[4]等。Mitchell指出产业融合时代实施管制的两条重要原则：一是融合要求使现行的管制领域收缩，因为融合加大了管制失效的可能性；二是融合过程中的不确定性要求管制政策保持高度的灵活性。产业融合的结果是改变了原有产业企业之间的竞争合作关系，从而导致产业界限的模糊化甚至重划产业界限[5]。

从融合过程来看，凯尔奇认为产业融合包括技术融合、业务与管理融合、市场融合3个阶段，最后才能完成产业融合的全过程[6]。推进产业融合要选择适当时机。而政府可以通过培育、鼓励、扶持产业融合需求增长的措施，提供良好的制度环境和需求环境，疏导信息的

①　Greenstein S and Khanna T, "'What does Industry Mean?' See in Yofee ed., Competing in the Age of Digital Convergence", *President and Fellows of Harvard Press*, 1997.

②　植草益：《信息通讯业的产业融合》，《中国工业经济》2001年第2期。

③　R. Andergassen and F. Nardini and M. Ricottilli, "Technological Paradigms and Firms Interaction", *Dipartimento Scienze Economiche*, 2003.

④　Bores C and SalLrlna C and Tortes R, "Technological convergence: a strategic perspective", *Technovation*, Vol. 23, No. 13, 2003.

⑤　参见全海威《信息化与工业化融合评价体系与机理分析研究》，博士学位论文，北京邮电大学，2012年。

⑥　弗兰克·凯尔奇：《信息媒体革命——它如何改变着我们的世界》，上海译文出版社1998年版，第69页。

流通渠道①，充分发挥融合创新产品的模仿与扩散作用，促进产业融合的需求增长。技术融合本质上是一种技术创新，突破技术创新的概念，克里斯·弗里曼第一次系统地提出了产业创新的理论。

建立在技术融合基础上的产业融合，具有更加广泛的创新含义。产业融合创新是以产业之间的技术、业务融合为主要手段，以管理、组织的融合为过程，以获得新的融合产品、新的市场和新的增长潜力为主要目标，而实现的一种扩张性的产业创新。信息化与工业化都是社会生产形态演进过程，其具体的表现形式就是信息产业和工业及其发展理念。推进信息化与工业化的融合应首先表现在产业层面，促进信息产业和工业产业的融合，所以产业融合应是信息化与工业化融合的重要依据和出发点。传统理论认为发生产业融合的产业，相互之间具有一定程度的产业关联性②或技术与产品的替代性③，但由于现代信息技术的强渗透性，其可以与任何产业的技术相融合，渗透到其产品之中，所以产业融合的识别原则也应该有相应的变化。因此，当将现有的产业融合理论扩展到"信息化"和"工业化"融合这一更大的概念体系中时，融合过程、范围和动因将变得更加复杂。因此信息化与工业化的融合也必将促进产业融合理论的进一步发展。

六　社会指标及其相关理论

社会指标是社会现象的定量尺度，是用来描述和评价社会发展进程和社会变迁趋势，制定社会发展目标和规划的数据系统。社会学和社会统计学是社会指标的两大思想来源。一方面，社会指标是社会学方法论中继社会调查、社会统计学、社会研究方法之后出现的一个新兴分支学科；另一方面，社会指标又和社会统计学有着密切联系：社

---

① 郁明华、陈抗：《国外产业融合理论研究的新进展》，《现代管理科学》2006年第6期。

② Fai F and Tunzelmann V N, "Industry—Specific Competencies and Converging Technological System: Evidence from Patents", *Structural Change and Economic Dynamics*, No. 12, 2001.

③ Gaines Brian R, "The Learning Curves Underlying Conve", *Technological Forecasting and Social Change*, No. 57, 1998.

会统计是社会现象的纯客观量化标准，社会指标的设计则是一个由客观向主观转化的过程，社会统计一旦进入社会指标体系就让原本纯客观量化的数据进入了被主观分析的状态。

信息化与工业化融合水平测度指标体系的构建是一个从理论到指标，从概念到变量，由零散到整体的转化。社会指标理论对指标构建原理、构建原则、指标发挥的作用、指标体系构建的方式进行了系统的论述，渗透于整个指标体系构建的各个环节，为指标构建的每一个步骤提供理论支持。而与社会指标理论相关的统计学理论和社会学理论同样为指标体系构建的指标设计、评价数据统计、结果估算方法提供了理论支持。

通过构建信息化与工业化融合测度指标体系，可以正确反映工业和信息产业内部产业之间的结构比例关系，也可以反映产业内部市场结构、市场行为和市场效果等，还可以分析产业的各个环节，反映业务状况、经营成果、研究业务潜力，及时发现产业经济发展中存在的问题，对产业发展趋势做出准确的判断，改善经营管理，提高经济效益。

第六节　"两化"融合进程测度指标体系的实践基础

信息化与工业化融合测度指标体系的构建既是一个理论问题，也是一个实践问题。只有从理论与实践的结合点上才能找到指标体系设立的规律，建立和完善指标体系。易法敏在《广州市信息化水平及其与工业化融合程度评估》中，提出了信息化与工业化融合程度评价指标。其指标体系依据国内学者龚炳铮所提出的信息化与工业化融合程度评价指标体系，设计为广度指标和深度指标，其结果表现为初步（局部）融合、中级（基本）融合、高度（全面）融合。龚炳铮在

《信息化与工业化融合的评价指标和"融合指数"方法》中提出了制定信息化与工业化融合评价指标的依据①。

首先，基于信息化与工业化融合的含义理解确定评价内容，包括行业、企业在战略、产品、业务（工艺）流程、技术、装备、人才、资源等各方面实现信息化与工业化相互渗透、相互交融与结合。

其次，基于信息化与工业化融合三个层面分析确定评价对象与重点：①宏观社会层面。信息化与工业化融合使社会经济基础、结构、生产力与生产关系从工业社会向信息社会过渡，确保实现社会经济信息化。②中观产业层面。信息化与工业化融合使产业结构、行业结构升级换代，促使经济增长方式从粗放向集约式转变，走新型工业化道路，推进工业经济向信息经济过渡。③微观企业层面。信息化与工业化融合使企业的产品、生产、经营、管理与服务实现信息化，企业核心业务实现数字化、网络化、自动化、智能化。从而得出评价对象与重点是"两化"融合试验区、传统产业、行业与各类企业。

最后，按融合的广度、深度及融合的社会经济效益来设计评价指标。信息化与工业化融合总水平要通过融合的广度、深度及融合的效益三个一级指标来评价，根据涉及融合广度、深度及融合效益的各核心要素，作为十个二级指标，再按它的各关键影响因素进一步分解为能采集数据的三级指标，分别给予识别和评价。

在工业化社会最重要的两个经济活动是生产和消费，而这两个活动都是围绕资源展开的。随着信息化的不断推进，信息资源、信息生产和信息消费开始成为社会活动中非常重要的内容。信息资源成为第一生产要素，成为优化其他资源配置的依据。信息生产得益于信息技术的发展也不断壮大，信息生产力快速提高，信息产业在很多国家成为支柱产业。信息消费结构在信息化过程中不断变化，尤其是随着互联网的发展，网络信息消费日益受到关注。所以在评估"两化"融合

---

① 龚炳铮：《信息化与工业化融合的评价指标和"融合指数"方法》，《中国信息界》2010年第 11 期。

进程的过程中，这三方面的内容都应该得到体现。

一　信息资源

信息资源是国家信息基础结构运载的实质内容，它的开发和利用是信息化的核心任务，也是社会信息化建设取得成效的最明显标志。对于信息资源的理解存在狭义和广义之分。狭义的信息资源是指有用的信息的集合，而广义的信息资源则包括信息、信息技术和信息人员三个要素。信息化的最主要标志就是信息资源成为人类生存的首要资源。早在 2004 年国务院信息化办公室就发布了《关于加强信息资源开发利用工作的若干意见》高度强调了信息资源开发利用的重要性。国家信息化咨询委员会委员曲成义曾经指出，信息化建设的初衷和归属都是通过对信息资源的充分开发利用来发挥信息化在各行各业中的作用。在推进"两化"融合的过程中，信息资源开发与应用方面存在的问题能否得到有效解决，将越来越成为关乎工业信息化全局的关键因素[①]。信息资源开发和利用是信息化的核心任务，在"两化"融合的过程中同样重要。

信息资源是社会信息化现象的一个组成部分，测度时必须将之纳入"两化"融合的全进程。信息资源是一个内涵非常丰富的概念，具有较高的普遍性，渗透于"两化"融合过程的方方面面。因此选取指标反映信息资源的开发利用状况是一个比较困难的过程。首先信息资源是一个包容性极强的概念：从类型来说，包括书籍、报刊、多媒体、网络信息资源等；从信息过程的角度又包括信息资源的获取、信息资源的处理、信息资源的开发、信息资源的传播和信息资源的利用等不同环节。其次，信息资源与其他相关概念具有很高的关联性。信息资源与信息技术、信息基础设施、信息人才等都有关系甚至存在交叉。如果要从这种复杂的概念和关系中抽取指标来准确地反映信息资源在

---

① 易法敏、符少玲、兰玲：《广州市信息化水平及其与工业化融合程度度评估》，《科技管理研究》2009 年第 8 期。

"两化"融合推进中的地位，就必须把握好指标选择的整体性和突出核心指标之间的平衡。也就是说，如果有关信息资源的指标体系过于庞杂，将会稀释核心指标的作用，但必须要确保指标体系能较完整地呈现信息资源的现状，对推进"两化"融合过程中的信息资源状况做出科学、全面的评价。

二　信息生产

所谓信息生产，就是运用信息技术手段创造、采集、处理、使用信息并获得信息资料的生产活动，反映这种生产的水平与力量的就是信息生产力。信息生产并不是信息社会的产物，只是随着信息化的推进，信息技术的高速发展，极大地提高了信息处理的水平，丰富了人们处理信息的手段，也将信息生产提到了前所未有的重要位置。

对信息生产进行评估，就必须测度信息生产力。研究信息生产力的核心内容在于研究信息资源的管理与使用对产业升级的贡献。通过对信息资源的生产、组织、管理、使用过程的分析，验证其在工业生产力向信息生产力转变的过程中所发挥的先导性作用。同时测度探讨信息资源的运动进程和使用水平以及产业升级过程中的信息生产力发展水平。通过产业升级过程中发挥重要作用力的信息化元素水平的测度，探讨由产业结构变化、经济组织结构变化、经济类型转变、就业结构改变而表现出的信息生产力水平。

信息生产具有一定的虚拟性、普遍性以及较高的产业关联性，在各个生产部门，不同的产业中间都会有所体现。而信息产业是信息生产力最为密集的产业，能够集中地反映信息生产力的高低。因此要准确客观评价信息生产对整个国民经济的贡献，就必须进行信息产业细分，将国民经济分为信息产业部门和非信息产业部门，并对信息产业内部进行细分。1977 年，美国经济学家波拉特将向市场提供信息产品和信息服务的企业归为第一信息部门，政府和非信息企业为了内部消费而创造出的信息服务归为第二信息部门。此后众多国际组织和学者都对信息产业进行了研究。国内学者在信息产业的界定与分类方面也做了大量的研究。对信息产业内部的细分出现了"两分法""三分法""四分法"等多种分类，原因在于研究目的和研究角度的不同。在"两化"融合测度的研究中，细分信息产业的目的在于测度信息生产对经济增长的贡献，从而进一步论证信息产业对经济发展较强的拉动作用。

三　信息消费

从消费的角度去描述"两化"融合进程并不多见，但是消费和生产并列成为社会经济活动最重要的两个方面。无论是个体消费者对于信息的消费还是政府、企业等组织对信息的消费，都应该成为我们研究的对象。其实在早期的信息化测度研究中，日本学者梅棹忠夫就指出需要建立一个和恩格尔系数类似的指标来表示"外层因素（如信息、通信、文化和教育因素）在家庭预算中的比例。"随后，电讯与经济研究所（RITE）和佐贯（Sunaki）即提出了"信息系数"——与信息有关的消费占全部家庭开支中的比例，作为描述社会信息化的指标，佐贯建议将信息系数超过50%的社会界定为信息社会。

随着互联网的发展网络信息消费成为信息消费中非常重要的组成部分。网络信息消费是指在网络条件下，消费者为满足自己的需求，利用网络获取各种信息产品和信息服务的一种高层次的消费活动，包括使用网络信息资源的过程，即理解、消化、利用信息内容的过程。宏观层面的网络消费并不是个体网络消费的简单相加，有其自身的特点和规律。网络消费作为一种新质的结构要素，因其快速发展必然引起生产力结构、产业结构、社会分层结构、市场组织结构等方面的变化。由网络消费所引起的信息经济学、网络经济学研究也异常活跃，但网络消费测度的学术研究确是一个薄弱环节。

测度网络消费就是描述和判断消费者在网络消费过程中对其所拥有的资源的利用情况。网络消费测度的切入点有两个：一是货币支出，二是时间支出。货币支出是消费行为的一种普遍现象，而信息消费作为一种特殊的消费行为并不是简单的货币交易过程，还涉及信息吸收、信息再生等环节，因此引入时间支出的概念就成为必然。

四　信息生产与信息消费的关系

传统工业社会中的生产与消费的关系首先是生产决定消费：生产产品决定消费对象；生产关系决定消费方式；生产水平决定消费水平和质量；生产为消费创造动力。其次，消费对生产具有重要的反作用：消费的发展促进生产的发展；消费所形成的新的需要对生产的调整和升级起着导向作用；一个新的消费热点的出现，往往能带动一个产业的出现和成长。消费为生产创造新的劳动力。两者是辩证统一的关系。信息生产与信息消费之间仍然满足这样的关系，但是也存在一些新的特点。首先，信息生产与信息消费具有更强的互动性。总体上来说，信息消费的结构不再完全由信息生产所决定，信息消费对于信息生产的反作用更加明显。其次，信息生产与信息消费的界限更加模糊。由于信息消费包括了消费者对于信息的理解、消化和利用的过程，因此信息消费的过程往往包括信息再生产的过程。可以说，信息生产与信息消费的关系较传统生产消费关系来得更加复杂。

第七节　"两化"融合进程测度指标体系

作为党中央、国务院的重大战略部署的信息化与工业化深度融合是应对新一轮科技革命和产业变革，适应发展新常态、实现发展动力转换、积极应对发展新趋势的必由之路。

"十二五"期间，"两化"深度融合工作经过国务院有关部门和地方政府部门大力推进，其顶层设计得到了进一步完善，提高了"两化"整体意识，促使其进入"两化"融合的深化应用、变革创新、引领转型的新阶段，逐渐增强了"两化"融合在改造提升传统产业、培育新模式新业态、增强企业创新活力等方面的作用，奠定了中国制造业转型升级、重塑国际竞争新优势的基础。

"十三五"时期，中国"两化"融合面对世界产业技术和分工格局重大调整的复杂环境，在发展条件和动力发生深刻变革的情况下需要推动经济提质增效升级。从总体看，中国"两化"融合发展正进入向纵深发展的新阶段的战略机遇期。进一步推进信息化与工业化深度融合，及时转换新旧发展动能和生产体系，提高供给体系的质量、效率、层次，对于推动中国制造业转型升级、重塑国际竞争新优势具有重大战略意义。基于此，工业和信息化部在"十三五"规划体系和《中国制造 2025》"1 + X"体系全面部署"两化融合"相关工作，编制《信息化和工业化融合发展规划（2016—2020 年)》，以推动制造业转型升级，加快制造强国建设①。

"两化"融合测度理论和测度指标体系的科学、系统和可操作性是对"两化"融合进行客观评价的基础，是正确树立"两化"融合理念的前提。现有的测度理论与方法研究多以"投入法"或"效益法"进行测算，"投入法"测算的结果必然导致投入越多，"两化"融合程度就越高的结论，因此有悖于"科学发展"的理念；同时，由于信息化效益具有"滞后性"，所以"效益法"测算难度较大。因此，研究一套科学的测度和评价方法实有必要。

一　指标体系的目的和要求

既不同于传统的工业化，也不是简单的信息化的"两化"融合，实质是以信息化带动工业化。尤其是在全球经济增长减速与国内周期性结构调整相叠加，短期困难与长期矛盾相交织的情况下，如何判断和评价信息化与工业化融合程度，并更好地选择新型工业化战略发展

---

① 工信部网站：《〈信息化和工业化融合发展规划（2016—2020 年)〉解读》（http：//www. miit. gov. cn/n1146285/n1146352/n3054355/n3057656/n3057660/c5338333/content. html.)。

方向已成为一个亟待解决的重大理论和实践课题。

"两化"融合到底该怎么做？现阶段进展水平如何？下一步努力的方向是什么？只有弄清了这些问题，才能切实有效地推动"两化"融合向纵深发展。因此，如何有效地对信息化与工业化融合水平进行综合评价，这是一个具有丰富内涵的综合性问题，对于新型工业化战略的成功实施具有关键性作用。

国外学者关于信息化与工业化融合评价指标研究从 20 世纪 60 年代逐渐展开，不同学者从不同视角提出了不同的评价方法，形成了以"信息化指数""波拉特法"信息化测度方法、国际电联指标体系法以及国际数据公司的信息社会指标法等理论为代表的研究成果。这些成果大多以发达国家为研究对象，在共性方面虽有借鉴意义，但并不适用于中国现阶段的国情和不同地区对于"两化"融合的具体理解，不能有针对性地、全面地对中国信息化与工业化融合水平进行综合评价，更不能用来对中国新型工业化战略选择进行指导。

20 世纪 80 年代中期，国内开始对信息化理论和信息化发展水平测度理论与方法进行研究，国务院信息化工作领导小组 1997 年提出"国家信息化"的定义。此后，诸多国内学者对与信息化测度有关的研究逐渐展开，其研究成果分为两大类：一类是借鉴国外研究，结合中国现实国情，对测度方法进行细节上的改进而形成的对"两化"融合程度进行测量和评价方法的研究；另一类则是利用现有测度方法从时序和区域角度对中国信息化与工业化融合程度进行的实证研究，其主要研究的是信息化程度与经济发展之间的关系。从研究现状来看，一些不足与缺失之处是存在的。一方面成果的研究途径与方法过于单一，少有学者对于二者的内在关系以及综合评价指标体系进行实际的验证，对内在的机制进行理论分析；另一方面对评价方法的改进也仅仅是细节修正，并没有分区域和从不同的层面展开系统性研究，也没有从动力机制和技术经济影响机制角度对"两化"融合水平进行深入研究。为此，我们拟以社会层面为出发点，结合中国实际情况，从理论上深入研究"两化"融合的动力机制和技术经济扩散影响机制，尤其要从不同层面构建对"两化"融合程度测度的综合评价指标体系，对"两化"融合程度进行实证分析，继而演绎和推广为普遍和通用的测评体系。

二　指标体系的框架设计

为构建信息化与工业化融合水平的评价指标体系，有学者在国内外"两化"融合发展态势和经验的视域下，根据融合的内涵和内在联系以及相关基础理论，遵循构建指标体系的目标和重要原则，以工业与信息化部组织制定的七大重点行业企业"两化"融合评估指标体系为基本依据，在充分借鉴各地区典型企业评估指标体系的基础上，形成了"两化"融合评估指标体系的构架[①]。我们从社会、产业、企业三个层面上客观、系统全面地判断中国"两化"融合水平现状，以对"两化"融合的动力机制和技术经济扩散机制进行的深入研究，为新型工业化战略提供理论依据和政策安排选择。

对"两化"融合评估指标体系设计的基本思路如下：

（一）基于信息化与工业化融合的三个层面分析来确定评价对象与重点

宏观（社会）层面：信息化与工业化融合使社会经济基础、结构、生产力与生产关系从工业社会向信息社会过渡，确保实现社会经济信息化。

中观（产业）层面：信息化与工业化融合使产业、行业结构升级，促使地区经济增长方式从粗放向集约式转变，走新型工业化道路，推进工业经济向信息经济过渡。

微观（企业）层面：信息化与工业化融合使企业的产品、生产、经营、管理与服务实现信息化，企业核心业务实现数字化、网络化、

---

① 李俊奎、朱国芬：《信息化与工业化融合指标体系总体框架及测量方法》，《江苏科技信息》2011年第11期。

自动化、智能化。评价对象与重点是"两化"融合试验区、传统产业、行业与各类企业。

（二）按融合的环境、水平及融合的社会经济效益来设计评价指标

信息化与工业化融合总水平是要通过融合的环境、水平（广度、深度）及融合的效益3个指标来评价，根据所涉及融合环境、水平及融合的效益的各核心要素，再按它的各关键影响因素进一步分解为能采集数据的三级指标，分别给予识别和评价。

（三）基于信息化与工业化融合含义理解来确定评价要素内容

信息化与工业化融合的内涵既包括宏观区域层的社会因素和政策因素内容，又包括行业、企业在战略、产品、业务流程、技术装备、人才、资源等各方面实现信息化与工业化相互渗透、相互交融与结合的内容。战略融合，业务发展战略与信息化发展战略的结合；产品融合，采用IT研发，提高产品性能、质量；技术融合，信息技术与行业技术的结合；业务融合，业务流程与信息流程的结合；设备融合，实现生产装备数字化、自动化与智能化；管理融合，信息管理与工业企业经营管理的结合；资源融合，信息资源与材料、能源、物质等工业资源的融合；人才融合，IT人员与领导、职工、业务人员的结合。

三　指标体系的模型

信息化与工业化融合程度是通过"两化"在微观、中观和宏观层面的融合环境、融合水平及融合效益等方面及其重要影响因素构成评价指标进行评估，"两化"融合进程测度指标体系如图4—5所示。

基于这种思路，"两化"融合进程测度指标体系最终由三级指标构成，其中一级指标为宏观、中观、微观3个层面，9个二级指标反映了"两化"融合的基础、应用和绩效。这些指标之间是一个层级分明、相互独立、相互联系的有机整体。

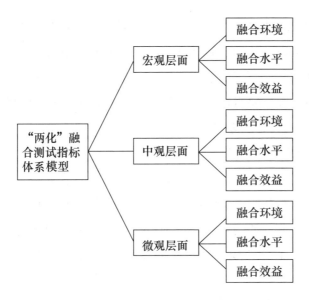

图4—5　"两化"融合进程测度指标体系模型

第八节　"两化"融合水平的测度要素

结合微观、中观、宏观三个评价层次，综合考虑学界与政府研究者的现有指标体系研究成果，以"两化"融合的融合环境、融合水平和融合效益为基础思路，解析评价要素，为进一步形成具体评价指标，构成评价体系奠定基础。

一　微观企业层的"两化"融合水平评价要素分析

企业是国民经济的细胞，也是"两化"融合程度的微观层面重点评价单位。微观企业层的"两化"融合水平分析是对单个企业内部各要素的分析来评价该企业中"两化"融合的水平，实现企业间的"两化"融合水平可比。

（一）融合环境

从融合环境来看，主要是企业内部环境的评价要素分析。具体包

括信息基础设施建设、人力资源状况，即从"软环境""硬环境"两
个方面综合考虑。基础设施的评价要素包括信息化设备构买、建设以
及运营、维护的支出，信息化研究、信息化平台构建费用支出等。人
力资源方面的评价要素包括工程技术人员、IT 技术人员数量比例、员
工接受 IT 培训的比例等。

（二）融合水平

融合水平方面主要评价反映了"两化"融合在企业经营活动中的
应用水平，包括从职能层应用、业务层集成到公司层集成的广度应用，
从信息技术与业务的结合、渗透到与战略的全面融合的深度应用等情
况。据此可以细分为职能层、业务层和企业层三个由浅入深的测度
层次。

职能层融合水平可以考察单个职能部门的"两化"融合程度，包
括产品设计研发、产品制造、市场流通、服务管理等方面的融合。

业务层融合水平主要考察企业在整个业务流程或者说整个公司价
值链中各职能部门协同管理方面的信息技术的应用。如 ERP 在企业财
务、业务一体化管理中的应用等。

企业层融合水平考察的是信息技术在企业战略层面的综合应用，
主要表现在对企业战略决策和业务创新能力的影响的测度。

（三）融合效益

融合效益是企业在信息技术应用的基础上实现的综合产出。可以
分为经济效益和社会效益两个方面来测度。

经济效益指标测度信息技术应用对企业生产运营活动的直接经济
效益产出而产生影响，这部分评估要素可以通过企业利润增长、生产
成本费用变动等因素考虑。

社会效益指标测度的是信息技术应用对工业生产的直接社会效益
产出，包括对社会、公众的影响等，主要从节能减排、安全生产层面
进行考虑。

二　中观产业层的"两化"融合水平评价要素分析

"两化"融合不仅要在个别企业中发挥效用，更要在产业层面实现全面融合，为推动整个产业发展进步。产业是现代经济社会中介于最大经济单位（国民经济），以及最小经济单位（企业和家庭消费者），二者之间的经济单位，是大小不同、数目繁多的，因具有某种同一属性而组合到一起的企业集合。如果说企业是国民经济的细胞，那么产业就是国民经济中的器官。从产业的角度衡量"两化"融合水平仍然可以从融合环境、融合水平和融合效益来分析，形成行业间的"两化"融合程度可比，但是其具体的分析角度会和企业有所区别。

（一）融合环境

融合环境方面主要从行业内信息化设施建设水平、信息资源消费水平、信息化人文环境等因素考虑。通过衡量行业内企业平均水平来反映该行业的融合环境。

（二）融合水平

融合水平可以通过融合广度和融合深度两个角度分析。融合广度主要从信息技术的应用范围和"两化"融合覆盖范围来考虑；融合深度重点反映行业内的创新程度和智能化程度。创新程度包括信息技术的应用和信息平台的构建对行业中的技术创新、产品创新、管理模式革新、营销模式革新等方面的推动促进作用。

（三）融合效益

融合效益是指"两化"融合对产业（行业）所带来的贡献与影响。包括经济效益和社会效益两个角度。经济效益包括社会效益，一方面是指为行业经济收益创造新的增长点；另一方面也指通过开展信息化与电子商务，对上下游企业转型升级、经营管理与服务信息化的推动作用；同时也指对本地区环保节能减排等环保目标的贡献程度。

三　宏观区域层的"两化"融合水平评价要素分析

宏观区域层也就是社会层面的"两化"融合水平可以参考企业层

与产业层从融合环境、融合水平、融合效益三个角度来考虑"两化"融合程度的思路。但不同的是，宏观区域层的"两化"融合水平测度要从更为宏观的角度着眼，将诸多企业与产业外的社会因素、政策因素考虑进来，以国家为着眼点来考察地区的"两化"融合水平。基于此，我们可以从政策环境、信息基础设施、信息消费主体素质、经济效益和社会效益五个方面来进行融合水平测度要素的提炼。

（一）政策环境

在实施"两化"融合的过程中会遇到很多问题，这就要求国家要继续出台相关法律来规范和保障。政策环境指标是各行业、企业应用开展"两化"融合工作的前提条件，企业"两化"融合的发展水平在良好的政策环境中才能得到进一步提升和优化。

（二）信息基础设施

构建信息基础设施，是加快"两化"融合发展的重要支撑。中国信息基础设施建设发展的重点：一是要把握电信技术业务移动化、宽带化、IP化、多媒体化的发展趋势，推进技术创新和业务创新，抓住网络技术升级换代的机遇，加快构建广泛覆盖、高度可靠、多元业务的综合信息基础设施，提高宽带接入网络覆盖率和国际通信能力；二是面对网络融合的发展趋势，需要充分挖掘现有潜力，探索建立网络资源充分利用、信息资源充分共享的机制和途径，加快出台有利于技术、业务、市场等方面融合的配套政策，务实推进"三网融合"，提高资源使用效率；三是信息服务向农村延伸，服务于新农村建设。在鼓励发展新的农村用户并保障现有基本电信业务的同时，逐步推广新的电信业务。加快农村通信基础设施建设，建立社会各方广泛参与、符合市场规律、满足农村需要的通信发展机制，推进社会主义新农村建设。

（三）信息消费主体素质

信息技术和信息产业的发展要取得领先优势，必须有一批高素质、创新型人才作为基础。信息技术水平取决于信息主体的素质高低，对于建立在信息和知识利用基础上的信息社会，信息主体对信息、知识及其相关技术的掌握和应用能力具有至关重要的意义。在《2006—2020 年国家信息化发展战略》中，提高国民信息技术应用能力等信息素质成为中国信息化发展的战略重点之一。信息化人才不仅要熟练掌握现代信息技术，具有丰富的科技知识和较高的外语水平，有信息搜集、处理、研究、传播方面的知识和能力，还要有经济、管理、营销等方面的知识，培养出适合信息化需求的复合型人才。信息主体素质测度是"两化"融合测度的重要组成部分，不仅要测度从业人员的信息素质，更要测度普通群众在日常生活中体现的信息素质。不仅要测度研发部门劳动力投入、数量和产出，还要测度信息主体在生产生活中运用信息技术和发掘信息资源的能力和水平。

（四）经济效益

经济效益指标是反映信息技术应用于工业领域效果的直接体现。由于经济效益指标涵盖范围比较全面，不能仅仅由电子信息产业或者软件业几项指标来解释。"两化"的经济效益最终都将体现在地区生产总值上，最终目的也是实现 GDP 的提升。但是经济效益单从 GDP 来衡量会显得过于单一和片面，除了 GDP，区域"两化"融合水平的经济效益还可以从电信、软件、信息服务等信息产业的收入情况进行测度。

（五）社会效益

各行各业在开展"两化"融合的过程中，不但能直接获得良好的经济效益，也能间接地促进人员就业（新兴产业），影响节能减排的情况，从而提高区域的社会效益。区域"两化"融合的社会效益层面可以从对人文环境的改善和自然环境的改善两个角度来测度。

第 五 章

信息化与工业化融合测度机制及其
实现的技术路线

第一节 "两化"融合的切入层次

在"两化"融合切入点的研究方面，无论是政府官员还是学者都提出了很多相关的观点。李毅中曾在《人民日报》发表署名文章认为应该"注重利用信息技术改造提升传统产业，……把技改工作作为走中国特色新型工业化道路的重要切入点"。工信部曾提出"推进'两化'融合的切入点放在促进工业发展上"，并提出了工业研发设计、工业生产过程、企业和行业管理、产品流通、新兴产业发展、培育新一代产业大军六大切入点。另外，工信部还将工业软件应用，节能减排等也看作是"两化"融合的重要切入点。

学术界方面，周宏仁[①]认为"两化"融合的重点在制造业和装备制造业。周振华认为，信息化生产所带来的低成本价值模式得益于信息传输与转换的改善所导致的经济效率提高[②]，因此，"信息化与工业化的互动与融合的切入点就在于信息资源开发利用"。吴澄认为"两化"融合有 8 个切入点包括装备制造业信息化、国家重大专项有关信

---

① 周宏仁：《信息化论》，人民出版社 2008 年版，第 237 页。

② 周振华：《工业化与信息化的互动与融合》，《中国制造业信息化》2008 年第 2 期。

息化技术、国家重大项目、制造服务、工业软件、3G 工业应用、工业传感器和控制系统、节能减排信息化。①

综上所述，有关"两化"融合切入点的观点不尽相同，这与不同主体考察问题的角度有关。具体分析，观点大概可以分为：①信息资源的开发利用；②工业生产各个环节与信息技术的融合；③生产装备的信息化升级；④目前工业发展所遇到的瓶颈问题；⑤最新信息技术的应用。目前关于"两化"融合切入点的研究虽然多有涉及，但并不深入，缺乏系统的阐述。研究者在提到切入点时，考察的角度很多，涉及宏观、中观、微观各个层面。

一　从微观企业层面切入

当前生产方式上出现准时制、精益生产、计算机集成制造系统、敏捷制造、虚拟制造与虚拟企业等新型制造模式；管理方式上，企业借助在线实时系统、专家系统和办公自动化系统等，充分开发利用企业内部信息资源，提高了快速反应能力。组织方式趋于扁平化、网络化和柔性化，并出现虚拟企业，现代通信设备和信息资源在营销领域里被广泛使用。为了在竞争日趋激烈的市场上生存与发展，企业或者通过生产和营销的集约化、规模化，追求规模经济效益；或者通过内部成长或外部扩张，盘活所属的工厂及营销、管理部门的资源，节约单位成本，提高经济效益和效率。不可忽视的是，无论追求哪一种经济效益都需要技术性条件。就企业追求规模经济效益来说，先决性技术条件是在现有产业或在新的产业领域中取得技术领先，拥有自主知识产权，有发展的后劲。因此，选择以信息技术为代表的高新技术，不断替代传统技术，增强核心竞争力，走专业化道路。而企业的对外扩张必须以存在能够吸纳的信息技术为前提。正是由于集成电路的小型化、大容量化，计算机的大型化和小型化并存的趋势及大容量化、

① 吴澄：《推动"两化"融合，找准 8 大切入点》，中国信息主管网，2009 年 6 月 24 日。

运行高速化，光通讯、卫星通信、移动通信技术日新月异的发展，促进相关领域或非相关领域整合，出现企业相互之间的并购重组。信息化与工业化融合使企业生产、经营、管理与服务实现信息化，核心业务实现数字化、网络化、自动化、智能化①。

（一）内容

企业层面的融合层面可以以一般工业企业日常生产经营活动中所涉及的技术、产品、研发、生产、流通、管理、营销、服务八个细分层面来反映。其具体内容如下：

技术层面：技术融合是指通过工业技术与信息技术的融合产生新的技术。具有代表性的是工业生产和计算机控制技术融合产生工业控制技术，推动技术创新和技术进步。信息化与工业化融合的本质就在于信息技术和标准与工业专业技术和标准的融合，两者融合的过程也是技术创新过程②。

产品层面：产品融合是指信息技术或产品融合到工业产品中，增加产品的技术含量，提高产品的附加值。例如，普通机床增加数控系统之后就变成了数控机床，传统家电采用了电子信息技术之后就变成了信息家电，普通玩具增加电子遥控技术之后就变成了遥控玩具，产品价格比原来有大幅提高③。

研发层面：利用信息技术，提高研发设计，实现本产品的创新。充分应用各种工业设计平台，如集成电路设计、工业产品设计、仿真、CAD、CAE、CAM 等提高研发能力，提升研发效率，节约研发成本④。

生产层面：利用信息制造技术（自动控制、计算机集成制造、现场总线、DCS、PLC 等）提高生产效率，降低生产成本，减少能耗。

流通层面：通过条形码、RFID 等技术，实现企业产品的快速通关

---

① 童有好：《信息化与工业化融合的内涵、层次和方向》，《信息技术与标准化》2008 年第 7 期。

② 汪传雷、李从春：《信息化与工业化融合研究》，《情报理论与实践》2009 年第 11 期。

③ 金江军：《两化融合的理论体系》，《信息化建设》2009 年第 4 期。

④ 喻兵：《关于信息化和工业化融合的思考》，《特区经济》2008 年第 12 期。

和管理。大工业生产需要大物流支撑，供应链管理水平直接影响工业生产水平，信息化是提高物流与供应链管理水平的重要手段。

管理层面：利用 ERP、MIS 等提高企业的管理，包括生产制造、财务管理、人力资源管理。例如，通过 OA、移动 OA 等手段，实现生产和办公的物理分散和管理的逻辑集中。

营销层面：利用 CRM、电商平台等信息工具积极拓展营销渠道，丰富营销手段，挖掘潜在客户，拓展市场。

服务层面：通过语音呼叫、网络、电子邮件等手段为客户提供前期和后续服务。通过数据挖掘和服务反馈，增加企业服务满意度，提升老顾客的回头率，并开发新的市场。

（二）融合要素

微观层面的融合包括产品设计数字化、生产过程数字化、装备数字化、产品管理数字化和内部管理信息化，带动产品设计方法和手段的创新、企业管理模式的创新等。运用经典 IE 技术进行包括生产流程设计、工艺技术选择、作业程序方法设计、作业时间及动作标准制订、作业环境设计、人力资源开发与设计等，对企业的装备、工艺、手段进行再造，强化生产过程的在线检测、预警和控制，应用过程控制、现场总线控制、柔性制造和敏捷制造（AM）等先进制造技术，实现从产品设计和制造过程数字化，提高产品的精度和加工装配的效率。运用现代 IE 进行系统设计包括制造系统、质量保证系统、组织结构系统、管理信息系统、物流系统和支持系统（网络数据库）等，对企业的生产与运作进行系统再造和集成，实现制造过程的资源、质量、生产计划和成本的在线控制，最终实现制造过程资源和办公、财务和人力资源等内部管理的信息化，形成各内部资源共享，全面提高管理效益①。

企业之间 ERP 的无缝衔接，必然引发企业之间协作方式的变革，

① 程灏：《工业化与信息化融合的微观基础理论研究》，《改革与战略》2009 年第 5 期。

使企业间的设计、生产和销售等业务环节的资源产生分解和重构，通过业务渗透、资源共享等方式，增强企业的核心竞争力和业务能力。随着信息技术的飞速发展和社会应用的不断深入，企业信息化应用已经从零散的局域应用阶段发展到网络集成新阶段。在网络集成阶段，网络已经成为企业间信息资源共享平台，各种要素资源得以汇集和重组，为信息化与工业化的融合创造了坚实的基础。通过信息网络，构建企业内或企业之间的各种数字资源应用集成平台，运用各种先进制造技术，实现跨系统、跨专业、跨区域业务实际的集成与协同，提升企业客户关系管理、供应链管理水平，发展虚拟制造、总装制造、转移制造和全球协作制造等新型商业模式①。

在传统工业经济时代，企业组织在空间上的聚集表现为地理集中，聚集的基本因素在于运输成本、规模经济和外在性，地理上的集中有助于提高生产力和创新。数字时代，信息已成为人类社会的"三大资源"中最重要的资源，企业的信息化就是利用信息网络整合内外部资源，把产品研发、市场营销、生产制造和客户管理联结在一起，通过信息网络能够可视地、适时地实现缄默知识和黏性知识的流动。当前全球企业信息化的一个明显趋势就是企业内部的电子商务开始向第三方信息服务平台尤其是电子商务平台转移，国际知名企业依托电子商务平台将数据录入和处理、呼叫中心等业务外包转移，未来发展将注重信息资源的管理和信息化的全面应用和推广。

二 从中观产业层面切入

产业层面包括产业结构合理化、产业结构高度化（技术基础高度化、产业结构开放高度化和产业结构软性化）。

信息化与工业化在微观企业层次上的融合必然波及产业层次上的融合，并形成产业集群。集群内部的产业之间形成新的竞争与合作关

①　李林：《产业融合：信息化与工业化融合的基础及其实践》，《上海经济研究》2008 年第6 期。

系，既克服产业内在的惯性与僵化，又加快竞争要素的创新，将目标集中在科技投资、信息、基础设施和人力资源的开发上，带来整个产业及区域的更大的经济收益。信息化与工业化融合使产业结构、行业结构升级换代，形成以高新技术产业为先导，基础产业和传统产业为支撑，服务业全面发展的新局面，促使经济增长方式从粗放式向集约式转变，推进工业经济向信息经济过渡①。

IT 成为产业领域的通用技术，并形成互联互通的信息流和服务流平台，促进产业融合，形成新媒体产业和新型生产服务业等。一般新技术的运用发生在直接生产过程，如改变技术装备、工艺流程、产品加工方法等，但只是局部的调整。而信息技术的运用，涉及范围广泛，比如 MIS 技术对信息流进行管理和协调；先进制造技术（AMT）解决企业信息问题，并将微电子与特殊集成电路结合用于制造产品，涵盖产品设计、材料处理、加工控制、装配监控和质量管理等各个方面，包括 CAD、CAE、MRP、CAM、FMS、计算机数字控制机械工具（CNC）、工业机器人、自动导航仪和自动存储与检索系统。这些应用通过局域网连接，成为计算机集成制造系统（CIMS）②，并与外部相互联系，促进信息和知识的交流。

（一）信息技术与传统工业的融合

信息化与传统工业的融合为提升工业产品附加值，提高工业企业生产经营效率发挥了举足轻重的作用，现代工业生产已经离不开信息化技术。中国传统产业过去走的是一条高能耗、高污染且低附加值的发展道路，虽然发展迅速但是代价很大。信息化对传统产业的改造是全方位的，包括研发、生产、管理、交易等几乎全部环节。通过嵌入式软件、传感器、集成电路、计算机技术、通信技术和互联网技术的运用合理配置各种资源从而降低成本、提高创新能力、进一步增强核

---

① 童有好：《信息化与工业化融合的内涵、层次和方向》，《信息技术与标准化》2008 年第 7 期。

② 周振华：《工业化与信息化的互动与融合》，《中国制造业信息化》2008 年第 2 期。

心竞争力。

(二) 信息技术与服务业的融合

信息技术不仅提升了工业企业的生产水平,还极大地推动了服务业的发展,并催生了一批以信息技术为服务核心的新兴服务业[①]。通过信息化促进金融业、现代物流业、信息内容服务业、电子商务……服务方式的更新换代,产生新型服务形式。

(三) 信息化与资源供给体系的融合

信息技术在工业行业生产中的普及应用,有助于推进工业行业节能减排工作,通过对钢铁、有色金属、建材、煤炭、电力、石油、化工、建筑等重点行业的能源消耗、资源消耗和污染排放联网监测与分析,可提高资源、能源利用效率和环保综合效益[②]。

(四) 信息化与经营管理的融合

以信息管理为基础,围绕产品市场与客户关系、人力资源与资本运作、发展战略与风险管理等关键环节推进信息化,推广应用企业资源计划 (ERP)、业务流程管理 (BPM)、计算机决策支持系统 (DSS)、数据挖掘 (DM)、商业智能 (BI)、供应链管理 (SCM)、客户关系管理 (CRM)、知识管理 (KM) 等信息技术强化生产经营各环节的管理,促进企业资源优化和产业链的合理化[③]。

(五) 信息化与设计、制造技术的融合

以信息技术应用为重点,以智能化、数字化、虚拟化、网络化、智能制造为方向,对传统企业设计、生产流程进行再造,实现生产信息化。加快推广应用计算机辅助设计 (CAD)、计算机辅助制造 (CAM)、计算机辅助工程 (CAE) 等技术,将信息技术嵌入工业产品的设计、制造之中,促进产品的更新换代。

---

① 王晰巍、靖继鹏、杨晔:《信息化与工业化融合的基本理论及实证研究》,《情报科学》2009 年第 11 期。

② 同上。

③ 童有好:《信息化与工业化融合的方向、思路与举措》,《人民邮电》2008 年 4 月 29 日。

三　从宏观区域层面切入

推进信息化与工业化在宏观社会层面的融合，可以促进信息技术与传统生产技术融合，大大地促进生产力解放，提升社会生产效率；可以促进信息技术与传统生活模式融合，产生新的生活模式，进而有效提升人们的生活品质；可以促进信息文明最大程度的传播，促使人们转变原有的生产生活观念与思维模式，促进社会和谐；使社会经济基础、结构、生产力与生产关系从工业社会向信息社会过渡，确保实现社会经济信息化[①]。

宏观区域层面的"两化"融合是区域信息技术与传统生产技术的融合，实现区域经济发展方式从传统的粗放式向现代集约式转变，优化区域经济结构，提高区域的生产效率和人们的生活品质。

"两化"融合区域层面的评价要素应该包括四个内容：信息资源的开发利用、硬件设施建设及其应用普及、"两化"融合人力资源的开发以及"两化"融合与人民社会生活。

（一）信息资源的开发利用

未来在推进"两化"融合的过程中，信息资源开发与应用方面存在的问题能否得到有效解决，将越来越成为关乎工业信息化全局的关键因素。信息资源开发和利用是信息化的核心任务。信息资源成为第一生产要素，实际上就是通过对信息资源的利用来协调和优化社会中各种资源的配置，比如土地、人力、资金、能源等。

开发利用信息资源不仅仅提高生产效率、节约其他物质资源、为节能减排做贡献，更可以创造出新的需求、新的产品、新的产业、新的经济增长点。工业生产应用新的信息产品就会产生新的信息需求，新的信息需求又催生新的信息产品或者信息服务，如此循环往复，在信息化与工业化之间就形成了非常积极的互动。从这个角度

---

① 童有好：《信息化与工业化融合的内涵、层次和方向》，《信息技术与标准化》2008 年第 7 期。

来看，信息资源的开放利用在推进"两化"融合的过程中就显得尤为重要了。

（二）硬件设施建设及其应用普及

硬件设施是"两化"融合的物质基础，也是信息资源、信息技术、信息产业及其他要素发挥作用的必要前提。硬件设施的发展升级是信息化进程的最明显标志，也是社会生产力发展的最直接体现。根据摩尔定律和吉尔德定律，微处理器的性能每18个月翻一番，主干网宽带每6个月增加1倍。由此可见，信息技术的发展非常迅猛，各种新技术、新硬件设备不断应用到信息化领域，传统的硬件设备不断被赋予新的功能及服务内容。硬件设施的建设显然不可能是一劳永逸的，必须紧跟技术发展的节奏，积极研发、应用最新的信息设备，才能推进"两化"融合的发展。

（三）"两化"融合人力资源的开发

就目前中国信息化与工业化发展的现状来看，"两化"融合所涉及的核心技术有很多都还依赖于进口，自主创新和研发的能力严重不足。中国的高端医疗设备、半导体及集成电路制造设备和光纤制造设备，基本从国外进口；石化装备的80%，轿车制造装备、数控机床、先进纺织机械、胶印设备的70%依赖进口。中国每年8万多亿元的固定资产投资，有70%是用于购置设备，而其中又有60%依赖于进口。自主研发能力的薄弱主要是由于缺乏掌握尖端技术和知识的人才，能够适应"两化"融合的人力资源不足正在成为制约"两化"融合的关键因素。"两化"融合是一项系统复杂工程，涉及软件工程、企业管理、产品设计、装备制造、自动化控制和系统集成等多项技术的融合，需要由了解多种技术、懂得管理和需求的复合型人才的通力合作来完成。要推进"两化"融合就必须创新人才培养和使用机制，提高从业人员素质，改善工业行业人才结构，营造人尽其才、人尽其用的人才发展环境。开发人力资源，提升国民信息技能是"两化"融合的一个重点。

（四）"两化"融合与人民社会生活

随着信息化程度的不断提升，信息资源产品与信息服务日益成为人民大众不可或缺的消费品。以信息资源和信息服务为中心的生产与消费所占消费比重逐步上升，并成为人类社会重要的生产和消费形式之一。信息消费活动让人们能够突破时空限制，便捷地通过信息网络享用知识成果，提升生活品质。目前信息化与社会层面的融合正在通过移动互联、电子商务等形式融入社会大众在医疗、教育、购物、交通、家政、求职等方面，提升了社会生活品质。

四　"两化"融合切入层面分析

（一）社会层面

"两化"融合包括四个内容：信息资源的开发利用、硬件设施建设及其应用普及、人力资源的开发以及传统产业的信息化升级。

1. 信息资源的开发利用

对于信息资源的理解存在狭义和广义之分。狭义的信息资源是指有用的信息的集合，而广义的信息资源则包括信息、信息技术和信息人员这三个要素。很多学者认为信息社会的最主要标志就是信息资源取代以往的土地、资本、能源等其他资源成为第一生产要素。早在2004年国务院信息化办公室就发布了《关于加强信息资源开发利用工作的若干意见》高度强调了信息资源开发利用的重要性。国家信息化咨询委员会委员曲成义曾经指出，信息化建设的初衷和归属都是通过对信息资源的充分开发利用来发挥信息化在各行各业中的作用。未来在推进"两化"融合的过程中，信息资源开发与应用方面存在的问题能否得到有效解决，将越来越成为关乎工业信息化全局的关键因素①。信息资源开发和利用是信息化的核心任务，在"两化"融合的过程中同样重要。

---

① 夏煜：《我国新型工业化测度探析》，硕士学位论文，东北大学，2013年。

过去在信息化进程中出现了很多失败的例子，许多企业认为信息化并没有带来应有的效益，这主要就是因为对信息技术的盲目崇拜而忽略了对信息资源的充分利用。企业通过对信息资源的开发，一是可以优化内部资源配置，节约生产成本，二是可以准确了解市场需求，有针对性地进行生产。以往粗放式的增长模式转变为精细化、定制化的生产。信息资源渗透到各个生产环节使得工业生产更灵活、更高效、更智能、更环保、符合新型工业道路的发展方向。

纵观发达国家信息化发展过程，一个很明显的特点就是新的信息产品、信息服务不断涌现。从台式计算机到笔记本再到现在的智能手机、平板电脑；从电子档案数字文献到全文数据库、个人图书馆；从门户网站到搜索引擎；从 MRP 到 ERP 等覆盖硬件、软件、产品、服务的新事物都是源于对信息资源深度开发利用的需求。工业生产在信息资源方面的需求是十分广泛的，这就为信息产业提供了非常广阔的创新平台。

2. 硬件设施建设及其应用普及

发展硬件设施大致包括以下两个方面：

（1）信息基础设施

借鉴发达国家和其他发展中国家在推进信息化过程中的经验，信息基础设施的建设无不摆在最重要的位置。美国早在 1991 年就提出了信息高速公路，1994 年又提出了全球信息基础设施行动计划；与我们相邻的韩国也在 1994 年制定了信息基础设施计划，2001 年建成了号称世界最好的宽带互联网基础设施；印度除了重点发展已经十分发达的软件产业，在 2008 年也提出了"加速推动世界级的无缝连接的信息基础设施建设"的战略目标。中国在信息基础设施方面的建设也已经取得了长足的发展。国际电信联盟（ITU）的报告也指出，发展中经济体固定宽带订户半数以上在中国，2008 年中国超越美国，从而拥有了世界上最大的固定宽带市场。虽然在数量上已经超越发达国家，但是中国的信息基础设施在质量上与世界领先水平仍有不小的差距，在国际电信联盟的 2008 年 ICT 指数排名中，中国仅仅排在 79 位。信息基础设施的完善程度，关系到整个社会的信息化进程。在信息化与工业化融合过程中，如果没有信息基础设施作为支撑，所有其他的信息化建设都会受到很大的局限。

（2）信息终端设备

信息终端设备是最贴近信息应用的，人们获取、处理信息的最直接工具。信息终端设备的普及率直接反映一个社会的信息化水平[①]。在企业中，为员工配备电脑、配发手机已经十分常见，更有企业已经开始为员工配备平板电脑。可见信息终端设备在生产中有很大作用。随着科学技术的不断发展，一方面全新的信息终端产品不断涌现，比如平板电脑、电子书等；另一方面原有的信息终端设备被赋予了新的功能，比如数字电视、智能手机等。同时，这些信息终端设备正在与传统的工业产品发生融合，比如为家用电器和汽车等产品装上微电脑，使这些传统产品更加智能。正是这些新产品、新功能，极大地改变了人们获取信息资源的方式，大大加快了信息的传播速度，提高了信息处理的效率。

3. "两化"融合人力资源的开发

要开发适应"两化"融合的人力资源，培养符合"两化"融合需求的人才，可以从以下 5 个方面着手：

（1）信息技术及其他相关领域人才培养

重视信息技术及其他相关领域人才的培养，特别是研究型人才的培养，以解决中国自主创新能力不足的问题。

（2）中高级技术工人培养

先进的信息技术和信息设备还需要高素质的工人操作应用才能发挥作用。目前中国仍存在人才的结构性短缺，高级技工的缺口十分巨大。面对"两化"融合的要求，必须培养出大量复合型、知识型的中

---

① 周艳等：《天津市信息化与工业化融合程度测度》，《商业时代》2013 年第 13 期。

高级技工。

（3）建立产学研相结合的人才培养机制

中国产学研相结合的人才培养机制尚不完善，产学研三者之间存在脱节，人力资源不能发挥最大的作用。只有三者紧密结合才能真正做到"人尽其才、人尽其用"。

（4）开展职工培训

注重职工的再学习、再教育。信息技术的发展非常迅速，必须不断保持学习才能够跟上技术发展的脚步。企业应该为处在生产一线的职工提供信息化教育，普及信息化知识，进而提高他们的信息化参与度。

（5）对在淘汰落后产能的过程中出现的剩余劳动力进行再培训

引导农村富余劳动力向工业行业有序转移，只有这样才能保证在提高全民信息素质的同时继续发挥中国劳动力资源丰富成本较低的优势。

4. 传统产业的信息化升级

中国传统产业过去走的是一条高能耗、高污染且低附加值的发展道路，虽然发展迅速但是代价很大。传统产业应该抓住信息化与工业化融合的历史机遇，实现由大到强的转变。信息技术良好的渗透性、倍增性、带动性决定了信息化不仅不排斥传统产业，而且能够推进传统产业的深度改造。信息化对传统产业的改造是全方位的，包括研发、生产、管理、交易等几乎全部环节。通过嵌入式软件、传感器、集成电路、计算机技术、通信技术和互联网技术的运用合理配置各种资源从而降低成本、提高创新能力，进一步增强核心竞争力。

（1）研发和设计的信息化

研发和设计过程的本质就是建立在一定方法之上的信息资源的整合过程，以计算机技术为代表的信息技术正是在这个过程中拓展了人的认识范围，从而扩大整合的效果，提高研发设计的效率。通过计算机辅助设计软件（CAD）、计算机辅助工艺流程规划（CNPP）、产品数据管理（PDM）等软件系统的应用可以促进研发和设计的智能化，提高研发设计的创新能力。

（2）传统工业装备的信息化

"两化"融合的重点在装备制造业，而难点在于生产装备的信息化。要重视机床、锅炉、电动机、发电设备、内燃机等装备制造业生产过程信息化建设，在这些装备中融入信息技术，向国民经济各部门提供智能化工具。因此，对国民经济各行各业的生产装备在机械化、电气化、自动化的基础上进行数字化、智能化和网络化的改造，是实现信息化与工业化融合，提升传统产业竞争力的关键。

（3）组织管理的信息化

信息技术对组织管理带来的变革，并不仅仅是在技术层面带来诸如企业资源计划软件（ERP）、客户关系管理软件（CRM）等信息化工具，更重要的是对组织结构、管理理念、企业文化造成深刻的影响。目前大部分企业都是实行以等级制为基础的层次分明、界限清晰的管理模式。这种管理模式在工业化阶段有助于提高组织运行效率，但在信息化阶段却会阻碍信息资源在组织各个部门之间的合理配置。视频会议、高速网络的运用打破了空间时间的限制，使得网络化的组织结构成为可能。这种组织结构让信息在各部门之间交流更加顺畅，资源配置更加灵活，组织知识发挥最大限度的作用。

（4）交易过程的信息化

电子商务是基于互联网的数字化商业模式，传统产业在传统的商业模式中，由于信息不对称，往往在交易成本的控制、供应链管理、开拓市场等方面存在问题。电子商务的应用首先提高了企业对于采购成本和交易成本的控制能力；其次对供应链进行有效的整合；最后扩大了企业的市场覆盖范围。

（二）工业经济层面

"两化"融合切入点从工业经济层面来说包括以下六个内容：①信息技术与设计、制造技术的融合；②工业生产过程自动化；③信息化与企业、行业管理的融合；④产品流通和市场的信息化；⑤信息技术与服务业的融合；⑥信息化与资源、能源供给体系的融合。

第二节　指标选取

从指标使用者的需求和评价指标体系的实用性出发，按照指标体系构建的科学步骤，在指标选择、数据采集、数据处理等方面尽可能地采用科学客观的方法，建立多维度、多层次的评价指标进行选取。

一　基于"两化"融合主要内容确定评价对象和重点

分析"两化"融合主要内容概括起来说，包括以下五个方面：

（一）生产要素融合

主要包括技术、人力资源、生产工具和资源的融合。

（二）产品融合

包括信息产品与工业产品的融合、信息技术与产品融合和利用信息技术催生新产品。

（三）业务融合

主要体现在工业设计、生产过程控制、经营方式和管理方面。

（四）产业融合及新产业衍生

即高新技术的渗透、产业间的融合、产业内部重组融合以及新产业衍生。

（五）经济、社会运行方式的融合

信息技术与资金成为核心生产要素，减少了社会能耗。经济增长方式的变化、经济运行方式的变化和人们生产活动方式融入了信息技术或信息产品等因素。

二　基于"两化"融合层次确定评价模型结构与维度

在"两化"融合之前，信息化测度的研究便是该研究领域内的热点。相对成熟的信息化测度方法对"两化"融合的测度有着非常重要的参考价值，从目前"两化"融合测度的研究来看，很多学者也是在借鉴信息化测度的基础上建立"两化"融合测度体系的。因此在研究"两化"融合测度之前应该对已有的信息化测度做一个全面的考察。信息化的测度，首先必须对信息化所带来的社会变革有一个抽象性的概念性的认识。过往的研究不外乎从以下三个维度对信息化进行定义。①

（一）经济维度

从经济维度对信息化进行测度的代表就是波拉特法。这一类型的测度方法基本都将从工业化到信息化的过程看作信息部门在这个经济部门中所占比例的不断增加并逐渐占据主导地位的过程。

这一方法的主要争议在于数据的主观诠释和价值判断，其焦点在于信息部门和信息职业的界定。另外一个问题是数据的可获取性，大部分沿用波拉特法思路对信息化进行测度的实证研究都针对美国，并且很难进行国家间比较。这与美国有专门的劳动力统计年鉴有关系。最后，这个方法很难用于国家或者区域间比较。各个国家经济内部结构大相径庭，尤其是发展中国家这种复杂性更加明显。

（二）技术维度

信息技术及其应用是目前衡量社会信息化的一个主流维度。很多国际组织推出的与信息化有关的指数都以此为基础的，例如国际电信联盟（International Telecommunication Union，ITU）的DAI（The Digital Access Index）、经济合作发展组织（Organization Economic Cooperation Development，OECD）的ICT（In Circuit Test）Indicators以及国际数据中心（International Data Center，IDC）的ISI（Information Society Index）。信息技术的快速发展和大规模运用的确是信息化的一个重要标志，计算机和网络化之于信息化就好像蒸汽机和电气化之于工业化。

---

① 童有好：《信息化与工业化融合的内涵、层次和方向》，《信息技术与标准化》2008年第7期。

基于这一角度的测度最大好处是数据比较客观准确。

单从信息技术角度衡量社会信息化的最大问题是忽略了社会组织与文化对于技术的影响。毫无疑问，社会组织与文化对技术有着指导和塑造的作用。用多少成本开发新技术是社会选择的结果，对新产生的技术的适应也会受到文化的限制。另外值得关注的是，尽管用信息技术测度信息化数据令人信服，但往往会导致过于乐观的情绪，甚至对未来有一种乌托邦式的期望。[①]

（三）信息储量维度（information stock）

这一维度的基本理念是将信息化看作社会信息量不断增加的过程。这一理念与知识社会与知识经济紧密相连。Lane 在 1966 年提出了"知识社会"的概念，他指出，知识社会是一个大量的投资用于制造知识，大量的人从事知识相关行业的社会。[②] 马克卢普曾经定义信息储量是"全社会成员所掌握的信息的总量"[③]。运用这一理念的代表性测度指标是世界银行的 KAM（Knowledge Access Methodology），它包括两 个 指 数 KEI（Knowledge Economy Index）和 KI（Knowledge Index）。[④]

这种角度的指标体系的问题在于直接变量比较少，主要是靠一些间接变量来反映知识量，比如专利数量、科技论文数量等。

三 模型维度融合测度方法

目前"两化"融合测度的研究根据测度方法的不同主要分为指数法和指标体系法两种。

---

① Kim Sangmoon and P. D. Nolan, "Mearsuring Social 'Informatization': A Factor Analytic Approach", *Sociological Inquiry*, No. 2, 2006.

② Ricci Andrea, "Measuring Information Society: Dynamics of European Data on Usage of Information and Communication Technologies in Europe since 1995", *Telematics and Informatics*, No. 17, 2000.

③ ［美］弗里茨·马克卢普：《美国的知识生产与分配》，中国人民大学出版社 2007 年版。

④ 陈俊、代明、殷仪金：《广东省创新型城市评价及实证测度——基于世界银行知识评价法》，《城市观察》2016 年第 4 期。

（一）指数法

支燕等提出了融合指数：coni = Ii/Ti。其中，coni 表示"两化"融合度，"两化"融合度的取值范围在 [0，1]，当融合度值为 1 时，表示"两化"融合最完全，当融合度值为 0 时，则表示完全无融合。Ii 表示行业 i 生产过程中信息投入，Ti 表示行业 i 的总产出。[1]

谢康等认为判断信息化与工业化融合质量，既可以从融合过程中现实状态与理想状态的偏离度来观察，也可以从融合对宏观经济指标的影响来考察，前者考察融合的过程质量，后者考察融合的结果质量。构建信息化与工业化融合实证模型可以采用综合指数法、功效系数法，及协调发展系数判断方法。在上述方法中，综合指数法和功效系数法均难以反映信息化与工业化融合中的偏离特征，根据实证方法应与理论模型相契合的要求。[2]

韩国学者 Moon-Soo Kim 和 Yongtae Park 为了研究 ICT 产业对于工业贡献与 ICT 产业和其他工业之间的联动关系，创建了一种基于"知识流"和"网络分析"的分析方法。将企业购买现成的信息技术或产品看作是"知识输入"，将生产发明新的技术或知识产品看作"知识输出"，进而分析"输入"与"输出"之间的关系来考察 ICT 产业与其他工业产业的融合情况。该研究选取了韩国包括 ICT 和传统制造业服务业在内的 18 个行业在 80—90 年代的知识流输入输出情况进行了分析。[3]

（二）指标体系法

2010 年 6 月工业和信息化部组织完成钢铁、化肥、重型机械、轿车、造纸、棉纺织、肉制品加工 7 个重点行业企业信息化与工业化融

① 支燕、白雪洁、王蕾蕾：《我国"两化"融合的产业差异及动态演进特征——基于2000—2007 年投入产出表的实证》，《科研管理》2012 年第 1 期。

② 谢康等：《中国工业化与信息化融合质量：理论与实证》，《经济研究》2012 年第 1 期。

③ Moon-Soo Kim and Yongtae Park，"The changing pattern of industrial technology linkage structure of Korea：Did the ICT industry play a role in the 1980s and 1990s?"，*Technological Forecasting & Social Change*，No. 76，2009.

合发展水平评估。在评估指标体系中,一级指标有 3 项:基础、应用和绩效;二级指标共 9 项:在基础指标项下的投入、规划组织和制度、信息基础设施,在应用指标项下的单项业务应用、协同集成、深度应用,在绩效指标项下的竞争力、经济效益、社会效益。三级指标及其项下的数据采集项因行业特点不同而各有侧重。

曹学勤和郭利提出指标体系总体框架:一级指标:就绪度、成熟度、贡献度。二级指标:就绪度:基础设施建设、政策资金保障、创新技术服务、产业发展支持;成熟度:企业融合基础、企业融合深度、企业融合效益;贡献度:竞争力、经济效益、社会效益。三级指标:32 个。[①]

蔡伟杰等人提出的上海信息化与工业化融合发展水平评估指标体系由社会信息化与工业化融合水平、大型企业信息化与工业化融合水平、中小企业信息化与工业化融合水平三部分内容构成。在这 3 个一级指标下,设有 7 个二级指标、22 个三级指标及 57 个四级指标。[②]

如前所述,社会信息化与工业化融合水平,从社会环境与产业发展情况两方面来确定指标,其中社会环境又进一步细分为社会基础与服务环境,考虑到上海信息化与工业化有关方面的基础,相关产业发展导向、具有地方特色的有关数据统计发布情况,特别选择电子商务交易额、IC 芯片开发销售收入、软件与信息化服务业增加值等个性指标。广州也从信息技术应用普及率、信息技术设备装备率、电子商务交易率、R&D 经费支出占地区生产总值的比重等 9 个角度,对当地"两化"融合水平进行评估。

由朱金周主编的《中国"两化"融合发展报告》中提出了"两化"融合 DSP 模型和由 4 个层级共 182 个具体指标构成的评价指标体

① 曹学勤、郭利:《关于区域"两化"融合发展水平评估指标体系的思考》,《上海信息化》2012 年第 2 期。

② 蔡伟杰等:《上海信息化与工业化融合发展水平评估指标体系研究》,《信息化建设》2010 年第 10 期。

系，从融合硬度、融合软度、融合深度三个角度对"两化"融合进行
评价。

四　构建指标体系步骤

为了尽量降低指标构建的随意性，必须事先确定一个切实可行的
步骤，按部就班地构建指标。表5—1阐述了一个综合指标体系包含理
论架构、数据选择、选择分析方法、数据标准化处理、加权与聚合、
回到数据在内的对比相关指标，使结果可视化的构建过程。每一步的
具体方法在下文的"综合指标构建过程"和"实证"部分进行详细的
阐述。

表5—1   构建指标体系步骤

步骤	目标
理论架构	对测度对象有个清晰的认识，定义多维变量对对象进行描述；确定指标体系的结构和变量选择的标准
数据选择	明确数据的类型、来源；确认指标数据的质量和可获得性
选择分析方法	了解目前所有能使用的方法的适用范围，选择一个适用与当前数据的方法
数据标准化处理	根据所选用的分析方法，对数据进行标准化，以消除因测量单位不同所带来的影响
加权与聚合	选择合适的加权与聚合方法，并对该方法进行相关性验证
数据分析	将综合指标与各个独立的指标进行相关性分析，并解释因果关系

综合指标体系构建过程如下。

（一）模型的构建

指标体系的构建可以看作是对观测对象的抽象，选取关键维度
对对象进行描述、刻画的过程（见图5—1）。信息化与工业化融合
本身是一个系统工程，涉及生产生活的方方面面，不是某个单一理
论就能刻画和解释的。同样"两化"融合的进程也并非某一个独立
的指数所能代表的。因此"两化"融合的测度必然是多角度、多维

度、多方法的统一。

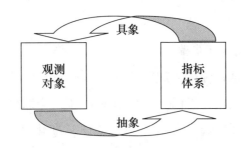

图 5—1　指标体系与观测对象

　　笔者认为信息化与工业化融合的过程是一个双向互动的过程。信息化的发展为传统产业的设计改造提供了手段与方法，同时也对工业社会下的生产方式和生产关系提出了挑战。而工业化为信息化提供了物质基础和应用空间，但传统模式的发展惯性也在一定程度上阻碍着信息化进程的推进。"两化"融合既不是工业信息化，也不是全面的信息化，但也离不开信息化与工业化，它是信息化与工业化相互作用的产物。本书在设计"两化"融合指标体系时，制定了三个一级指标，见图 5—2 用工业化基础和信息化环境分别反映某区域的信息化与工业化程度，用研究与发展来反映信息化对工业化的促进以及工业化对信息化的反馈。

　　（二）测度指标的选择

　　测度指标的选择是构建指标体系的关键步骤。指标的选择既要尽可能完整地描述"两化"融合的进度，又要考虑到数据的可获得性和可操作性。指标选择过多，会稀释关键指标对最后结果的影响，选择太少又不能完整表现"两化"融合进度。所以在选择指标时，笔者对先前有关信息化测度和"两化"融合测度的研究成果中的指标又做了部分筛选，去掉了部分与"两化"融合关联性不强或者已出现明显钝化迹象的指标。另外由于有些指标本身很难测量而有一些则很难获得完整的数据集，在不影响测度体系整体性的情况下不得不有所牺牲。本书正是基于

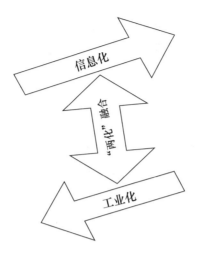

图5—2　"两化"融合模型

以上考虑构建了 3 个一级指标和 10 个二级指标（见图5—3）。

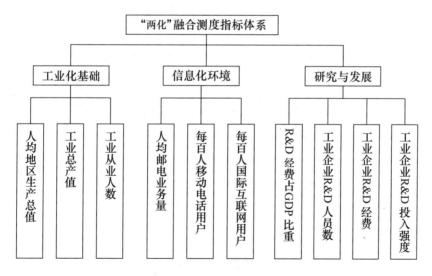

图5—3　"两化"融合测度指标体系

（三）数据标准化

由于不同指标测量时所使用的单位不同，在做定量分析之前，必须对数据进行标准化以消除单位不同所带来的影响。数据标准化的主要方法包括 z-score 和 Min-Max 等方法。但是这两种方法在使用过程中都会产生 0 或者负数，对于本书实证部分的样本并不合适，本书使用：

$$I_{qc} = \frac{x_{qc}}{x_{qc} = \bar{c}}$$

式中 x_{qc} 表示 c 城市的指标 q 的原始数据，I_{qc} 表示标准化后的值，$x_{qc} = \bar{c}$ 表示所有城市在指标 q 中的算术平均数。

（四）赋权与聚合

1. 权重

权重表示每一个指标在综合指标体系中的重要性。最简单的情况就是所有指标拥有一样的权重，也就是将权重平均分配给每一个指标，这就意味着所有指标在体系中拥有完全相同的重要性。但这通常只是理想情况，现实中指标与指标之间的重要性往往是不相同的，这就需要给每一个指标赋予不同的权重以显示它们在重要性上的差异。

本书在实证部分所使用的分权方法为层次分析法（Analytic Hierarchy Process，AHP）。层次分析法的主要思路：通过先分解后综合的系统思想，整理和综合人们的主观判断，使定性分析与定量分析能够有机结合，实现定量化决策。在分配权重的过程中，AHP 法主要是通过两两比较单个指标之间的相对重要性，构建判断矩阵，然后求解判断矩阵的最大特征值 λmax 和它所对应的特征向量，就可以得出这一组指标的相对重量。[①]

2. 聚合

计算好各指标的权重后，就要将所有指标聚合在一起，得到一个综合指数，来直观地反映观测对象的整体水平。本书在实证部分采用了三种聚合方法分别是：线性聚合、几何聚合和非补充性聚合。

---

① 曹学勤、郭利：《关于区域两化融合发展水平评估指标体系的思考》，《上海信息化》2012 年第 2 期。

（1）线性聚合

线性聚合是综合指标体系中最常见的聚合方法，优点是计算方便，简单、直观。线性聚合的公式如下：

$$CI = \sum_{q=1}^{Q} I_q W_q$$

式中，CI 表示综合指数，I_q 表示第 q 项指标的数值，W_q 表示该指标的权重。其中 $0 \leqslant W_q \leqslant 1$，且 $\sum_q W_q = 1$。

但是线性聚合有一个明显的缺点，那就是当某个或某几个指标特别突出时会掩盖其他一些指标的不足。

（2）几何聚合

正如前文所述，线性聚合存在明显的缺点。假设某个指标体系含有四个指标，权重相同，都是 0.25，样本 A 在四个指标上的数值为 13、1、1、1，而样本 B 则是 4、4、4、4。如果采用线性聚合，A 和 B 所得到的结果是一样的，都是 4。也就是说，A 和 B 在线性聚合下会被认为是相同的，但实际上两者明显截然不同，而且如果采用几何聚合结果将大不相同。

几何聚合的公式如下：

$$CI = \prod_{q=1}^{Q} I_q W_q$$

式中，CI 表示综合指数，I_q 表示第 q 项指标的数值，W_q 表示该指标的权重。其中 $0 \leqslant W_q \leqslant 1$，且 $\sum_q W_{q=1}$。

利用几何聚合计算 A 和 B 的结果分别为：1.90 和 4，结果大不相同。而且在几何聚合的情况下，如果样本 A 在自己最弱的三项指标中的某一项提升为 2，四个指标的数值变为 13、2、1、1，那么综合指数将变为 2.26，相比之前提升 20%，而这种提升在线性聚合的情况下将只有 6.25%。这就意味着几何聚合相对于线性聚合更鼓励样本在自己较弱的指标上进行提高，而不是一味地提高某一两个指标。

（3）非补偿性聚合

无论是线性聚合还是几何聚合，都带有一定的补偿性，也就是说，在某些指标上的出色表现可以弥补其他一些表现不好的指标。但是实际上这些指标可能并不具备逻辑上的补充关系。这也就是采用非补偿性聚合的意义所在。

非补偿性聚合的操作方法是将测度对象两两捉对比较，形成比较矩阵。矩阵中的值：

$$e_{ij} = \sum_{q=1}^{Q} W_q \, (Pr_{ij})$$

其中，$w_q \, (Pr_{ij})$ 表示评价对象 i 相比 j 更出色的指标的权重，所以当 $i \neq j$ 时，$e_{ij} + e_{ji} = 1$。然后按行取大于 0.5 的值相加得到每个评价对象的相对得分。

第三节　"两化"融合水平测度指标体系模型构建

一　"两化"融合指标体系的构建

针对上述分析，借鉴前人的研究基础上，整合各个不同评价层次和评价角度的指标体系[①]，梳理指标体系构建的构建逻辑，融入社会层评价指标，提出并形成相对稳定的综合性评价指标体系，尝试通过"两化"融合环境、融合广度、融合深度和融合效益四个方面来建立指标体系模型，以此来衡量"两化"融合实现程度，从而可以让使用者根据具体的评价环境选取相应的评价模块，进行更有针对性的评估和对比。

（一）企业层"两化"融合水平综合评价指标模块

依据前文指标要素的分析和提炼，参照指标构建的原则，我们尝试通过融合环境、融合水平以及融合效益三个方面衡量"两化"融合在企业层面的实现程度。该指标模块由 3 个一级指标、7 个二级指标和 21 个三级指标构成（如表 5—2 所示）。

---

① 郑珞琳、高铁峰：《基于 AHP 与灰色综合评价法的江苏省信息化和工业化发展水平实证分析》，《情报科学》2011 年第 8 期。

表5—2 企业层"两化"融合水平综合评价指标模块

	一级指标	二级指标	具体指标
企业层"两化"融合水平综合评价指标模块	融合环境	信息基础设施	自主网站建设投入比率
			信息化管理办法、体系建设投入比率
			信息化设备投入比率
		人力资源建设	人才信息化技术培养投入
			IT技术人员占职工总数比例
			工程技术人员占职工总数比例
	融合水平	职能层融合水平	设计研发：CAD、CAPP、PDM等投入比率
			生产制造：MES、SRM、SCM等投入比率
			产品流通市场：CRM、电子商务等投入比率
			管理部门：财务软件、自动化办公OA等投入比率
		业务层融合水平	产品生命周期管理PLM的应用
			企业资源计划ERP的应用
			业务流程信息化覆盖率
		企业层融合水平	决策支持系统DSS的应用
			系统创新
	融合效益	社会效益	创新能力及竞争力提升贡献率
			节能减排贡献度
		经济效益	成本降低率
			费用降低率
			客户满意度
			信息化投入收益率

（二）产业层"两化"融合水平综合评价指标模块

产业层"两化"融合水平综合评价指标模块由4个一级指标，8个二级指标，28个三级指标构成（如表5—3所示）。

表 5—3 产业层"两化"融合水平综合评价指标模块

一级指标	二级指标	具体指标
融合环境	信息基础设施	邮电业务量
		R&D 支出比例
		信息服务平台数量
		信息化设备投入比率
	人文环境	信息类专业毕业人数比例
		人才信息化技术培养投入
		信息化部门建设比例
融合广度	信息技术利用普及率	生产过程普及率
		流通管理普及率
		营销管理普及率
		人力资源管理普及率
		财务管理普及率
	信息化与工业化覆盖率	融合要素覆盖率
		融合企业普及率
融合深度	创新度	技术创新
		产品创新
		管理模式创新
		营销模式创新
	智能化程度	智能控制
		智能管理
		智能决策
融合效益	社会效益	创新增长点
		推动产业升级
		节能减排
	经济效益	成本降低率
		费用降低率
		客户满意度
		信息化投入收益率

（最左侧一级列为：产业层"两化"融合水平综合评价指标模块）

（三）区域层"两化"融合水平综合评价指标模块

区域层"两化"融合水平综合评价指标模块含 2 个一级指标，5

个二级指标，31 个三级指标（具体指标如表 5—4 所示）。

表 5—4　　　　　区域层"两化"融合水平综合评价指标模块

一级指标	二级指标	二级指标
区域层"两化"融合水平综合评价指标模块		
"两化"建设投入	政策资金环境	第二、第三产业固定资产投资比重
		电子信息产业固定资产投资比重
		通信业固定资产投资比重
		信息产业专利研发投入比重
		高新技术产品出口额
		研发（R&D）经费投入比重
		电子信息产业固定资产投资比重
		人均教育经费
		税收优惠额度
	信息基础设施	移动电话普及率
		互联网普及率
		地区网站数量占比
		信息服务平台占比
		软件企业数量
		邮电业务量
	信息主体素质	网民数量占比
		每万人口 R&D 人员数量
		接受专科以上高等教育人数占比
		图书馆电子资源下载量占比
		门户网站访问量
		电商交易额
融合效益	经济效益	高新技术业产值
		电子信息制造业收入占比
		软件业主营收入占比
		信息系统集成服务收入占比
		信息技术咨询服务收入占比
		数据处理和运营服务收入占比
		第二、第三产业生产总值增加占比
	社会效益	城镇失业率
		单位 GDP 能耗
		区域节能减排比率

二　主要指标界定

（一）融合环境测度指标

1. 信息基础设施

（1）邮电业务量

邮电业务量是对邮电通信产品使用量的统称，用来反映邮电部门为社会提供的完整信息传递服务的数量指标。

（2）信息服务平台数量

信息服务平台数量包括平台数量和规模，反映出信息资源利用现状，行业或地区政策法规、企业产品、技术及标准以及国内外市场信息和客户信息等使用情况。

（3）信息化设备投资比重

企业或行业信息技术类投资指企业或行业硬件、软件以及网络建设、维护与升级和它相关投资总额占企业或行业投资总额的百分比，该指标反映信息化环境基础条件。

（4）R&D 支出占 GDP 的比重

科技支出和科技三项费用占 GDP 支出的百分比，该指标反映对科技的支持力度。

2. 经济发展环境

（1）人均 GDP

人均 GDP 是国家（或地区）生产水平的反映，是评价传统工业化水平的综合性基础指标，也是评价"两化"融合水平的综合性基础指标。

（2）信息产业企业数量比例

信息产业企业数量比例即从事信息产业的企业数量占工业企业总数的百分比。该指标反映某地区知识创新和技术创新的环境条件。

（3）信息产业产值比重

信息产业产值比重即信息产业总产值占工业总产值的百分比。该指标反映了中国或地区的产业结构的变化，以及信息产业对区域整体的贡献和未来的地位。由于高科技研发类和信息产业在统计中多数被划入第三产业，因此第三产业比重上升也可以在一定程度上反映地区科技含量与信息化水平。

3. 政策、法律环境

（1）相关政策文件数量和质量

相关政策文件数量和质量主要包括"两化"融合的规划、计划项目及配套制定和实施情况。

（2）网络犯罪率

该指标主要反映信息安全情况，信息网络涉及政府、经济、军事和文教等诸多领域的数据、资料等重要的信息环境问题。

（3）引进外资占 GDP 比例

引进外资占 GDP 比例反映了地方政府吸引外资的能力，且在一定程度上反映该地区的经济结构和经济发展优势。

4. 人文环境、人员队伍状况

（1）每万人大学生数

每万人大学生数反映信息主体质量和水平，高等教育者是"两化"融合人才的重要来源，是未来"两化"融合高层次复合型的生力军。

（2）第三产业从业人员比例

第三产业从业人员在工业从业人员中的百分比即第三产业人员比例，反映第三产业在国民经济中的结构和发展情况。

（3）工程技术人员、IT 技术人员占职工总数比例

工程技术人员、IT 技术人员占职工总数比例反映企业或行业环境下，信息技术或信息设备的普及程度。

（4）职工接受 IT 培训比例

每年相关业务人员接受信息技术培训占所有岗位培训的百分比即职工接受工厂培训比例，该指标是信息化与工业化技术融合程度在人才培养中的体现。

（二）融合广度测度指标

1. 信息技术应用普及率

信息技术体现科学技术是第一生产力，是知识经济发展的推动力。信息技术的应用情况从根本上反映出信息化与工业化融合的广度。其具体包括：信息技术在产品和服务中应用普及率、覆盖率，生产过程控制应用普及率、覆盖率，企业资源规划管理系统应用普及率、覆盖率，企业供应链管理系统 SCM 应用普及率、覆盖率，企业客户关系管理系统 CRM 应用普及率、覆盖率，电子商务应用普及率、覆盖率以及数据处理挖掘，商业智能 BI 应用覆盖率等。

2. 电子商务普及率

（1）电子商务交易率

电子商务交易率指某产业（行业）电子商务总成交额（网上采购额与销售额）占该产业（行业）交易总额的百分比即为电子商务企业普及率，或占该产业（行业）总产值的比例，反映信息技术或信息产品应用水平。

（2）电子商务企业普及率

实现电子商务企业占该地区内企业总数的百分比即为电子商务企业普及率，反映出电子商务业务在行业或地区的覆盖、普及程度。

3. 信息化与工业化融合普及率

（1）融合要素覆盖率

融合要素覆盖率指在战略、产品、工艺、技术、装备、人才和资源等要素领域"两化"融合范围，可用上述要素中已与信息化结合数量占企业或行业生产要素总数的百分比表示。

（2）融合企业普及率

融合企业普及率指整个行业或地区中"两化"融合企业普及的程度，可用已实现信息化与工业化一定程度的企业占行业或地区中企业总数的百分比表示。

（三）融合深度测度指标

1. 业务创新度

业务创新度表示 IT 与行业业务的融合导致技术创新、产品创新、工艺设备创新、管理和服务创新，可用企业或行业业务创新数量占所有业务总量的百分比表示。

2. 信息化应用创新度

信息化应用创新度主要包括应用模式创新、商务模式创新、应用系统创新（包括信息系统解决方案、系统结构创新、硬件设备开发、应用软件创新、系统集成创新等）以及服务创新，可用上述创新数量占企业或行业信息化应用总数的百分比表示。

（四）融合效益测度指标

1. 社会效益

（1）创新能力及竞争力提升贡献率

"两化"融合前后产业或行业创新能力及竞争力贡献率，可用每千人专利申请数表示。

（2）对上下游企业带动作用

对上下游企业带动作用指"两化"融合企业对上下游企业转型升级的带动作用，对行业企业上网、开展信息化与电子商务、从事行业经营管理与服务信息化的推动作用。表示为"两化"融合后该产业或行业中信息化应用企业占产业或行业总数的百分比。

（3）工业产值增长比例

工业产值增长比例指融合实施前后"两化"融合对经济的贡献，可用融合实施前工业产值占融合后工业总产值的百分比表示。

（4）节能减排比例

节能减排比例指融合实施前后节能减排效益，可用"两化"融合后节能减排成本工业总产值的百分比表示。

2. 经济效益

（1）成本降低率

成本降低率指融合实施前后生产业务和商务活动成本所需费用降

低之比例。

（2）收益增长率

收益增长率即"两化"融合给企业或行业带来的直接经济效益，反映"两化"融合给企业带来的动力，收益增长率一般用净利润增长率（净利润/销售收入）表示。

（3）高新技术产业对 GDP 的贡献率

高新技术产业是"两化"融合的支柱产业，该产业的发展情况反映了"两化"融合未来的发展潜力，用高新技术产业产值在国民经济总产值中占的百分比表示。

通过对"两化"融合测度指标中一级和二级指标因素的确定，对进一步细化测度指标打下了基础，为实践中测度"两化"融合水平做了初步探索。通过该指标和权重的确定，为制定推进"两化"融合的具体策略和对策提供了一定的理论和数据支持。

"两化"融合测度指标体系的实现有赖于"两化"融合工作的全面展开、信息资源的深度开发、信息基础设施的建设以及信息技术的广泛应用。目前，"两化"融合水平测度这一重要的实践领域中，还没有统一的国家标准，基于网络环境下全面的指标构成、指标体系的层次性和有机整体、动态指标与静态指标结合、指标权重和规范化的数据资料方面的"两化"融合测度研究还有待进一步深入。[①]

三 测度指标权重确定

（一）建立层次结构模型

层次分析法是一种定性分析与定量分析相结合的系统分析方法，我们利用 AHP 软件，建立由一级和二级指标构成的层次结构模型（如图5—4 所示）。

---

① Melyn W, Moesen W., "Towards a Synthetic Indicator of Macroeconomic Performance: Unequal Weighting Weighting when Limited Information is Available", *Public Economics Research*, 1991 (17): 1 - 24.

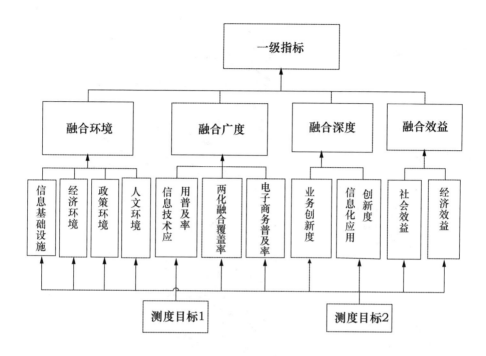

图5—4 "两化"融合测度指标层次结构模型

(二)构造对比判断矩阵

通过专家研究的办法，确定指标体系中指标之间的相互重要程度，用1—9尺度（见表5—5）构成成对比例的判断矩阵，见图5—5。

表5—5　　　　　　　　　　　　　对比标度值

标度	1	3	5	7	9	2, 4, 6, 8	倒数
含义（指标 i 比 j 的重要性）	同样重要	稍微重要	比较重要	非常重要	绝对重要	介于上述两相邻标度的中值	指标 i 与 j 比较为 a_{ij}，则 j 与 i 比较为 $1/a_{ij}$

(三)确定指标权重

确定权重与聚合数据的方法包括以下几种：

1. DEA 法

数据包络分析（data envelopment analysis，DEA）最早由美国著名

	融合环境	融合广度	融合深度	融合效益
融合环境		1/4	1/2	1/6
融合广度			3	1/5
融合深度				1/4
融合效益				

	信息基……	经济环境	政策环境	人文环境
信息基础设施		2	3	6
经济环境			5	5
政策环境				1/3
人文环境				

	信息技……	电子商……	两化融……
信息技术应用普及率		7	5
电子商务普及率			1/3
两化融合覆盖率			

	业务创……	信息化……
业务创新度		-4
信息化应用创新度		

	社会效益	经济效益
社会效益		1/3
经济效益		

图5—5　"两化"融合测度指标对比矩阵

运筹学家 A. Charnes 和 W. W. Cooper 等人于 1978 年提出。他们将经济学家 Farrell 于 1957 年对于单输出/单输入的有效性度量方法推广到多输出/多输入的情况下，提出了第一个 DEA 模型——C^2R 模型。数据包络分析（DEA）在指标体系中的应用主要是采用线性规划工具来估计的效率边界，将其作为基准来衡量各个个体的相对表现。

2. BOD 法

BOD（Benefit of the doubt），最早由学者 Melyn 和 Moesen 在 1991 年提出，是一种由 DEA 发展而来的应用综合指标体系的方法。[1] 该模型的含义是测量某个个体到效率边界的距离，在 BOD 中，这个效率边界也就是表现最好的个体。BOD 方法的具体操作是依据以下公式：

①　Melyn W, Moesen W, "Towards a Synthetic Indicator of Macroeconomic Performance: Unequal Weighting when Limited Information is Available", *Public Economics Research*, No. 17, 1991.

$$I_c = \max \sum_{j=1}^{n} w_{cj} i_{cj} \qquad (5-3-1)$$

$$s.\,t. \ \sum_{j=1}^{n} w_{cj} i_{kj} \leqslant 1, \ k=1,\ 2,\ 3\cdots\cdots m$$

$$w_{cj} \geqslant 0, \ j=1,\ 2,\ 3\cdots\cdots m$$

I_c 表示 c 城市的总指标，w_{cj} 表示 c 城市第 j 项分指标的权重，i_{cj} 表示 c 城市第 j 项分指标。

将公式（5-3-1）应用到样本中的每一个个体，就可以得到一组 I_1、I_2、I_3……I_m。公式（5-3-1）非常类似于大部分指标体系中都会用到的加权求和。不同的是，普通的加权求和对于所有个体来说每一个分指标的权重都是相同的、固定的，而在 BOD 中权重是变动的、有弹性的，每一个个体会得到对应自己的一套权重 w_j。这一套权重是利用线性规划求解最大值时得到的。当然就公式（5-3-1）而言，I_c 是一个最优化的结果，可以得到唯一的解，但对于每一个个体来说权重 w_{cj} 却有可能不是唯一的，对 w_{cj} 加以约束可以解决这个问题，这在下文中将有所讨论。

利用 BOD 法，每一个个体都可以找到一套最适合自己的权重，可以说这个模型是一个"激励性"的模型，而不是"惩罚性"的。这一套权重是来自样本本身而非外部基准。由于避免了主观赋权，每个个体也因此能够得到一个相对客观的评分。这是 BOD 的最大优点，尤其是在政策领域，这个优点显得尤为明显。首先，试想在一套由固定权重和线性聚合组成的指标体系下，排名靠后的个体（一个地区或者一个组织）很容易抱怨权重设定的不公平。尤其是当表现比较接近时，靠后者完全有理由认为靠前者之所以排名靠前是因为得到了系统的"偏袒"，这种"偏袒"最容易体现在权重上。其次，测量工具会对测量对象有反作用。一个固定权重的指标体系本身就带有一定的政策导向，测量个体很有可能重点关注权重高的分项指标而忽略权重较低的分项指标，这就暗含了不少政策风险。而 BOD 是先有样本数据后有权重，从很大程度上规避了这种风险。

3. BOD 的改良

尽管 BOD 存在以上几个优点，但其缺点也是十分明显的。首先，在对权重不加限制的情况下，很有可能很多个体都会得到最高分——"1"。因为公式（5-3-1）是一个最大化的过程，某个个体只要在某一项分项指标中有明显优势，即使在其他分项指标中表现不佳，也很容易得到最高分"1"。如果有相当数量的个体得到最高分，那指标体系就失去了参考比较的意义。另外，由于最高分设有上限，那些表现好的个体总会得到最高分，这就意味着在这套指标体系下，很难从时间维度展开分析。其次，对某一个个体来讲，权重是不固定的，尤其是那些在各项指标中都表现较好的个体，有很多套权重可以让它得到最高分。最后，由于是一套"激励性"的指标体系，每个个体都得到了所能得到的最高分，实际存在的问题被掩盖。

基于以上几个问题，学者 P. Zhou 提出了一种对 BOD 的改良，具体做法是首先：

$$I_c' = \min \sum_{j=1}^{n} w_{cj} i_{cj} \qquad (5-3-2)$$

$$s.t. \ \sum_{j=1}^{n} w_{cj} i_{kj} \geqslant 1, \ k=1, 2, 3\cdots, m$$

$$w_{cj} \geqslant 0, \ j=1, 2, 3\cdots, m$$

然后

$$CI_c(\lambda) = \lambda \cdot \frac{I_c - I_{\min}}{I_{\max} - I_{\min}} + (1-\lambda) \cdot \frac{I_c' - I_{\min}'}{I_{\max}' - I_{\min}'} \qquad (3)$$

式中，λ为常数，$0 \leqslant \lambda \leqslant 1$，$I_{\max} = \max \{I_c, c=1, 2, 3\cdots, m\}$，$I_{\min} = \min \{I_c, c=1, 2, 3\cdots, m\}$，$I_{\max}' = \max \{I_c', c=1, 2, 3\cdots, m\}$，$I_{\min}' = \min \{I_c', c=1, 2, 3\cdots, m\}$。

不难发现，公式（5-3-2）是模仿公式（5-3-1）的思想提出来的，目的是为每一个个体寻找一套"最差的"权重。然后，将公式（5-3-1）和公式（5-3-2）的结果进行聚合得到一个综合指数CI_c。聚合的前提是两个数据必须在相同的尺度下，所以标准化必不可少。从公式（5-3-3）中可以看出，标准化的方法是 max-min 法。λ

是一个介于 0 到 1 的常数，可以由指标体系的使用者根据自己的偏好决定，在没有偏好的情况下 λ 可以取 0.5。需要特别强调的是，不能因为有了公式（5－3－3）而忽略了公式（5－3－1）和公式（5－3－2）所表达的意义。

4. 权重的约束

在之前的讨论中，对权重 W 都是未加约束的，W 完全来自于样本数据，这样会带来以下几个问题。首先，每一个样本中的个体所对应的权重过于自由。权重表示的是某一个分项指标的重要性，从理论上来说这种重要性应该是基于现实的、有逻辑可循的，而不是随意的。不固定的权重会令指标体系的使用者很难对结果做出解释。其次，利用上述模型，很容易出现若干项分项指标的权重等于 0 的情况。这是完全不符合逻辑的，一个严肃的指标体系，每一个分项指标都应该是精挑细选的，既然被选入指标体系就意味着这个分项指标很重要，权重的高低只不过是相对于体系中的其他分项指标，这个权重可以比较低，但不能等于 0。

基于以上的讨论，对于 W 加以约束就显得必不可少了。约束的方法有以下几种：[①]

（1）绝对约束

$$a_j \leqslant w_j i_j \leqslant \beta_j \qquad (5-3-4)$$

为每一项分指标所占份额给出上限与下限。这种约束的方法比较简单，但割裂了分项指标之间的关系，而且将公式（5－3－4）应用于公式（5－3－1）也许比较容易，但应用于公式（5－3－2）时，α 与 β 的值就很难确定了。

（2）排序约束

$$w_l i_l \leqslant w_j i_j, \quad \cdots \leqslant w_m i_m \qquad (5-3-5)$$

根据分项指标的重要性对它们进行排序。这种约束的优点是，逻辑上很好理解。缺点是没有给出上、下限，仍然可能出现权重为 0 或

---

① Melyn W and Moesen W, "Towards a Synthetic Indicator of Macroeconomic Performance: Unequal Weighting When Limited Information is Available", *Public Economics Research*, No. 17, 1991.

者 1 的情况。

(3) 比重约束

$$a_j \leqslant \frac{w_j i_j}{\sum_{j=1}^{m} w_j i_j} \qquad (5-3-6)$$

对分项指标在总指标中的比重设置上限与下限。这种方法由学者 Wong 和 Beasley 提出，优点是很容易与专家意见法相结合。

对比矩阵建立后，我们通过 AHP 软件计算并经矩阵一致性检验（CR < 0.1）得出一级指标和二级指标权重 w_i，如图 5—6 所示。

通过图 5—6 可以看出一级指标融合环境权重 w_i 为 0.15、融合广度为 0.24、融合深度为 0.19 和融合效益为 0.42，将得出的一、二级指标权重代入，即构成由 4 个一级指标 11 个二级指标和 40 个三级指标构成的"两化"融合测度模型。

四 信息化与工业化融合指数计算方法和评估标准

通过对各具体指标进行评分，逐项分层加权计算，汇总形成"两化"融合水平的总评分。计算公式可表示为：

$$Y = \sum_{i=1}^{m} \left(\sum_{j=1}^{n} w_{ij} y_{ij} \right) \times w_i$$

其中，Y 表示"'两化'融合水平综合评分"，i 代表第 i 项一级指标，j 代表第 j 项二级指标，w_i 表示一级指标 i 权重，w_{ij} 表示第 i 个构成元素第 j 项在其中的权重，即二级指标权重，y_{ij} 表示为第 i 个构成要素的第 j 项指标标准化后的值。m 为一级指标个数，n 为二级指标个数。

按区域、行业或企业不同层次的融合评价对象，根据上述"两化"融合评价指标、得出相应的融合指标，为了对量化结果有更直观的判断，参考国内信息化与工业化成熟阶段的模型，根据融合指标总值大小（Y 以百分比表示）可划分融合程度的三个阶段：

1.一级指标　判断矩阵一致性比例：0.0132；对总目标的权重：1.00000；
λ_{max}:4.0351

一级指标	融合环境	融合广度	融合深度	融合效益	w_i
融合环境	1.0000	0.5488	0.8187	0.3679	0.1473
融合广度	1.8221	1.0000	1.4918	0.4493	0.2428
融合深度	1.2214	0.6703	1.0000	0.5188	0.1891
融合效益	2.7183	2.2255	1.8221	1.0000	0.4208

2.融合环境　判断矩阵一致性比例：0.0359；　对总目标的权重：0.1473；
λ_{max}:4.0959

融合环境	信息基础设施	经济环境	政策环境	人文环境	w_i
信息基础设施	1.0000	1.2214	1.4918	2.7183	0.3481
经济环境	0.8187	1.0000	2.2255	2.2255	0.3311
政策环境	0.6703	0.4493	1.0000	0.6703	0.1564
人文环境	0.3679	0.4493	1.4918	1.0000	0.1644

3.融合广度　判断矩阵一致性比例：0.000；对总目标的权重：0.2428；
λ_{max}:3.0000

融合广度	信息技术应用普及率	电子商务普及率	两化融合覆盖率	w_i
信息技术应用普及率	1.0000	3.3201	2.2255	0.5713
电子商务普及率	0.3012	1.0000	0.6703	0.1721
两化融合覆盖率	0.4493	1.4918	1.0000	0.2567

4.融合深度　判断矩阵一致性比例：0.000；对总目标的权重：0.1891；
λ_{max}:2.0000

融合深度	业务创新度	信息化应用创新度	w_i
业务创新度	1.0000	1.8221	0.6457
信息化应用创新度	0.5488	1.0000	0.3543

5.融合效益　判断矩阵一致性比例：0.0000；对总目标的权重：0.4208；
λ_{max}:2.0000

融合效益	社会效益	经济效益	w_i
社会效益	1.0000	0.6703	0.4013
经济效益	1.4918	1.0000	0.5987

图5—6　"两化"融合水平测度指标权重

（一）基础融合阶段

$Y=30\%—50\%$，为基础融合阶段。该阶段需要加快信息技术在区域、行业或企业各层面的建设与应用，提高"两化"融合基础软、硬件条件。

（二）整体融合阶段

$Y=51\%—80\%$，为整体融合阶段。信息技术较好融入社会生活之中，信息产业和服务业发展势头良好；"两化"融合工作在企业经营、生产各环节向集成化方向发展，信息资源成为企业或产业发展的战略资源。

（三）战略融合阶段

$Y=81\%—100\%$，为战略融合阶段。全面的"两化"融合发展的局面，以信息产业为支柱产业的社会环境已经高度完善[1]。企业各环节信息化应用实现自动化，信息作为生产要素成为决定企业生产经营活动与评价企业实力的第一要素，信息化建设与应用已融入企业的运营理念与发展观念，与经济社会发展战略高度融合。[2]

通过对"两化"融合测度指标中一级和二级指标因素和权重的确定，对进一步细化测度指标打下了基础，为实践中测度"两化"融合水平做了初步探索。通过该指标和权重的确定，为制定推进"两化"融合的具体策略和对策提供了一定的理论和数据支持。

"两化"融合测度指标体系的实现有赖于"两化"融合工作的全面展开、信息资源的深度开发、信息基础设施的建设以及信息技术的广泛应用。但"两化"融合水平测度这一重要的实践领域中，还没有统一的国家标准，基于网络环境下全面的指标构成、指标体系的层次性和有机整体、动态指标与静态指标结合、指标权重和规范化的数据

① Laurens Cherchye and Willem Moesen and Nicky Rogge, "An introduction to 'Benefit of The Doubt' composite indicators", *Social Indicators Research*, No. 82, 2007.
② 汪晓文、杜欣：《基于模糊评价的中国工业化与信息化融合发展测度研究》，《兰州大学学报》（社会科学版）2014年第5期。

资料方面的"两化"融合测度研究还有待进一步深入。①

第四节 "两化"融合进程的实时测度 机制系统构建

如今，伴随着计算机系统地应用和计算机网络的发展，加大数据中心建设，利用计算机实现对指标体系相关数据的采集与分析、实现信息自动化成为一种必然趋势，将计算机技术、数据处理技术引入这一领域是十分必要的。在不久的将来，应能更加科学、系统地通过具体实证，完成对一个国家乃至全球区域化"两化"融合度的实时测度。

一 系统的构成

本书根据研究提出"两化"融合进程的实时测度机制系统的初步构想：系统构架主要以省市为单位，由数据监测子系统（下位机）、通信系统和数据评估系统（管理中心/上位机）三部分组成。预期由地区管理站点、"两化"融合进程中的测度管理中心站点，利用通信系统，分权限实现对"两化"融合度的分析和管理。地区局管理站点负责管理所辖区域内的相关数据，定点、定时上传数据。中心也可以召唤传输任一管理站点的数据。具体的系统网络结构见图5—7。

客户端首先收集需要上传的数据，数据评估系统会对数据的大小、格式等进行管理，定点、定时上传数据，或者经由中心服务器发送请求时进行数据上传。本系统采用了分布式网络结构，服务器需分散在评估区域中各管理站点，同一个局域网的数据由相对应的服务器负责数据的统一采集和上传，最终将一个区域的数据收集整合至终端的管

---

① 蔡伟杰、王紫东、辛竹：《上海信息化与工业化融合发展水平评估指标体系研究》，《信息化建设》2010年第10期。

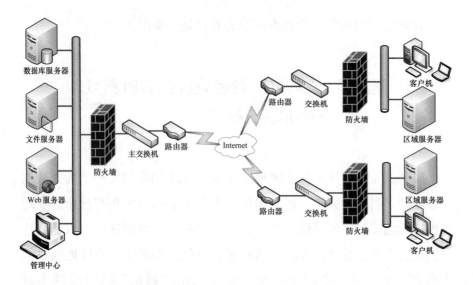

图5—7　"两化"融合度测度系统的网络结构

理中心客户机进行评估分析。建立由终端客户机为核心的数据评估管理中心，在地区建立具体的区域服务器（即数据监测子系统），每个数据管理子系统中应根据各个城市所适应的指标体系已建立的相关基础设施确定监测站点，明确需要采集的数据，据此对数据进行采集和处理。而最终，经由区域服务器采集处理后的相关数据，会上传至中心数据评估系统，根据研究需要对采集来的数据进行精确分析。另外，数据评估系统还负责数据传输的检测，是否传送完毕，什么时间来传送等。

图5—7中的网络传输预期采用FTP的传输协议，FTP传输分为主动上传和被动下载两种方式，在本系统中，当客户端需要定时上传数据的时候，就采用主动上传模式，在服务器端主动要求调用客户端的数据时，采用下载方式。服务器首先远程登录客户端机器然后进行下载操作。上传或者下载到服务器的数据后，要关闭FTP的链接，此时数据检测子系统必须阻止数据的传送，并且检测内部数据的处理操作。

数据库技术是信息系统的一个核心技术。是通过研究数据库的结构、存储、设计、管理以及应用的基本理论和实现方法，并利用这些理论来实现对数据库中的数据进行处理、分析和理解的技术。数据的实时显示是相对于数据保存后进行提取显示而言的，就是在数据采集设备与计算机进行交互的过程中，将采集到的数据利用串口通信接收到计算机中，同时，及时反映到人机界面（如 ST_ Curve 图形控件）上。从而，使科研人员得到更直观、更清晰的原始数据，以利于观察数据接收的进展，做进一步处理。

二　系统功能划分与实现

整个系统的流程图如图 5—8 所示。

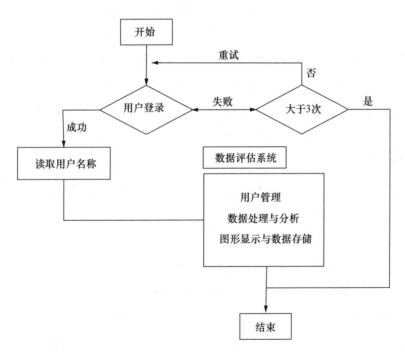

图 5—8　数据评估系统流程

　　系统构想中所涉及的软件开发部分，如数据评估系统中客户机的操作界面设计，采用的是 C/S 三层协议和分层开发的结构，运用 Visual C + +/MFC 作为开发工具，Access 作为数据库。使用三层协议和分层开发是以用户利益角度为出发点，满足该系统当前用户数目少、数据传递速度快为目标，详细介绍如下：

（一）数据层：数据库操作

该层集中数据库全部操作，并且只负责添加、删除和修改等操作。

（二）业务逻辑层：用于实现业务规则的封装

该层目的是使程序逻辑结构清晰、分类具体到位。

（三）相关层：主要是完成人机交互界面的设计

该层方便用户处理相关事件提供易于学习、掌握的友好界面，将数据交回业务逻辑层处理。

对系统功能的各个部分及功能点进行划分，数据评估系统是该系统的主要操作部分，主要由系统管理、"两化"融合度测度分析、建立数据存储文件三部分组成。系统管理是系统主界面，包括各监测站点管理、数据监测子系统管理以及用户管理。"两化"融合度测度分析则是以年为单位，根据技术融合、产品融合、业务融合以及产业衍生四个测度方向的相关指标，通过选取数据处理方法，得出测度结果，以曲线图等形式定性、定量地向用户显示出来。并建立数据存储文件，方便对原始数据的保存，也为了日后能结合历史数据，对比原始数据进行分析处理。具体功能模块如下：

（一）系统信息管理

系统信息管理主要是要实现用户身份验证功能。考虑系统的安全性，用户身份验证后才准许登录是非常必要的。本系统审核用户权限时，要求用户名、密码、用户类型三项均和数据库保持一致时，才准许登录主管理页面。该项中用户类型分普通用户和管理员两种。

（二）基础信息管理

基础信息管理主要是要实现客户信息管理、融合度测度相关因素管理、地域信息管理。以地域信息管理为例，用视图方式显示省、市、区3个级别的地域信息，并可对视图中除根节点以外任意一地域节点进行添加、删除等操作。

（三）图形管理页面

该页面用于显示测点分布图，包括测度图形评估、结果存储等功能。

数据采集是监测子系统亟待实现的重要功能，在本系统的实现过程中，该功能设计为每次采集现场实际数据时，进入"上传数据"界面（如图5—9所示），点击"开始"，即可通过进度条显示，将监测站点所采集到的相关数据上传到监测子系统，为下一步的数据分析与显示做好准备。

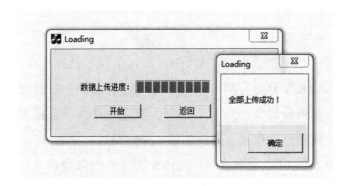

图5—9　数据上传界面

如图5—10所示数据评估系统数据处理界面。左边是信息化与工业化融合所分的四个层次：技术融合、产品融合、业务融合和产业融合。以技术融合为例，点击该图标后，会进入该层次相关测度指标的子界面，可以在子界面中通过删除或添加测度中所需的指标，并选择加权计算等处理方法，最后汇总形成该项融合水平的总评分，并在右边的图表中显示出来。图表中以年份为 X 轴，按照1—2年为间隔，以总评分为 Y 轴，这种图形显示界面可以让用户更为直观地获取结果。

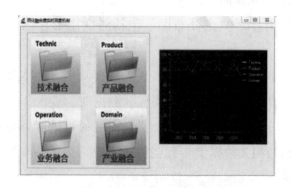

图5—10　数据评估系统数据处理界面

三　硬件配置方案

实时测度系统是依据 Client/Server 技术、关系数据库技术而建立，适应各类实验数据分布与集中相结合的计算机系统。它以计算机及网络为手段，数据分析管理为重点。由于相关的数据信息量大，来源渠道复杂，为处理这些数据，专门配置了一台高速、稳定、安全服务器，结合目前服务器 CPU 发展状况，选用性能适宜的处理器，能满足大负荷数据请求和响应的服务器配置为：顶级四核英特尔至强处理器E5606，可扩展至 2 个处理器、4G 内存、146GSAS 硬盘。

X3400M3 是一款强大的适用于后台数据处理的企业级服务器，能满足信息化与工业化融合发展测度对稳定性、可靠性、处理性能的实验要求。

本书所构想的信息化与工业化融合进程的实时测度机制的实现方案，是在总结了通过对当前社会信息化测度指标体系研究背景及现状情况下，结合目前以各企业、行业、城市和区域为对象的"两化"融合发展水平和指标体系建设的研究，认为建立信息化与工业化融合进程的实时测度机制已经具有较为成熟的理论基础而提出的。系统的实现过程中，采用了 C/S 三层协议和分层开发的结构，运用 VisualC＋＋/MFC作为开发工具，Access 作为数据库，初步完成了系统数据采集上传功能以及对数据处理主界面的设计等，通过实验表明该系统构想具有切实的可行性。但是，本构想只是对"两化"融合进程的实时测度机制所做的一个初步探索，系统中所涉及的相关指标体系和数据的实时采集还有待进一步完善，以达到预期的数据处理效果。

第五节　实时测度的技术路线

一　需求分析

（一）需求描述

信息化与工业化融合水平实时测度系统为 Web 应用类软件工程，计划建立资源数据库，并实现多用户登录的网络平台以共享该数据库，另可通过 Web 页面上传固定格式数据表格，使用特定 PHP 扩展数据解析库及图表库以分析数据，并按照规定程序进行运算，动态生成分析图表的直观显示。

（二）可行性分析

近年来，Web 应用获得飞速发展，依赖互联网实现数据交互的应用平台大量涌现，并日臻成熟。同时，计算机硬件制造水平的大幅提高，多种脚本语言的不断发展，使得在中小型企业服务器上布署高性能计算和 Web 应用服务成为现实。本书需求描述采用成熟的 LNMP（Linux + Nginx + Mysql + PHP）布署应用平台具有完全的可行性和可操作性。

（三）图表符号

本书采用的业务流程图表符号见图 5—11。

本书凡涉及编程部分文字均使用表格 Arial 字体加以区分，另外，本书不赘述操作系统、数据库软件以及脚本语言的安装、配置、特性及交互细节，仅对应用平台的功能模块、PHP 扩展库的使用以及自行编写的 PHP 类应用进行详细描述。

符号	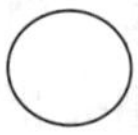 ◯	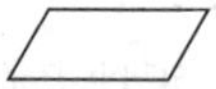 ▱	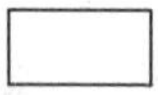 ▭	 →	 文档符号	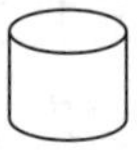 ⬛
名称	实体	输入/输出的报表	处理	业务流向	文档	存储

图 5—11　业务流程图表符号

二　逻辑结构

（一）逻辑层次

信息化与工业化融合水平实时测度系统为 WEB 应用类软件，遵循标准 OSI 七层结构，由下至上为物理层、数据链路层、网络层、传输层、会话层、表现层、应用层。此处不作赘述。

操作系统至应用程序层次逻辑图示见图 5—12。

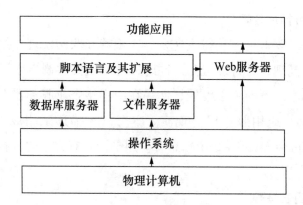

图 5—12　操作系统至应用程序层次逻辑图示

（二）资源库设计逻辑

资源库包括数据库服务器中存放的数据资源和文件服务器中存放的文件资源，两者均通过脚本语言及其扩展的接口供网络用户进行访问和操作。故资源库设计逻辑如图 5—13 所示。

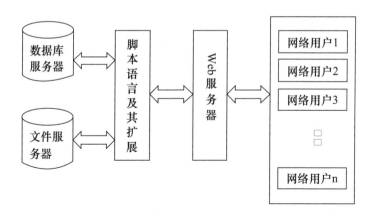

图5—13　资源库设计逻辑

（三）数据分析逻辑流程

需要进行分析成图的数据由网络用户进行上传，由脚本语言文件IO扩展进行计算和分析，统计进入数据库服务器，再由脚本语言的另一图形扩展进行处理，返回给网络用户（见图5—14）。

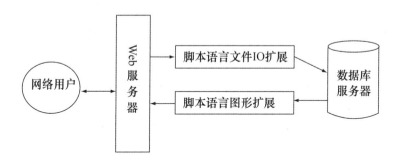

图5—14　数据分析逻辑流程

三　功能模块

根据需求分析，应用功能模块如下：

（一）配置模块

配置模块包括数据库配置、全局变量配置、存储目录配置等子模块。

（二）用户管理模块

用户管理模块包含用户添加、删除、密码修改、权限控制、用户查询等子模块。

（三）文件管理模块

文件管理模块包含文件上传、文件删除、文件查询、文件重命名等子模块。

（四）文章管理模块

文章管理模块包含栏目管理（增加、修改、删除、查询、子栏目）、文章管理（增加、修改、删除、查询）等子模块。

（五）数据分析模块

数据分析模块包含若干个数据输入模板及对应读取程序、若干个预定义的计算功能程序。

（六）图形模块

图形模块包含图形生成、输出等子模块。

四　实现方法

（一）操作系统

采用基于 Linux 内核 2.6 版本的 Slackware 13.0 操作系统。

（二）数据库服务器

采用 Mysql 数据库服务器，版本为 5.5.20。

（三）文件服务器

采用 Pureftp 文件服务器，版本为 1.0。

（四）Web 服务器

采用 Nginx 反向代理程序作为 Web 服务器。

（五）脚本语言及其扩展

采用 PHP 脚本语言，版本为 5.2。采用 GD、Imagemagick 图形扩展库，文章管理模块中使用 Magickwand For PHP 作为图形接口程序。采用 PHPExcel 类库作为数据分析模块中读取数据文件的接口程序，采用 JpGraph 类库作为图形模块中生成分析图表的接口程序。

五 应用层编程

功能模块全部通过应用层的编程得以实现。

(一) 配置模块

配置模块位于由 documentRoot 定义的根目录下,其中对数据库访问、存储目录及多个前台、后台、全局变量进行了定义。

(二) 用户管理模块

用户管理模块位于 admin 目录内,实现系统管理员后台添加用户的功能。

(三) 文件管理模块

文件管理模块位于根目录中,实现网络用户上传文件功能。该程序调用 uploadify.js 用以控制文件,并使用 datatable.js 用以展示数据。

(四) 文章管理模块

文章管理模块位于 admin 目录下,实现管理员添加文章功能。

(五) 数据分析模块

数据分析模块位于根目录下,用于实现对上传的 Excel 数据表进行读取。本文件第一行即读取 PHPExcel 类库。

(六) 图形模块

此处列表图形操作函数。可以看到在切割图片程序中使用 Magick-wand For PHP 接口类。

第 六 章

信息化与工业化融合发展水平测度

第一节 基于菲德模型测度信息产业要素对
经济增长贡献的实证分析

以信息化与工业化融合发展为背景，基于国内外对信息产业的界定，归纳出信息产业的定义和具体的细分要素。借鉴由菲德（Feder，1983）提出的两部门模型来测度信息产业对经济增长的贡献，将经济部门分为信息产业与非信息产业两大部门，并以这两部门的生产函数为基础，推导出最终的计量模型，然后根据《中国统计年鉴》的有关数据对模型进行回归分析，实证了信息产业部门对经济增长的贡献率，进而揭示信息化与工业化的融合程度。

一 信息产业理论

（一）信息产业的界定

当前国内外产业界和学术界尚未对信息产业的内涵和外延形成较为统一的认识，更没有规范的定义。1962年，经济学家费里茨·马克卢普（F. Machlup）在《美国的知识生产与分配》中提出"知识产业是一类为他人或者为自己所用而生产知识，从事信息服务或生产信息产品的机构"，并将知识产业划分为教育、研究与开发、通信媒介、信息处理设备、信息处理服务五个部门。① 1977 年，美国经济学家马克·优里·波拉特（M. U. Porat）在《信息经济》中，正式提出了信息产业的概念，并把信息产业划分为第一信息部门和第二信息部门。② 此后，一些国际组织和众多学者纷纷对信息产业进行了研究，如北美产业分类系统（NAICS）、美国商务部、美国信息协会（AIIA）、欧洲信息提供者协会（FURIPA）、日本科学与技术协会等分别给出了信息产业的含义及其范围③。

目前，国内学术界对信息产业的界定代表说法有以下几种：乌家培、谢康、肖静华认为"信息产业是从事信息技术设备制造以及信息的生产、加工、存储、流通和服务的新兴产业部门"。④ 刘昭东认为，信息产业可分为两大部分：一是信息技术设备制造业，二是信息服务业。⑤ 倪波认为，信息产业主要包括四个方面：一是信息设备制造领域；二是信息生产加工领域；三是信息服务领域；四是信息传递领域。⑥ 马费成等认为，信息产业是指国民经济活动中与信息产品和信息服务的生产、流通、分配、消费直接相关的产业的集合⑦。陈禹和谢康认为信息产业实际上包含四个层次的范畴⑧。吴基传将信息产业定义为"社会经济活动中从事信息技术、设备、产品的生产以及提供信息服务的产业部门的统称"。⑨

不同的研究角度、深度和目的导致了不同的信息产业概念。本书

① ［美］弗里茨·马克卢普：《美国的知识生产与分配》，中国人民大学出版社 2007 年版，第 39 页。

② ［美］波拉特：《信息经济论》，湖南人民出版社 1987 年版，第 30 页。

③ 赵正龙：《信息产业定义与范畴的新界定》，《科学学研究》2003 年第 S1 期。

④ 乌家培、谢康、肖静华：《信息经济学》（第 2 版），高等教育出版社 2007 年版，第 115 页。

⑤ 刘昭东：《关于中国信息产业发展问题的思考》，《中外科技政策与管理》1994 年第 3 期。

⑥ 倪波：《信息传播原理》，书目文献出版社 1996 年版，第 376 页。

⑦ 马费成、王槐、查先进：《信息经济学》，武汉大学出版社 1997 年版。

⑧ 陈禹、谢康：《知识经济的测度理论与方法》，中国人民大学出版社 1998 年版，第 168 页。

⑨ 吴基传：《信息技术和信息产业》，中国科学技术出版社 2000 年版，第 45 页。

将信息产业界定为社会经济活动中以信息的生产、收集、整理、传播为主要目的，专门从事信息技术研发、信息设备与器件的生产，及提供信息内容和服务的新兴产业群，包括信息设备制造业、软件业、通信业及信息内容业等相关产业。[①] 信息设备制造业指微电子技术、计算机技术、通信技术、网络技术、多媒体技术、视听技术等技术设备和元器件的开发与制造，是信息产业产生和不断发展的物质基础。[②]它具有知识智力密集、较高的产业关联性[③]、技术不断创新、高风险、高收益、可持续发展的产业特征。

（二）信息产业发展与非均衡增长理论

新古典经济增长理论认为，要素市场是均衡的，经济制度有足够的灵活性以维持均衡价格，无论从生产者还是消费者的角度看，资源都达到了长期的有效配置，即帕累托最优。根据以上观点，新古典经济增长理论把国内生产总值增长看作是资本积累、劳动力增长和技术变化长期作用的结果。事实证明，无论是市场机制还是行政机制，都不可能实现完全的均衡调整，不同部门中劳动收益会有差别。在这种情况下，结构调整和优化便会加速经济增长。现代经济的迅速增长往往伴随着经济结构的不断演进，表现为国民收入的增长和产业结构的高级化。而当今各国产业结构的高级化主要通过促进信息产业化来实现，亦即当技术变革引起产业结构转换时，通过引入信息技术促进产业结构的变革，为新经济增长创造良好条件。因此结构主义的代表人物钱纳里等认为：经济结构转变同经济增长之间具有密切的正相关关系，这不仅表现为不同收入水平上经济结构的状况不同，而且表现为经济结构的转变，特别是非均衡条件下（要素市场分割和调整滞后

---

① 陈小磊、郑建明：《基于 C - D 模型的信息产业细分要素对经济增长贡献分析》，《情报科学》2009 年第 9 期。

② 陈小磊、郑建明：《基于菲德模型的信息产业细分要素对经济增长贡献分析》，《图书情报工作》2009 年第 14 期。

③ 李怡：《中国信息产业集群发展研究》，博士学位论文，复旦大学，2005 年。

等）的结构转变，能够加速经济增长。[1]

另外，通过有效开发和利用信息资源，提高信息产品中的知识含量。知识含量高的行业在产业结构中比重越来越大，而知识含量低的行业在产业结构中的比重越来越小，进而促进产业结构的高级化。为此，中国社会科学院的郑友敬提出："把信息业视为国民经济优先发展的产业，用信息业和高新产业改造传统产业，优化产业结构。"[2]

本书把信息产业要素对经济增长的作用（直接作用和外溢作用），类同于出口对经济增长的作用，将经济发展部门划分为信息部门和非信息部门，并定义各自的生产方程。从而估算信息产业与非信息产业两部门相对边际要素生产力差异的系数，以及其他变量因素不变的情况下，信息产业部门产值的增长带来整个地区生产总值和非信息产业部门产值的增长幅度。在此基础上，可以通过调整信息产业要素的投入比例和发展结构，进而改造传统产业，优化整个产业结构。

二　信息产业要素的菲德模型

信息产业要素的菲德模型，是把信息产业要素对经济增长的作用（直接作用和外溢作用）类同于出口对经济增长的作用，将经济发展部门划分为信息部门和非信息部门，并定义各自的生产方程。[3] 这里假定只有劳动和资本两种要素投入，社会资源总量为[4]：

$$L = L_i + L_n \qquad (6-1-1)$$

$$K = K_i + K_n \qquad (6-1-2)$$

L 和 K 分别代表劳动和资本，下标 i 和 n 分别代表信息产业和非信

---

①　［美］钱纳里、鲁宾逊、赛尔奎因：《工业化和经济增长的比较研究》，吴奇、王松宝译，上海三联书店1995年版，第5页。

②　郑友敬：《创新与思考》，中国社会科学出版社2015年版，第3页。

③　朱新玲、黎鹏：《信息产业对经济增长贡献的计量分析》，《统计与信息论坛》2005年第6期。

④　王鹏飞：《信息产业发展的国际比较及对我国的启示》，硕士学位论文，山东大学，2006年，第7—8页。

息产业两部门。假定信息产业产出水平将影响非信息产业部门，则各自的生产函数分别为：

$$I = f\ (K_f,\ L_f) \tag{6-1-3}$$

$$N = g\ (K_n,\ L_n,\ I) \tag{6-1-4}$$

式中，I 和 N 分别代表信息产业和非信息产业部门的产业量，L 和 K 分别代表劳动力和资本量大生产要素，下标代表生产部门。式（6-1-4）生产函数假设，信息产业的产出水平 I 将影响非信息产业的产出。

地区经济总产出为：

$$Y = I + N \tag{6-1-5}$$

模型假定不同部门要素边际生产力的相互关系为：

$$\frac{f_l}{g_l} = \frac{f_k}{g_k} = 1 + \delta \tag{6-1-6}$$

其中，g_l 代表非信息产业部门劳动的边际产出，g_k 代表非信息产业部门资本的边际产出；f_l 代表信息产业部门劳动的边际产出，f_k 代表信息产业部门资本的边际产出，δ 代表信息产业部门与非信息产业部门之间相对边际生产力差异，这里我们认为其取值为正，也就是说，信息产业部门的相对边际生产力高于非信息产业部门。对社会总产出式（6-1-5）的两边求微分得：

$$dY = g_k dK_n + g_l dL_n + g_i dl + \ (1+\delta)\ g_k dK_i + \ (1+\delta)\ g_i dL_i$$

$$\tag{6-1-7}$$

将总劳动力 $L = L_i + L_n$ 和总投资 $K = K_i + K_n$ 代入到上式，可得

$$\frac{dY}{Y} = \alpha\ \left(\frac{K}{Y}\right)\ + \beta\ \left(\frac{dL}{L}\right)\ + \gamma\ \left(\frac{dI}{I}\right)\ \left(\frac{I}{Y}\right) \tag{6-1-8}$$

式中，α 是非信息产业部门资本的边际产出；β 是非信息产业部门劳动力的弹性系数；γ 代表了信息产业要素对区域经济增长的全部作用，$\gamma = \frac{\delta}{1+\delta}g_i$。$\gamma$ 代表信息产业部门的外溢作用（g_i）与两部门间要素生产力差异（$\frac{\delta}{+\delta}$）两种作用之和。$\frac{dY}{Y}$、$\frac{dL}{L}$ 和 $\frac{dl}{l}$ 分别是总产出、

劳动力和信息产业产出的增长率；$\dfrac{I}{Y}$是信息产业产出占总产出的比例，或者说是信息产业在经济中的"规模"；$\dfrac{K}{Y}$是区域内资本投资占总产出的比例，这里将区域资本的投资视同为资本存量。

回归方程（6–1–8）中的参数 γ 代表信息产业部门的外溢作用与两部门间要素生产力差异两种作用之和。为了分别估计信息产业的外溢作用和相对要素生产力差异（δ），仍遵循菲德模型的规则，假设对非信息产业部门的产出的弹性不变，即：

$$N = g \ (K_n, \ L_n, \ I) \ = I_w^0 \ (L_n, \ K_n) \qquad (6-1-9)$$

经过整理，因为 $N = Y - I$，所以：

$$\frac{\mathrm{d}Y}{Y} = \alpha \ \left(\frac{K}{Y}\right) \ + \beta \ \left(\frac{\mathrm{d}L}{L}\right) \ + \left[\frac{\delta}{1+\delta} - \theta\right]\left(\frac{\mathrm{d}I}{I}\right)\left(\frac{I}{Y}\right) + \theta\left(\frac{\mathrm{d}I}{I}\right)$$

$$(6-1-10)$$

分别将一个常数项和一个随机误差项加入方程（6–1–8）和（6–1–10）就成为所需要的回归方程。通过方程（6–1–8），对参数 γ 的估计，可以得到信息产业要素对经济增长的全部作用；对方程（6–1–10）中的 θ 和 δ 进行估计，可以得到信息产业要素的外溢作用参数（θ）和相对边际要素生产力差异（δ）的值。

需要说明的是，该模型将整个经济区分为两个部门是一种理论上的简化。同时，非信息产业的产出不仅依赖于配置在本部门的劳动和资本要素，还取决于同一时期信息产业的产出量。因此，这里存在着一个假定：信息产业部门对经济中其他部门的外溢作用发生在同一时期。这个假定与现实可能不太相符，但笔者认为使用时间序列（2000—2014 年）数据进行回归分析，对分析结果影响不会太大。

三　基于菲德模型的实证分析

（一）数据和样本的选取

鉴于信息产业部门产出的资料只是近几年关于电子信息产业制造

业和通信业的统计分析，没有完整的数据。《中国统计年鉴》以及国家《国民经济和社会发展统计年度公报》都选取"高新技术产业产值"采集数据，笔者亦采用高新技术产业产值指标来代替信息产业部门产出，对于劳动力指标采用年底从业人员指标，对于资本指标采用历年的全年固定资产投资额代替。样本区间选取"十五""十一五""十二五"期间数据（2000—2014 年）。本书采用 SPSS 20.0 软件对所获取的经济数据进行分析，所用数据资料均来源于《中国统计年鉴》、《国民经济和社会发展统计公报》（2000—2014）、《中国信息化年鉴》以及国家统计局网站。

（二）实证信息产业对经济增长的全部

对方程（6-1-8）做多元线性回归，结果如表 6—1 所示。

表6—1　　　　　　　　　方程（6-1-8）的回归统计表

变量	参数	参数的标准回归系数	T 检验值
K/Y	α	0.329	4.302
$\mathrm{d}L/L$	β	0.696	2.787
$(\mathrm{d}I/I)\ (I/Y)$	γ	0.397	1.834
$\xi_i\ (k) = \left[\min_{i=1}^{n} \min_{k=1}^{m} \mid C_k^* - C_k^i \mid + \rho \max_{i=1}^{n} \max_{k=1}^{m} \mid C_k^* - C_k^i \mid \right] / \left[\mid C_k^* - C_k^i \mid + \rho \max_{i=1}^{n} \max_{k=1}^{m} \mid C_k^* - C_k^i \mid \right]$		0.932	D.W. = 1.286
F		3.849	

数据来源：《中国统计年鉴》电子版（国家统计局，2000—2014）、《2014 年国民经济和社会发展统计公报》（国家统计局，2015）。

即方程（6-1-8）的标准化回归方程为：

$$\frac{\mathrm{d}Y}{Y} = 0.329\ \frac{K}{Y})\ + 0.696\ (\frac{\mathrm{d}L}{L})\ + 0.397\ (\frac{\mathrm{d}I}{I})\ (\frac{I}{Y})$$

$$(6-1-11)$$

从方程（6-1-11）看，α、β、γ 均通过统计的显著性检验，

$R_i = \sum W_k \times \xi_i (k)^n$ 达到 0.932 表明方程的拟和效果很好，而 D. W. 统计值为 1.286，在值域 $[0.82, 1.75]$ （$D_L = 0.82$，$D_U = 1.75$）范围内，表明方程（6-1-11）的各个变量间不存在共线性问题，说明估计的结果是稳定的。从方程（6-1-11）的回归结果，得到最关心的系数 γ 的标准回归值为 0.397，γ 就是信息产业对经济增长的全部作用，其中既包括信息产业要素的外溢作用，也包括同一生产力要素在不同部门之间要素的差异作用。$\gamma = 0.397$ 的含义：在其他变量保持一定的条件下，信息产业要素每增加一个单位的产值，整个区域的生产总值将增加 0.397 单位，表明信息产业要素总产值对经济增长的具体贡献。

（三）分析信息产业外溢作用与全部作用的关系

信息产业要素对经济增长的全部作用 $\gamma = \dfrac{\delta}{1+\delta} + g_i$ 的表达式可以看出，它包含两个方面的内容：g_i 是信息产业对非支柱产业的边际贡献，δ 是两个部门间相对边际要素生产力的差异，γ 是信息产业的外溢作用参数。在方程（6-1-10）回归的结果中，可以得到变量 $\left(\dfrac{\mathrm{d}I}{I}\right)$ $\left(\dfrac{I}{Y}\right)$ 的系数 $\left(\dfrac{\delta}{1+\delta} - \theta\right)$ 和变量 $\dfrac{\mathrm{d}I}{I}$ 的系数 θ，之后，则可分别将 δ 和 θ 估算出来。方程（6-1-10）的回归分析结果见表6—2。

表6—2　　　　　　　　方程（6-1-10）的回归统计表

变量	参数	参数的标准回归系数	T 检验值
K/Y	A	0.302	1.935
$\mathrm{d}L/L$	β	3.564	2.651
$(\mathrm{d}I/I)\ (I/Y)$	$\dfrac{\delta}{1+\delta} - \theta$	0.498	1.565
$\mathrm{d}I/I$	θ	0.127	0.140
R^2		0.941	D. W. = 1.226
F		2.608	

数据来源：《中国统计年鉴》电子版（国家统计局，2000—2014）、《2014 年国民经济和社会发展统计公报》（国家统计局，2015）。

即方程（6-1-8）的回归结果为：

$$\frac{\mathrm{d}Y}{Y} = 0.302 \left(\frac{K}{Y}\right) + 3.564 \left(\frac{\mathrm{d}L}{L}\right) + 0.498 \left(\frac{\mathrm{d}I}{I}\right)\left(\frac{I}{Y}\right) + 0.127\frac{\mathrm{d}I}{I}$$

$$(6-1-12)$$

从表6—2可以得出，$\frac{\mathrm{d}I}{I}$的系数 θ 为 0.127。从方程（6-1-12）看，α、β、γ 均通过统计的显著性检验，从模型的拟合程度看，$R^2 = 0.941$，表明方程的拟合效果比方程（6-1-11）更明显，而且 D. W. 统计值为 1.226，在值域 [0.69, 1.97]（$D_L = 0.69$，$D_U = 1.97$）范围内，表明方程（6-1-12）的各个变量间不存在共线性问题，该模型不存在自相关，说明估计的结果是稳定的。由此可见，该模型高度显著。因此可以利用它来对信息产业的外溢作用做如下解释：如果信息产业部门总产值 I 增长 1 个单位，假定其他变量因素一定的条件下，非信息产业部门将增长 0.127 个单位。同时，利用表6—2中变量 $\left(\frac{\mathrm{d}I}{I}\right)\left(\frac{I}{Y}\right)$ 的回归系数 $\left(\frac{\delta}{1+\delta} - \theta\right)$ 和 $\frac{\mathrm{d}I}{I}$ 的回归系数 θ，可以计算出两部门边际要素生产力差异的系数 δ 为 1.667 > 0，说明信息产业部门的边际生产力高于非信息产业部门。

基于上述的分析结果，可知信息产业部门的外溢作用参数估计值 θ 和相对边际要素生产力差异系数的估计值 δ 均为正值，分别为 0.127 和 1.667，且信息产业要素对整个经济的全部作用参数的估计值 γ 已达到 0.498，从这点上看，信息产业要素对经济的带动作用已明显展现，但尚未显著发挥支柱产业的效用。由于信息产业的边际要素生产力要大大高于非信息产业部门，而且信息产业部门的外溢效应显著，因此在生产要素特别是资金的投入上要向信息产业部门倾斜，以发挥信息产业的高效率，进而带动整个经济的发展。

第二节 基于 C–D 模型测度信息产业细分要素对经济增长贡献的实证分析

本书以信息时代的 C–D 生产函数模型为依据，实证分析了 2004—2014 年信息产业细分要素（高新技术产业产值、邮电业务总量、R&D 经费支出、高新技术产品进出口总额）对经济增长的贡献，进而揭示信息化与工业化的融合度。

一 信息产业发展与熊彼特创新理论

随着人类社会的不断发展，创新在现代经济增长中的作用越来越重要。技术创新是技术进步的一种飞跃和质变，是技术进步的纵向发展和积累形式，因而也成为技术进步的规律。首先提出创新概念的是美籍奥地利经济学家约瑟夫·熊彼特，他建立了以"创新"理论为轴心的动态发展理论。按照熊彼特的观点，所谓"创新"，就是"建立一种新的生产函数，即建立一种新的生产要素的组合比率，把一种从未有过的关于生产要素和生产条件"的新组合引入生产体系。熊彼特所提出的"创新"包括五种情况：①引进新产品；②引用新技术，即新的生产方式；③开辟新市场；④控制原材料的新供应来源；⑤实现企业的新组织。[①] 这五个方面的内容可以归结为两点，第一是生产技术方面的革新，如新设备、新产品、新材料的开发和应用，新工艺的发明、引进和应用；第二是生产方式方面的革新，如社会生产和经营管理方式的更新和改进。生产技术和生产方式的变化与革新，本身就是创新的结果，是不断地对经济增长产生革命性影响的过程。

鉴于信息产业的发展过程实际上就是一个不断创新的过程。在这

---

① ［美］约瑟夫·阿洛伊斯·熊彼特：《经济发展理论：对于利润、资本、信贷、利息和经济周期的探究》，商务印书馆 2009 年版，第 3 页。

一过程中，信息产业不仅自身经历了突飞猛进的革新，还对整个社会生产和生活产生了一系列重大而深远的影响。因此，本书以熊彼特的创新理论为基础，建立一种包含信息产业细分要素的组合比率的新生产体系，采用信息时代的道格拉斯生产函数模型，来论证信息产业细分要素对江苏经济增长的贡献。

二　信息经济时代的 C - D 模型

柯布 - 道格拉斯生产函数最初是美国数学家柯布（C. W. Cobb）和经济学家道格拉斯（P. H. Douglas）共同探讨投入和产出的关系时创造的生产函数，是在生产函数的一般形式上做了改进，引入了技术资源这一因素。[①] 他们根据有关历史资料，研究了从 1899—1922 年美国的资本和劳动对生产的影响，认为在技术经济条件不变的情况下，产出与投入的劳动力及资本的关系可以表示为：

$$Y = AK^{\alpha}L^{\beta}。$$

式中：Y—产量；A—技术水平；K—投入的资本量；L—投入的劳动量；α，β—K 和 L 的产出弹性。指数 α 表示资本弹性，说明当生产资本增加 1% 时，产出平均增长 $\alpha\%$；β 表示劳动力的弹性，说明当投入生产的劳动力增加 1% 时，产出平均增长 $\beta\%$；A 是常数，也称效率系数。函数中把 A 技术水平作为固定常数，难以反映出因技术进步而给产出带来的影响，为了克服这一不足之处，有学者提出应该对柯布 - 道格拉斯生产函数作一改进。[②]

在随后的生产函数理论研究中，1942 年荷兰经济学家丁伯根对柯布 - 道格拉斯生产函数进行了改进，在生产函数中的技术水平 A 中引进了时间变量 t，即函数形式变为：$Y = AtK^{\alpha}L^{\beta}$。后来，在 1956 年由美

---

① 刘丹鹤、杨舰：《R&D 投入、经济增长与科技管理》，《科技政策与管理》2006 年第 9 期。

② Wikipedia. 信息经济时代的柯布 - 道格拉斯生产函数（https：//en. wikipedia. org/wiki/Cobb% E2% 80% 93Douglas_ production_ function）。

国经济学家索洛提出的经济增长模型，假定了一个效益为常数（即规模报酬不变 $\alpha + \beta = 1$）的两要素生产函数 $Y = AK^{\alpha}L^{\beta}$。

随着信息产业的迅速崛起，信息化对国民经济发展的作用越来越来大，原有研究方法已经不能满足当前飞速发展的经济社会现实需要。为了对信息产业细分要素与经济增长间的关系进行更详细的分析，将信息产业作为经济增长的投入要素，建立一个包括信息产业要素的经济增长函数。[①]

假设把资本投入、劳动投入和信息产业投入作为三个并列生产要素，则产出与生产要素间的函数关系可表示为：

$$Y = f\ (A,\ K,\ L,\ I) \qquad (6-2-1)$$

$$或\ Y = AK^{\alpha}L^{\beta}I^{\gamma} \qquad (6-2-2)$$

式中，各个变量分别都是随时间 t 变化的函数，即一定时期内的产出或投入。其中，Y 表示产值；A 表示剩余要素的投入；K 表示资本投入；L 表示劳动投入；I 表示信息产业投入。α，β，γ 分别是资本产出弹性、劳动产出弹性和信息产出弹性。

假设式在定义域内连续可微，对其进行微分，并两边同时除以 Y（$Y > 0$），可得到：

$$\frac{dY}{Y} = \frac{\partial Y}{\partial A}\frac{A}{Y}\frac{dA}{A} + \frac{\partial Y}{\partial K}\frac{K}{Y}\frac{dK}{K} + \frac{\partial Y}{\partial L}\frac{L}{Y}\frac{dL}{L} + \frac{\partial Y}{\partial I}\frac{I}{Y}\frac{dI}{I} \qquad (6-2-3)$$

定义：$\frac{\partial Y}{\partial A}\frac{A}{Y} = \rho$ 为剩余要素的产出弹性；$\frac{\partial Y}{\partial K}\frac{K}{Y} = \alpha$ 为资本的产出弹性；$\frac{\partial Y}{\partial L}\frac{L}{Y} = \beta$ 为劳动的产出弹性；$\frac{\partial Y}{\partial I}\frac{I}{Y} = \gamma$ 为信息产业的产出弹性。

将 α，β，γ 分别代入式（6-2-3），则有：

$$\frac{dY}{Y} = \rho\frac{dA}{A} + \alpha\frac{dK}{K} + \beta\frac{dL}{L} + \gamma\frac{dI}{I} \qquad (6-2-4)$$

上式两边同除以 $\frac{dY}{Y}$，得：

---

① 赵广风、刘秋生：《信息化与国民经济增长相关分析》，《商场现代化》2006 年第 31 期。

$$1 = \rho \frac{\mathrm{d}A}{A} \Big/ \frac{\mathrm{d}Y}{Y} + \alpha \frac{\mathrm{d}K}{K} \Big/ \frac{\mathrm{d}Y}{Y} + \beta \frac{\mathrm{d}L}{L} \Big/ \frac{\mathrm{d}Y}{Y} + \gamma \frac{\mathrm{d}I}{I} \Big/ \frac{\mathrm{d}Y}{Y} \quad (6-2-5)$$

若令

$$\rho \frac{\mathrm{d}A}{A} \Big/ \frac{\mathrm{d}Y}{Y} = E_A \quad \alpha \frac{\mathrm{d}K}{K} \Big/ \frac{\mathrm{d}Y}{Y} = E_K$$

$$\beta \frac{\mathrm{d}L}{L} \Big/ \frac{\mathrm{d}Y}{Y} = E_L \quad \gamma \frac{\mathrm{d}I}{I} \Big/ \frac{\mathrm{d}Y}{Y} = E_I,$$

则式（6-2-5），将化为：

$$1 = E_A + E_K + E_L + E_I \quad (6-2-6)$$

式（6-2-6）即为信息产业要素对国民经济增长速度贡献率的数学表达式。式中，E_A 为剩余要素投入的贡献；E_K 为资本投入的贡献；E_L 为劳动力投入的贡献；E_I 为信息产业细分要素投入的贡献。

三　基于 C-D 模型的实证分析

（一）信息产业细分要素与经济增长的相关性分析

鉴于本书对信息产业的界定和国内外对信息产业的统计界定，参照国内外具有代表性的社会信息化测度模型中的信息产业要素指标，笔者选取高新技术产业产值、邮电业务总量、R&D 经费支出、高新技术产品进出口总额[①]作为信息产业细分要素的代表指标，具体分析各个指标对经济增长的贡献率。

为此，本书先对信息产业细分要素与 GDP 做 Pearson 相关性检验。Pearson 相关性检验中，$r \geqslant 0.8$ 为高度相关，$0.5 \leqslant r < 0.8$ 视为中度相关。结果如表6—3所示：在 0.01 的显著性水平上，GDP 与各指标都存在较强的正相关性，相关性系数分别为：0.665、0.632、0.993、0.987、0.989、0.987，且各信息产业细分要素之间也存在很强的相关性。这些为基于 C-D 模型理论进行实证分析提供了良好的基础。

---

① 国家统计局：《国家统计局关于印发高技术产业统计分类目录的通知》（http：//www. bjstats. gov. cn/zdybz/tjbz/hyfldm/gmjjhyflxgwj/200612/t20061207_ 78074. htm）。

表6—3 　　　　　　　　　　　　　Pearson 相关性检验

	GDP	I	CT	R&D	TRADE	EX	IM
GDP	1	0.665**	0.632*	0.993**	0.987**	0.989**	0.987**
I	0.665**	1	0.600*	0.604*	0.686**	0.679**	0.685**
CT	0.632*	0.600*	1	0.545	0.653*	0.638*	0.663**
R&D	0.993**	0.604*	0.545	1	0.967**	0.971**	0.965**
TRADE	0.987**	0.686**	0.653*	0.967**	1	1.000**	1.000**
EX	0.989**	0.679**	0.638*	0.971**	1.000**	1	0.999**
IM	0.987**	0.685**	0.663**	0.965**	1.000**	0.999**	1

注：GDP＝国民经济生产总值，I＝高新技术产业产值，CT＝邮电业务总量，R&D＝研发经费支出，TRADE＝高新技术产业进出口总额，EX＝高新技术产业进口额，IM＝高新技术产业出口额。表中，** 表示在0.01水平（双侧）上显著相关；* 表示在0.05水平（双侧）上显著相关。

数据来源：《中国统计年鉴》，《国民经济和社会发展统计年度公报（2003—2014年）》，《中国信息化年鉴》。

（二）数据选取和处理

鉴于信息产业部门产出的统计资料口径不一，本书采用高新技术产业产值替代信息产业产值，对于劳动力指标采用年底从业人员指标，对于资本指标采用历年全年固定资产投资额代替，对于信息产业进出口额采用高新技术产品进出口额代替（占信息产业产品进出口额比重的90%以上）。选取的样本时间是2004—2014年。此处采用的数据资料均来源于《中国统计年鉴》以及国家统计局网站。

首先，因为各个变量统计口径和计量单位不同，对数据进行归一化处理；然后利用SPSS 20.0统计软件，以国民经济生产总值（GDP）作为被解释变量Y，全社会固定资产投资（K）、年底从业人数（L）、信息产业细分要素I（I、CT、R&D、TRADE、IM、EX）为解释变量，对统计数据进行多元线性回归分析。

这里，将A看作常数，经过回归统计分析，得到多元线性回归结果如表6—4所示。

表 6—4 　　　　　　　　　　 GDP 与 K、L、I 回归统计表

变量	参数	参数的回归系数	标准化回归系数	T检验值
截距	C	53.514		1.329
$\ln K$	α	0.644	0.943	6.227
$\ln L$	β	−4.313	−0.144	−1.057
$\ln I$	γ	0.152	0.216	1.957
R^2		0.998		D. W. = 1.564
F		1336.479		

回归模型依据各自变量的回归系数，最终的方程是：

$$\ln (Y) = 53.514 + 0.644\ln (K) - 4.313\ln (L) + 0.152\ln (I)$$

$$(6 - 2 - 7)$$

标准化回归系数，可以衡量自变量对因变量的贡献程度。依据标准化回归系数，最终的标准化回归模型方程是：

$$\ln (Y) = 0.943\ln (K) - 0.144\ln (L) + 0.216\ln (I) \qquad (6 - 2 - 8)$$

$$(6.227) \qquad (-1.057) \qquad (1.957)$$

$$R^2 = 0.998 \qquad AR^2 = 0.997 \qquad D. W. = 1.564 \qquad F = 1336.479$$

同理可得，信息产业其他细分要素的回归方程和标准化回归模型为：

$$\ln (Y) = 25.292 + 0.732\ln (K) - 2.002\ln (L) + 0.003\ln (CT)$$

$$(6 - 2 - 9)$$

$$\ln (Y) = 1.066\ln (K) - 0.067\ln (L) + 0.004\ln (CT)$$

$$(6 - 2 - 10)$$

$$(10.444) \qquad (-0.611) \qquad (2.063)$$

$$R^2 = 0.997 \qquad AR^2 = 0.996 \qquad D. W. = 1.120 \qquad F = 1246.337$$

$$\ln (Y) = 40.896 + 0.231\ln (K) - 3.169\ln (L) + 0.535\ln (R\&D)$$

$$(6 - 2 - 11)$$

$$\ln (Y) = 0.336\ln (K) - 1.153\ln (L) + 0.753\ln (R\&D)$$

$$(6 - 2 - 12)$$

$$(4.738) \qquad (-1.153) \qquad (2.636)$$

$$R^2 = 0.998 \qquad AR^2 = 0.997 \qquad D.W. = 1.218 \qquad F = 1594.519$$

$$\ln(Y) = 64.632 + 0.752\ln(K) - 5.485\ln(L) + 0.061\ln(TRADE) \qquad (6-2-13)$$

$$\ln(Y) = 1.095\ln(K) - 0.184\ln(L) + 0.088\ln(TRADE) \qquad (6-2-14)$$

$$(10.168) \qquad (-0.893) \qquad (0.604)$$

$$R^2 = 0.997 \qquad AR^2 = 0.997 \qquad D.W. = 1.052 \qquad F = 1251.235$$

$$\ln(Y) = 83.272 + 0.751\ln(K) - 7.177\ln(L) + 0.113\ln(EX) \qquad (6-2-15)$$

$$\ln(Y) = 1.093\ln(K) - 0.240\ln(L) + 0.144\ln(EX) \qquad (6-2-16)$$

$$(10.905) \qquad (-1.167) \qquad (0.938)$$

$$R^2 = 0.997 \qquad AR^2 = 0.997 \qquad D.W. = 1.361 \qquad F = 1309.285$$

$$\ln(Y) = 49.219 + 0.748\ln(K) - 4.082\ln(L) + 0.029\ln(IM) \qquad (6-2-17)$$

$$\ln(Y) = 1.088\ln(K) - 0.137\ln(L) + 0.047\ln(IM) \qquad (6-2-18)$$

$$(9.461) \qquad (-0.658) \qquad (0.279)$$

$$R^2 = 0.997 \qquad AR^2 = 0.996 \qquad D.W. = 1.100 \qquad F = 1219.527$$

以上函数计算数据来源：《中国统计年鉴》《国民经济和社会发展统计年度公报（2004—2014 年）》、《中国信息化年鉴》以及国家统计局网站。

上述参数估计过程中，样本容量 $n \geqslant 12$，完全能够满足模型估计的基本要求。从模型参数估计结果来看，反映数据与模型拟合程度的指标拟合优度 $R^2 \geqslant 0.997$（调整拟合优度 $AR^2 \geqslant 0.996$），说明模型拟合很好；反映模型对总体的近似程度的显著性检验指标 F 依次为 1336.479、1246.337、1594.519、1251.235、1309.285、1219.527

（5% 显著性水平临界值为 3.10），说明模型线性关系显著；反映模型中各解释变量显著程度的指标 T 检验（5% 显著性水平临界值为1.761）中，全社会固定资产投资、高新技术产业产值、邮电业务总量和研发经费支出要素均通过检验。年底从业人数出现负数，一方面是因其与全国固定资产投资存在高度相关，模型存在多重共线性，但从模型的拟合程度来看，不会影响整个模型的显著性，另一方面这是由于获取资料的数据限制，同时考虑到研究的重点，此系数可以不予过多考虑。而高新技术产品进出口总额、出口额和进口额在式（6 - 2 - 14）（$t = 0.604$）、式（6 - 2 - 16）（$t = 0.938$）和式（6 - 2 - 18）（$t = 0.279$）未能通过检验，因模型的拟合程度 $R^2 \geq 0.997$，不会影响整个模型的显著性。此外，D. W. 值均在 $[0.82, 1.75]$ 范围内（$D_L = 0.82$，$D_U = 1.75$），说明以上模型不存在自相关。由此可见，以上模型高度显著。

对各变量指标进行一阶差分，得到各要素投入的年增量，再分别与其当年要素存量相除，得到各生产要素投入年增长率。最后，用年增量 ΔY，ΔK，ΔL，ΔI（ΔCT、$\Delta R\&D$、$\Delta TRADE$、ΔIM、ΔEX、ΔIC）代替以上各式中的微分增量 dY，dK，dL，dI（dCT、d $R\&D$、d $TRADE$、dIM、dEX、dIC），即将产出年增长率和各要素年增长率投入变化率代入，以及回归估计得到的线性模型中各要素的产出弹性，ΔI 和 ΔCT 为典型要素实证分析，所得回归方程和标准化回归模型如下所示。

$$\ln(\Delta Y) = 21.523 + 0.200\ln(\Delta K) + 0.515\ln(\Delta L) + 0.555\ln(\Delta I) \quad (6 - 2 - 19)$$

$$\ln(\Delta Y) = 0.286\ln(\Delta K) + 0.258\ln(\Delta L) + 0.544\ln(\Delta I) \quad (6 - 2 - 20)$$

$$(13.148) \quad (9.258) \quad (3.799)$$

$$R^2 = 0.983 \quad AR^2 = 0.976 \quad D.W. = 1.912 \quad F = 31.239$$

$$\ln(\Delta Y) = 8.745 + 0.351\ln(\Delta K) + 0.295\ln(\Delta L) + 0.226\ln(\Delta CT) \quad (6 - 2 - 21)$$

$$\ln\ (\Delta Y)\ =0.554\ln\ (\Delta K)\ +0.148\ln\ (\Delta L)\ +0.417\ln\ (\Delta CT)$$

$$(8.466) \qquad\qquad (5.457) \qquad\qquad (12.794)$$

$$(6-2-22)$$

$$R^2=0.989 \qquad AR^2=0.965 \qquad D.W.=2.630 \qquad F=13.692$$

（三）实证结果分析

1. 投入与产出趋势分析

根据数据处理第二步差分计算结果，我们可以得到国民经济生产总值和信息产业细分要素年均增长率的示意图（见图6—1），以及国民经济生产总值和信息产业细分要素年增长率的变化折线图（见图6—2）。

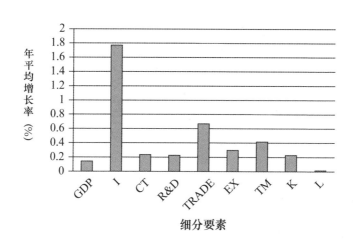

图6—1 GDP和信息产业细分要素年均增长率示意图

资料来源于《中国统计年鉴》以及《国民经济和社会发展统计年度公报（2000—2014年）》，《中国信息化年鉴》以及国家统计局网站。

从图6—1中可以看到，国民经济生产总值的年均增长率约为13.61%。要素投入年变化中，高新技术产业产值年均增长量最高，约为177.57%；其次是高新技术产品进出口额、高新技术产品进口额和固定资产投资额年均增长量，分别约为66.48%、40.60%和22.14%；再次是高新技术产品出口额、R&D经费投资额、邮电业务总量和年均增长量分别为 29.21%、22.31% 和 22.61%；劳动年均增长率最低，约为 4.14%。从图 6—2 中可进一步看出，国民经济生产总值的年增长率在"十五""十一五""十二五"期间一直保持较平稳的增长速度。要素年变化率中，高新技术产品进出口总额、出口额和进口额变化幅度较小，总体略呈下降趋势。高新技术产业产值、邮电业务总量、R&D 经费投资额和固定资产投资额的年增长波峰、波谷步调基本一致，时有高峰和低谷的波动。而劳动投入要素变化率基本稳定，无明显变化。

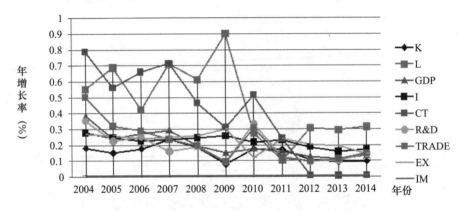

图 6—2 GDP 和信息产业细分要素年增长率的变化曲线

注：数据来源于《中国统计年鉴》以及《国民经济和社会发展统计年度公报（2000—2014 年)》、《中国信息化年鉴》以及国家统计局网站。

2. 信息产业细分要素对国民经济生产总值贡献分析

根据式（6-2-1）至（6-2-22）可知：在其他变量因素一定的条件下，高新技术产业产值每增长 1%，国内生产总值将平均增长 0.216%；邮电业务总量每增长 1%，国内生产总值将平均增长 0.003%；R&D 经费投资额每增长 1%，国内生产总值将平均增长 0.753%；高新技术产品进出口总额每增长 1%，国内生产总值将平均增长 0.088%；高新技术产品出口总额每增长 1%，国内生产总值将平均增长 0.144%；高新技术产品进口总额每增长 1%，国内生产总值将平均增长 0.047%。

相对而言，高新技术产业产值增加值每增长 1%，国内生产总值将平均增长 0.544%；邮电业务总量增加值每增长 1%，国内生产总值将平均增长 0.417%。为此，"十三五"期间可加大高新技术产业发展力度，尤其是邮电行业，从而促进经济的更好发展。

第三节　基于 AHP 与灰色综合评价法的"两化"融合发展水平实证分析

一　方法概要

（一）层次分析法

层次分析法是美国匹兹堡大学教授 A. L. Saaty 于 20 世纪 70 年代初，在做"根据各个工业部门对国家福利的贡献大小而进行电力分配"课题时，应用了网络系统理论和多目标综合评价的方法，提出的一种层次权重决策分析方法[①]。层次分析法主要用于多因素的复杂型系统，尤其是难以对之进行定量描述的社会系统分析。

利用层次分析法对于"两化"融合发展进行评价，首先将所要分析的问题层次化，根据问题的性质和需要达到的总目标，将问题分解成不同的组成因素，按照因素间的相互关系及隶属关系，将因素按不同层次聚类组合，形成一个多层分析结构模型，其次是对同一层次各元素与上一层次的重要性程度进行两两比较，构建判断矩阵，最终归结为计算最低层（方案、措施、指标等）相对于最高层（总目标）相对重要程度的权重值或相对优劣排序。

（二）灰色综合评价法

在控制论中，信息不完全确知的系统称之为灰色系统。灰色系统

---

① 卢小宾：《信息分析概论》，电子工业出版社 2014 年版，第 142—149 页。

是介于信息完全知道的白色系统和一无所知的黑色系统之间的中间系统。灰色系统理论是由邓聚龙于 1982 年提出的，主要是利用已知信息来确定系统的未知信息，使系统由"灰"变"白"，常被应用于信息处理系统[①]。

　　本书采用灰色关联度分析法来评价近年来信息化与工业化融合的发展水平。灰色因素的关联分析是灰色系统理论研究的主要内容之一，是针对多因素、非线性等一些难以处理的问题提出的新型分析方法，其本质即是系统的关联度分析，是根据因素之间发展态势的相似程度来衡量因素间关联程度的方法[②]。该方法最大的特点是对样本量没有严格的要求，不要求服从任何分布。它的数学方法是非统计方法，在系统数据资料较少和条件不满足统计要求的情况下，更具有实用性。两化融合系统具有层次复杂性、结构关系模糊性以及动态变化随机性。已构建的"两化"融合度评估指标体系中，指标项数据大多具有不完全性和不确定性，这决定了灰色系统在这一研究领域所具有的广阔前景。

　　灰色关联度分析方法的步骤：首先要确定一个最优指标集作为参考数列，最优值的判断标准往往依据实际情况来确定，可以是各参考方案中的最优，也可以是评估者公认的最优；其次要对原始数据进行规范处理，正是因为各评价指标通常使用不同的量纲或数量级来表示，不能直接比较[③]；最后，用关联分析法求得关联系数，据此可以排出各方案的优劣次序，得到综合评定结果。

二　"两化"融合发展水平指标体系建立与权重的确定

（一）指标体系的构建

　　按照 AHP 法的基本步骤，笔者根据课题组所建立的评价指标体

---

　　① 邓聚龙：《灰色系统理论与计量未来学》，《未来与发展》1983 年第 3 期。
　　② 蔡凌曦、范莉莉：《关于灰色关联度分析法的节能减排事前评价》，《经济体制改革》2014 年第 1 期。
　　③ 姜松、周虹：《基于 AHP 法与灰色综合评价法的重庆经济发展水平综合评定》，《现代经济》2009 年第 7 期。

系，采用高新技术产业产值指标替代信息产业产值，同时信息技术设备投资金额，由其主要组成部分即通信设备、电子计算机及其他电子设备制造业投入金额代替。尽量使得指标体系中的各项指标能够与实际数据项相对应，为"两化"融合进程的实时测度机制系统中数据的采集和处理奠定基础。

依据科学性、综合性以及横向可比性原则，笔者从基础设施、政策环境、经济发展环境以及人文环境四个方面入手，综合评价"两化"融合环境的发展水平现况。具体分为目标层（A）、中间层（B）以及指标层（C）三个层次（见图6—3）。

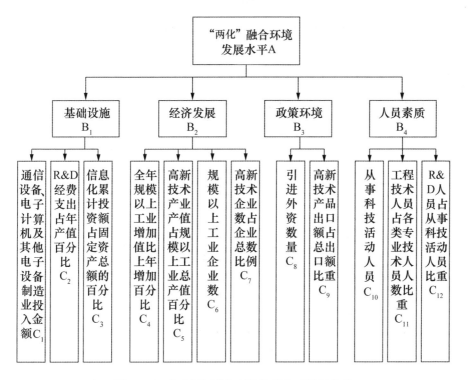

图6—3　"两化"融合环境发展水平指标体系

(二) 判断矩阵构建与权重确定

构建完多层分析结构模型后，通过两两比较法构造判断矩阵[①]，判断矩阵表示针对上一层次中的某元素而言，评定该层次中各有关元素相对重要性程度的判断。接着，通过求解判断矩阵的最大特征值λmax 和它所对应的特征向量，就可以得出这一组物体的相对重要性。这也验证了 AHP 层次分析法的基本原理：在复杂系统研究中，对于一些无法度量的因素，在引入合理度量标准情况下，通过构造判断矩阵，就可以用此方法来度量各因素之间的相对重要性。

具体做法是根据判断矩阵的赋值方法（见表 6—5），以两两相比较的方法对同一层次的指标项逐一进行考察，得出判断矩阵（见表 6—6、表 6—7）。

表 6—5　　　　　　　　　判断矩阵的赋值方法

bij 标度	含义
1	两个要素相比，具有同样重要性
3	两个要素相比，前者比后者稍微重要
5	两个要素相比，前者比后者明显重要
7	两个要素相比，前者比后者强烈重要
9	两个要素相比，前者比后者极端重要
2, 4, 6, 8	上述相邻判断的中间值
倒数	两要素相比，后者比前者的重要性标度

表 6—6　　　　　　　　　A－B 判断矩阵

A	B_1	B_2	B_3	B_4
B_1	1	1/3	2	2
B_2	3	1	2	2

---

① 姜松、周虹：《基于 AHP 法与灰色综合评价法的重庆经济发展水平综合评定》，《现代经济》2009 年第 7 期。

续表

A	B$_1$	B$_2$	B$_3$	B$_4$
B$_3$	1/2	1/2	1	1/2
B$_4$	1/2	1/2	2	1

表6—7　　　　　　　　　　B－C判断矩阵

B$_1$	C$_1$	C$_2$	C$_3$	B$_2$	C$_4$	C$_5$	C$_6$	C$_7$	B$_3$	C$_8$	C$_9$	B$_4$	C$_{10}$	C$_{11}$	C$_{12}$
C$_1$	1	1/3	1/2	C$_4$	1	2	3	3	C$_8$	1	1/2	C$_{10}$	1	3	2
C$_2$	3	1	2	C$_5$	1/2	1	4	3	C$_9$	2	1	C$_{11}$	1/3	1	1/3
C$_3$	2	1/2	1	C$_6$	1/3	1/4	1	2	—	—	—	C$_{12}$	1/2	3	1
—	—	—	—	C$_7$	1/3	1/3	1/2	1	—	—	—	—	—	—	—

得出判断矩阵后，求得矩阵每一列的和，通过公式 $b_{ij} = \dfrac{1}{b_{ji}}$ 将每一列正规化，按行加总后再正规化，得出各指标的相对权重值（见表6—8、表6—9）。

表6—8　　　　　　　　　　中间层权重

指标	B$_1$	B$_2$	B$_3$	B$_4$
权重	0.23	0.40	0.195	0.195

表6—9　　　　　　　　　　指标层权重

指标	C$_1$	C$_2$	C$_3$	C$_4$	C$_5$	C$_6$	C$_7$	C$_8$	C$_9$	C$_{10}$	C$_{11}$	C$_{12}$
权重	0.163	0.54	0.297	0.43	0.33	0.14	0.10	0.33	0.67	0.525	0.142	0.333

（三）一致性检验

虽然在构造判断矩阵时并不要求所作判断具有一致性，但判断偏离一致性过大也是不被允许的。因此得出中间层与指标层权重后，需要计算随机一致性比例 CR，检验判断矩阵是否具有令人满意的一致性①。当 $CR<0.10$，则说明层次总排序有令人满意的一致性；否则需调整本层次的各判断矩阵，直至层次总排序的一致性检验达到要求为止。

以基础设施指标层 B"1－C 检验为例，根据式（6－3－1）、（6－3－2）、（6－3－3），依次算出λ_{max}、CI、CR。

$$\lambda_{max} = \frac{1}{n}\sum_{i=1}^{n}\frac{\sum_{j=1}^{n}b_{ij}w_j}{w_i} \qquad (6-3-1)$$

在式（6－3－1）中，λ_{max}就是我们需要求出的最大特征根。要得出该数值我们需要将判断矩阵每一列的数值与之对应的权重值相乘，然后将结果加总求和。得出的值是与具体指标一一对应的，这些数值的平均值便是λ_{max}。

$$CI = \frac{\lambda_{max}-n}{n-1} \qquad (6-3-2)$$

$$CR = \frac{CI}{RI} \qquad (6-3-3)$$

在式（6－3－2）中，n 指的是该指标项的阶数。在公式（6－3－3）中，RI 指的是平均随机一致性指标，指标体系层次阶数不同，则对应的 RI 值就不同。本书中所指标层有阶数为 3 的情况，也有阶数为 4 的情况，故阶数 n 为 3 时所对应的 RI 值为 3.0092，0.58，阶数 n 为 4 时所对应的 RI 值为 0.9。

通过计算，基础设施指标层 B_1－C 的λ_{max}值为 3.0092，CI 值为 0.0046，CR 值为 0.0079。由于 $CR=0.0079<0.1$，则说明所构造的判断矩阵具有令人满意的一致性。同理可以得出经济发展、人员素质一致性比率 CR 分别为 0.0687 和 0.0465，均满足不大于 0.1 的标准，顺

① 王吉华、郭怀成、Richard Dawson：《层次分析法在西藏日土地区旅游资源评价中的应用》，《北京大学学报》（自然科学版）2004 年第 2 期。

利通过一致性检验[①]。政策环境指标层由于值有两项评价指标，所以不存在一致性问题。在以上论证的基础上，笔者通过将指标层中各元素权重以及所对应中间层元素权重相乘，得出各指标综合权重（见表6—10）。

表6—10　　　　　　　　　各指标综合权重表

A	B₁ 0.230	B₂ 0.400	B₃ 0.195	B₄ 0.198	综合权重
C_1	0.163				0.1449
C_2	0.540				0.1242
C_3	0.297				0.0683
C_4		0.430			0.1720
C_5		0.330			0.1320
C_6		0.140			0.056
C_7		0.100			0.040
C_8			0.330		0.0644
C_9			0.670		0.1306
C_{10}				0.525	0.1040
C_{11}				0.142	0.0281
C_{12}				0.333	0.066

三　"两化"融合发展水平综合评定分析

本书采用灰色关联度分析法来评价近年来信息化与工业化融合的发展水平。针对已建立的指标体系，查阅《中国统计年鉴》、《国民经济和社会发展统计年度公报》，整理获得2005—2014年相关数据（见表6—11）。

---

① 郑珞琳、高铁峰：《基于AHP与灰色综合评价法的江苏省信息化和工业化发展水平实证分析》，《情报科学》2011年第8期。

表 6—11　　　　　　　　　2006—2014 年各指标数据

年份	通信设备、电子计算机及其他电子设备制造业投入金额（亿元）	R&D经费支出占年产值百分比（%）	信息化累计投资额占固定资产总额的百分比（%）	全年规模以上工业增加值比上年增加百分比（%）	高新技术产业产值占规模以上工业总产值百分比（%）	规模以上工业企业数（个）	高新技术企业数占企业总数比例（%）	引进外资数量（亿美元）	高新技术产品出口额占总出口额比重（%）	从事科技活动人员（万人）	工程技术人员占各类专业技术人员人数比重（%）	R&D人员占从事科技活动人员比重（%）
2014	1544.79	2.09	8.34	8.3	42.58	54832	19.46	1.97	28.19	380	9.1	57.01
2013	1376.82	2.42	3.82	11.5	38.5	46387	14.59	472.7	38.9	108.05	9.38	56.42
2012	1430.01	2.3	4.34	12.6	37.5	45859	11.12	571.4	40	91.42	14.07	57.12
2011	1375.6	2.2	5.23	13.8	35.3	43368	8.88	595.5	41.4	84.2	14.11	52.97
2010	904.4	2.1	3.9	16	33	64136	4.82	568.3	46.5	68	13.52	55.88
2009	599.34	2	3.2	14.6	30	60817	4.48	509.8	46.6	58.9	13.89	37.86
2008	676.3	1.8	4.49	14.2	28	65495	2.09	507.3	43.7	46.5	13.86	37.42
2007	605.5	1.7	4.94	18.9	27.5	41841	1.5	435.3	40.8	39.1	14.09	36.32
2006	472.14	1.55	4.7	21.4	24.9	36319	0.21	387.8	43.6	36	14.44	29.17

数据来源：《中国统计年鉴》电子版（国家统计局，2006—2015）、《国民经济和社会发展统计年度公报》（国家统计局，2006—2015）。

　　首先将原始数据根据式（6-3-4）标准化，通过公式消除数据变量间的量纲关系。如果直接采用原始指标值做分析，由于计量单位不统一，会突出数值较高的指标在综合分析中的作用，相对削弱数值水平较低指标的作用。通过数据标准化，使得原本计量单位不同、极差悬殊大的数据具有可比性。经过标准化处理的数据见表6—12：

$$Y_{ij} = (X_{ij} - X_j^{\min}) / (X_j^{\max} - X_j^{\min}) \qquad (6-3-4)$$

表6—12　　　　　　　　　　　标准化处理数据

年份	通信设备、电子计算机及其他电子设备制造业投入金额（亿元）	R&D经费支出占年产值百分比（%）	信息化累计投资额占固定资产总额的百分比（%）	全年规模以上工业增加值比上年增加百分比（%）	高新技术产业产值占规模以上工业总产值百分比（%）	规模以上工业企业数（个）	高新技术企业数占企业总数比例（%）	引进外资数量（亿美元）	高新技术产品出口额占总出口额比重（%）	从事科技活动人员（万人）	工程技术人员占各类专业技术人员人数比重（%）	R&D人员占从事科技活动人员比重（%）
2014	1.00	0.65	1.00	0.00	1.00	0.68	1.00	0.00	0.00	1.00	0.00	1.00
2013	0.86	1.00	0.12	0.23	0.78	0.43	0.75	0.79	0.58	0.21	0.05	0.98
2012	0.91	0.87	0.22	0.30	0.72	0.41	0.57	0.96	0.64	0.16	0.93	1.00
2011	0.86	0.77	0.39	0.39	0.60	0.33	0.45	1.00	0.72	0.14	0.94	0.86
2010	0.48	0.66	0.14	0.54	0.48	0.96	0.24	0.95	0.99	0.09	0.83	0.96
2009	0.24	0.55	0.00	0.44	0.31	0.86	0.22	0.86	1.00	0.07	0.90	0.33
2008	0.30	0.34	0.25	0.42	0.24	1.00	0.10	0.85	0.84	0.03	0.89	0.32
2007	0.24	0.23	0.34	0.75	0.18	0.07	0.73	0.68	0.68	0.01	0.93	0.28
2006	0.13	0.07	0.29	0.92	0.03	0.12	0.00	0.65	0.84	0.00	1.00	0.03

　　资料来源：《中国统计年鉴》电子版（国家统计局，2006—2015）、《国民经济和社会发展统计年度公报》（国家统计局，2006—2015）。

　　根据灰色关联度分析方法的步骤，首先将各指标中的最大值整合为最优指标集，作为计算关联度系数的参考数列。以2006—2015年的相关数据与参考数列做比较，利用关联分析法分别求得第 i 个方案第 k

个指标与第 k 个最优指标的关联系数，具体计算过程见式（6 - 3 - 5），式中 $0 < \rho < 1$，本书将 ρ 值定为 0.5，据此得出 2006—2015 年各指标数据间关联度系数（具体内容见表6—13）。

表6—13　　　　　　　　　2006—2014年各指标关联度系数

年份	通信设备、电子计算机及其他电子设备制造业投入金额	R&D经费支出占年产值百分比	信息化累计投资额占固定资产总额的百分比	全年规模以上工业增加值	高新技术产业产值占规模以上工业总产值百分比	规模以上工业企业数	高新技术企业数占企业总数比例	引进外资数量	高新技术产品出口额占总出口额比重	从事科技活动人员	工程技术人员占各类专业技术人员人数比重	R&D人员占从事科技活动人员比重
2014	0.89	1	0.95	1	1	1	0.66	1	1	1	0.59	1
2013	1	0.64	0.42	0.79	0.71	0.53	1	0.98	0.57	0.59	0.49	0.97
2012	0.80	0.87	0.67	0.48	0.53	0.59	0.60	0.75	0.38	0.78	0.50	0.56
2011	0.48	0.75	1	0.61	0.73	0.60	0.74	0.96	0.57	0.54	0.42	0.78
2010	0.65	0.85	0.46	0.49	0.49	0.95	0.59	0.76	0.84	0.43	0.58	0.92
2009	0.82	0.54	0.80	0.34	0.47	0.83	0.76	0.50	0.79	0.65	0.67	0.85
2008	0.83	0.54	0.73	0.63	0.66	0.47	0.39	0.58	0.33	0.48	0.54	0.90
2007	0.63	0.44	0.70	0.57	0.49	0.41	0.83	0.46	0.49	0.44	0.65	0.61
2006	0.48	0.40	0.79	0.50	0.46	0.37	0.77	0.66	0.43	0.44	0.51	0.59

资料来源：《中国统计年鉴》电子版（国家统计局，2006—2015）、《国民经济和社会发展统计年度公报》（国家统计局，2006—2015）。

$$\xi_i(k) = \Big[\min_{i=1}^{n} \min_{k=1}^{m} \big| C_k^* - C_k^i \big| + \rho \max_{i=1}^{n} \max_{k=1}^{m} \big| C_k^* - C_k^i \big| \Big] \Big/$$

$$\Big[\big| C_k^* - C_k^i \big| + \rho \max_{i=1}^{n} \max_{k=1}^{m} \big| C_k^* - C_k^i \big| \Big]$$

$$(6-3-5)$$

如式（6-3-5）所示，由得出的 2005—2014 年各指标数据间关联度系数 $\xi_i(k)$，与之前通过 AHP 层次分析法得出的各指标综合权重 W_k，计算出 2005—2014 年"两化"融合发展水平综合评定结果 R_i，并对结果进行排序，具体如表 6—14 所示。

$$R_i = \sum W_k \times \xi_i(k)^n \qquad (6-3-6)$$

表 6—14   2005—2014 年"两化"融合发展水平排序

年份	加权关联度系数	排序
2014	1.0734	1
2013	0.9634	2
2012	0.8192	3
2011	0.6961	4
2010	0.6550	5
2009	0.6300	6
2008	0.5692	7
2007	0.5535	8
2006	0.5509	9
2005	0.5416	10

综合评定结果表明，2005—2014 年"两化"融合发展水平呈逐年稳步提高趋势。结合表 6—12 和前面用 AHP 层次法分析得出的中间层指标权重[1]，得到 2005—2014 年"两化"融合发展水平各中间层指标评价指数的历年变化趋势（见图 6—4）。

由图 6—4 可知，经济发展指标增速较明显。结合表 6—14 中的具

---

[1] 黄和平、毕军、袁增伟等：《基于 MFA 与 AHP 的区域循环经济发展动态评价——以江苏省为例》，《资源科学》2009 年第 2 期。

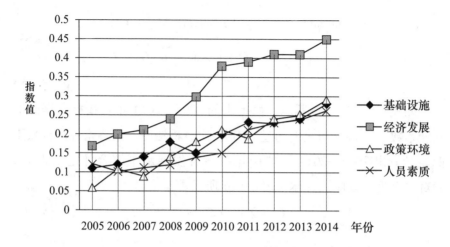

图6—4 2005—2014年"两化"融合发展水平各中间层指标
评价指数的历年变化趋势

体数据来看,近十年来工业发展态势良好,全年规模以上工业增加值
增长迅速;高新技术产业发展势头强劲,规模以上工业企业数近年来
有明显增多,与此相呼应的是,高新技术企业数在企业总数中已占据
一席之地,并保持逐年增多的发展态势;科技研发投入比重也在持续
提升中,全社会研究与发展(R&D)经费占年产值的比重逐年提高。
人员素质方面,从事科技活动人员数明显增多,而(R&D)人员占从
事科技活动人员数比重的快速增长也让我们看到,已经有、并将继续
有更多的人员掌握一定科技技术,并投身于技术活动中。

政策环境指标评价指数呈现出的是偶有下降、总体上升的趋势。
引进外资数量一直增长迅速;高新技术产品出口额占总出口额比重一
直呈相对稳定的增长势头,这些数据表明,信息技术发展对当今产业
发展起到了巨大的、不容忽视的作用。积极引进外资将给科学技术、
信息化发展提供一个宽松、积极的环境,使信息化与工业化得以更好
的融合,以信息化带动工业化、工业化促进信息化,推动"两化"融
合进程。

而基础设施方面,在通信设备、电子计算机及其他电子设备制造

业投入金额不断上升，这说明通信设备、电子计算机以及其他电子设备被越来越多地应用于省经济发展和人民生活中，需求带动生产。信息化累计投资占固定资产的比重呈现健康、稳健的发展势头。

这些实际情况表明，"两化"融合发展正处于一个良好、积极的环境中，将继续保持不断上升的趋势，高开稳走、持续向好。

本书构建出了较为直观、有数据支持的"两化"融合发展综合评定指标体系，并将层次分析法与灰色关联度分析法引入"两化"融合研究中，对 2005—2014 年"两化"融合发展水平进行综合评定，根据评定结果进行分析。

实际情况表明，"两化"融合发展正处于一个良好、积极的环境中，将继续保持不断上升的趋势。对于如何科学、全面地对"两化"融合程度进行测度，仍是我们需要继续努力探讨研究、不断完善的。

第四节　指标体系法实证

本书选择了江苏省南京、无锡、常州、苏州四个城市作为样本，对其"两化"融合程度进行考察。数据主要采集自江苏省统计年鉴（2015 年）、各城市 2015 年统计年鉴、江苏省统计局网站以及各城市统计局网站，各项指标数据均为 2014 年数据。具体数据见表 6—15。

表 6—15　　　　　　四城市"两化"融合测度原始数据

	人均地区生产总值（元）	规模以上工业总产值（亿元）	规模以上工业企业数（个）	人均邮电业务量（元）	每百人移动电话用户（户）	每百人国际互联网用户（户）	R&D 经费占 GDP 比重（%）	工业企业 R&D 人员数（人）	工业企业 R&D 经费（亿元）	工业企业 R&D 经费投入度（%）
南京	107545	13239.73	2748	2570.1	134	40	1.61	51610	141.61	1.09

续表

	人均地区生产总值（元）	规模以上工业总产值（亿元）	规模以上工业企业数（个）	人均邮电业务量（元）	每百人移动电话用户（户）	每百人国际互联网用户（户）	R&D经费占GDP比重（%）	工业企业R&D人员数（人）	工业企业R&D经费（亿元）	工业企业R&D经费投入度（%）
无锡	126400	14429.56	5400	2615.4	197	44.3	2.62	77098	211.79	1.06
常州	104423	11195.3	3887	1567.3	94	33.9	2.61	59000	127.9	1.09
苏州	127500	35773	10076	4147.8	252	55	2.32	137151	313.54	1.03

根据上文所提到的方法对数据进行标准化得到表6—16。

表6—16   标准化后的数据

	人均地区生产总值（元）	规模以上工业总产值（亿元）	规模以上工业企业数（个）	人均邮电业务量（元）	每百人移动电话用户（户）	每百人国际互联网用户（户）	R&D经费占GDP比重（%）	工业企业R&D人员数（人）	工业企业R&D经费（亿元）	工业企业R&D经费投入强度（%）
南京	0.1353	0.0832	0	0.3886	0.2532	0.2891	0	0	0.0739	1
无锡	0.9523	0.1316	0.3619	0.4062	0.6519	0.4929	1	0.298	0.4519	0.5
常州	0	0	0.1554	0	0	0	0.9901	0.0864	0	1
苏州	1	1	1	1	1	1	0.703	1	1	0

采用 AHP 法将指标进行两两比较形成判断矩阵，本书使用 YAAHP 软件进行计算得到最终各项指标的权重。首先构建一级指标判断矩阵如表6—17 所示。

表6—17   一级指标判断矩阵

	工业化基础	信息化环境	研究与发展
工业化基础	1	1/2	1/2
信息化环境	2	1	1/2

	工业化基础	信息化环境	研究与发展
研究与发展	2	2	1

对其进行一致性验证，0.0631 小于 0.1 符合要求。然后计算得到三个一级指标各自的权重分别为 0.1716、0.3469、0.4815，见表6—18。

表6—18　　　　　　　　　　一级指标权重

	工业化基础	信息化环境	研究与发展
权重	0.1716	0.3469	0.4815

按照相同的方法，构建二级指标的判断矩阵进而得到各项指标权重，结果如表6—19所示。

表6—19　　　　　　　　　　各项指标权重

	I1	I2	I3	I4	I5	I6	I7	I8	I9	I10
权重	0.104	0.057	0.035	0.156	0.059	0.098	0.135	0.051	0.072	0.233

根据权重和数据，分别采用算术聚合和几何聚合得到的结果如表6—20所示。

表6—20　　　　　　　　　　算术与几何聚合结果

	算术聚合	几何聚合
苏州	1.217	1.092 ↓
无锡	1.092	1.088 ↓

	算术聚合	几何聚合
南京	0.945	0. 931 ↓
常州	0.886	0.887 ↑

从表6—20中我们发现，在算术聚合中排名前三的城市，在几何聚合中的结果都有所下降，而排名最后的常州却略有提高。而且在算术聚合的情况下，表现远超其他城市的苏州在几何聚合的情况下，优势却不再明显。造成这种情况的原因是虽然在大部分指标中的表现都处于领先，甚至优势明显，但在 R&D 指标中的表现拉低了苏州在几何聚合情况下的得分。

尽管得分不尽相同，但是无论是算术聚合还是几何聚合，四个城市之间的排名并没有发生变化。但是在非补偿性聚合的情况下，排名发生了变化，见表6—21。

表6—21 非补偿性聚合比较矩阵

	苏州	无锡	南京	常州
苏州	0	0. 566	0. 648	0. 666
无锡	0.434	0	0. 675	0. 989
南京	0. 352	0. 315	0	0. 49
常州	0. 334	0. 011	0. 51	0

根据比较矩阵，按行取大于0.5的数值相加，苏州：1.982；无锡：1.711；南京：0；常州：0.52。最终的排名情况见表6—22。

表6—22 最终排名

	算术聚合	几何聚合	非补偿性聚合
苏州	1	1	1
无锡	2	2	2

	算术聚合	几何聚合	非补偿性聚合
南京	3	3	4
常州	4	4	3

回到数据，我们不难发现，苏州在信息化与工业化方面的表现都优于其他城市，尤其是工业化基础方面优势十分明显，这也是苏州在最终三种聚合方式下都排名第一的原因。但是，庞大的工业化基础，也拉低了苏州在 R&D 经费占 GDP 比重和工业企业 R&D 经费投入强度这两项指标上的表现。在几何聚合的情况下，这种在某一两个指标上的较低表现对最终结果的影响非常明显，所以在苏州和第二名无锡之间的差距明显缩小了。反观无锡，各项指标的表现都比较平均，除了在工业化基础的几个指标中由于苏州过于强势而低于平均值外，其他指标，尤其是几个权重比较大的关键指标上表现都较好，所以无论在何种聚合方法下，无锡的表现都比较稳定。而在非补偿性聚合的情况下，南京的得分为 0，这并不意味着南京"两化"融合程度很低，而是在与其他城市的比较中都没有取得优势。实际上，在和常州的比较中，南京的得分是 0.49，常州为 0.51，都在伯仲之间，差距并不明显。

第五节　基于结构方程模型测度信息产业要素对经济增长贡献的实证分析

信息产业作为信息化与工业化融合的冲锋军，其作用应得到广泛的重视。本节从明确信息产业要素对区域经济与其他产业发展的作用出发，以 1995—2014 年江苏省相关数据为样本，运用结构方程模型对信息产业要素作用于苏南、苏北经济增长的路径影响和贡献度进行对比分析。基于此，研究了苏南、苏北地区产业发展中存在的差异性及相应瓶颈产生的原因，并提出对应的建议，即调整信息产业投入结构与政策，实施标杆管理，构建区域集群式信息产业协同发展体系。

一　结构方程模型概述

结构方程模型（Structural Equation Modeling，SEM）是应用线性方程系统表示观测变量与潜变量之间，以及潜变量之间关系的协方差结构模型。从发展历史来看，结构方程模型思想起源于 20 世纪 20 年代的 Sewll Wright 提出的路径分析概念①。但是其核心概念在 20 世纪 70 年代初期才被相关研究人员提出，到了今天，这一统计建模及分析方法已获得了巨大的发展②，不仅拥有专属期刊《结构方程模型》（*Structural Equation Modeling*），专门刊登结构方程模型领域的理论与实证研究，在心理学、管理学、社会学等社会科学领域中，也已经有越来越多的相关讨论和应用实证文章。在国内，结构方程模型研究方法尚在初级阶段，但多数人文社科类实证研究论文中都已开始采用这一建模方法。结构方程模型可同时分析一组具有相互关系的方程式，尤其是具有因果关系的方程式。这在一定程度上解决某一主观变量与其他变量之间的复杂关系所造成的操作困难，通过为难以直接测量的潜变量设定观测变量，用这些可以用于统计分析的观测变量之间的关系来研究潜变量之间的关系。

结构方程模型在形式上是反映隐变量和显变量关系的一组方程，其目的是通过显变量的测量推断隐变量，并对假设模型的正确性进行检验。结构方程模型技术对模型的拟合思想，其核心就是尽量缩小样本协方差阵与由模型估计出的协方差阵之间的差异。对拟合模型的评

---

① 吴兆龙、丁晓：《结构方程模型的理论、建立与应用》，《科技管理研究》2004 年第 6 期。

② 辛士波、陈妍、张宸：《结构方程模型理论的应用研究成果综述》，《工业技术经济》2014 年第 5 期。

判，则主要是通过卡方与自由度的比值以及 RMSEA 两个指标进行的，卡方与自由度的比值越小、RMSEA 越小，就越能说明该模型的准确简洁。在结构方程模型所涉及的变量中，按照变量可否直接测量，分为显变量和隐变量两种，显变量是可测变量，而隐变量是不可直接测量的变量。按照变量之间的关系，又可分为外生变量和内生变量，内生变量是由隐变量决定的变量，外生变量是由显变量决定的变量[①]。一般来讲，结构方程模型由两类矩阵方程式构成，一类称作测量方程（Measurement Equation），用来描述隐变量与显变量之间的关系，另一类称作结构方程（Structural Equation），用来描述隐变量之间的关系，具体如下：

$$x = \Lambda x \xi + \delta \qquad (6-5-1)$$

$$y = \Lambda y \eta + \varepsilon \qquad (6-5-2)$$

$$\eta = B\eta + \Gamma\xi + \zeta \qquad (6-5-3)$$

其中，方程（6-5-1）和方程（6-5-3）被称为测量方程，或测量模型，方程（6-5-3）则是结构方程，或结构模型，方程中各变量含义如下：

x 是外生观测变量向量，ξ 是外生潜变量向量，Λx 为外生观测变量与外生潜变量之间的关系，是外生观测变量在外生潜变量上的因子载荷矩阵，δ 为外生变量的误差项向量。

y 为内生观测变量向量，η 为内生潜变量向量，Λy 为内生观测变量与内生潜变量之间的关系，是内生观测变量在内生潜变量上的因子载荷矩阵，ε 为内生变量的误差项向量。

B 和 Γ 都是路径系数，B 表示内生潜变量之间的关系，Γ 则表示外生潜变量对于内生潜变量值的影响，ζ 为结构方程的误差项。

---

① 贾新明：《结构方程模型评价体系的可比性问题》，《数理统计与管理》2011 年第 2 期。

二 研究概念模型与假设

(一) 理论模型

1983 年发展经济学家葛尔森·菲德 (Gershon Feder) 提出菲德模型,即两部门模型,用于估算出口对经济增长的作用:一国通过出口贸易参与国际竞争会产生多方面的正反馈效应,如刺激技术创新与进步、提升经营管理效益、生产力的提高、规模经济的实现等;同时,出口行业对国内非出口行业也有极强的外溢效应[①]。模型的基本思想是构建将整个经济系统分成两个部门的模型,如出口部门与非出口部门,并将上述正反馈效应和溢出效应代入模型并进行估计。本书根据其建模思想,对模型进行修正,从而适用于信息产业要素对经济增长贡献的实证研究。

根据 ICT 技术在产业发展中所占权重,可将国内经济部门细分为信息产业部门和非信息产业部门两部分。由于信息产业与非信息产业中技术含量的不同,两个生产部门间的边际生产要素差异显著存在[②]。与此同时,信息产业与非信息产业间存在溢出效应,一方面,非信息产业是信息产业发展的基础,对其发展起到引导和支持作用;另一方面,信息产业会有效带动非信息产业发展,对其有极强的渗透效应和关联效应。因此,信息产业要素在对经济增长的贡献中有两大选择路径:直接路径和间接路径。直接路径又指直接作用,即通过信息产业产值增值等手段直接促进经济增长;间接路径又指溢出作用,即信息产业通过溢出效应促进非信息产业的发展,进而间接促进经济增长。基于上述描述,本书建立了信息产业推动经济增长的的理论研究模型,如图6—5 所示。

---

① 焦兵、张文彬:《陕西省能源产业投资对经济增长贡献的实证研究——基于菲德模型的计量检验》,《统计与信息论坛》2010 年第 11 期。

② 陈小磊、郑建明:《基于菲德模型的信息化与工业化融合发展研究》,《情报科学》2012 年第 4 期。

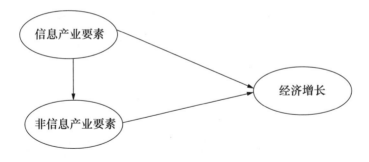

图6—5　信息产业推动经济增长理论模型

（二）研究假设

新古典经济增长理论指出，经济增长的关键决定于资本、劳动和技术三个要素的相互作用[①]。由于本书重在分析信息产业要素对经济增长的贡献作用，为强化作用效果，提高分析的准确性，在此可假定技术进步是中性的，即技术进步使产出水平提高了，但不改变资本与劳动的边际替代率。由前文构建的理论模型，可将信息产业要素的作用类同于技术要素，非信息产业要素的作用等同于资本要素和劳动要素作用的有机总和。

库兹涅茨与罗斯托（Rostow，W.）提出的经济增长结构分析认为现代经济增长可以通过一系列结构指标来进行度量，若从产业经济结构角度分析，经济增长就可表现为各个产业相应增长的有机结合[②]。基于菲德模型的思想本书将国内经济部门分为信息产业部门与非信息产业部门，即设定信息产业要素和非信息产业要素对经济增长有贡献作用。进而，将信息产业要素、非信息产业要素和经济增长作为结构模型的潜在变量。

信息产业要素是信息产业细分后的具体的、个别的要素，强调ICT技术在产业投入中的权重与对产业增值的带动作用。依据当前国内外对信息产业的统计界定，以及现有代表性的社会信息化测度模型

[①]　唐任伍：《宏观经济学》，北京邮电大学出版社2012年版，第162页。

[②]　参见刘明君《经济发展理论与政策》，经济科学出版社2004年版，第59—60页。

中的信息产业指标，邮电业务收入、R&D 经费支出、专利授权量、高技术产业产值是信息产业细分要素中最主要的组成部分。由各年的国家统计公报可见，在国内生产总值统计中，这些要素的发展对经济增长具有显著的推动作用。因此，可作出如下假设：

H1：信息产业要素与经济增长正相关。

非信息产业要素主要指产业结构中 ICT 技术融入权重相对较低，或虽有较多的 ICT 技术融入，但产业产值的增值主要依赖资本和劳动等物质要素带动的产业要素。根据微观经济学要素禀赋原理，高度的劳动投入或资本投入对经济增长具有较强的推力①。因此，可作出如下假设：

H2：非信息产业要素与经济增长正相关。

信息产业与非信息产业互为映射，二者互利共生，相互制约。一方面，信息产业的发展将提升产业结构中技术含量，推动技术的迭代更新，同时，技术效应的外溢所产生的福利同样为非信息产业所共享②；另一方面，非信息产业也为信息产业的发展提供基础支撑和物质保障。因此，可作出如下假设：

H3：信息产业要素与非信息产业要素正相关。

三　基于结构方程模型的实证分析

（一）数据选取和处理

根据地缘关系、经济发展水平和代表性，江苏省可细分为苏南地区、苏中地区和苏北地区三个部分。为进行效果显著的对比分析，在此剔除代表性较弱的苏中地区，将江苏省划分为苏南地区和苏北地区两组，每组由五个城市组成。其中，苏南地区包括南京、无锡、镇江、常州、苏州五市，苏北地区包括徐州、盐城、淮安、宿迁、连云港五市。模型数据来源于 1995—2014 年《江苏省统计年鉴》、国家统计局、

①　何强：《要素禀赋、内在约束与中国经济增长质量》，《统计研究》2014 年第 1 期。

②　潘文卿、李子奈、刘强：《中国产业间的技术溢出效应：基于 35 个工业部门的经验研究》，《经济研究》2011 年第 7 期。

各市《国民经济和社会发展统计年度公报》（2003—2014）及《统计年鉴》，每组样本容量为 100 个。

由于结构方程模型自身对样本数极其敏感，要获得稳定结论，则要求样本数与观测变量的比例大于等于 10：1①。本书构建的模型共有 9 个观察变量，选用数据共 200 条，样本数与观测变量之比为 200：9，大于 10：1，样本数量基本符合 SEM 方法的数量规定。根据项目组前期研究成果②，并结合选取变量的有效性、科学性和可测度性③，模型中观测变量的选取如表 6—23 所示。

表 6—23　　　　　　　　　　　观测变量的选取

潜变量	观测变量	二者关系
信息产业要素 （INF）	全年邮电业务收入（CT）	正相关
	R&D 经费支出（R&D）	正相关
	专利授权量（PA）	正相关
	高新技术产业产值（I）	正相关
非信息产业要素 （N – INF）	居民人均可支配收入（PCDI）	正相关
	年底从业人员指标（L）	正相关
	全年固定资产投资额（K）	正相关
经济增长 （EG）	区域生产总值（GDP）	正相关
	工业总产值（IO）	正相关

信息产业要素。依据本书对信息产业的概念界定与国内外对信息产业的统计界定，并参照国内外有代表性的社会信息化测度模型中的信息产业指标，本书选取邮电业务收入、R&D 经费支出、专利授权

---

① 陈明红、漆贤军：《基于结构方程模型的网络信息生态系统信息资源配置研究》，《情报杂志》2012 年第 9 期。

② 郑建明：《信息化指标构建理论及测度分析研究》，中国社会科学出版社 2011 年版，第 77—89 页。

③ Tabachnick B. G. , Fidell L. S. , *Using multibariate statistics* (5*th*)，Boston：Ma Allyn Bacon，2007.

量、高技术产业产值作为信息产业细分要素的代表指标。

非信息产业要素。资本和劳动的外延非常广泛，且指标多样。本书选用年底从业人员指标及居民人均可支配收入指标作为劳动力指标，全年固定资产投资额作为资本指标。

经济增长。在计量经济增长时，一般用一定时期内国民生产总值（GNP）或国内生产总值（GDP）来表示。但为了准确、真实计算经济增长，必须综合考虑到价格因素、人口因素、生产能力的利用速度以及实际操作中指标间的多重共线问题。综上，本书将经济增长的测量指标确定为区域生产总值（GDP）和工业总产值（IO）。

因模型中的样本数据有多个来源，且其统计资料口径和统计单位不统一、数据量纲不尽相同，直接采用会影响研究结果的科学性和有效性。为消除量纲和数量级对指标样本的影响，本书选用极差变换法对原始样本数据进行标准化处理，公式如下：

$$X_i = \frac{X - X\min}{X_{\max} - X\min} \qquad (6-5-4)$$

式（6-5-4）中，X 为指标的原始数据；$X_{\max}$ 为该指标的最大值；$X_{\min}$ 为该指标的最小值；X_i 为标准化处理后的数据。

（二）变量信度和效度检验

数据处理之后，还要对各测量变量进行信度和效度检验。本书的检验方法是运用 SPSS 20.0 对变量进行可靠性分析与验证性因子分析。在具体的参考指标选取上，信度检验采取 Cronbach's $\alpha > 0.7$ 高信度的标准，探索性因子分析采取 KMO > 0.8 的良好标准，Bartlett 球形度检验值要求在 0.05 之内显著。其中，因子分析采用主成分分析法来抽取因子负荷量。以结构方程模型中潜在变量与观测变量的角度看，因子负荷量是各共同因子对各项变量的变异量的解释程度。而对于因子负荷量的标准值，Hari 等（1998）认为样本数为 200 时，选取的标准为 0.400[①]。

[①] 吴明隆：《问卷统计分析实务——SPSS 操作与应用》，重庆大学出版社 2010 年版，第 200 页。

在对解释变量的信度检验中，标准化的克朗巴哈 Cronbach's α 系数达到 0.929 > 0.7，表明模型有较高的信度（见表 6—24）。

表 6—24 解释变量信度检验 α 值

可靠性统计量		
Cronbach's α	基于标准化项的 Cronbach's α	项数
0.923	0.929	7

之后，采用主成分分析法，对解释变量进行因子分析，经过 KMO 和 Bartlett 球形度检验后，KMO = 0.826 > 0.7，Bartlett 球形度检验在 0.05 的显著水平之内（$p = 0.000$），表明可以进行因子分析。经过正交转轴后得到旋转后的因子负荷系数均大于 0.550，满足 Hari 等提出的因子负荷量标准（见表 6—25）。

表 6—25 解释变量的 KMO 和 Bartlett 球体检验

KMO 和 Bartlett 的检验		
Kaiser-Meyer-Olkin 度量		0.826
Bartlett 球形度检验	近似卡方	682.899
	df	21
	Sig.	0.000

对被解释变量"经济增长"，分别进行信度检验和探索性因子分析，结果显示，标准化的被解释变量的 Cronbach's α 系数为 0.885 > 0.7，表明整体具有良好信度，因子分析过程中，KMO = 0.840 > 0.7，Bartlett 球形度检验在 0.05 的显著水平内（$p = 0.000$），可进行因子分析，同时各项因子负荷系数均大于 0.6，满足前文标准（见表 6—26、表 6—27）。

表 6—26　　　　　　　　　　被解释变量信度检验 α 值

可靠性统计量		
Cronbach's α	基于标准化项的 Cronbach's α	项数
0.848	0.885	2

表 6—27　　　　　　　　　　被解释变量信度检验 α 值

KMO 和 Bartlett 的检验		
Kaiser-Meyer-Olkin 度量		0.840
Bartlett 球形度检验	近似卡方	96.875
	df	3

（三）模型适配度检验及路径输出

结构方程模型总体适配度检验由绝对适配统计量检验和增值适配度统计量检验两部分组成。利用 AMOS 17.0 和 SPSS 20.0 计算，对初始模型修正后的具体检验结果如表 6—28 所示。

表 6—28　　　　　　　　　　模型总体适配度检验

检验指标		判断规则	实际值	
			苏南	苏北
绝对适配度统计量	卡方自由度比 χ^2/df	<3 拟合较好	1.843	1.714
	残差均方和平方根 RMR	<0.05 拟合好，其值越小，模型的适配度越佳	0.003	0.003
	渐进残差均方和平方根 RMSEA		0.035	0.029
	良适性适配指标 GFI		0.911	0.989
	调整后良适性适配指标 AGFI	取值 0—1，>0.9 表示拟合好，其数值越接近 1，模型的适配度越佳	0.934	0.917
增值适配度统计量	规准适配指数 NFI		0.952	0.949
	增值适配指数 IFI		0.977	0.977
	比较适配指数 CFI		0.973	0.975

注：以上指标参考值参照吴明隆《结构方程模型：AMOS 实务进阶》，重庆大学出版社 2013 年版，第 140—142 页。

从表6—28中可以看到，各项指标都相对较好，说明修正后模型的整体拟合度较好，信息产业要素推动经济增长的理论模型较合理，两个地区的结构方程模型路径输出分别如图6—6和图6—7所示。

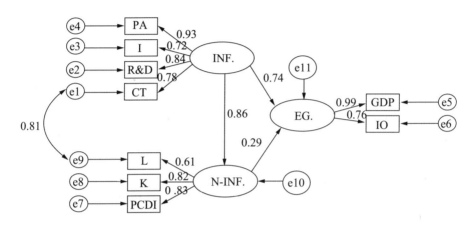

图6—6　苏南信息产业推动经济增长模型潜在变量路径（标准化系数）

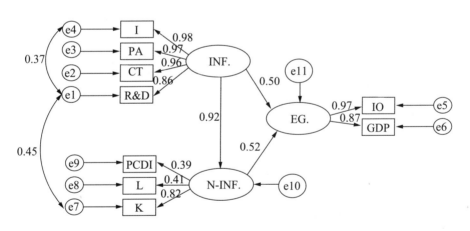

图6—7　苏北信息产业推动经济增长模型潜在变量路径（标准化系数）

（四）模型参数估计检验

表6—29为修正后测量模型中潜在变量与观测变量之间的参数标准化估计，表6—30为修正后结构模型中潜在变量之间的参数标准化估计。

表6—29　　　　　　　　　　　测量模型参数估计

变量名称			苏南		苏北	
潜变量	观测变量	参数	标准化估计	P 值	标准化估计	P 值
INF.	CT	λ_1	0.784	—	0.724	***
	R&D	λ_2	0.843	***	0.881	—
	PA	λ_3	0.929	***	0.844	***
	I	λ_4	0.996	***	0.911	***
N-INF.	L	λ_5	0.611	***	0.264	0.003
	K	λ_6	0.820	***	.930	—
	PCDI	λ_7	0.831	—	0.913	***
EG.	GDP	λ_8	0.989	—	0.544	***
	IO	λ_9	0.759	***	0.832	—

注：*** 表示在1%时的显著水平下显著，P 值小于0.05 表示在5%时的显著水平下显著。

表6—30　　　　　　　　　　结构模型参数估计

参数名称		苏南		苏北	
变量关系	参数	标准化估计	P 值	标准化估计	P 值
INF. —> EG.	ω_{11}	0.742	***	0.502	***
N - INF. —> EG.	B_{21}	0.286	***	0.499	***
INF. —> N - INF.	ω_{21}	0.856	***	0.716	***

由表6—30可知，各潜在变量之间的因果关系影响系数均为正，表明信息产业要素和非信息产业要素对经济增长都具有正外部性，而信息产业要素对非信息产业要素也存在正向影响，进而间接推动经济增长，即信息产业要素对经济增长的影响存在直接和间接两种路径。信息产业要素对经济增长的总影响为直接影响系数与间接影响系数之和，因此，苏南和苏北信息产业对经济增长的总影响系数分别为0.987和0.876。

模型总体适配度检验的各项指标值、研究信度和效度表明，本书构建的理论模型总体适配度良好，研究过程可信度高，研究结论可以用于虚无假设的判断。假设中潜在变量之间的关系检验结果如表6—
31所示（数据为苏南苏北十个城市的总样本数据），信息产业要素、
非信息产业要素与经济增长都具有显著的正相关关系，其中，信息产
业部门产出对经济增长具有正向影响，影响系数为0.590，接受虚无
假设；非信息产业要素对经济增长具有正向影响，影响系数为0.372，
接受虚无假设；信息产业要素对非信息产业要素具有正向影响，影响
系数为0.685，接受虚无假设。

表6—31　　　　　　　　　　假设检验结果

假设	假设关系描述	参数估计	T值	验证结论
H1	信息产业部门产出—>经济增长	0.590	4.973	接受假设
H2	非信息产业部门产出—>经济增长	0.372	5.095	接受假设
H3	信息产业部门产出—>非信息产业部门产出	0.685	2.986	接受假设

四　模型结果分析

（一）基于信息产业要素的分析

苏南地区信息产业要素对经济增长的直接影响系数为0.742，间
接影响系数即其通过影响非信息产业要素从而影响经济增长的路径系
数为0.245，因此，苏南地区信息产业要素对经济增长的总影响系数
为0.987。其中，0.987表示在其他条件不变的情况下，苏南地区信息
产业要素投入量每提高1%，经济增长量就会增加0.987%。同理，在
其他条件不变的情况下，苏北地区信息产业要素投入量每提高1%，
经济增长量就会增加0.876%。信息产业要素主要由全年邮电业务收
入（CT）、R&D经费支出（R&D）、专利授权量（PA）、高新技术产
业产值（I）4个观测变量衡量，苏南地区观测变量的比值为0.784∶
0.843∶0.929∶0.996，苏北地区观测变量的比值为0.724∶0.881∶
0.844∶0.911，其中，苏南地区I的路径系数（0.996）最大，PA的
路径系数（0.929）次之。由此可总结以下结论：①苏南地区信息产
业要素对经济增长的推动力强于苏北；②苏南地区高新技术产业产值

和科技创新产出在信息产业部门产出中起了较大作用。两结论表明苏南的信息产业要素在地区产业结构升级，加快经济增长过程中起到了很好的带动和引导作用，且该地区的产业经济产出和科技创新对经济增长具有较大贡献。

自 2009 年以来，苏南地区高新技术产业产值占区域生产总值的比例平均为 82.65%，而苏北地区仅为 41.85%，即苏南地区的产业经济产出是苏北地区的近两倍。这在一定程度上说明，苏南信息产业在对经济增长贡献方面的实际效应非常突出，在产业升级进程中形成了区域信息产业发展与经济增长的良性互动局面。但不容忽视的是苏南信息服务产出及科研产出对经济增长的贡献率较弱，在今后的发展中，应在巩固高技术产业产出和知识经济产出的基础上，促成研发、生产与应用的集成协同，形成"产学研用""一条龙"；此外，政府应制定相关政策对信息服务业的发展进行鼓励和引导，提升信息服务业对经济增长的贡献率。

（二）基于非信息产业要素的分析

苏南地区非信息产业要素对经济增长的影响系数为 0.286，苏北地区为 0.499，两者具有较大差异。本书衡量非信息产业要素的 3 个指标分别为居民人均可支配收入（PCDI）、年底从业人员指标（L）以及全年固定资产投资额（K）。苏南和苏北非信息产业要素对经济增长的影响系数分别为 0.286 和 0.499。从路径系数上看，苏南地区的比值为 0.831：0.611：0.820，苏北地区的比值为 0.913：0.264：0.930。由此得出以下结论：①在经济增长过程中，苏北地区更加依赖传统的产业要素，产业结构中以劳动力投入、资本投入和居民消费为主要贡献因素，相比而言，苏南地区产业结构更加集成化；②从非信息产业要素的指标路径系数比看出，苏北地区固定资产投资额对经济增长的贡献度为 0.930，远高于苏南，表明该区域中资本投入的贡献率和影响力较大，经济增长对资金投入依赖性较强。然而，苏北地区的从业人数明显低于苏南，这在一定程度上反映了苏北地区就业率相对较低，劳动力市场欠发达。

当前，苏北地区经济增长中技术含量高的产业贡献率仍相对较低，非信息产业要素在经济增长中仍占据着不可或缺的地位，即经济增长对传统产业具有较强的依赖性。加大科技投入，提高知识集约型在产业结构中的比重，推进"两化"融合进程是苏北地区，亦即经济欠发达地区促进经济增长和地区可持续发展的必由之路。同时，要加强对本区域劳动市场的重视与开发，提高就业率，加大对人力资本的投入。

（三）基于区域经济增长的效应分析

本书衡量区域经济增长的观测变量包括区域生产总值（GDP）和工业总产值（IO）两方面，苏南地区路径系数的比值为 0.989：0.544，苏北地区路径系数比值为 0.759：0.832。这说明在经济增长构成中，江苏地区经济发展中工业产出发挥了较大的贡献作用，但同时也反映了苏南地区与苏北地区在产业结构上存在较大的差异。

苏南和苏北是对立统一的两个区域，一方面，二者经济发展程度和产业结构存在明显差异；另一方面，二者统一于江苏省这一大区域。苏南和苏北在经济发展和产业结构上的差异化必然会在一定程度上成为延滞整个江苏省经济发展的因素，减缓经济增长的速度。推动两个区域间的沟通、合作与融合，发挥各自区域的优势，缩小区域间发展差距，实现更大范围的产业升级，产生更强的区域竞争力是当务之急。

五　建议

信息产业并非一个真空的产业组织，处在一定的系统中，并对其相关产业及周边地区产生广泛作用。在产业的内容结构和时空的迭代更新中，交织成为一个立体的、横纵贯通的集成体，进而为整个区域经济发展提供源源不断的动力。"两化"融合是推动中国实现产业转型强有力的力量，信息产业发展所产生宏大的链式效应对拉动区域经济增长和助推区域整体发展具有深远意义。我们选取苏南和苏北两个区域进行对比分析，具有较强的代表性和借鉴意义，从苏南和苏北的发展放大到全国范围的发达地区与欠发达地区的发展，中国发达地区和欠发达地区"两化"融合度具象化，探究了信息产业对经济增长的作用路径和贡献程度。研究结果表明，当前信息产业发展整体状况较为乐观，但区域间差异性明显，基于此，笔者提出以下几点建议：

（一）信息产业投入的结构调整和政策倾斜

信息产业发展情况与经济增长水平有着紧密联系，产业结构的差异对信息产业的发展程度有关键影响，其中，投入产出结构对于区域性的产业结构调整有基础指向作用。因此，调整对不同产业要素的投入结构，科学规划现有存量与今后增量的关系，对于"两化"深度融合具有重要建设意义。同时，相较发达地区而言，欠发达地区的经济发展动力较弱、技术水平较低，致使大量前期投入可能沦为沉没成本，滞后经济发展速度，反过来又拉低了技术水平和经济增长，形成恶性循环。基于此，国家或区域政府应加快政策扶持和政策激励的步伐，强化政策引导力度，同时，给予资金与技术方面的必要支持。

（二）信息产业发展的标杆管理

标杆管理的实质是寻找同类的决策单元中的最佳范例，以此为基准通过比较、判断、分析，从而找到自我改进的途径和方法①。对于信息产业发展较弱、产业结构有待调整的地区而言，以发展较好的地区为标杆，比较各自在产业结构投入和调整方面存在的差异，并分析产生差异的可能原因，将有助于这些区域建立合理产业结构的调整目标，从而实现对总的产业结构的调整、经济的快速增长与可持续发展。但是，考虑到中国区域间发展不平等，各个区域在产业结构调整方面存在较大差异，要选择与自身发展模式相适应且效益状况较好的区域为标杆，这样对于效益状况较差的区域的产业结构调整、"两化"融合深入才更有现实的指导意义。

---

① 孙钰、王坤岩、姚晓东：《基于 DEA 交叉效率模型的城市公共基础设施经济效益评价》，《中国软科学》2015 年第 1 期。

（三）构建区域集群式信息产业协同发展体系

信息集群是以柔性化管理为手段，以集群成员间的协同合作为重点，以资源高度集中和信息共享为基础，以类似于生物有机体的信息群落为依托，重视新技术应用和信息创新增值的服务网络①。区域集群式信息产业协同发展体系即以信息集群为核心，以区域间信息产业的有效协同为突破点，形成横向联合、纵向贯通的立体辐射、跨时空、集成化的共享格局，实现宏观上区域间产业发展的大协同、中观上信息产业与非信息产业的协同、微观上不同产业要素的协同。构建区域集群式信息产业协同发展体系将有助于消除区域间的发展失衡，为"两化"融合打造一个更加广阔、坚实的平台。

---

① 肖希明、李硕：《信息集群理论和公共数字文化资源整合》，《图书馆》2015 年第 1 期。

第 七 章

中国"两化"融合水平实证评估

第一节　分析方法和数据来源

为了确保数据的权威性，本书中各省数据取自 2014 年的统计年鉴（部分省市 2015 年统计年鉴尚未出版）、中国互联网络信息中心（CNNIC）发布的《中国互联网络发展状况统计报告》、工信部的统计年鉴以及科技部的统计数据（由于西藏自治区几项指标为 0，故不予讨论。）

根据上述评估指标体系，首先采用层次分析法（AHP）确定各因素的权重，然后运用灰色评估法对 2013 年中国及各省份"两化"融合水平进行综合评价。

第二节　应用 AHP 法确定指标权重

科学的、系统的、可操作的"两化"融合评估指标体系是对"两化"融合进行客观、准确评估的基础[①]，我们在坚持科学性、概括性、

---

① 杜昊、郑建明：《论"两化"融合测度指标体系构建的理论前提》，《图书馆学研究》2014 年第 19 期。

可行性、系统性、动态性、可量化性等原则的基础上，以"两化"融合评估指标体系构建的理论依据为指导，结合指标体系构建的实践基础，提出按融合的前期资金投入、基础设施及社会经济效益来设计指标[1]，构建了资金投入、基础设施、经济效益、社会效益4个二级指标和22个三级指标。

"两化"融合水平评估指标体系中，不同的指标因素对"两化"融合水平的影响程度是不同的[2]。采用层次分析法（AHP）确定权重，首先是构建多层分析结构模型，通过对指标体系的深刻认识，先确定总目标，再分层次两两比较构造判断矩阵，计算出判断矩阵的特征向量值经过一致性检验合格后，就是各个指标的权重（见表7—1）。

第三节　计算得分及排序

如果直接采用原始指标值做分析，由于计量单位不统一，会突出数值较高的指标在综合分析中的作用，因此首先将原始数据标准化，使得原本计量单位不同、极差悬殊大的数据具有可比性[3]。

然后我们对数据进行了处理，计算各省的相对得分，即每个省相对于最好的省份的比例。前21个指标都是越大越好，因而我们用每个省的数据除以该项指标各省中最大值作为该省的得分，第22项指标是越小越好，我们用各省该项数据中最小者除以每个省的该项数据作为

---

① 杜昊、郑建明：《信息化与工业化融合测度指标体系构建的理论依据》，《新世纪图书馆》2011年第9期。

② 杜昊、郑建明：《我国"两化融合"现状实证分析》，《新世纪图书馆》2012年第11期。

③ 郑建明：《信息化指标构建理论及测度分析研究》，中国社会科学出版社2010年版，第59—108页。

该省的得分。

　　将数据和表7—1中的二级指标的权重加权求和就可以分别计算出各省资金投入得分、基础设施得分、经济效益得分和社会效益得分。"两化"融合水平是多种因素的综合体现，由三级指标加权求和计算，其权重根据三级指标的合成权重归一化计算，计算结果见表7—2。

表7—1　　　　　　　　　　　　指标的权重

一级指标	二级指标	权重	三级指标	合成权重
"两化"融合水平	资金投入	0.1538	第二、第三产业固定资产投资额占固定资产总投资额的比重（%）	0.02615
			通信业固定资产投资额占工业投资额比重（%）	0.05075
			电子信息产业固定资产投资额占工业投资额比重（%）	0.04153
	基础设施	0.3077	研发经费（R&D）占地区生产总值比重（%）	0.03537
			电话普及率	0.07693
			网民普及率	0.06769
			光缆线路长度（万公里）	0.05539
			地区网站数量占全国的比例（%）	0.04616
			软件企业数量占全国的比重（%）	0.02462
			R&D人员数量占人口总数比重（%）	0.02154
			地区普通本、专科及研究生在校生数占人口总数比重（%）	0.01539
	经济效益	0.4615	第二、第三产业生产值的增加值占生产总值的比重（%）	0.01846
			地区规模以上高新技术产业产值占全国产值的比重（%）	0.02308
			邮电业务总量占全国总量的比例（%）	0.12461
			电信业务总量占全国总量的比例（%）	0.08769
			软件业务收入占全国收入的比例（%）	0.06461
			软件产品收入占全国收入的比例（%）	0.04154
			系统集成和支持服务收入占全国收入的比例（%）	0.03692
			软件技术服务收入占全国收入的比例（%）	0.03231
			设计开发收入占全国的收入比例（%）	0.02769
	社会效益	0.0769	城镇就业率（%）	0.01923
			单位GDP能耗	0.05768

表7—2　　　　　各省份"两化"融合水平综合得分及排序

地区	资金投入		基础设施		经济效益		社会效益		两化融合水平	
	得分	排名	得分	排名	得分	排名	得分	排名	得分	排名
广东	0.6798	4	0.7738	2	0.8673	1	0.9109	2	0.8130	1
北京	0.7551	2	0.991	1	0.4671	3	1.0064	1	0.7140	2
江苏	0.8628	1	0.5267	5	0.6656	2	0.8465	5	0.6670	3
上海	0.7451	3	0.7501	3	0.3604	5	0.8623	3	0.5780	4
浙江	0.4955	8	0.6686	4	0.3601	6	0.8604	4	0.5143	5
山东	0.4238	19	0.4027	9	0.4202	4	0.6772	11	0.4351	6
福建	0.487	9	0.5172	6	0.2727	9	0.8078	6	0.4220	7
辽宁	0.423	20	0.4031	8	0.3101	7	0.5668	21	0.3758	8
四川	0.4719	12	0.274	21	0.2974	8	0.5918	20	0.3396	9
天津	0.4756	11	0.4531	7	0.1338	17	0.7792	8	0.3342	10
陕西	0.4842	10	0.329	10	0.1839	12	0.6367	15	0.3095	11
湖北	0.4544	14	0.327	11	0.1714	14	0.6182	19	0.2971	12
湖南	0.4508	15	0.2851	18	0.1732	13	0.6228	18	0.2849	13
河南	0.3977	22	0.2587	23	0.2013	11	0.6427	13	0.2831	14
河北	0.3454	27	0.307	12	0.2057	10	0.5258	23	0.2830	15
重庆	0.4626	13	0.3047	13	0.1263	19	0.6373	14	0.2722	16
安徽	0.496	7	0.225	25	0.1337	18	0.701	10	0.2611	17
江西	0.5453	5	0.2029	28	0.1198	21	0.7681	9	0.2607	18
海南	0.5409	6	0.2881	16	0.0565	28	0.7925	7	0.2589	19
黑龙江	0.3829	25	0.2833	19	0.1341	16	0.6266	17	0.2561	20
吉林	0.3268	29	0.3031	14	0.1348	15	0.6312	16	0.2543	21
山西	0.4076	21	0.2908	15	0.1129	23	0.446	26	0.2386	22
广西	0.3683	26	0.2092	27	0.124	20	0.6719	12	0.2299	23
内蒙古	0.3286	28	0.2857	17	0.1077	24	0.4779	25	0.2249	24
云南	0.3966	23	0.192	29	0.1182	22	0.5527	22	0.2171	25
甘肃	0.4278	17	0.2142	26	0.085	27	0.4941	24	0.2089	26
青海	0.4273	18	0.2635	22	0.0533	30	0.4217	29	0.2038	27
贵州	0.4309	16	0.179	30	0.1013	25	0.4449	27	0.2023	28
新疆	0.2341	30	0.2788	20	0.0944	26	0.4369	28	0.1990	29

续表

地区	资金投入		基础设施		经济效益		社会效益		两化融合水平	
	得分	排名	得分	排名	得分	排名	得分	排名	得分	排名
宁夏	0.394	24	0.2544	24	0.0556	29	0.3809	30	0.1938	30
全国平均	0.4707		0.3681		0.2216		0.648		0.3378	

第四节　评价结果

通过测算 30 个省、市、自治区"两化"融合水平得分排名的上四分位、中位、下四分位值，可将各省份"两化"融合水平排名划分为第一、第二、第三、第四共四个梯度，分别对应 30 个省份"两化"融合综合发展横向对比具有相当优势、具有一般优势、发展较为落后以及处于发展劣势这四个发展层次。[①]

一　第一梯度

第一梯度包含广东、北京、江苏、上海和浙江共五个省、直辖市，这五个省、直辖市的"两化"融合水平得分在 0.51—0.8130。如此得分水平在全国 30 个省级行政区的比较中处于领先地位，无论是资金投入、基础设施还是经济效益、社会效益得分，都具有一定的领先优势，远远高于全国平均水平，这与中国现阶段的工业发展整体情况基本相符。从地理区位上看，除北京外，其他四个省、直辖市均处经济发达地区，当地活跃的社会经济发展势头在一定程度上促进了"两化"融合的发展，而北京作为首都，在发展环境、机遇以及便利性方面也颇具优势。

二　第二梯度

第二梯度包含山东、福建、辽宁、四川和天津共 5 个省、直辖市。

---

① 朱金周：《中国"两化"融合发展报告（2011）》，社会科学文献出版社 2010 年版，第32—33 页。

其"两化"融合水平得分分布在 0.3342—0.4351，得分在全国平均水平之上，与第一梯度五个省、直辖市的得分差距明显拉开，但与第三、第四梯度省份相比，仍具有一定发展优势。两两比较，山东和福建明显领先其他 4 个省、直辖市。虽然都处于第二梯度，但是各省的优势不同，从四个二级指标得分上看，山东、辽宁和天津的优势在于基础设施、经济效益和社会效益；福建的 4 个二级指标得分排名相当；四川的优势在于资金投入和经济效益。从地理区位上看，第二梯度省、直辖市分布较为分散，既有处于沿海位置的山东、福建、辽宁和天津，还有处于中国西部的四川，这说明随着中国西部大开发战略的深入推行，西部部分地区也在逐步追赶沿海发达省、直辖市的社会经济发展水平。

三　第三梯度

第三梯度包含陕西、湖北、湖南、河南、河北、重庆、安徽、江西、海南、黑龙江、吉林、山西、广西、内蒙古、云南、甘肃、青海共 17 个省、直辖市、自治区。其"两化"融合水平得分分布在 0.2089—0.3095，均低于全国平均水平得分（0.3378）。省份间得分差距不大，从地理区位上看，大多数省处于中国中、西部地区，这说明中国中、西部地区在两化融合水平发展方面略处劣势，但与全国平均水平相差并非很大，在后续发展中若能把握方向，仍具有很强的赶超能力。

四　第四梯度

第四梯度包含贵州、新疆和宁夏共 3 个省、自治区。其"两化"融合水平得分均处于 0.2 以下，从分值角度看处于发展的低水平区段，其中，宁夏的得分与前两个省得分比较，其劣势较为突出。这 3 个省份都在中国西部地区，说明中国西部部分地区正呈现"两化"融合"荒漠化"发展状况。

第五节　结论分析

一　中国"两化"融合现状

在党的十七大提出"大力推进信息化与工业化融合"的重大决策以来，在政府、的正确领导和社会各界的广泛关注和大力支持下，形成了"两化"融合工作全面推进的大好局面。

（一）社会各界的投资金额方面

2015年1—8月，通信业累计固定资产投资为1949.4亿元；电子信息产业固定资产投资为8573.5亿元，同比增长15.9%。[①] 2014年，研发经费（R&D）支出13312亿元，占GDP的比重为2.09%，比上年提高12.4%。[②]

到2014年完成固定资产投资额12065亿元，同比增长11.4%，电子信息产业新增固定资产8012亿元，同比增长18.7%。[③]

（二）信息基础设施建设方面

截至2015年8月，固定电话普及率为17.7%，移动电话普及率为94.5%，基本达到每人拥有一部移动或固定电话；光缆线路长度从2014年年末的2046.0万千米延长至2015年6月底的2248.8万千米；截至2015年6月，中国网民规模达6.68亿人，半年共计新增网民1894万人；互联网普及率攀升至48.8%，较2014年年底提高0.9个百分点；互联网宽带接入端口4.45亿个，比上年年末净增4431.4万个，增长迅速；中国网站总量达364.7万多个，域名总数2231万个；

①　国家工信部：《2015年1—8月电子信息产业固定资产投资情况》（http://www.miit.gov.cn/n1146312/n1146904/n1648373/c4324248/content.html.）。

②　国家统计局：《2014年国民经济和社会发展统计公报》（http://www.stats.gov.cn/tjsj/zxfb/201502/t20150226_685799.html.）。

③　国家工信部：《2014年电子信息产业统计公报》（http://www.miit.gov.cn/n11293472/n11293832/n11293907/n11368223/16471095.html.）。

截至 2015 年 8 月, 软件企业数量 38875 个, 比去年同期年增长 3697 个; 信息技术人才规模方面: 2013 年 R&D 人员数量已经达到 353.3 万人; 普通本专科及研究生在校生数从 2009 年 2647.5 万人提高到 2014 年的 2732.5 万人。

截至 2015 年 8 月底, 移动电话用户总数达 12.96 亿户, 比上年年末净增 1006.4 万户, 同比增长 2.3%, 移动电话用户普及率达 94.5 部/百人, 比 2013 年年末提高 3.7 部/百人, 国内有 10 个省市移动电话普及率超过 100 部/百人。①

工信部 2015 年第二季度通信业主要通信能力报告显示, 截至 2015 年第二季度末, 中国光缆总线路达 2248.8 万千米, 比上年年末新增 202.8 万千米, 同比增长 9.9%, 虽然同比增速较前几年有小幅度回落, 但总体保持较快的增长趋势。②

中国互联网络信息中心 (CNNIC) 7 月 22 日发布第 36 次《中国互联网络发展状况统计报告》(以下简称《报告》),《报告》显示, 截至 2015 年 6 月, 中国网民规模达 6.68 亿人, 互联网普及率为 48.8%, 较 2014 年年底提升 0.9%, 手机网民规模达 5.94 亿人, 较 2014 年年底增加 3679 万人。③

截至 2015 年 6 月底, 中国互联网宽带接入端口数量达 4.45 亿个, 比上年年末净增 4431.4 万个, 同比增长 14.2%。光纤接入 (FTTH/0) 端口比上年年末净增 4719.2 万个, 达到 2.1 亿个, 占互联网接入端口的比重由上年年末的 40.6% 提升至 47.1%。④

---

① 国家工信部:《2015 年 8 月通信业主要指标完成情况 (二)》(http://www.miit.gov.cn/n1146312/n1146904/n1648372/c4324197/content.html.)。

② 国家工信部:《2015 年第二季度通信业主要通信能力》(http://www.miit.gov.cn/n1146312/n1146904/n1648372/c3337879/content.html.)。

③ 中国互联网络信息中心:《第 36 次中国互联网络发展状况统计报告》(http://www.cnnic.net.cn/hlwfzyj/hlwxzbg/hlwtjbg/201507/t20150722_52624.htm)。

④ 国家工信部: 《2015 年 6 月份通信业经济运行情况》(http://www.miit.gov.cn/n1146312/n1146904/n1648372/c3337889/content.html.)。

（三）产出规模和经济效益方面

2014 年，电信业务总量完成 18149.5 亿元，同比增长 16.1%；2014 年全年完成邮电业务总量 21846 亿元，比 2013 年增长 19.0%；2015 年 1—8 月，软件业务收入 27084 亿元，同比增长 16.7%；软件产品实现收入 8594 亿元，同比增长 14.6%；信息技术服务实现收入 13878 亿元，同比增长 17.3%；嵌入式系统软件实现收入 4613 亿元，同比增长 18.7%。

《中国互联网站发展状况及其安全报告（2015 年）》中，工业和信息化部 ICP/IP 地址/域名信息备案管理系统对网站的概念进行界定，指出网站是使用 ICANN 顶级域（包括国家和地区顶级域、通用顶级域）注册体系下独立域名的 Web 站点，或没有域名而只有 IP 地址的 Web 站点。截至 2014 年 12 月底，中国网站总量达 364.7 万多个，为中国网站提供互联网接入服务的接入服务商 1068 个，网站主办者近 285 万多个。中国网站所使用的独立域名共计 481.2 万多个。全国提供教育、医疗保健、药品和医疗器械、新闻等专题互联网信息服务的网站 2.1 万个。区域分布上，东部沿海地区网站 256.6 多余个，中部地区网站 62.5 万多个，西部地区网站 45.6 万多个。

（四）"两化"融合所带来的社会效益方面

2014 年中国城镇化率上升到 54.77%；全国城镇失业率稳定在 4.1%；单位 GDP 能耗比上年下降 4.8%。可见，在政策的良好引导下，并借鉴国外"两化"融合优秀经验，目前中国"两化"融合已渐渐步入正轨，总体水平稳步提高，获得了较好的经济效益和社会效益。

（五）国家对企业信息化的支持力度持续加大

在国家政策的大力扶植下，汽车、电器、机械、服装、化工、冶金、纺织等重点制造行业信息化建设水平较高，社会服务、金融业、物流业、公共事业等第三产业服务业也大量应用了信息技术、信息产品。中国其中大部分企业信息化以推行 BPM、ERP、CRM、MIS、

MRP、SCM、OA 等系统为主，其中 ERP、CRM 等系统的应用和开发较为广泛。其中，大型企业信息化程度较高，中小企业信息化的发展水平则参差不齐，任重而道远①。

二　区域比较研究

从评价结果的梯度分析中，我们可以看到"两化"融合程度与区域经济呈明显的正相关关系。测算"两化"融合水平得分，全国只有 9 个省份在全国平均水平之上，其他省份都在全国平均水平以下，东南沿海和渤海湾区域的"两化"融合水平明显优于中西部地区，大有拉动引领全国"两化"融合的发展势头，反映了中国"两化"融合发展存在明显的地区差异。

从《中国区域"两化"融合发展水平评估报告》② 的评估结果分析，苏、沪、鲁、京、粤五省市融合水平在全国领先，而闽、浙、津、鄂、辽次之，排名靠后的则为甘、青、滇、贵、藏等，余下的省份融合水平一般。报告还显示出，"两化"融合总指数相对稳定，发展趋势基本一致。

第六节　运用因子分析中国"两化"
融合发展水平

一　分析方法及数据来源

根据上述指标体系，采用何种方法对各地区"两化"融合水平进行综合评估，就成为关键问题。目前，国内学者大多先确定各级

---

① 王金杰：《我国信息化与工业化融合的机制与对策研究》，硕士学位论文，南开大学，2009 年。

② 霏雯：《中国区域"两化"融合发展水平评估报告》（http：//it. 21cn. com/tel/a/2013/0115/12/20213276. shtml.）。

指标权重，然后加权平均计算得出。确定权重时一般采用专家打分法或层次分析法。打分法因专家主观判断的制约，受到质疑；客观权重确定法例如主成分分析的因子分析法，既不受因素相关性的制约，又能够根据数据的内在规律进行客观计算，因而目前被广大学者采用。

因子分析法通过研究矩阵内部相关指标的依赖性，探析相关性较低、简化的且方差贡献率（80%以上）较大的指标，进而确定指标权重，计算指标综合得分的一种多元统计方法。其可解决指标信息重叠问题，使得评估结果更具有客观性、科学性和可确定性。

二　因子分析

采用软件 SPSS 20.0 进行因子分析。首先，对数据作标准化处理，使模型不受量纲影响。然后对这些变量进行 KMO 和巴特莱特球体检验，检验结果见表7—3。

表7—3 　　　　　　　　　　　　KMO 和 Bartlett 的检验

取样足够度的 Kaiser-Meyer-Olkin 度量		0.834
Bartlett 的球形度检验	近似卡方	1254.373
	df	219
	Sig.	0.000

从表7—3中的检验结果来看，选取的22个指标的 KMO 检验值均大于0.8，十分适合因子分析。

每个因子对应的方差贡献率反映了因子包含原始数据信息量的多少。根据特征根大于1和累计方差贡献率达到80%以上的原则，提取了公共因子。如表7—4所示，前4个因子的方差累计贡献率表明前4个因子既能充分反映22个指标所代表的信息，又相互之间保持独立。

表7—4　　　　　　　　　　　因子解释原有变量的总方差情况

成分	初始特征值			提取平方和载入			旋转平方和载入		
	合计	方差的 %	累积 %	合计	方差的 %	累积 %	合计	方差的 %	累积 %
11	11.994	59.764	59.764	11.994	59.764	59.764	8.545	34.847	34.847
22	3.477	11.433	11.433	3.477	11.433	11.433	7.113	30.554	48.907
33	1.945	9.774	78.997	1.945	9.774	78.997	4.529	18.620	75.598
44	1.342	6.549	86.344	1.342	6.549	86.344	2.530	10.914	86.344

同时，为了确定主成分因子与相关变量之间的相关性，建立了以4个主成分因子为主要内容的因子载荷矩阵，并选择方差最大法进行正交旋转，得到旋转后的因子载荷矩阵如表7—5所示。

表7—5　　　　　　　　　　　旋转后因子载荷矩阵

	成分 F			
	1	2	3	4
研发人员数量占人口总数比重 X10	0.889	0.335	0.142	0.211
地区普通本科、专科及研究生在校生数占人口总数比重 X11	0.864			0.108
研发经费占地区生产总值比重 X3	0.866	0.373		0.216
电话普及率 X4	0.828	0.302	0.233	0.139
网民普及率 X5	0.827	0.355	0.210	
第二、第三产业生产值的增加值占生产总值的比重 X12	0.613	0.164	0.334	-0.115
每平方千米光缆千米数 X6	0.771		0.564	0.221
单位 GDP 能耗 X22	0.499	0.474	0.226	0.218
电信业务总量占全国总量的比例 X15		0.859	0.440	
邮电业务总量占全国总量的比例 X14		0.858	0.442	
软件技术服务收入占全国收入的比例 X19	0.458	0.776	0.246	0.278
地区软件企业数量占全国数量的比重 X9	0.527	0.755	0.231	0.254
软件业务收入占全国收入的比例 X16	0.440	0.739	0.342	0.302
地区网站数量占全国数量的比例 X7	0.542	0.730	0.260	0.133
地区域名数量占全国数量的比例 X8	0.617	0.688	0.144	
城镇就业率 X21	0.625	0.687	-0.354	0.281

续表

	成分 F			
	1	2	3	4
软件产品收入占全国收入的比例 X17	0.514	0.677	0.200	0.303
系统集成和支持服务收入占全国收入的比例 X18	0.294	0.445	0.798	0.167
设计开发收入占全国收入的比例 X20	0.347	0.270	0.766	0.352
地区规模以上高新技术产业产值占全国产值的比重 X13	0.132	0.298	0.731	
第二、第三产业固定资产投资额占固定资产总投资额的比重 X1				0.902
通信业固定资产投资额占固定资产总投资额的比重 X2	0.189	0.421	0.306	0.833

三　因子命名及解释

根据因子分析结果，通常可将所有有效因子分为四个维度。

（一）主成分因子 F1

主要由研发人员数量占人口总数比重，地区普通本/专科及研究生在校生数占人口总数比重，电话普及率，网民普及率，每平方千米光缆千米数这五项基础设施指标来解释；另外资金投入指标：研发经费占地区生产总值比重，经济效益指标：第二、第三产业生产值的增加值占生产总值的比重和社会效益指标：单位 GDP 能耗也对其有一定的解释作用。F1 主要代表的是信息人才、信息资源基础条件、研发经费的投入程度，所以，命名 F1 为信息人才和信息资源及研发投资力度综合主成分。

（二）主成分因子 F2

主要由电信业务总量占全国的比例、邮电业务总量占全国的比例、软件技术服务收入占全国的比例、软件业务收入占全国的比例和软件产品收入占全国的比例这五项经济效益指标来解释，另外还包括地区网站数量占全国的比例、地区域名数量占全国的比例和地区软件企业数量占全国的比重这三项基础设施指标和城镇就业率这一项社会效益指标。F2 代表的是信息产业所带来的经济效益、网络应用程度以及"两化"融合对就业率的影响，所以，命名 F2 为"两化"融合经济效益和竞争力综合主成分。

（三）主成分因子 F3

主要由系统集成和支持服务收入占全国的比例、设计开发收入占全国的比例和地区规模以上高新技术产业产值占全国的比重这三项经济效益指标来解释。F3 代表的是软件业和高新技术产业对"两化"融合的影响，所以，命名 F3 为软件业及高新技术产业带动能力综合主成分。

（四）主成分因子 F4

主要由第二、第三产业固定资产投资额占固定资产总投资额的比重和通信业固定资产投资额占固定资产总投资额的比重这两项资金投入指标来解释。F4 表现为信息产业在工业中的地位及投资力度，可将其视为信息产业投资综合因子。

四 综合得分的计算及排序

利用因子载荷矩阵即表 7—6 的数据乘以对应指标的标准化值就可得到各因子的得分。根据各因子的得分并以各因子的方差贡献率占总方差贡献率的比重为权重进行加权汇总，计算各地区"两化"融合发展水平的综合得分值（其中 λ_j 表示第 j 个特征根值），计算公式为：

$$F = [\lambda_1 / (\lambda_1 + \lambda_2 + \cdots + \lambda_j + \cdots + \lambda_x)] \times F1 + [\lambda_2 / (\lambda_1 + \lambda_2 + \cdots + \lambda_j + \cdots + \lambda_x)] \times F2 + \cdots + [\lambda_x / (\lambda_1 + \lambda_2 + \cdots + \lambda_j + \cdots + \lambda_x)] \times F4 = (34.847/86.344) \times F1 + (30.554/86.344) \times F2 + (18.620/86.344) \times F3 + (10.914/86.344) \times F4$$

根据上式可算出各省的综合得分（由于西藏的几项指标为 0，故不予讨论），并依次排序（见表 7—6）。综合得分越高，说明当地"两化"融合发展水平越好；综合得分平均值为 3.2695，得分大于 3.2695 意味着当地"两化"融合发展水平高于全国平均水平，小于 3.2695 则在全国平均水平之下，需要积极调整发展思路，促进"两化"融合进程。

表7—6　　　　　　　**各地区"两化"融合发展水平综合得分及排序**

地区	资金投入 F1		基础设施 F2		经济效益 F3		社会效益 F4		两化融合发展水平 F	
	得分	排名	得分	排名	得分	排名	得分	排名	得分	排名
北京	9.4353	1	7.6261	2	3.0904	4	5.2398	1	7.8353	1
广东	7.0942	3	8.2843	1	4.1863	2	4.3811	4	7.2512	2
江苏	6.6474	4	6.4972	3	4.4966	1	4.6504	3	6.5394	3
上海	7.3433	2	5.2361	4	3.6557	3	4.95	2	6.2305	4
浙江	5.5966	5	4.905	5	2.4756	5	3.2617	5	4.9405	5
山东	4.4159	8	4.3466	6	2.4747	6	2.8365	8	4.2125	6
福建	4.6169	7	3.8861	7	1.9610	7	2.9051	6	4.0285	7
辽宁	4.3125	9	3.5231	8	1.6980	8	2.81	9	3.7085	8
天津	4.8299	6	2.6973	10	1.2841	10	2.8737	7	3.5439	9
四川	3.4363	12	3.1611	9	1.5460	9	2.6578	1	3.1748	10
陕西	3.8031	10	2.6764	11	1.1823	11	2.658	10	3.0729	11
湖北	3.5210	11	2.5177	12	1.0443	13	2.4424	13	2.8459	12
重庆	3.3294	13	2.2549	17	0.9081	16	2.3848	14	2.6389	13
湖南	3.0831	16	2.487	13	0.9797	14	2.3461	15	2.6322	14
吉林	3.2164	14	2.2574	16	0.8571	17	2.1913	22	2.5587	15
河北	2.9479	18	2.4499	14	1.0516	12	2.0288	28	2.5399	16
河南	2.8996	20	2.4361	15	0.9290	15	2.1972	21	2.5103	17
黑龙江	3.0888	15	2.213	18	0.8297	18	2.272	17	2.4958	18
安徽	2.8981	21	2.0819	19	0.8191	19	2.3122	16	2.3752	19
海南	2.9841	17	1.9334	22	0.6902	22	2.5339	12	2.3576	20
江西	2.8653	22	1.9814	20	0.7398	20	2.1885	23	2.2937	21
山西	2.9131	19	1.9005	23	0.7047	21	2.235	19	2.2827	22
广西	2.5412	26	1.9492	21	0.6604	23	2.0555	27	2.1176	23
内蒙古	2.6897	23	1.7999	25	0.5740	26	1.9488	29	2.0926	24
甘肃	2.5411	27	1.7034	27	0.5278	27	2.2543	18	2.0271	25
云南	2.3325	29	1.8363	24	0.6469	24	2.1465	25	2.0020	26
青海	2.5545	25	1.5952	29	0.5060	28	2.1617	24	1.9778	27
宁夏	2.5891	24	1.53	30	0.4661	29	2.1267	26	1.9557	28
新疆	2.4795	28	1.6955	28	0.4623	30	1.7499	30	1.9215	29
贵州	2.2490	30	1.7117	26	0.5812	25	2.235	20	1.9212	30

五　评估结果

通过测算 30 个省份"两化"融合发展水平综合得分排名的上四分位、中位、下四分位值，可将各省份"两化"融合发展水平排名划分为第一、第二、第三、第四共四个梯度，分别对应 30 个省份"两化"融合综合发展水平横向对比具有相当优势、具有一般优势、发展较为落后以及处于发展劣势四个发展层次。[①]

（一）第一梯度

包含北京、广东、江苏和上海共四个省、直辖市，其"两化"融合发展水平综合得分都在 6.00 以上。如此得分水平在全国 30 个省份的比较中处于领先地位，无论是资金投入、基础设施还是经济效益、社会效益得分，都具有一定的领先优势，远远高于全国平均水平，这与中国现阶段的工业发展整体情况基本相符。从表 7—6 中数据排名可以看出，北京除了综合得分排名全国第一之外，在资金投入和社会效益方面均位列全国首位，这与北京在发展环境、机遇以及便利性方面颇具优势有关。另外，广东的"两化"融合基础设施做得最好，江苏获得的与"两化"融合相关的经济效益最多，上海各方面仅次其后，从地理区位上看，这三个省、直辖市均处沿海发达地区，便利的交通环境、当地社会经济的活跃发展与工业结构的逐步转型发展，都为这些省、直辖市的信息化与工业化发展打下了良好的基础。

（二）第二梯度

以大于"两化"融合发展水平综合得分的平均值 3.2695 为基准，共包含浙江、山东、福建、辽宁和天津 5 个省、直辖市。其综合得分分布在 3.5439—4.9405，与第一梯度四个省、直辖市的得分差距明显拉开，但与第三、第四梯度省份相比，仍具有一定发展优势。虽然都处于第二梯度，浙江明显在各个方面都领先于其他 4 个省、直辖市。

[①]　朱金周：《中国"两化"融合发展报告（2011）》，社会科学文献出版社 2010 年版，第 32—33 页。

第二梯度的省、直辖市虽然在各方面发展水平上不及第一梯度的省、直辖市，从表7—6中数据排名可以看出，四项指标和综合得分都还处于全国前列，发展均衡，稳步前进，不存在劣势指标。从地理区位上看，第二梯度省份分均处于沿海位置，便利的交通环境和活跃的社会经济发展势头在一定程度上促进了"两化"融合的发展，若以后能扩大互联网基础设施建设，加大资金投入力度，不断推进信息化的深度和力度，必能实现"两化"融合的快速高效发展。

（三）第三梯度

共包含四川、陕西、湖北、重庆、湖南、吉林、河北、河南、黑龙江、安徽、海南、江西、山西、广西14个省、直辖市。其"两化"融合发展水平综合得分分布在2.1176—3.1748，均低于平均值3.2695。省份间得分差距不大，其中，重庆、湖南、吉林、河北和河南得分差距不足0.1，可见在整体评估上这五个省份水平相当。从地理区位上看，大多数省处于中国中、西部地区，这说明中国中、西部地区在"两化"融合水平发展方面略处劣势，但与全国平均水平相差并非很大，在后续发展中若能把握方向，仍具有很强的赶超能力。

（四）第四梯度

共包含内蒙古、甘肃、云南、青海、宁夏、新疆和贵州7个省、自治区。其"两化"融合发展水平综合得分均处于2.1以下，从分值角度看处于发展的低水平区段，两两比较差距不大，大致处于同一低水平线。这7个省、自治区都是中国中、西部地区，说明中国中、西部部分地区正呈现"两化"融合"荒漠化"发展状况。

六 中国推进"两化"融合的宏观决策

（一）加快工业转型升级，推进"两化"深度融合

工业发展要以转型升级为核心，要以质量和效益为中心，推动由低附加值向高附加值转变，依靠科技进步、劳动者素质提高和管理创新，由外延式向内涵式集约发展转变，形成结构优化、布局合理、技

术先进、清洁安全、产业链完善、吸纳就业能力强的现代产业体系。

实现深度融合应把握的内容：推进信息技术在工业各领域的广泛应用以及生产各环节的综合集成，形成全行业覆盖、全流程渗透、全方位推进的发展格局；发挥新一代信息技术的带动作用，支持战略性新兴产业发展，加快生产性服务业的现代化；推进信息技术的深度应用，促进基础设施的智能化；深化电子政务应用，协调推进政府部门重要业务系统建设，实现跨部门信息共享和业务协同；推进社会领域信息化，推动医疗、教育、社保、文化等领域信息化建设，提高公共服务水平。

（二）官、产、学、研一体化，增强自主创新能力

"两化"融合为实现创新提供了良好的外部条件和难得的历史机遇。在"两化"融合条件下，新的生产组合、新的经营管理模式、新的营销方式都成为可能，政府、企业、高校、科研机构要牢牢把握"两化"融合这一契机，争取多出高水平的具有自主知识产权的新成果。

国家和地区要加快构建完整的国家自主创新体系、区域自主创新体系，加快产品创新、技术创新、知识创新和制度创新步伐。

政府要出台有利于"两化"融合创新的政策条件，在全社会范围内支持创新、鼓励创新，形成促进创新的良好社会氛围；同时为企业实施技术改造、技术创新提高技术支持，引导形成具有自主知识产权、自主品牌和持续创新能力的创新型企业。

企业要进一步加大对"两化"融合科技创新、技术改造的投入，加强自主创新能力，加强对科技创新的绩效考核，形成鼓励实施"两化"融合技术创新、技术改造的良好氛围，争取创造出一批具有自主知识产权和自主品牌的高科技产品；同时企业之间，企业与高校、科研机构之间要加强合作与交流，建立"两化"融合推进联盟和技术创新联盟。

高校、科研机构要进一步提高科技创新能力，努力为"两化"融合服务，为企业解决"两化"融合过程中碰到的技术难题、管理难题；同时，要为企业输送既精通信息技术，又掌握具体行业相关技术、知识的交叉型复合人才，为企业"两化"融合服务。

（三）示范区、示范企业引导，注重经验推广

为推进中国"两化"融合的深入发展，国家工信部在全国选取了信息化与工业化融合试验区，各试验区也纷纷选取基础条件好、实施意义大的项目作为重点示范项目，选取"两化"融合实施基础条件好、影响大的重点企业作为"两化"融合示范企业，开展工业软件剥离重组试点示范；开展工业企业节能降耗、安全生产试点示范等；组织开展工业自动控制、节能监测、物流配送、质量跟踪等重点领域的物联网应用试点示范等①。目前，已取得积极成效。要进一步推进"两化"融合试验区、示范企业和示范项目，及时总结工作过程中取得的经验，并通过举办"两化"融合论坛、现场经验交流、推广会，建立相应的网站平台等途径加强沟通和协同，寻找最佳实践路径，为全国各地区、各行业推广成功经验，避免走弯路。

（四）区域按需发展，加强区域合作

中国国民经济的发展在东部发达地区和中西部欠发达地区存在巨大的差距。东部地区工业、经济、信息产业较发达，信息化在企业和社会中都有广泛的应用。以上海市为例，计算机集成制造系统、电子商务、信息管理系统、决策支持系统等技术，MIS、CAPP、CAD、CAM、ERP等软件在全市大中型企业得到普遍的推广使用。以上海为代表的东部发达地区在"两化"融合方面已取得了一定的成绩，其发展程度居于国内前列，但这些地区"两化"融合水平与美国、芬兰等信息化发达国家和地区相比，还有一定差距，其"两化"融合下一步发展的主要趋势是如何利用信息技术进一步调整工业企业的能源结构，进一步下调能源消耗，提高能源利用率；如何以产业基地和产业园建

---

① 丁英宏：《安徽省新型工业化与信息化关系统计研究》，硕士学位论文，安徽财经大学，2015年。

设的形式,引导产业结构升级,加快发展资本和技术密集型产业①。中西部地区国民经济的发展水平与东部发达地区相比,有较大差距。尤其是西部地区,其工业化程度总体尚处在初级阶段,信息化发展也较之东部地区有很大差距。要实现西部地区经济的"跨越式"发展,就必须在西部地区大力推进信息化与工业化融合,走以信息化推动新型工业化的道路②。

推动区域间"两化"融合的合作与发展,可通过在区域间搭建功能齐全、操作简便、开放共享的信息化公共服务平台,有效降低区域间信息使用的成本,优化信息资源配置,优势互补,从而推动区域间信息产业的良性互动。例如区域间不断完善的数字图书馆、网络新闻、远程教育系统等为推动区域、政府、企业信息资源共享和区域经济一体化提供了切实可行的选择。信息化公共服务平台服务于企业,为企业提供了产品检测、网络化制造、工艺指导和产品设计;服务于政府、区域,为政府、区域间信息的公开、交流和社会化增值开发添加了润滑剂。

① 郭娟、李紫:《我国"两化"融合的需求分析初探》,《西安邮电学院学报》2011 年第6 期。

② 朱春珑:《工业企业"两化融合"发展效果评价研究》,硕士学位论文,北京理工大学,2015 年。

第八章

推进"两化"融合的战略思考

建立"两化"融合水平测度指标体系和评价标准规范,完成"两化"融合发展情况综合测评,特别是制定面向行业和区域的"两化"融合水平测度指数体系,可以从整体上把握"两化"融合进展状况,明确"两化"融合所处的阶段、存在的不足以及下一步的进展方向等,以利于融合进程的推进。基于前面分析"两化"融合的主要内容及影响因素,以及"两化"融合水平测度指标等,本章从测度体系的指标出发提出相应策略和措施。

推进"两化"融合,注意统筹规划、协调发展,以"政府推进、区域展开、行业突破、企业主体"作为导引,强化"点、线、块、面"的全面联动,营造良好的"两化"融合发展环境,推进产品数字化、企业业务流程信息化、区域经济产业化等(如图8—1所示)。以"两化"融合重点、示范项目为契机,推进信息技术自主创新以及在产业各领域中的融合,优化提升传统产业特别是支柱产业,重点扶持绿色产业的发展,发展壮大信息产业及新兴产业,形成新型产业链和现代产业集群,在战略性新兴产业和关键企业率先实现信息化。

目前,中国"两化"融合尚处于初级阶段,在取得成绩的同时,仍将受到一系列发展瓶颈的制约,如政策和资金"饥渴"、企业信息化氛围不足、复合型高层次人才缺乏等。如何解决当前"两化"融合

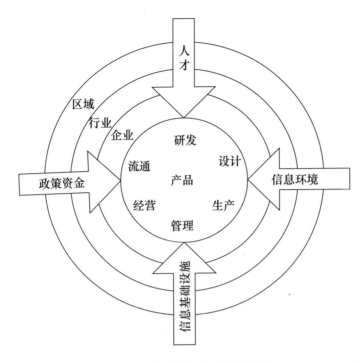

图8—1 "两化"融合推进思路

发展所面临的新问题，也成为学界与业界讨论的焦点。[1]

第一节 信息化与工业化融合的影响模型

"两化"融合是融合主体、融合动力和客体的多元性、复杂性的系统工程，与内部、外部环境间存在着信息流、知识流和价值增值。

一 "两化"融合影响因素的层次

"两化"融合的影响因素从层面上看分为宏观区域因素、中观产业因素和微观企业因素，这三层因素之间也存在着两两之间相互作用

---

① 郭娟、李紫：《我国"两化"融合的需求分析初探》，《西安邮电学院学报》2011年第6期。

的关系，区域的"两化"融合程度离不开产业结构升级和新型产业的发展，产业的"两化"融合同样依赖于地理的区位因素和政策支持；产业的"两化"融合同样离不开个体企业的信息化水平提高、人才素质升级和管理水平的提升，而一个产业的整体提升也能带动企业的信息化发展；区域的"两化"融合程度依赖并同样作用于企业的"两化"融合。从其他学者的研究和"国家信息化指标方案"来看，三个层面共同影响着"两化"融合。

中国共产党十六大以来，政府、企业信息化投入比重明显增加。2011 年在工业和信息化部、科学技术部、财政部、商务部、国有资产监督管理委员会联合印发《关于加快推进信息化与工业化深度融合的若干意见》中提到了"到 2015 年，信息化与工业化深度融合取得重大突破，信息技术在企业生产经营和管理的主要领域、主要环节得到充分有效应用，业务流程优化再造和产业链协同能力显著增强，重点骨干企业实现向综合集成应用的转变，研发设计创新能力、生产集约化和管理现代化水平大幅度提升；生产性服务业领域信息技术应用进一步深化，信息技术集成应用水平成为领军企业核心竞争优势；支撑"两化"深度融合的信息产业创新发展能力和服务水平明显提高，应用成本显著下降，信息化成为新型工业化的重要特征。"

从企业的角度，区域和产业的信息化程度是企业"两化"融合的外部环境。区域的"两化"融合程度主要反映在区域内企业的"两化"融合水平，产业"两化"融合落脚于企业"两化"融合程度。企业的发展水平不仅来源于企业在该产业当中的地位，也来源于企业在所处产业的产业效益。产业的"两化"融合可以带动产业内企业的融合，弥补在企业信息化过程当中的局限和不足，区域的"两化"融合程度和产业的"两化"融合程度，给企业的"两化"融合提供了牵引力和外部环境。

对于产业而言，产业的信息化与工业化融合程度同样受到了区域"两化"融合程度的影响，特别是"两化"融合欠发达地区更应该集中有限的资源和资本投入优势产业，并且依靠优势产业带动整个区域的信息化，推动区域经济的发展。

以系统论的角度来看，"两化"融合是作为一个整体而不是单独一个层次的融合而存在的，整体中的各个层次也是互相关联的，区域、产业、企业"两化"融合过程中的关系如图8—2所示。

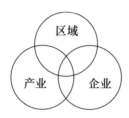

图8—2　区域、产业、企业"两化"融合过程中的关系

根据企业、产业、区域的信息化与工业化的融合层次间的关系，可以将三者的影响因素列在表8—1当中：

表8—1　　　　　　　　　"两化"融合层次及其影响因素

层次类别	微观层次		中观层次	宏观层次
"两化"融合层次	企业内部影响因素	企业外部影响因素	产业影响因素	区域影响因素
影响因素	信息化战略、管理因素、制度因素、R&D投入、信息化基础设施、信息化人才	企业区位高校及科研机构、同行企业、行业协会、企业地理区位、周边基础设施建设、区域政策、政府财政支持	市场供需关系、产业技术、上下游产业、产业规模及发展潜力、产业科技发展水平、产业内企业的信息化水平	政治环境、社会环境、资源环境、地理环境、教育环境区域产业结构、区域企业发展水平

由表8—1可见，整个"两化"融合的系统是一个整体，各个层次之间相互联系、互相作用推动"两化"融合的进行，从微观向宏观来看，企业层面的融合受到了企业内部的资金、组织、管理、人才等

多方面的影响，也受到了企业外部产业及区域因素的影响，同时企业的信息化进程也会产生掣肘。在中观产业层面上看，企业内部的"两化"融合影响因素也可以延伸到整个产业当中，整个产业的 R&D 投入、产业的信息化基础设施建设、产业的信息化人才影响着产业的信息化发展。而产业和企业的"两化"融合也是区域内部的影响因素。区域内企业和产业的信息化程度的高低反映了区域的信息化水平；从宏观向微观来看，在整个区域的信息化与工业化融合的多层次架构中，区域的外部影响因素，区域的政策，地理环境、社会环境、区域内的教育环境等对中观和微观层次的产业及企业的"两化"融合起到了调节作用。中观层次产业的行业协会组织状况、产业链的上下游产业发展水平、产业自身的科技含量及发展前景也影响到微观层次的企业"两化"融合进程。整个信息化与工业化融合影响因素机制见图 8—3。

二　推动区域"两化"融合的影响因素模型概要

"两化"融合是一个有机的统一体，具有主体、内外部动力和客体的政策和社会支撑。"两化"融合整体的动力机制及外部发展情况之间存在着多种影响因素。从系统内部来看，主要受政策要素、支撑要素和内在动力要素的作用。其中政策要素包括国家宏观政策、区域政策、产业/行业政策和企业政策；支撑要素包括政府治理、中介组织、公共信息服务平台、专业人才、资金支持、标准化建设、综合信息基础设施和运营商；内在动力要素指信息产业的发展如软件、元器件、集成电路产业、M2M 产业和物联网、云计算。从系统外部角度来看，"两化"融合受到外在动力诸如市场竞争与需求、创新环境、产业链协同发展的推动。这些因素共同贯彻在整个区域的"两化"融合过程当中。笔者构建了"两化"融合的动态系统模型，如图 8—4所示。

"两化"融合受这些方面力量的影响，从区域的角度来看，区域"两化"融合受国家政策和区域政策的扶持，企业和行业的政策也影

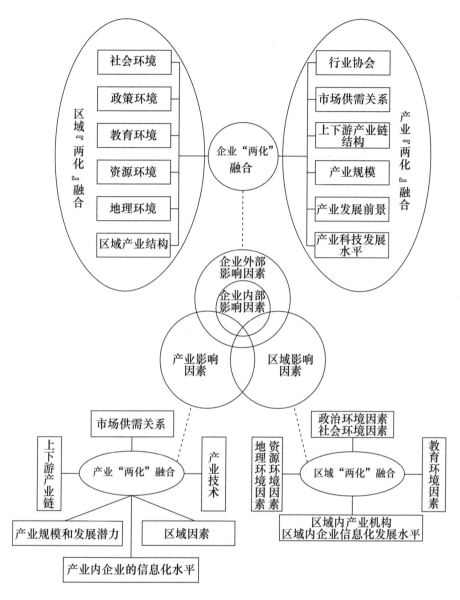

图8—3　"两化"融合三个层次结构的关系

响区域"两化"融合的发展，这些政策从类别上看，鼓励高科技创新的创新政策；促进地方信息化行业发展的税收减免的财政政策；以及产业政策和人才政策，这些政策给区域"两化"提供了发展的环境。"两化"的发展离不开全社会的努力，社会对"两化"融合的支撑体

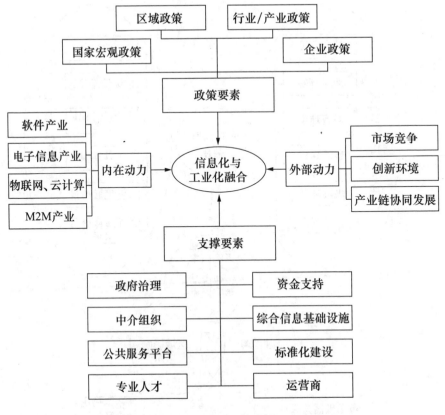

图8—4 推动"两化"融合的影响因素框架

现在政府治理，高校、科研机构、信息服务产业的中介，区域信息基础设施建设、平台建设和资金投入。同时信息化与工业化的融合也离不开区域内部的高新技术产业的发展，区域内部的高新技术产业发展如软件产业、M2M产业、电子信息产业，物联网和云计算都能够给区域内的其他工业部门提供信息技术和信息产品，促使其他工业部门在社会生产环节信息化。从区域外部来看，区域经济处于国民经济的内部范畴，中国的国民经济也处于全球经济的范畴，区域内所生产的工业产品和信息产品需要原材料和市场，因此"两化"融合的外部动力包含了市场的竞争和需求、国家的创新环境和上下游产业链的因素，综上所述，这些共同构成了区域内"两化"融合的影响因素。

三　"两化"融合的政策要素模型

（一）"两化"融合的政策要素

"两化"融合是工业化社会进程和信息化社会进程相结合的过程，其表现出来是一个涵盖了社会各个方面的复杂系统，因此，在实现"两化"融合的过程中，需要由微观企业、中观产业、宏观区域和国家层面的不同层次政策与之相适应。因此，"两化"融合的进程中的政策要素包括下面四个部分。

1. 国家宏观政策

在公共管理理论中，政策被视为一系列政策工具的组合，2012 年国家颁布了《工业转型升级规划（2011—2015 年）》《国务院关于大力推进信息化发展和切实保障信息安全的若干意见》等促进"两化"融合方面的政策，2013 年推出《信息化和工业化深度融合专项行动计划（2013—2018）》，通过对这几部政策的解读，可以将国家在"两化"融合方面的政策归纳为经济政策、产业政策、创新政策。

国家在通过政策的调整和相关法规的制定来引导信息化与工业化的融合。1992 年，美国总统克林顿提出信息高速公路发展战略。1993 年又发表《促进经济增长和技术》的总统报告，对信息技术和信息产业发展做出建议，并通过加大财政投入加快信息产业发展，之后又通过信息产业的有效监管、扶持高科技产业、引导加速传统工业信息化等政策促进工业部门结构调整。特别是奥巴马总统上台之后，建立了首席信息官制度，维韦克·孔德劳出任第一任首席信息官。2011 年随着云技术的发展，时任美国联邦政府首席信息官的维韦克·孔德劳通过发布"云优先政策"鼓励云服务的发展，这些在国家操作层面根据科技的演进扶持高新技术产业发展对中国制定"两化"融合中的技术战略和市场战略借鉴意义非常大。

因此对中国而言，要在国家层面建立相应的财政、监督和创新政策机制，发挥国家在"两化"融合过程中的战略主导作用，通过政府的宏观调控改善传统工业信息化环境、扶持信息化产业发展，引领企业自主创新，使各个层次的"两化"融合能够在国家制定的轨道上健康发展。

政府制定服务于产业融合的制度环境、政策环境和法律环境以及产业技术方面的政策，建立技术平台和产业平台，以促进产业融合。

"两化"融合在政策层面主要是政策的调整和相关法规的制定。发达国家在诸如信息化建设中的市场竞争与有效监管、高技术产业的鼓励政策、现代工业发展规划等均对中国有很好的参考价值。特别是近几年发达国家在操作层面的经验，诸如融合业务、融合服务、融合终端等方面的全球化竞争战略。

中国推进"两化"融合，根据国情，统一协调政策机制、监管机制和创新机制的关系。建立统一、开放的应用平台和操作平台，把技术集成的优势运用到业务领域，以通信领域为外部保障，国家在高新技术产业的投资，企业在科技方面的投入，引导专业人才、储备人才的培育，发挥国家的战略导向作用。

2. 区域政策

区域政策强调地域性和差异性，以协调区域宏观运行机制的政策。中国从 1949 年开始，可将区域政策分为三个阶段。第一个阶段从 1949 年到 1978 年，该阶段表现为国家区域政策均衡发展，改革开放后到 20 世纪末为第二个阶段，该阶段国家区域政策向东部沿海地区倾斜，2000 年后是第三个阶段，该阶段通过西部大开发、振兴东北老工业基地、中部崛起等政策实现区域经济协调发展。区域政策在宏观上极大地影响着区域经济的发展。

区域现有的信息化水平是融合的基础。要从全国各地区的发展需要出发，通过政策引导推动融合的进程同时要充分考虑中国工业化程度，选择最有效的融合路径，根据区域环境的不同，考虑工业化水平、地理区位等各方面因素。通过区域政策完善信息基础设施建设，提高区域内产业的博弈能力促进企业协同发展，从宏观上处理中小型企业的资金、科技、管理、物流等方面问题。

"两化"融合也成为各省市发展的重点,被纳入区域发展战略和规划中,区域"两化"融合是推进"两化"融合的现实基础。政策的出台要从各地区的发展需要出发,投资、科技、环保等方面的政策都要有所涉及,比如区域为企业推进"两化"融合提供基础设施、政策资金、创新服务、产业支撑等。根据区域"两化"融合的基本资源保障的现实,结合工业化程度,不同区域的开放性,确定适当的发展方向。通过搭建区域公共信息服务平台,建立健全服务支撑体系,增强产业集群竞争力。建立区域性网络化协同制造的信息资源库、公共设计制造服务平台及工具库,解决企业面临的成本、时间、质量等多层压力,提高企业供应链协作管理水平和产品生命周期管理能力。区域品牌的价值也不可忽视,促进质量保证体系的完善,提升区域产业的产品质量和品牌影响力。

3. 行业/产业政策

根据中国已完成的重点行业信息化与工业化融合的相关报告看,中国不同行业融合水平差异较大。推动"两化"融合的行业政策应该根据具体行业制定相应的政策。从宏观上看行业政策包括了选择部分行业中的具有影响力的重点企业开展试点。以重点企业信息化系统的集成应用为示范,促进和推进集群企业的产品设计、电子商务以及服务的协同。建设公共服务平台,推广公共服务模式,为行业内的中小企业提供基础的信息资源,构建信息网络平台,实现资源共享。

实施产业集群"两化"融合新模式。围绕产业集群和重点产业链推进"两化"融合,形成示范工程、龙头带动新模式。实施"产业集群示范工程",集中培育发展一批示范产业集群,带动地区产业集群发展。例如江苏省目前已形成了以南瑞、南自为龙头的智能电网产业集群等。以示范企业和示范项目为抓手,重点支持企业应用信息技术促进产品研发、内部资源管理、供应链管理和开展信息技术服务等,为各行业企业提供标杆、示范和样板。以产业集群中的龙头企业为中心，贯穿上下游供应链企业，通过企业信息化系统的集成应用，实施产业集群企业之间的产品设计协同、服务协同、电子商务，促进"两化"深度融合。提取工业生产流程、设计能力、管理模式改造的成功案例，总结技术创新和产品创新的成功经验。

建设公共服务平台，推广公共服务模式，为行业内的中小企业提供共性信息技术资源服务，促进技术成果转化、技术推广和创新资源共享。根据产业发展需要，重点支持建设信息化支撑的技术研发、产品检测、产业信息、人才培训、产学研合作等公共技术服务平台，增强信息查询、技术创新、质量管理、管理咨询、市场开拓、人才培训等服务功能，帮助企业建立营销网络，应用电子商务。平台等基础设施的建设采取政府扶持、社会资助、企业投入为主的方式引入市场化运作。通过开辟专业化分工协作路径，形成企业之间、企业与科研单位之间、企业与物流之间、企业与支撑体系之间，分工明确，产业链条体系完整、紧密连接，提升自主创新能力的利益共同体。

4. 企业政策

企业是"两化"融合的主体，信息技术及信息产品在工业企业中的应用可以促进企业的"两化"融合水平的提高从而提升行业及区域的融合水平，企业的"两化"融合可以在研发设计、生产制造、市场营销、客户服务、企业管理等环节进行。

企业政策主要体现在国家在企业"两化"融合过程中建立试点，构造覆盖全行业的企业信息化服务体系，企业"两化"融合管理体系标准的设置，广泛推广高新技术如电子商务、大数据、物联网在企业中的应用，提升行业信息化水平。

企业政策重点帮扶龙头企业，支持龙头企业谋大发展，上大项目，搞大合作，不断壮大集群规模，提升产业竞争力，使之成为在各细分行业中标杆企业，发挥大企业的龙头作用，带动中小企业信息化水平提升。培育企业名牌，建立健全质量保证体系，提高产品质量。提高企业供应链协作管理水平和产品生命周期管理能力，降低运作成本。

（二）"两化"融合的支撑要素

1. 政府治理

在"两化"融合过程中，政府治理是推进器，因为政府是"两化"融合的提出者、规划者、制度的推动者。

政府在"两化"融合中发挥着主导作用，政府治理是"工程师"设计了融合的具体思路，通过政策、财政等多种手段和鼓励机制引导企业融合过程的发展方向，鼓励企业进行信息化技术改造，企业用于信息化建设的固定资产投资、研究开发费用等，按国家政策规定享受减免税，促进企业信息化建设。

2. 中介组织

发挥中介组织在"两化"融合中的作用。有效整合、优化配置社会资源，体现第三方项目监理、第三方咨询服务、资金监管服务等中介机构的优势地位。发挥各行业协会在推进本行业"两化"融合中的作用。

中介组织可以统筹社会资源，在市场的培育、活跃、发展和规范方面的地位不可忽视。高校具有丰富的知识储备和科研成果等优势，在融合过程中可以发挥其知识储备并将科研成果转化利用，同时作为创新人才储备仓库。以高校为重心的信息资源共享平台的建设，确立融合中高校与企业、政府的联系，发挥高校在信息平台中的极化与扩散作用。

咨询企业对"两化"融合起到技术支撑的作用，因为咨询企业具备 IT 技术、管理方法及企业信息化工程推进的方法和工具，能帮助企业提供专业技术服务。长期为装备制造业提供专业咨询的延展咨询机构，咨询企业依靠其强大的信息搜集和分析能力解决"两化"融合进程中的企业和行业的经营方面、管理方面、业务方面、财政方面的问题，通过咨询企业和工业企业的联系，采用咨询实施一体化的模式，通过信息整合服务总包、专业外包等方式，不仅突破传统的咨询公司、软件实施公司的服务局限和局外人的定位，同时也突破了企业方的知识局限和局内人的定位，将咨询公司和企业更紧密地结合在一起，形成咨询公司为企业和所在行业提供更紧密的服务的基础。

3. 公共信息服务平台

公共信息服务平台是政府、行业、企业共同建设以推进行业信息化进程的互联网平台。公共信息服务平台主要有四种模式：①建立中小企业 SaaS（软件即服务）平台。以特色产业集聚区为主体，协同产业协会、高校、信息咨询公司等社会各界资源建立企业"两化"融合的服务平台。②建立电子商务应用平台。以互联网企业为依托，推进第三方电子商务平台建设。借助于大企业集团电子商务应用形成的良好环境，推进重点行业业务协同公共服务平台建设，促进其上、下游中小企业电子商务的发展，建立通过电子商务整合资源的新型供销模式；不断完善信用服务、安全认证、网上支付、现代物流等支撑体系建设，推动 B2B 和 B2C 电子商务的应用；建立产品数字化公共服务平台，打造能开发出自主知识产权、软硬结合的产品的开放型产学研结合的重点实验室。③建立公共物流信息平台。利用港口优势，整合国际物流信息中心、公共物流信息平台、政府物流信息平台等相关功能模块。④建立信息技术创新公共技术平台。依托大专院校、骨干企业，建立市级"两化"融合促进中心、"两化"融合重点实验室，为推进"两化"融合提供技术支撑。建立面向电子信息产业的技术创新公共服务平台、面向企业的信息技术辅助设计、制造公共服务等信息技术应用共性技术支撑和服务平台，并依靠高校、政府、企业三方合作共同协作。

4. 专业人才

专业人才是"两化"融合进程中的"血液"，源源不断地给信息化建设带来"营养"和"活力"是区域实现信息化战略的核心。"两化"融合对人才的需求不仅仅体现在量上，也体现在质上，这反映在信息化人才要一专多长。对于人才的培养，政府和高校需要完善人才培养机制，提升人才多方面素质，同时也应加强人才引进，鼓励引进国外高学历的高新技术人才。同时完善人才培养机制，给专业人才提供发展空间和创业环境。针对区域内的大型企业，应完善首席信息官（Chief Informaticon Offier，简称 CIO）制度。在社会人才培养方面，应注意全社会的信息化普及教育，开设信息技术培训机构并联合高校企业协同构建。

专业人才是实施"两化"融合的关键性力量，是整个企业实现信息化战略的核心。中国"两化"融合需要一批既掌握专业技术又熟悉信息化的创新型复合人才，因此必须创新、完善和提升中国现有人才培养体系，加强企业和高校的紧密联系。

坚持人才兴企业强战略，打造强有力的"两化"融合人才队伍。围绕骨干企业、重点产业链和产业集群"两化"融合的工作需要，加快教育、培训和引进既熟悉信息技术又熟悉传统产业管理的高端复合型人才。完善人才培养、使用和激励机制，优化人才就业创业环境。鼓励和引导骨干企业建立首席信息官（CIO）制度。大力扶持信息技术社会培训机构发展，推进培训机构与大专院校、骨干企业合作，培养紧缺专业的实用人才，建设一批人才实习基地、实训基地和交流示范基地。

5. 资金支持

中国要加强"两化"融合资金投入，政府的资金支持主要是税收减免、财政补助等方式。资金是经济建设的基础，同时也是融合过程中的必备条件，通过对高新技术产业注入资金，加大研发力度，促进信息化产品的发展，给企业信息化应用做好充足的准备，同时政府也应当对"两化"融合企业加强财政投入和税收减免，鼓励企业使用信息化产品，完成生产设备管理方法的升级。

资金支持是"两化"融合的基础条件，进一步拓宽资金投入渠道，加大资金投入力度，为企业的信息化建设提供充足的资金保障。充分发挥财政资金引导作用，强化企业投资主体意识，鼓励企业、金融机构、其他投资主体加大对"两化"融合的资金投入。采取财政补助、贴息、税收返还等方式对企业信息化建设予以资金扶持。

6. 标准化建设

标准化是为了给重复问题提供最佳解决方案的过程，推动"两化"融合过程中的标准化建设，要转变传统的标准化发展模式，标准化过程要规范，标准制定成本以及后期维护的投入也要有规定，以建设国家标准化信息库，并参与国际相关标准化全过程。

"两化"融合需要标准化的引领和保障。在推进"两化"融合过程中，涉及信息化解决方案的提供者、需求者及行业主管部门和服务机构等，由于标准化的缺位，使许多结构性矛盾凸显，信息孤岛、低水平重复开发等问题阻碍了信息化的推进。这些矛盾和问题都需要标准化来解决。在信息化时代，知识产权与标准高度相关，通过走"技术专利化、专利标准化、标准全球化"道路，才能提高产品科技含量，提升自主创新能力和国际竞争力。加快标准化引领"两化"融合，是一项涉及社会方方面面的系统工程，必须得到社会各方面的重视和支持，采取切实可行的措施，创造良好环境，推进标准化的基础工作。

7. 综合信息基础设施

综合信息基础设施建设的发展重点包括：网络环境建设，其中包括互联网、光纤建设提高互联网速度，加速宽带城市建设如上海市的"城市光网"建设，提高网络的国际通信能力，推动网站 IPv6 的升级，提高 WI-FI 热点覆盖率；IT 基础设施建设，包括计算机软件及硬件等方面的建设；电子政务基础设施建设，给区域内的政府企业高校提供政务网接入服务整合信息资源，加速信息共享；推进三网融合，开展网络新技术如物联网、云计算在工业企业当中的应用；以及推进以电话网、电视网和互联网为代表的农村网络基础设施建设。

构建综合信息基础设施，是加快"两化"融合发展的重要支撑。中国信息基础设施建设发展的重点包括：一是要把握电信技术业务移动化、宽带化、IP 化、多媒体化的发展趋势，推进技术创新和业务创新，抓住网络技术升级换代的机遇，加快构建广覆盖、高可靠、多业务的综合信息基础设施，提高宽带接入网络覆盖率和国际通信能力。二是面对网络融合的发展趋势，需要充分挖掘现有潜力，探索建立网络资源充分利用、信息资源充分共享的机制和途径，加快出台有利于技术、业务、市场等方面融合的配套政策，务实推进"三网融合"，提高资源使用效率。三是信息服务向农村延伸，服务于新农村建设。在鼓励发展新的农村用户并保障现有基本话音业务的同时，逐步推广新的电信业务。加快农村通信基础设施建设，建立社会各方广泛参与、符合市场规律、满足农村需要的通信发展机制，推进社会主义新农村建设。

8. 运营商

运营商是信息的经营者，在"两化"实现的过程中是网络服务的提供者，是信息化发展环节中不可缺少的组成部分。运营商的产品包括通信产品和通信服务。运营商通过提升自身的信息化水平并加强创新能力，以工业产品为基础，提升整个社会的信息通信能力，并将高性能的信息化产品应用到工业生产过程中，实现整个社会的信息化发展。

运营商是信息化的实施主体，也是"两化"融合的载体，在融合中发挥核心承载作用。运营商首先会及时采用信息化成果来提升服务整个社会的能力，并逐渐将信息化产品推广应用到企业中，提供高性能的通信产品，全方位、立体式的服务体系，从业务属性到差异化服务，从技术支持到客户关系维护。在推动信息化的过程中，运营商从网络优势向服务能力优势过渡，建立起完善的服务体系，实现自身的增值发展。

(三)"两化"融合的内在动力要素

1. 软件产业

软件产业是信息化的基础与灵魂，更是"两化"融合的纽带和桥梁。"两化"融合关键是要充分发挥软件产业的作用，特别是扩大和加强软件在工业领域的应用，用信息技术改造和提升传统产业。在工业领域，软件产业也正以其特有的渗透力，广泛服务于中国工业化发展进程中。

软件产业是信息产业的重要组成部分，发展软件产业是实现信息化与工业化融合的重要手段。调动软件产业的作用，特别是工业部门享受到软件产业发展所带来的成功，将软件产品应用在工业生产的各个环节。提高工业部门在生产、运营、管理等方面的信息化水平，增加生产效率。软件应用是"两化"融合的重要组成部分，2014年，中国软件业务收入达到了3.7万亿元，提高软件企业的创新能力、规模和利润，推动软件应用提升工业产品的附加价值，通过大数据、云计算等先进领域赶上国际发展步伐，同时注重信息安全方面软件的开发和利用。在软件产业带动工业信息化的同时，工业信息化也促进了工业软件和信息技术服务业的高速增长。2014年，中国嵌入式软件收入达到6457亿元，信息系统集成服务收入达到11324亿元。新型信息技术服务比重继续提高，信息技术咨询数据处理服务收入达到3841亿元，存储类服务达到6834亿元。

软件应用是"两化"融合的重要力量。实现"两化"融合，为中国软件产业发展提出了新的更高要求，也为其带来了更大的发展机遇。为加快落实"两化"融合战略思想，使得软件产业进一步在技术创新、应用创新、管理创新等方面为工业化提供服务，为中国工业化的未来发展切实起到支撑性作用。①要实现"两化"融合，要发展工业软件，必须加强自主创新。②软件企业的发展要服从和服务于国家的战略布局，在"两化"融合、经济结构调整、发展方式转变发挥作用。

与此同时，"两化"融合也带动了工业软件和信息技术服务业的高速增长。2010年，中国嵌入式软件收入达到2242亿元，信息系统集成服务收入达到2910亿元。2012年嵌入式软件收入达到4770亿元，信息系统集成服务收入达到8180亿元。

2. 电子信息产业

电子信息产业是研制和生产电子设备及各种电子元件、器件、仪器、仪表的工业，日益成为关键的产业部门，成为中国国民经济重要的支柱产业，也是推动"两化"融合的关键要素。

根据工信部的《信息化和工业化深度融合专项行动计划（2013—2018 年）》可以发现，发展电子信息产业可以从四个方面着手：一是优化基础电子产业结构，加快面向工业领域的芯片研发设计，将集成电路、关键电子元器件、平板显示、基础软件、智能语音等关键技术和先进工艺实现产业化，夯实产业发展基础；二是加强软硬件企业的合作，提高软硬件对工业领域系统需求的支撑能力，提升整个产业的自主研发能力；三是构建集成电路、工业软件、平板显示、云计算、物联网等专业性公共服务平台；四是鼓励以移动互联网、云计算、物联网、半导体照明等新兴领域的产业创新联盟建设。

发展电子信息产业可以从四个方面出发：一是突出发展集成电路设计产业。通过建立公共服务集成电路设计支持平台，提供 EDA 软件低成本使用、IP 核复用、验证、评测、保护等服务，营造集成电路设计产业发展所需要的良好环境。二是侧重发展音视频编解码芯片、智能家电用的微处理器、数字信号处理器、LED 芯片、LCD 驱动模块等芯片产品。三是积极推进通用性强、技术含量高的集成电路、平板显示器、光通信器件等关键元器件发展，完善信息家电、通信以及计算机等产品的产业链，从而进一步改善产业结构，提高信息产业的整体竞争力。四是进一步提高通信设备制造业规模和实力，重点发展 3G 及其配套产品，CSM 和 CDMA 手机及基站，交换设备、光通信器件，数字集群等通信产品。

3. 物联网、云计算

物联网是将物理存在的物品和电子设备、软件、网络、传感器等相链接，以信息交换和通信为手段，对物智能化管理的网络。作为新一代信息技术可以应用在不同工业行业中促进"两化"融合。中国的物联网主要应用于制造业、石油能源行业，以制造业为例，物联网应用于制造业的生产控制，实时监控、故障诊断等方面。物联网的智能系统可以提高产品制造速度，加快产品需求响应效率，根据生产数量和供应链响应进行实时优化。同时，物联网可以根据系统需要和原材料供应以及能源部门的智能网络集成，从而实现节能减排。

物联网是企业在生产控制环节和智能管理环节进一步"两化"融合提高生产效率的实现方式，云计算可以帮助企业节约初期成本，企业的数据存储不局限于企业内部的硬件设备，减少企业数据库的系统维护，同时数据的自动更新能够帮助企业自动化的实现，提高员工的工作效率，最后促进产业内的生态系统协同构建。

针对国内外"两化"融合的发展现状，发达国家的工业化程度比中国高，信息化起步比中国早，在"两化"融合方面积累的经验值得中国借鉴；同时，中国也要根据自己的实际情况，明确推进"两化"融合的手段，从而加快推进"两化"融合的发展。而物联网、云计算等新技术将成为加快推进"两化"融合发展的突破口。通过信息技术与工业技术融合，提高工业水平；与工业研发生产融合，提升产品创新能力；与经营管理融合，优化企业核心竞争力；工业化也将带动支持信息化，与基于物联网的信息产业融合催生现代产业体系[①]。

云计算是虚拟化动态可扩展的分布式计算技术的实现方式，通过网络及软件将计算机设备连接在一起，在互联网上能提供用户所需的资源的服务。云计算技术能够有效地调用闲置的计算机资源减少对内部设备的依赖，减少资金的投入，云计算技术具有良好的可扩展性，可以提高设备的利用率并降低企业的生产成本，同时依靠数据中心的庞大数据可以保障数据的可靠性。

云计算是分布式计算技术的一种，是透过网络将庞大的计算处理程序自动分拆成无数个较小的子程序，再交由多部服务器所组成的庞

---

① 张春红、弭伟、马涛等：《加快推进"两化"融合发展的突破口——物联网、云计算》，《电信网技术》2010 年第 11 期。

大系统经搜寻、计算分析之后将处理结果回传给用户①。通过这项技术，网络服务提供者可以在数秒之内，达成处理数以千万计甚至亿计的信息，形成强大效能的网络服务。

在"两化"融合过程中，物联网是帮助企业在生产经营领域实现深度信息化的手段，云计算是一种帮助企业特别是中小企业低成本地灵活实现信息化运营的模式。

4. M2M 产业

M2M 产业是"两化"融合的核心推动力。M2M（Machine to Machine）是"机器"对"机器"的通信，广义上也可以理解为人（Man）、机器（Machine）和无线终端（Mobile）之间的通信。M2M可以提高工业设备的生产效率，加强对关键资产和产品生命周期的管理。应用领域主要包括远程监测、自动报警、管理控制、诊断和维护、系统联动、数据挖掘、报表与决策支持、节能分析、资产跟踪与维护、ERP/CRM/OA/MES/SCM 系统的总体大集成等。目前国内 M2M 市场还处于发展初期，要加强产业宣传，培育 M2M 市场。针对当前散乱的M2M 产业格局和主导力量的缺乏，可由运营商牵头，建立统一的接入标准及运营平台，组织系统集成商和行业终端厂商为客户打造"一揽子" M2M 服务。

（四）"两化"融合的外部动力要素

1. 市场竞争与需求

在市场经济环境下，竞争性和需求要求工业部门提高生产效率和产品的信息化水平，这就直接促使产业结构调整，加速工业化水平较低的劳动密集型产业部门转型，通过在工业生产、经营、管理环节的信息化，降低成本提高生产效率，促进"两化"融合。

"两化"融合推动工业领域产业升级，推动了现代服务业发展。基于工业领域的迫切需求提出的"两化"融合，要突出重点行业、重

---

① 张淑丽：《云计算技术在电子商务领域的应用》，《价值工程》2011 年第 30 期。

点企业、重大工程和重点项目的融合。"两化"融合的重点应着力于应用信息技术提高劳动生产率、提高生产力水平，以加速完成工业化过程。"两化"融合的重点应着力于提高管理水平，提升产业的整体竞争力和可持续发展能力。

家电电子行业通过推进贯穿整条产业链的信息化与工业化融合，有效地实现行业骨干企业带动提升中小企业配套能力，迅速提升整个产业的竞争力。

汽车机车与船舶行业，不仅要提高企业设计研发、管理水平以及自身装备的数字化、智能化和网络化水平，还要提高生产现场的科学管理水平，最终达到调整和优化产业结构、发展现代产业体系的目标。

在纺织服装行业，在全球化竞争的格局下，提出了产业集群化，产品品牌化，设计、制造、营销体系国际化的发展战略。行业对设计数字化、经营管理信息化、工业装备智能化与网络化有了更高的要求，客观上需要"两化"融合向深层次发展。

机械钢铁行业，行业内企业在实现管理信息化的基础上，仍需加大技术创新工作力度，减少生产过程中的资源浪费，降低生产成本，节能增效，以取得良好的经济和社会效益。

食品饮料行业，企业对信息资源的利用效率和程度成为提高企业竞争力的重要内容。以信息化促进品牌建设、提高市场占有率、维护产品的安全性和保持配方产品风味、口味一致性等，成为行业"两化"融合的需求点。

石油化工企业积极开发和推广资源的节约、替代和循环利用技术，加快了装置、设备的信息技术改造；同时，企业还通过"两化"融合手段促进管控的一体化以及生产经营信息化。

2. 创新环境

信息化与工业化融合需要创新的环境，促使用户和厂商协同创新。"两化"融合中应大力发展信息产业，掌握信息技术和信息化核心技术，改造传统产业，实现转型升级。

信息化与工业化融合需要新的管理体制。传统的产业管理模式是按照不同产业部门对国民经济进行划分，并设立相应管理机构进行管理。但信息技术因高度扩散性超越原有产业部门的范畴，几乎所有的产业部门都能应用信息技术来进行改造，信息技术应用、信息资源开发、信息化推进无处不在。可见，信息产业是高度现代化的产业发展必须实行动态平衡与协调推进①。

加强信息化与工业化的融合，是涉及中国整个工业行业的历史性任务，传统工业的升级改造，产业结构、产品结构和企业结构的调整，国防科技工业的研发、生产与建设以及军工企业的战略重组等重大问题，都需要打破行业壁垒，加强产业融合与产业配套，以高新技术产业与信息产业为主导，统筹、协调推进。只有这样才能完成战略性的产业升级，构建起可持续发展的新型工业体系，增强中国整体工业的国际竞争力。因此，为了适应信息化与工业化相互融合的发展趋势，从总体上推进中国工业化协调、快速、持续的发展，需要进行管理体制创新，整合工业、信息产业的行业管理资源和政策手段②。

3. 产业链协同发展

国民经济是整体，这就要求完善工业部门的产业链，上游带动下游，龙头扶持终端企业，推动以大型制造业为核心的产业链群体的信息化，实现重点产业链协同发展。

通过大中型企业的带动作用，促进下游企业、配套零部件企业逐步应用信息技术，形成上下游企业间在生产经营、质量管理等方面信息系统的对接，带动产业链信息化水平的整体提升，发挥信息化整体效益。

① 童有好：《推进信息化与工业化融合的六维视角》，《人民邮电》2008年10月17日。
② 童有好：《两化融合的六维视角》，《计算机光盘软件与应用》2013年第10期。

第二节　完善"两化"融合发展环境

区域信息化与工业化融合的发展环境，主要包含了"两化"融合过程中的政策、资金以及社会条件三方面的因素。

一　政策环境

（一）法律、法规体系

健康发展的法治环境是"两化"融合的重要基础和条件，完善的法律、法规体系是"两化"融合工作顺利深入开展的重要保障。这个体系不仅包括综合性法律，还有行政法规、规章办法等。如"电子知识产权、互联网国际联网条例、互联网安全保护条例和信息采集与处理条例，以及电子出版与网络新闻管理规定和互联网域名管理办法等"。① 深入研究信息化建设和信息产业发展的特征，研究制定信息市场规范、信息安全保密、知识产权保护等法规文件，从有利于引导社会资本、人才聚集、技术引进等方面制定鼓励信息产业发展的政策，形成产业发展政策法规体系。

例如，全国第一部关于软件产业的地方性法规《江苏省软件产业促进条例》以及《关于进一步加快江苏省国民经济和社会信息化建设的意见》《江苏省企业信息化和电子商务实施意见》《关于扶持软件和集成电路产业发展的若干政策》和《江苏省电子政务建设实施意见》等一系列政府规章、规范性文件相继出台，为"两化"融合工作提供了良好的政策环境。②

（二）具体管理办法

行政管理办法是指根据各个地方和各个行业融合现状的不同，具

① 张奕：《两化融合在探索中前行》（http://www.gotoread.com/mag/10335/sarticle_35338.html.）。
② 顾建光：《公共政策工具研究的意义、基础与层面》，《公共管理学报》2006年第4期。

体问题具体解决，按照各地融合的进度和现状，出台相应的政策实施措施，如加快软件产业发展、促进企业创新、发展信息服务业以及加快建设无线宽带城市等一系列的措施，营造"两化"融合的良好外部环境。[①]

　　因地制宜，实施如加快软件产业发展、促进企业创新、发展信息服务业以及加快建设无线宽带城市等一系列的意见措施，并筹措专项资金，支持企业信息化建设、软件产业发展、企业技术创新等工程，营造"两化"融合的良好外部环境。[②] 结合实施文件，设立"两化"融合项目工作流程，按照"咨询—监理—评价"模式推进企业信息化工作；实施绩效评估体系和统计制度；出台相关政策的具体实施办法和配套措施。[③]

　　（三）政府组织领导和协调作用

　　强化信息化工作领导小组在"两化"融合工作中的综合协调功能，统筹资金安排，邀请信息化领域、行业协会、中介服务机构、高校科研院所和企业的专家，为政府部门决策提供技术咨询。不断完善"两化"融合的组织架构和运营机制，统筹规划，加强合作，资源共享，避免重复建设，鼓励条件成熟的地方积极建设"两化"融合示范试验区，为其他地区树立榜样。

　　（四）进一步完善和加强政府服务

　　推进电子政务建设，完善公共服务，改善信息透明度，优化企业发展环境。在执行过程中，减少行政性审批手续，简化法律、合同执行流程，转变政府职能，优化运行程序及提高政策落实效率，健全监管机制。按国际通行规则做好管理和服务工作，为"两化"融合创新

[①] 麻冰冰：《我国工业化与信息化水平测定及互动关系研究》，硕士学位论文，暨南大学，2005 年。

[②] 姜新海、吴照龙、孙坚：《"十一五"期间我国信息化带动工业化的路径思考》，《南方经济》2005 年第 12 期。

[③] 南京市经济委员会：《南京市信息化和工业化融合试验区建设方案》（http://www.nanjing. gov. cn/njgov_ 2014/xxgk/zfgb_ 1/0908/090804/200909/t20090904_ 801847. html.）。

提供政策法律环境来促进信息技术的应用，从而达到推进"两化"融合水平的效果。

二　社会支撑条件

"两化"融合需要社会力量的广泛参与，给"两化"融合提供社会支撑条件，首先需要提供规范化的市场和制度保障，为"两化"融合提供开放、健全、公平的市场环境，并通过一系列的融资投资机制、免税/减税政策，保证"两化"融合的资金长期有效投入。此外还有培育公众的信息意识，提高社会大众对信息产品和服务的使用程度。

（一）市场和制度保障

为"两化"融合提供开放有序、公平竞争和健全规范的市场环境。完善"两化"融合投资融资机制、免税/减税等政策，拓宽资金来源渠道，保证"两化"融合资金有效投入。利用信息化条件下的市场促进资源的合理配置和集约使用，形成可持续的生产方式。

（二）公众意识与扩展市场

激发公众需求，促进公众利用产品，采纳业务方式（电子商务、网络平台），对"两化"融合格外重要。[①]　其次，要建立"两化"融合的人文环境，促进思想、观念的转变和提升。鼓励企业家大胆创新，提倡竞争，激励企业员工积极投入信息化行列中。[②]　积极开展群众性、趣味性的信息知识普及活动，提升全社会的信息化素养，增强广大民众利用信息化产品或服务的能力，形成全社会共同推进"两化"融合发展的新格局。

三　资金支持

"两化"融合是一项系统工程，需要必要的资金保障。一方面整

① 南京市经济委员会:《南京市信息化和工业化融合试验区建设方案》（http://www.nanjing.gov.cn/njgov_2014/xxgk/zfgb_1/0908/090804/200909/t20090904_801847.html.）。

② 信息化司:《上海市产业信息化情况》（http://www.miit.gov.cn/n11293472/n11293877/n11301602/n12222003/n12238740/12239938.html.）。

合各方面资源给予的资金、政策扶持，加大"两化"融合中信息技术设施建设投资力度；另一方面，投入专项基金资助企业加强研发，增强创新动力。

（一）长效融资机制

加强财政扶持力度，引导社会资源投入，建立健全以政府引导投资、企业主体投入、其他社会资源补充投入的长效投融资机制。

1. 整合现有资源

整合各项资金，在设立"两化"融合专项基金。比如整合技术改造、技术创新、中小企业和商贸流通等"两化"融合投入，并给予政策性倾斜，促进成果共享。

2. 争取财政支持

积极争取财政设立"两化"融合专项资金，支持无线城市、三网融合、云计算、物联网、数字家庭、电子商务等"两化"融合领域工作，同时支持基础性的研究和宣传培训工作。

3. 争取部门和地方支持

通过国家、省级项目申请，积极争取国家部门、省、各地市的资金支持促进各地合理配置"两化"融合资金。

4. 引导企业投入

要加强引导企业的发展投入，广泛利用社会资源，借助IT运营商、电信运营商及信息技术龙头企业等社会资金投入，推动智慧广东计划、物联网工程等相关热点产业的发展，提高融合水平。①

（二）"两化"融合专项资金

发挥专项资金的引导作用，增强产业或企业自主创新能力，促进产业集群发展。以国家产业战略调整和实施产业振兴规划为契机，结合企业技术改造、高新技术产业化等专项工作，重点扶持"两化"融合重点项目，促使支持政策向工艺技术改造、机械制造业、软件与集

---

① 王金杰：《我国信息化与工业化融合的机制与对策研究》，硕士学位论文，南开大学，2009年。

成电路产业等方向倾斜，并制定和细化相关配套措施，设立"两化"融合专项基金。

第三节　信息化基础设施建设

一部分地区电信基础设施建设不够完备、信息化水平仍然不高，成为"两化"融合全面推进的重要制约因素。因此，我们要通过网络建设和信息服务平台建设来加强信息化基础设施建设。

综合化的信息基础设施是"两化"融合的支撑，通过对基础设施的改善，建立下一代信息基础设施，可以完善信息化综合服务体系，提高传统工业的创新能力，"两化"融合的基础设施建设包含了网络建设和信息服务平台的建设。

一　网络融合

抓住信息化基础设施建设重点，一方面，抓住电信技术业务宽带化、多媒体化和移动化的发展方向，巩固和完善信息基础设施[①]，提高网络覆盖率和国际通信能力。另一方面，紧跟网络的发展趋势，积极推进"三网融合"，探索建立信息资源共享最大化、网络资源利用最优化的机制和途径，提高资源使用效率。

例如，为加强信息基础设施建设，2013 年政府发布"宽带中国"战略，加快国家光纤网、移动通信网和无线局域网的发展，提高网络覆盖率和国际通信能力，同时提出"三网"融合战略，提升网络服务能力。

---

① 广东省经信委：《关于印发推进信息化和工业化融合（2010—2012 年）行动计划的通知》（http：//www.gdsme.com.cn/web/Article/zhengwu/tongzhi/201003/20100329092709.htm）。

二 信息服务平台建设

在鼓励信息产业部门和传统工业部门协同创新促进"两化"融合发展的同时，也应带加强信息服务平台的建设，依托工业园区、产业集群、行业龙头，利用计算机网络改善信息环境，构建行业信息化服务平台，通过组建信息服务平台，为企业、市场和科研单位建立畅通的信息渠道，促进资源共享，实现资源的优化配置。

（一）数据平台和创新展示中心

组建信息或数据服务平台，为企业、市场、科研单位建立畅通的信息渠道，建立"两化"融合数据平台。集聚广泛的信息技术服务商资源，建立庞大、先进、专业的专家队伍，为企业"两化"融合实施方案。依托相关部门和产学研合作企业进行研发创新，并整合研发成果和信息资源建立"两化"融合创新展示中心，吸引企业开展"两化"融合进行创新研究和成果转化工作。

（二）公共服务平台

依托工业园区、产业集群、行业龙头企业和第三方机构，利用计算机网络改善信息环境，构建行业性的信息化服务平台，为"两化"融合的供需双方提供公共服务平台。为企业提供产品协同设计制造、生产任务异地监控、技术交流和应用培训等共性技术相关服务。鼓励制定行业信息化建设标准，将信息服务平台作为基础设施来配置，提高地区的信息技术应用和信息化水平。

以建设企业信息化示范园区为切入点，建立"两化"融合实验基地，以行业机构合作推进信息化业务平台的纵深发展，帮助广大企业快速实现"两化"融合。

（三）加强第三方服务体系建设

"政府扶持中介，中介服务企业"模式为政府、厂商和用户企业所欢迎。政府部门在推进"两化"融合的过程中，与服务提供商合作，并加强对他们的扶持，解决企业在资金、技术和人才等问题，使其为企业提供信息化产品和服务。合并信息资源中介业务，提高中介工作质量和服务水平，大力发展信息服务业，让第三方为中小企业提供专业的信息化服务。《关于强化服务、促进中小企业信息化的意见》规定将完善中小企业信息化社会服务体系作为中小企业信息化建设的任务之一，为中小企业使用技术、开拓市场、培养人才等各方面提供信息服务[1]。

三　信息安全保障工程

信息安全是信息化建设中的核心问题，病毒、黑客的入侵、信息泄露等安全隐患时刻威胁着数据安全，在"两化"中要格外重视。

在国家信息安全综合测评认证平台的基础上，不断完善城域网信息安全监测预警体系、统一的网络信息体系，加强风险评估工作，建立信息安全积极防御、综合防范机制[2]。首先，信息安全技术的开发和利用；其次，各级主管机构要明确责任，实现管理的制度化和规范化，重视应急处置工作，增强安全防护能力、应急处置能力；另外，健全法律、法规，建立国家信息安全法律体系。

发动社会力量进行全民防御，全社会的企业、厂商和政府协同工作，保证信息安全。

第四节　增强企业的融合主体作用

在推动"两化"融合的过程中，各地确立了以企业为主体的模式。企业既是经济发展的主体，也是信息化建设的主体，必然成为

---

① 国家工信部：《关于强化服务、促进中小企业信息化的意见》（http：//www. mi-it. gov. cn/n11293472/n11295327/n11297188/11643778. html. ）。
② 金江军：《"两化"融合之国内外现状趋势及经验分析》，《信息化建设》2009 年第 9 期。

"两化"融合的主体。无论是八大试验区还是其他各地,推进"两化"融合最终也要落在企业身上,利用信息技术提高企业的研发和设计能力,提高产品的智能化水平,是提高企业竞争力非常重要的一环。

但当前"两化"融合实施过程中很多企业仍然不重视信息化工作,对信息化的观念理解落后,信息化建设力度不大,信息化投入的积极性与时效性之间的矛盾突出,还存在投入的盲目性,这些都制约了企业信息化。

一 扶植重点企业提高核心竞争力

重点扶植特色、支柱型产业或企业,加快信息化技术应用和业务流程信息化示范、试点工作。引进吸收国际先进技术,鼓励支持企业加强产品或技术的自主创新,并进行国际标准认证,提高产品的核心竞争力,引领未来技术和市场的发展方向。

通过针对企业高层管理人员的培训,引导企业管理者从企业战略层次上认识到信息技术、信息和知识的重要性。鼓励组建本行业、本领域的知识产权保护联盟,加强信息资源、信息技术的产权保护、管理机制,推进知识产权示范工程、专利申报和名牌企业认定工作,增强自主创新能力。

二 明确企业"两化"融合阶段

从企业的实际出发,因地制宜,同时根据企业规模、成长阶段的差异,增强企业信息化措施的针对性。

对企业规模和技术力量比较薄弱的小型企业,重点引导它们在信息服务平台上收集市场信息、宣传企业形象和产品信息宣传,鼓励有条件的企业利用互联网进行简单的贸易洽谈和咨询服务业务。中小型企业主要是运用信息技术提高产品设计和研发水平,提高生产控制水平,开展企业会计财务和办公自动化应用,进行资源优化配置等。大中型企业要重点推动业务流程改造,实现企业业务集成统一,建立信息共享的企业资源管理系统、供应链管理系统、制造执行系统、辅助决策支持系统以及客户关系管理系统等，以优化企业价值链，实现企业生产制造的数字化、商务运营的电子化和管理决策的智能化。对于龙头或支柱企业，要建立标准化、开发型的信息管理系统，全面优化工艺流程，实现业务流程的信息共享，带动其他企业的"两化"融合工作。

三　企业核心业务信息化

信息资源是企业发展的基础，开发利用信息资源的能力是企业实力的标志，所以信息技术的应用是企业信息化的中心，而企业信息化要从核心业务入手。

信息技术包括多媒体、信息传输、数据存储及处理、网络技术和计算机工程技术等。企业信息化建设的基础结构是信息基础平台，主要包括网络架构、数据库、信息系统及应用软件和信息安全技术等。企业常用信息系统及应用软件包括客户关系管理（CRM）、企业资源规划（ERP）、办公自动化（OA）、计算机辅助设计/计算机辅助制造（CAD/CAM）和供应链管理（SCM）等应用系统。另外，企业也在关注网格、云计算，以及物联网、传感网等当代主流信息技术的进展。

不同企业的核心业务虽不一样，但每个企业的核心业务都少不了财务管理，财务管理从企业经营角度掌握着企业的资金流和企业的生命线。制造类上游企业的核心竞争力是客户资源和供应链。而下游企业主要依靠制造力，一套功能完善的 ERP，是控制成本和提高生产效率的关键。人力资源和知识管理软件是高科技咨询公司的关键业务。而采购和知识管理则是资产密集型企业必不可少的关键业务。总之，不同企业要根据自己的核心业务选择"两化"融合的技术①。

---

① 罗荣选：《信息化与工业化融合发展探讨》，《信息化建设》2008 年第 8 期。

四 建设复合型高层次人才队伍

"两化"融合涉及面广。在实施中，还需要有专业人才的支持和保障。因此，要强化培养适合"两化"融合的人才教育工作。

（一）实施信息化人才培训工程，注重人才队伍培养和建设

根据市场和社会需求，各类院校要积极调整学科和专业设置，开设与"两化"融合有关的信息管理和信息技术的课程教学和技能培训工作，培养一专多能的复合型人才。可借鉴美国经验，面向企业，促进大学与企业的交流与合作，根据技术融合、业务融合等实践要求，将课程建设与业务实践相结合。[①]

（二）利用社会力量，开展"两化"融合专业人才培训

社会培训机构通过"两化"融合高级研修班，拓展企业管理层思想，提高其对企业的引导能力。通过加入社会力量，丰富和完善信息化人才培养途径，建立起社会培训体系。并与有关部门和培训认证机构合作，建立健全信息技术培训认证制度。开展管理人员、技术人员多层次的继续教育，推广全民的信息知识普及和教育工作，培养一批复合型、创新型高级人才。

（三）积极引进先进技术和人才

创新人才引进机制，完善吸引海外人才的优惠政策措施，完善人才管理机制。例如，20世纪90年代末曾面临倒闭的威海华东数控机床公司，通过从日本引进紧缺的数控人才，形成自己的从技术工人到骨干再到项目负责人的人才队伍体系，成为生产高档数控机床的领先企业。[②]

---

① 麻冰冰：《我国工业化与信息化水平测定及互动关系研究》，硕士学位论文，暨南大学，2005年。

② 广东省信息产业厅、广东省经贸委：《广东出台加快推进信息化与工业化融合意见》（http://www.miit.gov.cn/n11293472/n11293832/n11293907/n11368244/11512868.html.）。

五 优化产业结构

根据国家的产业布局，地区特点，推动产业集聚，促进各产业基地扩张规模，建立起相应的产业体系。形成错位发展、良性互动的良好发展局面。

（一）利用信息技术改造和提升传统产业

传统产业的改造提升是产业链整合的另一方面。传统产业的管理系统着重于企业内部的信息流集成，要实现传统产业的信息化必须要实现传统产业链的信息化。①企业应该利用现代信息技术及时、准确地捕获市场最新需求，并通过信息管理系统调整新产品的研发设计和已有产品改进，降低各种不确定性因素对产品研发的影响。②借助信息网络、信息管理系统等，建立生产、管理和营销自动化系统，形成贯穿产、供、销一体的信息化管理系统。③建立原材料信息采集系统和采购信息系统，保证原材料、能源供应渠道畅通。完善营销渠道，把产品销售网络作为企业信息系统的重点，使信息准确、及时地在市场和企业内部传播。①

例如，宁波市针对产品和产业结构的特点，在传统产品中引入集成电路、嵌入式软件技术，开发数字化、智能化的新产品。同时，通过嵌入式系统、集成电路等技术，在家电产品、仪器/仪表产品的技术含量和附加值方面增强研发，其中仪器/仪表智能设计中心的成立，为广大企业服务，形成研发、设计、生产、集成和测试于一体的产业链。②

（二）加强自主创新

信息技术的创新是提高信息产业自主创新能力的坚实基础。引进、消化并吸收技术进而自主创新，是实现信息化的捷径。支持重点产业、重大项目和重大装备，以大型企业为依托，组建产学研联合、专业配

---

① 董焱：《企业信息化关键问题分析》，《科技咨询》2010 年第 34 期。
② 宋红艺：《宁波企业信息化建设的探索与实践》，《信息化建设》2004 年第 Z1 期。

套的体系，营造创新环境，搭建创新平台，"两化"融合的应用技术研究中心，形成研发创新体系，以推动技术升级和产业跨越发展。①

（三）加快高新技术产业发展

1. 大力发展软件产业

围绕研发设计、生产控制和管理营销等关键环节，支持计算机辅助研发（CAD/CAE/CAM/PDM），生产管控一体化软件和物流管理系统等软件，促进软件的研发和产业化；面向装备、通信、汽车、数字家电等重点领域要提升工业产品的数字化竞争能力，加强开放标准的嵌入式软件开发平台、嵌入式操作系统的研究，推进应用软件的开发和集成电路芯片的设计应用；扶持面向行业的信息系统咨询顾问、集成实施、运行维护和教育培训等信息技术服务业，推进基于信息技术的业务流程外包（BPO）的发展。

2. 积极发展信息服务业

信息服务业是实现信息资源充分开发利用的关键环节。重点支持大型公益性数据库和电子信息服务的建设，并建立起促进信息资源共享政策和法规保障体系。发展和培育信息市场，加快建设信息机构（综合、专业、地方和民办信息机构），开拓信息渠道实现信息资源共享。②

3. 培育"两化"融合相关的新兴战略产业

以新显示、新能源、新光源、新一代宽带移动通信"四新"和数字家庭产业为抓手，加快培育与"两化"融合密切相关的新兴战略产业，为"两化"融合的深入开展提供坚实的产业基础和技术支撑。

在新显示领域重点发展平板显示产业，加快构建以平板显示为核心的数字电视产业链。在新能源领域重点发展薄膜太阳能光伏产业，

---

① 王金杰：《我国信息化与工业化融合的机制与对策研究》，硕士学位论文，南开大学，2009 年。

② 麻冰冰：《我国工业化与信息化水平测定及互动关系研究》，硕士学位论文，暨南大学，2005 年。

打造国内技术领先的薄膜太阳能生产及示范应用产业基地。在新光源领域重点推动 LED 产业发展，力争在 LED 产业链关键环节取得技术突破。加快新一代宽带移动通信产业布局，重点支持 3G 领域具有自主知识产权的 TD – SCDMA 技术的发展应用。营造良好的 3G 产业发展环境，逐步推广 3G 领域的升级换代通信产品和相关业务服务。保障财政对国家科技重大专项"新一代宽带无线移动通信网"的专项支持。发展数字家庭产业，全力推进国家数字家庭应用示范产业基地，推进数字家庭应用试点，推动数字音频编解码技术（DRA）标准、数字高清互动接口（DiiVA）标准的产业化应用。①

---

① 李秋霞：《基于技术扩散视角的信息化与工业化融合研究》，硕士学位论文，山东经济学院，2010 年。

参考文献

外文

Bores C and SalLrlna C and Tortes R，Technological convergence：a strategic perspective，*Technovation*，Vol. 23，No. 13，2003.

Bravo-Ortega C and Eterovic N，*A Historical Perspective of a Hundred Years of Industrialization. From Vertical to Horizontal Policies in Chile*，2015.

Brooke，Geoffrey Mark，*Information technology and productivity：An economic analysis of the effect of product differentiation*，St. Paul，Univ. of Minnesota，1991.

Bureau of Economic Analysis. Full-Time and Part-Time Employees by Industry （www. bea. gov/national/nipaweb/SS ＿ Data/Section6Al l_ xls. xls）.

Bureau of Economic Analysis. Gross-Domestic-Product-（GDP）-by-Industry Data（https：//www. bea. gov/industry/gdpbyind_ data. htm）.

C. H. Kirk Patrick，*The Industrialization in Less Developed Countries* ，Editors Manchester University Press，1983.

Chun Hyunbae，*Essays on information technology，productivity growth，and employment structure*，New York，New York University，2001.

Cline Melinda K，*The impact of information technology investment on productivity improvements in the American railroad industry between 1986 and 1995*，Florida，The Florida State University，1999.

Couch T L，"Factors affecting industrialization of entomopathogens" *Krishi-kosh*，*No.* 2，2014.

Courtney Leland Murphy，*An empirical study of the relationship between information technology investment and corporate productivity*，Texas，The University of Texas at Arlington，1993.

Deficits and Debt in Industrialized Democracies，Routledge，2015.

Donella H，Meadows. Jorgen Randers，Dennis L. Meadows，*Limits to Growth*（*HRD*），Chelsea Green Pub Co，2004.

Eliasson G. Firm Objectives，*Controls and Organization：The Use of Information and the Transfer of Knowledge within the Firm-Volume* 8，Springer Publishing Company，Incorporated，2014.

Fai F and Tunzelmann V N，"Industry—Specific Competencies and Converging Technological System：Evidence from Patents"，*Structural Change and Economic Dynamics*，No. 12，2001.

Flor Alexander G，"The informatization of agriculture"，*The Asian Journal of Communication*，Vol. 3，No. 2，1993.

Fritz D A，"Training-The Missing Step in the Industrialization of Technical Services"，*OLA Quarterly*，Vol. 9，No. 1，2014.

Gadh Vandana Mangal，*Measuring and understanding the productivity impacts of information technology：A field study*，Pennsylvania，Carnegie Mellon University，1995.

Gaines Brian R，"The Learning Curves Underlying Conve"，*Technological Forecasting and Social Change*，No. 57，1998.

Greenstein S and Khanna T，"'What does Industry Mean？' See in Yofee ed.，Competing in the Age of Digital Convergence"，*President and Fellows of Harvard Press*，1997.

International Telecommunication Union. ICT Facts and Figures 2017（http：//www. itu. int/en/ITU-D/Statistics/Documents/facts/ICTFactsFigures2015. pdf).

Inyang Young Dan, *Information technology and sales productivity in an insurance company: The case of the lap top computer*, Pennsylvania, Temple University, 1993.

Jian W and Zhenji Z and Xiaolan G, "Research on the Evaluation Indicator System of the Integration of Enterprise Informationization and Industrialization", *International Journal of Smart Home*, Vol. 8, No. 5, Aug 2014.

Kim Seok-Hyeon, *Impacts of information technology on productivity and linkage of the United States economy*, Indiana, University of Notre Dame, 2005.

Laurens Cherchye and Willem Moesen and Nicky Rogge, "An introduction to 'Benefit Of The Doubt' composite indicators", *Social Indicators Research*, No. 82, 2007.

Li X. *Notice of Retraction Industrialization and informationization integration application analysis on orbital traffic equipment manufacturing*, E-Business and E-Government (ICEE), 2011 International Conference on. IEEE, 2011.

Liu L Q and Feng J W, *Evaluation and Empirical Analysis of China's Regional 'Integration of Informationization and Industrialization*, Applied Mechanics and Materials, 2014.

Masahiro Okuno-Fujiwara and Takuya Nakaizumi, "*Information society and informationization in the electronic age. Institute for International Policy Studies: The IT revolution: Challenges from innovation in information and communication technology and role of government* ", Tokyo: Institute for International Policy Studies, 2001.

Melyn W and Moesen W, "Towards a Synthetic Indicator of Macroeconomic Performance: Unequal Weighting when Limited Information is Available", *Public Economics Research*, No. 17, 1991.

Min, John S, *Productivity growth and information communication technology investments in the United States*, Virginia, George Mason University, 2003.

Moon-Soo Kim and Yongtae Park, "The changing pattern of industrial technology linkage structure of Korea: Did the ICT industry play a role in the 1980s and 1990s?", *Technological Forecasting & Social Change*, No. 76, 2009.

Moon-Soo Kim and Yongtae Park, "The changing pattern of industrial technology linkage structure of Korea: Did the ICT industry play a role in the 1980s and 1990s?", *Technological Forecasting & Social Change*, No. 76, 2009.

R. Andergassen and F. Nardini and M. Ricottilli, "Technological Paradigms and Firms Interaction", *Dipartimento Scienze Economiche*, 2003.

Ricci Andrea, "Measuring Information Society: Dynamics of European Data on Usage of Information and Communication Technologies in Europe since 1995", *Telematics and Informatics*, No. 17, 2000.

Robin Mansell, Uta "When, Knowledge Societies: Information Technology for Sustainable ", *Oxford University Press*, 1998.

Saisana M and Saltelli A and Tarantola S, "Uncertainty and sensitivity analysis techniques as tools for the quality assessment of composite indicators", *Journal of the Royal Statistical Society*, No. 168, 2005.

Sangmoon Kim and Patrick D Nolan, "Mearsuring Social 'Informatization': A Factor Analytic Approach", *Sociological Inquiry*, No. 2, 2006.

Siliang G and Yanhua D, "The Empirical Study on Shandong Province's Level Measurement and Dynamic relationship of Integration of Informationization and Industrialization", 2014 *International Conference on Advanced ICT*, 2014.

Tabachnick B. G. and Fidell L. S. , *Using multibariate statistics* (5th),

Boston：Ma Allyn Bacon，2007.

The World Bank Group. Employment in industry（% of totalemployment）（https：//data. worldbank. org/indicator/SL. IND. EMPL. ZS）.

The World Bank Group. GDP per capita，PPP（constant 2011 international $）（https：//data. worldbank. org/indicator/NY. GDP. PCAP. PP. KD）.

Wang J and Dong B，"Research on Maturity of Informationization and Industrialization Integration in Enterprise Based on Fuzzy DEA"，*Proceedings of the* 2012 *International Conference on Cybernetics and Informatics.* New York：Springer ，2014.

Wimble M and Singh H and Auckland N Z，"A Multilevel Examination of Information Technology and Firm Performance：The Interaction of Industry and Firm Effects"，*PACIS*2015 ，2015.

Zhang X and Skitmore M and Peng Y，"Exploring the challenges to industrialized residential building in China"，*Habitat International*，No. 41，2014.

中文

［美］安德鲁索：《产业经济学与组织》，经济科学出版社 2009 年版。

［美］W. W. 罗斯托：《经济增长的阶段》，中国社会科学出版社 2001 年版。

［美］钱纳里、鲁宾逊、赛尔奎因：《工业化和经济增长的比较研究》，吴奇、王松宝译，上海三联书店 1995 年版。

［美］约瑟夫·阿洛伊斯·熊彼特：《经济发展理论：对利润资本信贷利息和经济周期的探究》，叶华译，中国社会科学出版社 2009 年版。

［日］白根札吉：《日本信息化的动向》，载《中日北京技术文明与现代化学术讨论会文集》，湖南科学技术出版社 1987 年版。

［日］植草益：『产业融合——产业组织的新方向』，岩波书店 2000

年版。

［日］植草益：《信息通信业的产业融合》，《中国工业经济》2001 年第 2 期。

［英］莱昂内尔·罗宾斯：《经济科学的性质和意义》，朱伙译，商务印书馆 2000 年版。

Wikipedia：《信息经济时代的柯布－道格拉斯生产函数》（https：// en. wikipedia. org/wiki/Cobb% E2% 80% 93Douglas_ production_ func- tion）。

安琳：《大中型工业企业经济效益发展水平的因子分析》，《商场现代化》2006 年第 32 期。

蔡捷芳：《改革开放以来对外贸易与产业结构升级关系研究——以福建省为例》，《金融经济》2016 年第 24 期。

蔡凌曦、范莉莉：《关于灰色关联度分析法的节能减排事前评价》，《经济体制改革》2014 年第 1 期。

蔡其志：《财务分析方法的发展和改进》，《金融经济》2007 年第 6 期。

蔡伟杰、王颖东、辛竹：《上海信息化与工业化融合发展水平评估指标体系研究》，《信息化建设》2010 年第 10 期。

曹学勤、郭利：《关于区域两化融合发展水平评估指标体系的思考》，《上海信息化》2012 年第 2 期。

陈东：《新型工业化理论与实证分析》，社会科学文献出版社 2006 年版。

陈桂华：《安徽 17 市新型工业化水平测度研究》，硕士学位论文，合肥工业大学，2007 年。

陈莉、王清：《中国信息化—工业化—生态化协同评价研究》，《淮阴工学院学报》2015 年第 1 期。

陈明红、漆贤军：《基于结构方程模型的网络信息生态系统信息资源配置研究》，《情报杂志》2012 年第 9 期。

陈小磊、郑建明：《基于菲德尔模型的信息产业细分要素对经济增长

　　贡献分析》，《图书情报工作》2009 年第 14 期。

陈小磊、郑建明：《基于菲德尔模型的信息化与工业化融合发展研究》，《情报科学》2012 年第 4 期。

陈小磊、郑建明：《基于 C－D 模型的信息产业细分要素对经济增长贡献分析》，《情报科学》2009 年第 9 期。

陈禹、谢康：《知识经济的测度理论与方法》，中国人民大学出版社 1998 年版。

程飞：《北方交通跻身 2005 年度机械工业效绩百强行列》，《工程机械》2006 年第 4 期。

程灏：《工业化与信息化融合的微观基础理论研究》，《改革与战略》 2009 年第 5 期。

储东涛、党元丰：《对我国工业化道路的再认识及评价》，《石家庄经济学院学报》2005 年第 4 期。

代海杰：《国有企业经营者经济责任评价若干问题研究》，暨南大学， 2002 年。

戴宏伟：《加快信息产业发展，促进经济社会信息化》，《经济工作导刊》2001 年第 9 期。

戴金平、刘东坡：《实际运行、镜鉴方式与雁行发展模式的关联度》， 《改革》2015 年第 11 期。

［印度］戴维·泰科尔、亚历克斯·洛依、拉维·卡拉可塔：《迈进比特时代：电子商社的兴起》，东北财经大学出版社 1995 年版。

戴旭：《工业化过程中的竞争与垄断》，高等教育出版社 1994 年版。

邓小瑜、马维旻：《"两化融合"下现代物流产业信息化建设内容研究》，《开发研究》2011 年第 1 期。

丁英宏：《安徽省新型工业化与信息化关系统计研究》，硕士学位论文，安徽财经大学，2015 年。

董峰：《2013 装备工业蓝皮书》，北京联合出版公司 2013 年版。

董焱：《企业信息化关键问题分析》，《科技咨询》2010 年第 34 期。

董云庭：《"两化"融合转变经济发展方式》，《中国制造业信息化》2008年第1期。

杜传忠、杨志坤：《我国信息化与工业化融合水平测度及提升路径分析》，《中国地质大学学报》（社会科学版）2015年第3期。

杜昊、郑建明：《信息化与工业化融合测度指标体系构建的理论依据》，《新世纪图书馆》2011年第9期。

杜昊、郑建明：《我国"两化融合"现状实证分析》，《新世纪图书馆》2012年第11期。

杜昊、郑建明：《信息化与工业化融合测度指标体系构建的理论依据》，《新世纪图书馆》2011年第9期。

杜昊：《我国区域"两化"融合实证研究》，硕士学位论文，南京大学，2013年。

霏雯：《中国区域"两化"融合发展水平评估报告》（http：//it.21cn.com/tel/a/2013/0115/12/20213276.shtml.）。

费维恺：《中国早期工业化》，中国社会科学出版社1990年版。

[加] 弗兰克·凯尔奇：《信息媒体革命——它如何改变着我们的世界》，上海译文出版社1998年版。

傅瑶、孙玉涛、刘凤朝：《美国主要技术领域发展轨迹及生命周期研究——基于S曲线的分析》，《科学研究》2013年第2期。

高琳萍、李俊奎：《信息服务业带动"两化"融合的对策研究——以江苏省"两化融合"的实践为例》，《无线互联科技》2011年第11期。

高新民：《企业信息化战略：应"两化"融合而变》，《机械工业信息与网络》2009年第04期。

高彦臣：《"两化"融合技术在橡胶轮胎行业的应用实践》，《橡塑技术与装备》2010年第11期。

《工信部提升"两化"融合能力促进中小企业参与产业创新链》，《四川工程职业技术学院学报》2016年第4期。

工信部网站：《〈信息化和工业化融合发展规划（2016—2020 年）〉解读》（http：//www. miit. gov. cn/n1146285/n1146352/n3054355/n3057656/n3057660/c5338333/content. html. ）。

龚炳铮：《信息化与工业化融合程度（融合指数）评价指标和方法》，《中国信息界》2010 年第 11 期。

龚炳铮：《信息化与工业化融合的评价指标和方法的探讨》，《中国信息界》2008 年第 8 期。

龚唯平：《工业化范畴论》，经济管理出版社 2001 年版。

顾建光：《公共政策工具研究的意义、基础与层面》，《公共管理学报》2006 年第 4 期。

广东省经信委：《关于印发推进信息化和工业化融合（2010—2012 年）行动计划的通知》（http：//www. gdsme. com. cn/web/Article/zheng-wu/tongzhi/201003/20100329092709. htm）。

广东省信息产业厅、广东省经贸委：《广东出台加快推进信息化与工业化融合意见》（http：//www. miit. gov. cn/n11293472/n11293832/n11293907/n11368244/11512868. html. ）。

郭和生：《轻工行业企业"两化"融合发展水平评估指标体系建设》，《轻工标准与质量》2010 年第 3 期。

郭娟、李紫：《我国"两化"融合的需求分析初探》，《西安邮电学院学报》2011 年第 6 期。

国家工信部：《2015 年 6 月份通信业经济运行情况》（http：//www. miit. gov. cn/n1146312/n1146904/n1648372/c3337889/content. html. ）。

国家工信部：《2014 年电子信息产业统计公报》（http：//www. miit. gov. cn/n11293472/n11293832/n11293907/n11368223/16471095. html. ）。

国家工信部：《2015 年 1—8 月电子信息产业固定资产投资情况》（http：//www. miit. gov. cn/n1146312/n1146904/n1648373/c4324248/content. html. ）。

国家工信部：《2015 年 8 月通信业主要指标完成情况（二）》（http：//
www. miit. gov. cn/n1146312/n1146904/n1648372/c4324197/content. html. ）。

国家工信部：《2015 年第二季度通信业主要通信能力》（http：//
www. miit. gov. cn/n1146312/n1146904/n1648372/c3337879/content.
html. ）。

国家工信部：《关于强化服务、促进中小企业信息化的意见》（ht
tp：//www. miit. gov. cn/n11293472/n11295327/n11297188/11643778.
html. ）。

国家经贸委：《专家谈走新型工业化道路》，经济科学出版社 2003
年版。

国家统计局：《2014 年国民经济和社会发展统计公报》（http：//
www. stats. gov. cn/tjsj/zxfb/201502/t20150226_ 685799. html. ）。

国家统计局：《2014 年全国科技经费投入统计公报》（http：//
www. stats. gov. cn/tjsj/tjgb/rdpcgb/qgkjjftrtjgb/201511/t20151123_ 12795
45. html）。

国家统计局：《国家统计局关于印发高技术产业统计分类目录的通知》
（http：//www. bjstats. gov. cn/zdybz/tjbz/hyfldm/gmjjhyflxgwj/200612/
t20061207_ 78074. htm）。

韩喜运、黄建国：《试论网络化信息生产力》，《图书馆学研究》2002
年第 4 期。

何强：《要素禀赋、内在约束与中国经济增长质量》，《统计研究》
2014 年第 1 期。

贺凌：《积极推进信息化与工业化融合》，《江淮》2008 年第 7 期。

洪京一：《工业和信息化蓝皮书：世界信息技术产业发展报告
（2014—2015）》，社会科学文献出版社 2015 年版。

侯荣涛：《新型工业化测度方法研究及实证分析》，《特区经济》2014
年第 7 期。

胡心智：《信息生产力初探》，《哲学动态》1998 年第 12 期。

胡学锋：《我国工业企业经济效益考核中存在的问题与对策》，《数量经济技术经济研究》2001 年第 6 期。

互联网工作室：《2013 年中国软件产业发展战略研究报告》（http：//wen-ku. baidu. com/link？ url ＝ 67oW43ihd3K0T-YtDp7n32BN-GQcKdNCFBxMmsmtLVO8oBXv9J09G9giSWlK0verckqAZv-8yYgbHltVCmVQFPTZCX9zmj-3ZpGtIxPkHrm）。

黄和平、毕军、袁增伟等：《基于 MFA 与 AHP 的区域循环经济发展动态评价——以江苏省为例》，《资源科学》2009 年第 2 期。

黄泰岩、李德标：《我国新型工业化的道路选择》，《中国特色社会主义研究》2003 年第 1 期。

贾新明：《结构方程模型评价体系的可比性问题》，《数理统计与管理》2011 年第 2 期。

姜爱林：《21 世纪初用信息化推动工业化的战略思考》，《情报学报》2002 年第 3 期。

姜爱林：《信息化基本涵义研究》，《晋图学刊》2003 年第 3 期。

姜松、周虹：《基于 AHP 法与灰色综合评价法的重庆经济发展水平综合评定》，《现代经济》2009 年第 7 期。

姜新海、吴照龙、孙坚：《"十一五"期间我国信息化带动工业化的路径思考》，《南方经济》2005 年第 12 期。

焦兵、张文彬：《陕西省能源产业投资对经济增长贡献的实证研究——基于菲德模型的计量检验》，《统计与信息论坛》2010 年第 11 期。

焦勇、杨蕙馨：《政府干预、两化融合与产业结构变迁——基于 2003—2014 年省际面板数据的分析》，《经济管理》2017 年第 6 期。

金建：《论信息生产力》，《学术论坛》1992 年第 3 期。

金江军：《"两化"融合之国内外现状趋势及经验分析》，《信息化建设》2009 年第 9 期。

金江军：《"两化"融合的理论体系》，《信息化建设》2009 年第 4 期。

経済審議会情報研究委員会：《日本の情報化社会：そのビジョンと課題》，ダイヤモンド社 1969 年版。

景慎全、叶戬春：《棉纺业"两化"融合正当时》，《纺织服装周刊》2011 年第 40 期。

李爱玲、范春顺：《信息产业融合的发展趋势与我国发展信息产业融合的对策》，《现代情报》2007 年第 1 期。

李宝玉、黄章树、陈翠萍：《福建省制造企业信息化与工业化融合效率研究及实证》，《情报科学》2016 年第 7 期。

李富强：《知识经济与信息化》，社会科学出版社 1998 年版。

李钢、胡冰：《企业信息化与工业化融合成熟度指标体系及评价方法研究》，《中国机械工程》2012 年第 6 期。

李国杰、徐志伟：《从信息技术的发展态势看新经济》，《中国科学院院刊》2017 年第 3 期。

李怀勇：《信息化时代市场融合范式研究》，博士学位论文，上海社会科学院，2007 年。

李欢、田雨虹、王伦：《信息化与工业化融合方向及融合模式研究》，《情报科学》2011 年第 7 期。

李健：《"两化"融合和信息化相关概念及关系》，《电信网技术》2010 年第 11 期。

李京文：《信息与经济发展：国际会议论文集》，社会科学文献出版社 1998 年版。

李俊奎、朱国芬：《信息化与工业化融合指标体系总体框架及测量方法》，《江苏科技信息》2011 年第 11 期。

李廉水：《论南京城市信息化建设的背景与措施》，《南京社会科学》2003 年第 2 期。

李林：《产业融合：信息化与工业化融合的基础及其实践》，《上海经济研究》2008 年第 6 期。

李柳、李一军：《企业信息化指数测度的探究》，《技术经济与管理研究》2005 年第 5 期。

李秋霞：《基于技术扩散视角的信息化与工业化融合研究》，硕士学位论文，山东经济学院，2010 年。

李荣融：《分利用战略机遇期大力推进新型工业化》，《上海工业》2003 年第 1 期。

李时椿：《信息化推进我国制造业的新型工业化》，《科技管理研究》2007 年第 4 期。

李松龄、杜彦瑾：《论推进和发展新型工业化的路径选择与政府作为》，《现代财经》（天津财经大学学报）2007 年第 7 期。

李婷：《我国信息化与工业化融合水平测度研究》，硕士学位论文，西安邮电学院，2012 年。

李向阳：《信息产业对中国经济增长促进作用研究》，《经济问题探索》2015 年第 2 期。

李怡：《中国信息产业集群发展研究》，博士学位论文，复旦大学，2005 年。

翟羽：《中国信息产业集群发展模式研究》，硕士学位论文，黑龙江大学，2012 年。

林兆木：《关于新型工业化道路问题》，《宏观经济研究》2002 第 2 期。

刘丹鹤、杨舰：《R&D 投入、经济增长与科技管理》，《科技政策与管理》2006 年第 9 期。

刘慧、吴晓波：《信息化推动传统产业升级的理论分析》，《科技进步与对策》2003 年第 1 期。

刘佳：《信息化与工业化融合的制度保障研究》，硕士学位论文，北京邮电大学，2011 年。

刘军、谭凌燕：《信息生产力与企业发展》，《生产力研究》1991 年第 6 期。

刘珺：《知识传播与信息生产力》，《情报探索》2007 年第 5 期。

刘明君：《经济发展理论与政策》，经济科学出版社 2004 年版。

刘廷元：《信息生产率的测度研究》，《情报科学》1993 年第 5 期。

刘昭东：《关于中国信息产业发展问题的思考》，《中外科技政策与管理》1994 年第 3 期。

卢小宾：《信息分析概论》，电子工业出版社 2014 年版。

罗荣选：《信息化与工业化融合发展探讨》，《信息化建设》2008 年第 8 期。

吕建东、刘建华、李紫云：《我国"两化融合"的通信标准体系研究》，《电信科学》2011 年第 9 期。

吕新奎：《面向 21 世纪的中国区域经济信息化建设》，《全球科技经济瞭望》1999 年第 5 期。

吕政：《加入 WTO 后的中国产业组织与国际竞争力（笔谈）：生产社会化与产业结构的调整》，《湖南师范大学社会科学学报》2002 年第 6 期。

吕政：《我国新型工业化道路探讨》，《中国工业经济》2003 年第 2 期。

麻冰冰：《我国工业化与信息化水平测定及互动关系研究》，硕士学位论文，暨南大学，2005 年。

马费成、王槐、查先进：《信息经济学》，武汉大学出版社 1997 年版。

马费成等：《迎接挑战开创未来——纪念〈中国图书馆学报〉创刊 40 周年》，《中国图书馆学报》1997 年第 4 期。

马健：《产业融合：信息化推动新型工业化的战略选择》，《华东经济管理》2008 年第 2 期。

马菊红：《应用熵值法对工业经济效益综和评价的研究》，《商业研究》2006 年第 20 期。

马黎娜：《企业两化融合度评测与提升方法研究》，硕士学位论文，北京交通大学，2010 年。

马丽莎：《工业经济区域划分聚类分析》，硕士学位论文，北京林业大学，2009 年。

马龙、徐连敏：《两化融合与工业行业之间的关系》，《中国信息界》

2012 年第 4 期。

马民虎、赵丽莉、魏建锋：《工业化与信息化融合之知识产权困境与对策》，《情报杂志》2010 年第 2 期。

马敏娜、罗胜：《工业化与信息化互动对经济增长的影响——基于吉林省的实证分析》，《资源开发与市场》2013 年第 10 期。

马瑞山：《对工业企业经济效益评价指标体系的认识》，《长春理工大学学报》（高等教育版）2007 年第 1 期。

茅国平：《用信息生产力来改变经济增长模式——中国浙江省和日本爱知县的比较分析》，《生产力研究》2008 年第 5 期。

苗长虹：《中国农村工业化的若干理论问题》，中国经济出版社 1997 年版。

莫玮：《从信息化与工业化的融合看信息产业发展》，《数码世界》2008 年第 2 期。

南京市经济委员会：《南京市信息化和工业化融合试验区建设方案》（http：//www. nanjing. gov. cn/njgov ＿ 2014/xxgk/zfgb ＿ 1/0908/090804/200909/t20090904 ＿ 801847. html. ）。

潘文卿、李子奈、刘强：《中国产业间的技术溢出效应：基于 35 个工业部门的经验研究》，《经济研究》2011 年第 7 期。

潘文文：《制造业信息化测评指标体系实证研究——以江苏省为例》，《工业技术经济》2011 年第 4 期。

齐德华等：《技术创新与新型工业化关系研究》，《科技管理研究》2006 年第 10 期。

《企业效绩评价操作细则（修订）（续）》，《工业会计》2002 年第 11 期。

前瞻产业研究院：《美国：CPI》（http：//d. qianzhan. com/xdata/details/cc4726c521bd379e. html. ）。

曲格平：《探索可持续的新型工业化道路》，《环境保护》2003 年第 1 期。

曲格平：《转变生产方式发展循环经济是实现环境保护目标的关键》，《经济视角》2006 年第 5 期。

《全国两化融合发展数据地图》（http：//www. chinanews. com/cj/2016/04 - 09/7828706. shtml. ）。

任方才：《新型工业化指标体系：国家经贸委综合司专家谈走新型工业化道路》，经济科学出版社 2003 年版。

任俊正、付丽丽：《支撑装备制造业振兴"两化"融合发展测评研究》，《经济与管理研究》2009 年第 6 期。

软交所：《2011 中国软件行业发展报告》（http：//www. cisis. com. cn/aidi2015/forum_ gf. html. ）。

赛迪网：《中国中小企业信息化服务市场发展报告》，机械工业出版社 2011 年版。

赛迪智库：《解读〈2015 年度中国两化融合发展水平评估报告〉》（http：//gongkong. ofweek. com/2016-08/ART-310006-8400-30022227. html. ）。

上海市人民政府发展研究中心：《信息化和工业化融合发展：上海的思路和重点》，《科学发展》2010 年第 6 期。

沈和：《基于动态 AHP 的企业信息化水平评价——江苏沙钢集团信息化水平案例研究》，《华东经济管理》2011 年第 7 期。

盛天：《虚拟企业》（http：//www. hudong. com/wiki/% E8% 99% 9A% E6% 8B% 9F% E4% BC% 81% E4% B8% 9A）。

史清琪：　《企业必须担负起可持续发展的责任》（http：//www. future500china. org/HTML_ F500/papers/0519. html. ）。

市政府办公厅：《沈阳市人民政府关于印发沈阳市推进两化融合工作实施方案的通知》（http：//www. shenyang. gov. cn/zwgk/system/2013/09/23/010083768. shtml. ）。

市政府办公厅：《沈阳市人民政府办公厅关于印发沈阳市两化深度融合发展规划暨全球智造三年行动计划纲要（2014—2016 年）的通

知》（http：//www.shenyang.gov.cn/zwgk/system/2014/10/23/01009
9904.shtml.）。

水家耀：《江苏开辟"两化"融合主阵地》，《上海信息化》2011 年第
4 期。

宋海艳、郑建明：《社会信息化之信息资源测度指标构建及发展水平
测度研究》，《图书情报工作》2008 年第 5 期。

宋秋芬：《信息力新论》，《情报杂志》1995 年第 6 期。

宋振峰：《信息力——信息时代国家实力的象征》，《世界经济与政治》
1995 年第 8 期。

苏州新闻网互动信息平台：《我市首创两化融合考评体系》（http：//www.
subaonet.com/html/importnews/201121/CI762B0FHFCAJ35.html.）。

孙海芳：《信息生产力的特征及意义分析》，《科学社会主义》2007 年
第 1 期。

孙建军、苏君华：《江苏省信息化水平测度》，《情报杂志》2005 年第
8 期。

孙钰、王坤岩、姚晓东：《基于 DEA 交叉效率模型的城市公共基础设
施经济效益评价》，《中国软科学》2015 年第 1 期。

孙郁瑶：《产业集群试水，中小企业两化融合有新解》，《中国工业报》
2011 年 5 月 9 日。

孙郁瑶：《建立现代产业体系，两化融合提高广州企业危机应对能
力》，《中国工业报》2009 年 6 月 25 日。

唐任伍：《宏观经济学》，北京邮电大学出版社 2012 年版。

仝海威：《信息化与工业化融合评价体系与机理分析研究》，博士学位
论文，北京邮电大学，2012 年。

童有好：《信息化与工业化融合的内涵、层次和方向》，《信息技术与
标准化》2008 年第 7 期。

童有好：《信息化与工业化融合的方向、思路与举措》，《人民邮电》
2008 年 4 月 29 日。

童有好：《推进信息化与工业化融合应注意的几个问题》，《数码世界》
　　2008 年第 8 期。

童有好：《信息化与工业化融合的方向、思路与举措》，《人民邮电》
　　2008 年 4 月 29 日。

童有好：《信息化与工业化融合的内涵、层次和方向》，《信息技术与
　　标准化》2008 年第 7 期。

童有好：《两化融合的六维视角》，《计算机光盘软件与应用》2013 年
　　第 10 期。

万建香：《信息化与工业化融合路径 KMS——企业微观层面的传导机
　　制分析》，《江西社会科学》2009 年第 12 期。

万里鹏、郑建明：《社会信息化测度逻辑分析》，《情报科学》2006 年
　　第 8 期。

万雪梅：《信息生产力探析》，《学术交流》2008 年第 5 期。

汪传雷、李从春：《信息化与工业化融合研究》，《情报理论与实践》
　　2009 年第 11 期。

汪慧玲等：《高新技术和科技创新体系互动发展——推进新型工业化
　　的动态模型》，《科技管理研究》2007 年第 4 期。

汪晓文、杜欣：《基于模糊评价的中国工业化与信息化融合发展测度
　　研究》，《兰州大学学报》（社会科学版）2014 年第 5 期。

王爱兰：《信息化带动工业化的理论与策略》，天津社会科学院出版社
　　2003 年版。

王吉华、郭怀成、Richard Dawson：《层次分析法在西藏土地区旅游资
　　源评价中的应用（英文）》，《北京大学学报》（自然科学版）2004
　　年第 2 期。

王金杰：《我国信息化工业化融合的实现途径及其对策选择》，《山东
　　省青年管理干部学院学报》2008 年第 4 期。

王金杰：《我国信息化与工业化融合的机制与对策研究》，硕士学位论
　　文，南开大学，2009 年。

王均奇、施国庆：《工业化理论与实践研究综述及存在问题分析》，《生产力研究》2007 年第 14 期。

王立国、曹白杨：《中国信息产业对经济增长影响的区域差异——基于热点经济区域面板数据的分析》，《经济与管理研究》2015 年第 4 期。

王娜、李钢：《企业两化融合能力评价指标体系及实证研究》，《工业工程》2012 年第 1 期。

王琦：《信息化与工业化融合研究》，《财政研究》2008 年第 11 期。

王伟争：《对工业企业经济效益综合评价的思考》，《四川冶金》2005 年第 6 期。

王晰巍、靖继鹏、刘铎等：《信息化与工业化融合的关键要素及实证研究》，《图书情报工作》2010 年第 8 期。

王晰巍、靖继鹏、杨晔：《信息化与工业化融合的基本理论及实证研究》，《情报科学》2009 年 11 期。

王新华：《中国区域信息力比较》，《江苏统计》2000 年第 7 期。

王新天、周振国：《新型工业化道路与跨越式发展——学习江泽民同志关于跨越式发展的思想》，《求是》2003 年第 9 期。

王旭东：《工业化与信息化已到相互渗透新阶段》，《中国制造业信息化》2008 年第 1 期。

王逸舟：《当代国际政治析论》，上海人民出版社 1995 年版。

王袁媛：《浅析信息力的生产力特征》，《大众文艺》2009 年第 24 期。

王岳平：《现代制造业发展的特点与趋势》（http：//www. phians. cn/forums/forums/2011-03-19/94. html. ）。

王展祥：《中国信息化与工业化互动发展机制研究》，硕士学位论文，武汉理工大学，2005 年。

卫兴华：《对十六大报告中有关经济问题的理解与思考》，《经济理论与经济管理》2002 年第 12 期。

魏晓东：《〈工业 4.0 与两化融合〉讲座第三讲工业 4.0 与两化融合》，

《自动化博览》2016 年第 1 期。

翁佳、郑建明：《我国信息化水平测度方法研究述评》，《情报杂志》
2006 年第 5 期。

乌家培：《知识信息与信息经济》，中国经济出版社 1991 年版。

乌家培、谢康、肖静华：《信息经济学（第 2 版)》，高等教育出版社
2007 年版。

吴建平：《中国 IPv6 下一代互联网的发展和思考》，《中国信息化周
报》2017 年 2 月 27 日。

吴敬琏：《思考与回应：中国工业化道路的抉择（上)》，《学术月刊》
2005 年第 12 期。

吴明隆：《结构方程模型：AMOS 实务进阶》，重庆大学出版社 2013
年版。

吴明隆：《卷统计分析实务——SPSS 操作与应用》，重庆大学出版社
2010 年版。

吴琼：《黑龙江省信息化与工业化融合程度评估研究》，硕士学位论
文，哈尔滨工业大学，2014 年。

吴胜武、沈斌：《信息化与工业化融合：从"中国制造"走向"中国
智造"》，浙江大学出版社 2010 年版。

吴伟萍：《中国信息化与工业化协同推进的路径选择》，《南方经济》
2003 年第 6 期。

吴兆龙、丁晓：《结构方程模型的理论、建立与应用》，《科技管理研
究》2004 年第 6 期。

夏波涌、张克平：《信息化与工业化融合内涵初探》，《制造业自动化》
2009 年第 5 期。

夏大慰：《面对新经济时代的产业经济研究》，上海财经人学出版社
2001 年版。

夏荣华、刘洁：《工业经济效益新评价考核指标体系的内容及计算方
法》，《内蒙古统计》1998 年第 2 期。

夏煜：《我国新型工业化测度探析》，硕士学位论文，东北大学，2013 年。

肖希明、李硕：《信息集群理论和公共数字文化资源整合》，《图书馆》2015 年第 1 期。

肖泽群、肖万春、文建龙：《区域信息力及其与区域经济发展相关性》，《系统工程》2008 年第 6 期。

晓风：《机械行业"两化"融合发展水平评估迫在眉睫，精确成本核算与细化评估指标成为关键》，《机械工业信息与网络》2009 年第 4 期。

谢康、肖静华、乌家培：《中国工业化与信息化融合的环境、基础和道路》，《经济学动态》2009 年第 2 期。

谢康等：《中国工业化与信息化融合质量：理论与实证》，《经济研究》2012 年第 1 期。

辛士波、陈妍、张宸：《结构方程模型理论的应用研究成果综述》，《工业技术经济》2014 年第 5 期。

《新技术应用深化"两化融合"》，《硅谷》2012 年第 2 期。

信息化司：《上海市产业信息化情况》（http：//www. miit. gov. cn/n11293472/n11293877/n11301602/n12222003/n12238740/12239938. html. ）。

徐荣贞、黎照南、姚伟：《现代信息服务业区域集群融合模式研究》，《情报杂志》2016 年第 2 期。

徐维祥、舒季君、唐根年：《中国工业化、信息化、城镇化、农业现代化同步发展测度》，《经济地理》2014 年第 9 期。

许光鹏、郑建明：《推进信息化与工业化融合的策略和对策研究》，《新世纪图书馆》2011 年第 10 期。

许光鹏：《社会生产力发展中的信息生产力》，《科技信息》2010 年第 30 期。

许慧玲：《信息化水平测度及对区域经济增长影响研究》，博士学位论文，南京农业大学，2008 年。

许心：《我国信息化和工业化融合发展战略研究》，硕士学位论文，西安邮电学院，2010 年。

闫晓敏：《信息化与工业化融合程度测度研究》，硕士学位论文，天津理工大学，2012 年。

杨启梁：《论新技术革命在信息生产力中的地位和作用》，《怀化师专社会科学学报》1988 年第 4 期。

杨友麒、姜晓阳：《化学工业"两化"融合发展与过程系统工程：挑战和前景（一）——我国化学工业"两化"融合的发展战略》，《现代化工》2009 年第 11 期。

姚敏：《中国产业集聚、地区专业化研究》，硕士学位论文，兰州大学，2008 年。

叶帆：《推动"两化"深度融合加快转变发展方式》，《科技和产业》2011 年第 3 期。

易法敏、符少玲、兰玲：《广州市信息化水平及其与工业化融合程度评估》，《科技管理研究》2009 年第 8 期。

俞培果：《集群概念的分类及基本集群概念的辨析》，《软科学》2008 年第 1 期。

俞肖云：《工业经济效益评价指标体系的重建》，《统计研究》2003 年第 3 期。

郁明华、陈抗：《国外产业融合理论研究的新进展》，《现代管理科学》2006 年第 6 期。

喻兵：《关于信息化和工业化融合的思考》，《特区经济》2008 年第 12 期。

袁勤俭：《国内外信息产业研究述评》，《图书馆理论与实践》2003 年第 1 期。

袁岩、杨冬梅、贺彬：《企业经济效益综合评价指标体系的构建及评价方法》，《山东经济》2008 年第 6 期。

张春红、弭伟、马涛等：《加快推进"两化"融合发展的突破口——物联网、云计算》，《电信网技术》2010 年第 11 期。

张东彦：《国民经济信息化及其推进》，《电子展望与决策》1996 年第 1 期。

张海滨、张捷慧：《企业信息化实施策略和实现方式》，《中国信息界》2007 年第 4 期。

张鸿、许心：《我国信息化和工业化融合的发展战略研究》，《西安邮电学院学报》2010 年第 15 期。

张劼圻、郑建明：《信息化与工业化融合测度理论体系》，《情报科学》2013 年第 1 期。

张劼圻：《信息化与工业化融合测度指标体系研究》，硕士学位论文，南京大学，2013 年。

张培刚：《发展经济学教程》，经济科学出版社 2007 年版。

张培刚：《农业与工业化》，华中科技大学出版社 2002 年版。

张淑丽：《云计算技术在电子商务领域的应用》，《价值工程》2011 年第 30 期。

张万祥、梁华、程仁超：《电工行业统计指标解释（下）》，《电器工业》2004 年第 11 期。

张向宁、孙秋碧：《信息化与工业化融合有界性的实证研究——基于我国 31 省市面板数据》，《经济问题》2015 年第 1 期。

张小凤：《信息产业与工业的融合关系测度研究》，硕士学位论文，青岛理工大学，2013 年。

张小彦等：《基于灰色综合评价法的甘肃农业科技创新能力分析》，《广东农业科学》2014 年第 22 期。

张亚东：《信息化和信息产业发展的国际比较》，硕士学位论文，上海社会科学院，2014 年。

张耀辉：《产业创新：新经济下的产业升级模式》，《数量经济技术经济研究》2002 年第 1 期。

张奕：《两化融合在探索中前行》（http：//www. gotoread. com/mag/10335/sarticle_ 35338. html. ）。

赵春梅：《浅谈信息化与工业化融合》，《中国信息界》2010 年第12 期。

赵敏：《从工业和信息化部的成立看精益研发》，《中国制造业信息化》2008 年第 5 期。

郑建明、万里鹏：《社会信息化测度指标体系的结构理性》，《中国图书馆学报》2007 年第 3 期。

郑建明：《信息化指标构建理论及测度分析研究》，中国社会科学出版社 2011 年版。

郑珞琳、高铁峰：《基于 AHP 与灰色综合评价法的江苏省信息化和工业化发展水平实证分析》，《情报科学》2011 年第 8 期。

郑珞琳、高铁峰：《信息化与工业化融合进程的实时测度机制系统实现初探》，《情报理论与实践》2011 年第 10 期。

郑友敬：《创新与思考》，中国社会科学出版社 2015 年版。

支燕、白雪洁、王蕾蕾：《我国"两化"融合的产业差异及动态演进特征——基于 2000—2007 年投入产出表的实证》，《科研管理》2012 年第 1 期。

中共中央办公厅，国务院办公厅：《2006—2020 年国家信息化发展战略》（http：//news. xinhuanet. com/newscenter/2006-05/08/content_ 4522878. htm）。

中国报告大厅：《2014 年我国软件行业概况及现状分析》（http：//www. chinabgao. com/k/ruanjian/14140. html. ）。

中国互联网络信息中心：《第 36 次中国互联网络发展状况统计报告》（http：//www. cnnic. net. cn/hlwfzyj/hlwxzbg/hlwtjbg/201507/t20150722_ 52624. htm）。

中华人民共和国工业和信息化部：《工业和信息化部完成重点行业两化融合发展水平评估》（http：//www. miit. gov. cn/n11293472/

n11293832/n11293907/n11368223/13246151. html. ）。

中华人民共和国工业和信息化部运行监测协调局：《2014 年电子信息
产业统计公报》（http：//www. miit. gov. cn/n11293472/n11293832/
n11293907/n11368223/16471095. html. ）。

中华人民共和国工业和信息化部运行监测协调局：《2014 年 1—11 月
软件业经济运行情况》（http：//www. miit. gov. cn/n1146295/
n1146592/n1146754/n1234926/n1234953/n1234954/n1234957/c31866
16/content. html. ）。

中华人民共和国工业和信息化部运行监测协调局：《2014 年 1—12 月
软件业经济运行情况》（http：//www. miit. gov. cn/n11293472/
n11295057/n11298508/16420293. html. ）。

中华人民共和国工业和信息化部：《2015 年通信运营业统计公报》
（http：//www. miit. gov. cn/n1146312/n1146904/n1648372/c4620679/
content. html. ）。

中华人民共和国工业和信息化部：《2016 年通信运营业统计公报》
（http：//www. miit. gov. cn/n1146312/n1146904/n1648372/c5498087/
content. html. ）。

钟义信：《信息时代的发展战略》，《人民日报》1995 年 5 月 28 日。

周宏仁：《信息化论》，人民出版社 2008 年版。

周叔莲、王伟光：《论工业化与信息化的关系》，《中国社科院研究生
院学报》2001 年第 2 期。

周延云、李琪：《生产力的新质态：信息生产力》，《生产力研究》
2006 年第 7 期。

周艳等：《天津市信息化与工业化融合程度测度》，《商业时代》2013
年第 13 期。

周振华：《工业化与信息化的互动与融合》，《中国制造业信息化》
2008 年第 2 期。

周子学：《对工业化、信息化发展历史进程的几点认识》，《理论前沿》

2009 年第 4 期。

朱春珑：《工业企业"两化融合"发展效果评价研究》，硕士学位论文，北京理工大学，2015 年。

朱冬：《美的智能工厂离开人力却以人为本》，《中外管理》2016 年第 5 期。

朱国芬、李俊奎：《"两化"融合视界下现代产业体系建设》，《江苏科技信息》2011 年第 5 期。

朱金周：《中国"两化"融合发展报告》，社会科学文献出版社 2011 年版。

朱新玲，黎鹏：《信息产业对经济增长贡献的计量分析》，《统计与信息论坛》2005 年第 6 期。

《主要统计指标解释》，《中国经济景气月报》2015 年第 8 期。

庄宇：《江苏"两化融合"的现状与对策研究》，《南通职业大学学报》2010 年第 4 期。

牛森第：《对装备制造企业实现"两化"融合的思考》，《信息方略》2008 年第 2 期。

邹生：《信息化十讲》，电子工业出版社 2009 年版。